应用型高等院校规划教材

秘书学教程

主　编　马仁杰
副主编　王茂跃　王春芳

图书在版编目(CIP)数据

秘书学教程/马仁杰主编. —合肥:安徽大学出版社,2015.10
ISBN 978-7-5664-1023-8

Ⅰ.①秘… Ⅱ.①马… Ⅲ.①秘书学—教材 Ⅳ.①C931.46

中国版本图书馆 CIP 数据核字(2015)第 237928 号

内容提要

本书依据 2012 年版《党政机关公文处理工作条例》《党政机关公文格式》《归档文件整理规则》和《电子公文归档管理暂行办法》等最新文件,遵循"读者为上,适用为本"的编著要求,重点阐述、介绍了秘书学的基本理论、中国秘书工作的发展沿革、秘书工作的职责与实务、秘书的礼仪与交际等内容。本书不仅对以往强调的秘书理论、公文写作、公文处理、秘书会务、日常事务进行了阐述,而且对网络环境下的办公自动化、调查研究、督促检查、协调工作以及秘书礼仪与交际等进行了阐述。在结构形式上,尽可能突破传统秘书学教材的固定模式,每章提供导语、关键词、思考题、案例分析等;在语言运用上,力求文字简洁,表达清楚,尽量使用短句,力戒长句,尽可能符合中国秘书业界特点,给读者耳目一新的感觉。

本书既可以作为普通高等院校、高职高专院校文秘专业、档案专业、行政管理专业和相关专业的教材,也可以作为各级各类文秘人员、办公室管理人员的培训教材与实用参考书。

秘书学教程

马仁杰 主编

出版发行:	北京师范大学出版集团
	安 徽 大 学 出 版 社
	(安徽省合肥市肥西路 3 号 邮编 230039)
	www.bnupg.com.cn
	www.ahupress.com.cn
印 刷:	安徽省人民印刷有限公司
经 销:	全国新华书店
开 本:	184mm×260mm
印 张:	27
字 数:	570 千字
版 次:	2015 年 10 月第 1 版
印 次:	2015 年 10 月第 1 次印刷
定 价:	46.00 元

ISBN 978-7-5664-1023-8

策划编辑:姜 萍		装帧设计:李 军
责任编辑:姜 萍 胡 颖 毛玉兰		美术编辑:李 军
责任校对:程中业		责任印制:陈 如

版权所有 侵权必究

反盗版、侵权举报电话:0551—65106311
外埠邮购电话:0551—65107716
本书如有印装质量问题,请与印制管理部联系调换。
印制管理部电话:0551—65106311

# 序

我与安徽大学马仁杰教授相识多年。他曾经将我的《办公室管理》课程引进他们学校,后来我们又一起合作编写了"教育部普通高等教育'十五'国家级规划教材"《办公室管理》。因此,当马仁杰教授主编的《秘书学教程》书稿放在面前时,我似乎应该义不容辞地说上几句。

"秘书"一词最早是指宫廷里的秘藏图书,也就是说"秘书"原来是一种东西。依照我国的文化传统,一些最初的东西后来都有了延伸含义变成不是东西了——秘书就是其中一例。当然,我不是说"秘书"不是东西,而是说秘书由原来的东西延伸为管理东西的机构和人员了。现在大家谈到秘书,基本是指服务于领导的一种人员。如果按照"世事洞明皆学问,人情练达即文章"的逻辑,那么,"秘书"成为一门登堂入室的学问也没有什么可以大惊小怪的。

我个人认为,秘书不过是一个"管理职位",通俗地说,可以将秘书看做一个"行政助理";他们的存在,主要就是为了对处于领导职位的人提供服务或者帮助的。也就是说,如果没有"领导",就一定无所谓"秘书"。因此,"秘书的学问"应当是一门当之无愧的学问,秘书职位也应该是一个需要人们尊重的职位。至于处于秘书职位的具体分子是"尽忠报国",还是"以权谋私",应该与这个职位没有直接的关系。不然的话,人们就不会看到那些"出身贫寒"的贪官和"品学兼优"的暴君了——我想没有谁会愚蠢到为了提高效率将孩子与洗澡水一起倒掉的程度。

然而,在社会生活中,一些人却将"秘书的学问"视为洪水猛兽或者"成功宝典"。就在不久前召开的一次学术会议上,发言人就列举出诸如王晓方的《市长秘书》系列(2007年),洪放的《秘书长》系列(2007年),杨川庆的《省长秘书》(2008年),于卓的《首长秘书》(2009年),阙庆安的《市委办主任》、《走向深渊的秘书》(2010年),丁邦文的《中国式秘书》系列(三部)(2010年),王清平的《秘书们》(2010年),百里无忧的《官潜:编外市长秘书》(2010年),岩波的《副省长女秘书》、《女市委书记的男秘书》(2010年),黄晓阳的《二号首长》(2011年),风中一

影的《私人秘书》(2011年)、杨承华的《秘书笔记》(2012年)等文学作品，认为这些作品打着反腐的旗号，诋毁秘书的现象，造成了极其恶劣的社会影响。实事求是地说，谁也不能否认在秘书领域里有些人"利用职务之便"去做一些见不得人的坏事，这些问题大多数是属于制度、体制和机制的问题，只能通过"制度、体制和机制"的方法去解决。但是，不论爱也好、恨也罢，人们在为人处世方面多少都受到一些"秘书的学问"的影响——因为这门学问根植于我国传统文化太深了，所以决不是"爱、恨"这样的非理性因素可以左右得了的。因此，大家往往会看到一些刚刚"痛斥""秘书的学问"的人，闭上嘴之后活得怎么看怎么像秘书。

其实，作为对"秘书的学问"的理性思考，秘书活动的学术研究一直与秘书活动相伴而行。从张廷骧辑《入幕须知五种》到目前市场上各类秘书学丛书，真可谓林林总总、汗牛充栋。如果从1980年代李欣、常崇宜、王千弓等老先生不断发表"学术见解"、创办学术期刊和奔走呼吁"成立秘书专业"的时候算起，"秘书的学问"这门新兴学科已经在新中国"发生""发展"三十多年了；如果追溯我国历朝历代的"官宦之学"，那"秘书的学问"应该称得上历史悠久、学渊深厚了。至于有多少人直接或者间接地得益于"秘书的学问"，恐怕连统计局的官员都无法算得清楚——保守地说，有个成百上千，甚至上万上亿可能不算过分吧！

由此看来，作为一项传承文化、造福社会的活动，研究"秘书的学问"、编写《秘书学教程》是十分有意义的事情。马仁杰教授主编的这本书，就是试图通过秘书学概说、中国秘书工作的发展沿革等理论研究，以及公文写作与处理、礼仪与交际等实务操作，将这种"有意义"的善举呈现在读者面前。我相信，有心的读者一定会通过对此书的阅读，领悟秘书活动的真谛，增长实际工作的才干，成为一个有益于社会的人。

中国高教秘书学会副会长
中国人民大学信息资源管理学院教授 杨鸿杰
《档案学通讯》杂志社总编辑
写于2015年国庆节

 **前言**

本教材主编马仁杰教授从 1995 年开始在安徽大学为档案学专业学生讲授《秘书学》。之后,又分别为安徽大学行政管理专业、图书馆专业、劳动与社会保障专业等专业学生讲授《秘书学》。再之后,《秘书学》为安徽大学人文与科技素质教育专业选修课程,几乎每学期都在开设,进而成为安徽大学学生最欢迎的课程之一。

本教材是全国高等学校文秘与经管类规划教材,本教材的写作在继承传统秘书学经典内容的基础上,积极吸纳、借鉴了目前国内外同类研究的最新成果,并在结构体例上充分考虑教与学的方便,在每章前后安排导语、关键词、思考题、案例分析等内容,特别是在案例选择方面,充分考虑在校学生普遍缺乏秘书工作实践经历以及秘书工作实践性强等特点,尽可能选择针对性、典型性和时代性强的案例,更加符合中国秘书业界的特点,突出启发性和实用性。

本教材是安徽省高校开设秘书学课程老师集体合作的结晶。教材写作框架由安徽大学马仁杰教授提出,并经集体多次讨论后,才最终确定。在初稿完成后,先由安徽大学的王春芳副教授进行形式上把关、统一,并根据初稿完成情况,由马仁杰教授进行统稿。然后,又由主编马仁杰教授出面邀请了合肥师范学院胡颖老师(该老师其时正在主持该校青年基金项目《秘书实务研究》,项目批准号:2015QN64)对初稿的第十一章"调查研究"和第十四章"秘书礼仪"进行充实、完善。最后,再由主编马仁杰教授对本教材进行定稿。本教材的编著及具体分工如下:

前言、第一章、附录:马仁杰(安徽大学)
第二章:王春芳(安徽大学)
第三章:王玉琴(合肥学院)
第四章:王茂跃(安徽师范大学)
第五章:傅　样(安徽大学)
第六章:杨　靖(安徽大学)
第七章:田恒胜(安徽警官职业学院)
第八章:张静雯(安徽工商职业学院)
第九章:张守卫(安徽大学)

第十章:顾　伟(安徽大学)

第十一章:李玉梅(安徽广播影视职业技术学院)

　　　　　胡　颖(合肥师范学院)

第十二章:许　徐(合肥学院)

第十三章:张学辉(安徽大学)

第十四章:黄　静(安徽大学)

　　　　　胡　颖(合肥师范学院)

第十五章:许见亮(安徽大学)

在编写过程中,我们力图在教材的体例、内容、案例,甚至是语言表达等方面均有所创新、拓展与完善。实际效果如何,相信读者会给予中肯的评价。由于编著者水平和资料所限,教材中难免有不尽如人意之处,敬请读者提出宝贵的意见。

本教材的编著与出版得到了多方人士的支持与帮助,在此一并致谢。首先,感谢中国高教秘书学会副会长、中国人民大学信息资源管理学院教授、《档案学通讯》杂志社总编辑胡鸿杰老师,他在本教材定稿后,专门为本教材写了序。第二,感谢安徽大学教务处,本教材的出版得到了安徽大学"211工程"三期教学质量工程精品课程建设(重点建设专业第二批子项目)经费的资助。第三,感谢安徽大学出版社姜萍女士,作为本教材的责任编辑,她为本教材的出版付出了大量的心血,并在本教材的编著过程中提出了许多宝贵的、建设性的建议。

编著者

2015年10月6日

目录

理 论 篇

第一章 秘书学概述 … 3
第一节 中国秘书学的形成与发展 … 3
第二节 中国秘书学的研究对象与性质 … 13
第三节 中国秘书学与相关学科的关系 … 17
第四节 秘书学的学习方法与要求 … 21

第二章 中国秘书工作的发展沿革 … 24
第一节 中国秘书工作的起源和先秦时期的秘书工作 … 24
第二节 秦至清代的秘书工作 … 31
第三节 民国时期的秘书工作 … 43
第四节 新中国成立以来的秘书工作 … 57

第三章 秘书人员、机构与职能 … 65
第一节 秘书人员 … 65
第二节 秘书机构 … 71
第三节 秘书的基本职能 … 81

第四章 秘书工作 … 85
第一节 秘书工作概述 … 85
第二节 港台与国外的秘书工作 … 100
第三节 秘书工作的发展趋势 … 108

实务与职责篇

第五章　公文写作 …… 115
- 第一节　公文概述 …… 115
- 第二节　党政公文的写作 …… 119
- 第三节　其他常用公文的写作 …… 152

第六章　礼仪文书写作 …… 170
- 第一节　礼仪文书概述 …… 170
- 第二节　礼仪文书的特点和写作要求 …… 172
- 第三节　常用礼仪文书写作 …… 174

第七章　公文处理 …… 194
- 第一节　发文程序与办理 …… 194
- 第二节　收文程序与办理 …… 204
- 第三节　文书整理与归档 …… 208
- 第四节　公文管理 …… 214

第八章　秘书会务 …… 226
- 第一节　会议工作概述 …… 226
- 第二节　会议的准备 …… 231
- 第三节　会议的召开 …… 247
- 第四节　会议的结束 …… 256

第九章　秘书日常事务 …… 263
- 第一节　接待工作 …… 263
- 第二节　信访工作 …… 272
- 第三节　通讯与信息工作 …… 277
- 第四节　印章管理与值班工作 …… 281
- 第五节　随从与保密工作 …… 284

第十章　办公自动化 … 289

第一节　办公自动化概述 … 289
第二节　办公自动化设备 … 296
第三节　常用的办公自动化技术 … 302

第十一章　调查研究 … 309

第一节　调查研究的意义和作用 … 309
第二节　调查研究的特点和内容 … 312
第三节　调查研究的程序和方法 … 315

第十二章　协调工作 … 327

第一节　协调工作的作用 … 327
第二节　协调工作的特点和内容 … 330
第三节　协调工作的程序、方法和艺术 … 334

第十三章　督促检查 … 343

第一节　督促检查的作用 … 343
第二节　督促检查工作的内容、程序和方法 … 349
第三节　督促检查工作的原则、制度和要求 … 361

礼仪与交际篇

第十四章　秘书礼仪 … 369

第一节　秘书礼仪概述 … 369
第二节　秘书的仪表、体态与谈吐 … 373
第三节　秘书的常用礼节 … 380
第四节　秘书的活动礼仪 … 384

第十五章　秘书交际 … 389

第一节　秘书交际概述 … 389

　　第二节　秘书与领导 …………………………………… 392
　　第三节　秘书与同事 …………………………………… 398

附　录 ……………………………………………………… 402

　　附录一　党政机关公文处理工作条例 ………………… 402
　　附录二　党政机关公文格式 …………………………… 409
　　附录三　归档文件整理规则 …………………………… 415
　　附录四　电子公文归档管理暂行办法 ………………… 418
　　附录五　中国主要秘书学专业期刊（公开发行）……… 420

主要参考书目 ……………………………………………… 421

理论篇

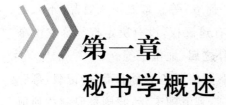

第一章
秘书学概述

本章导语

本章主要介绍了中国秘书学的概况。全章共分四节,首先,介绍了中国秘书学形成和发展的四个阶段,并详细论述了每个阶段的标志。其次,介绍了中国秘书学的研究对象,并阐述了中国秘书学的学科性质。再次,介绍了中国秘书学与管理学、领导科学、行政学、文书学、档案学、写作学等相关学科的关系。最后,介绍了秘书学的学习方法与要求。

本章关键词

秘书学;相关学科;学习方法

第一节 中国秘书学的形成与发展

我国秘书工作源远流长,最早可以追溯到距今约五千年的黄帝时期。然而在漫长的发展过程中我们都只是对秘书工作实践经验进行总结,它还没有形成一门学问。对秘书工作从理论上加以探索,始于近代。而在全国范围内对之展开系统、全面的研究,并逐渐使之成为一门科学,则是20世纪80年代的事了。

自近代以来,我国秘书学的形成与发展大致经历了以下四个阶段:

一、萌芽阶段

19世纪下半叶至20世纪初,由于历史文化的积淀,我国的一些学者开始致力于对幕学的研究,秘书学开始萌芽,其主要标志是幕学的兴起和幕府专著的问世。

"幕府"一词始见于《史记》:"李牧者,赵之北边良将也,常居代、雁门,备匈奴,以便宜置吏,市租皆输。入莫府,为士卒费。"①这里的"莫"通"幕","莫府"即"幕府"。《史记》中的"客"、"舍人"等,都是与之相关的原始名称。所谓"幕府",就是官员们延请的幕友的办

---

① 司马迁:《史记》,北京:中华书局,1975年,第2449页。

公府署。幕友,又称"幕宾"、"幕客"、"幕僚"、"宾师"、"师爷"等。幕友不入官品,不入吏秩,没有行政职务,其核心工作是为幕主"佐治",但只有建议权,没有决定权。幕友由幕主私人聘请、发放报酬,与幕主只有宾主之分,而无主仆之属,地位平等。

我国的幕府制度由来已久。据宋代王钦若等所编《册府元龟·幕府部》的记载,幕府最早可以追溯到西周、春秋时期。经过两千多年的发展,到清朝末年,我国幕府制达到顶峰,并逐渐形成一门学问——幕学,也称"专门名家之学"。传授幕学的途径主要有两种:一是家传幕学,即父子相传,兄弟相承。二是幕馆传学,清朝中后期开始出现的幕馆,就是专门为培养职业幕友而开设的培训班。

随着幕宾实践的丰富和幕学的兴起,一批幕学专著相继问世,其中最具代表性和影响力的,当数张廷骧所辑的《入幕须知五种》(1884年)。它包括:第一,《幕学举要》,系乾隆年间的名幕万维鵾所著,被称为清代官场的教科书;第二,《佐治药言》、《续佐治药言》,系绍兴师爷汪辉祖所著,"实为幕学传授心法";第三,《学治臆说》、《学治续说》,亦为汪辉祖所著,"与《佐治药言》实互相发明";第四,《办案要略》,系法家老手王荫庭所撰,夹叙夹议,介绍办案方法与经验;第五,《刑幕要略》,作者佚名,实为刀笔吏经验教训之谈。《入幕须知五种》不仅是幕学兴起的代表作,也是我国近代关于秘书工作及秘书活动的第一批著作之一,它的问世对于秘书学的萌芽和产生具有极其重要的意义。因此,我们认为,清末幕学是我国秘书学的发端。

二、准备阶段

20世纪三四十年代,我国秘书学进入准备阶段,其主要标志是行政学研究的开展和文书档案专著的出版。

(一)行政学研究的开展

19世纪末20世纪初,西方工业革命的兴起和社会生产力的发展,迫切需要对企业和国家进行科学管理,由此,行政学应运而生。以美国威尔逊的《行政学之研究》为开端,首先在英美等国掀起一股行政学研究热潮,行政学逐渐形成自己的理论体系。

清朝末年,行政学逐渐传入我国。在西方思想的影响下,我国一些先进学者开始重视对西方行政学的翻译和研究,并开始对我国行政学进行初步探索。其中最具代表性的是梁启超和张金鉴。梁启超是我国近代提倡学习行政学的第一人。他在《论译书》(1896年)中提出"我国公卿要学习行政学"。尽管近年来有学者对此提出质疑,①但不可否认的是,《论译书》确实代表了梁启超的行政学思想。梁在此书中提出,要把政府工作置于科学管理之中,政府工作人员应当是行政管理人员。此外,他还先后翻译了多部外国行政学专著,如美国的《行海要求》4卷、《行政纲目》1册以及日本的《行政总论》、《行政

---

① 余兴安:《梁启超真的讲过"我国公卿要学习行政学"吗?》,《中国行政管理》,2011年第2期。

学撮要》等。张金鉴为我国行政学的发展作出了重要贡献,其所著《行政学之理论与实践》(1935年)被认为是我国最早、最系统的行政学理论著作。该著作对公文写作提出了总的要求,即"第一撮要,第二准确,第三讲究层次,第四文字清楚",并对上行文、下行文和平行文分别提出了具体要求,即"上行文论事陈言,能谦而不抑,直而不骄;下行文要体察周详,多求实效,有所指示,明捷妥当,有所训诫,严厉之中又含体恤之意,一字一句无不从肺腑流出;平行文相互推崇,措词谦和,有和衷共济之意"。此外,肖文哲的《行政效率研究》(1942年)、甘乃光的《中国行政新论》(1943年)等也是这一时期研究我国行政学的力作。这些观点和要求对公文写作的规范化,行政学、文书学、档案学建设,以及秘书学的形成和发展,都产生了很大影响。

(二)文书档案专著的出版

20世纪三四十年代,为提高机关办事效率,国民党在统治区开展了以文书档案工作改革为主要内容的"行政效率运动",而文书档案工作改革的中心内容则是推行文书档案连锁法。为配合行政效率运动的开展,一些专家学者、政府官员以及文书档案工作人员开始致力于文书、档案工作研究,并出版了相关著作,如徐望之的《公牍通论》(1931年)、何鲁成的《档案管理与整理》(1938年)、白如初的《公务员与公文书》(1939年)、龙兆佛的《档案管理法》(1940年)、康驹的《公文处理》(1941年)、傅振伦的《公文档案管理法》(1946年)、许同莘的《公牍学史》(1947年)、秦翰才的《档案科学管理法》(1947年)、黄彝仲的《档案管理之理论与实践》(1947年)、周连宽的《档案管理法》(1947年)、殷仲麒的《中国档案管理新论》(1949年)等。这些著作不仅对当时的行政效率运动和文书档案工作改革起到了重要作用,直至今日,仍具有很高的学术价值和借鉴意义。其中,尤为突出的是以下两部:

一是徐望之的《公牍通论》。该书由徐望之依据《公文程式》编写而成,初命名为《公牍讲义》,后经商务印书馆出版,更名为《公牍通论》。书稿完成于1929年,出版于1931年。全书"凡九章,章若干节,节又分子目若干撢;引例释言,上自《尚书周秦》,下逮现行程式"。① 书前有序三篇,书末有附录十篇,共计十余万字。其九章分别为释义、类别、体例、储养、撰拟、结构、公文之叙法、用语、程式,另有绪言一篇。第一章释义,介绍了公文名称的来源及其定义;第二章类别,从等级、政治、名称三个方面讨论了公文的分类,列举并解释了从先秦到民国时期公文的诸多名称;第三章体例,讲解了下行文、上行文、平行文和杂体文的体例;第四章储养,论述了人才问题;第五章撰拟,谈论公文的撰写;第六章结构,从实质和形式两方面对公文作了结构上的解说;第七章公文之叙法,将公文叙法分为引叙和自叙两种来阐述;第八章用语,详细介绍了属于术语、成语和约语方面的用语;第九章程式,对公文的用纸、署名、盖印、记时和编号等问题作了阐述;书末十篇附录,

---

① 中国人民大学历史档案系翻印:《公牍通论》,北京:1958年7月第一版序,第2页。

还列举了民国政府关于公文的各种规定。该书贯通古今,内容丰富,例证翔实,可谓"熔铸经史,贯通百家。尝考自古昔公文名称类型至百数种之多。元元本本,殚见洽闻。又杂采近代切于实用诸作,并自拟令文表式,以示楷模。循循乎,纲举目张,有条不紊",① 具有较高的学术价值和较强的实用性,是我国文书学诞生的重要标志之一。

二是许同莘的《公牍学史》。许同莘于早年作《公牍诠义》,1934 年由河北省政府河北月刊社出版,1947 年商务印书馆在此基础上编写并出版了《公牍学史》,1958 年中国人民大学出版社翻印,1989 年档案出版社重新出版。全书共十卷,前八卷为上古三代、春秋战国、秦汉、魏晋南北朝、隋唐五代、宋元明清的文书及其制度嬗变的梗概,对公文起源发展的历史轨迹作了系统梳理,并具体阐述了历代公文文风、文书档案工作及工作者的特点;后两卷专门介绍历代辞令的撰拟及其范例,名为《辞命上》、《辞命下》。另附有《牍髓》内、外两卷,讲述文书档案工作者的素质修养与撰拟之道。最后附《治牍须知》,总结作者的实践经验,揭示治牍者应该注意的事项。该书首次提出"公牍学"一词,第一次将公牍作为一门学问加以研究,第一次系统梳理和分析了公牍发展演进的历程和规律,第一次把公牍提到政与学、政事与文章相统一的高度加以对待,是一本具有开创性和划时代意义的公牍学专著,其高超的理论水平和学术价值不仅奠定了其作为公牍学开山之作的地位,也使之成为文书学研究的杰出代表,更使之成为我国秘书史专项研究的典型例证。

这些著作都是我国宝贵的文化遗产,其中对文书档案工作的论述、研究,不仅促进了文书学、档案学、写作学的建设和发展,也为秘书学的形成作了铺垫。至此,我国秘书学研究拉开了序幕。

三、形成阶段

20 世纪 80 年代,对秘书工作和秘书活动专门的、独立的研究达到顶峰,呈现出前所未有的繁荣局面,可谓"百花齐放,百家争鸣"。这一时期,我国秘书学作为一门学科正式诞生。

(一)原因

王守福在《试论秘书学在我国产生的社会动因》中较为全面地分析了 20 世纪 80 年代秘书学在我国产生的原因。他认为:"党的改革开放的方针、政策,是秘书学突然兴起的政治条件,也是根本条件;社会主义市场经济的发展,是秘书学突然兴起的经济条件,也是基础条件;广大秘书主体意识的觉醒与增强,是秘书学突然兴起的思想条件;相关学科的成熟与完善,是秘书学产生和发展的理论条件;办公自动化浪潮的冲击,是秘书

---

① 中国人民大学历史档案系翻印:《公牍通论》,北京:1958 年 7 月第一版序,第 3 页。

学产生和发展的技术条件。"①总结起来,本书认为,我国秘书学产生的历史原因主要有以下几点:

1. 管理现代化、决策科学化的要求

管理学,又称管理科学,是一门系统研究管理活动的基本规律与原理及管理的一般方法的科学。20世纪,在世界范围内掀起一股管理热潮,极大地促进了管理的科学化、现代化,加速了人类社会的进步。改革开放以来,人们越来越认识到,实现管理现代化是我国社会经济发展的重大战略措施,科学管理,迫在眉睫。因此,80年代以来,管理学及其分支学科受到人们的高度重视,发展迅猛。江泽民同志曾指出:"办公厅处在承上启下的地位,在党的工作部门中具有特殊的地位和作用,它工作好不好对党委乃至全党的工作影响很大。"②高效率的办公厅(室)工作(包括其中的秘书工作)要以科学化、现代化的管理为前提,因而如何实现管理的科学化、现代化,如何提高办公厅(室)工作效率,在当时成为重要议题。对管理科学的研究也带动了办公厅(室)工作的发展。由此,秘书学应运而生。

2. 大规模经济建设对大批量秘书人才的需求

任何一门学科的出现,都是为一定的社会实践服务的。我国秘书学就是为适应经济大发展、大建设的需要而诞生的。1978年中共十一届三中全会确定全党的工作重心从阶级斗争转移到经济建设上来,此后大规模的经济建设在我国如火如荼地开展起来。这就迫切需要大批量高素质、高水平的秘书专业人才。而传统的"师傅带徒弟"的秘书人才培养模式已经无法适应大规模经济建设对秘书人才在数量和质量上的需求,一些高等院校正是为适应这一需求而开设了秘书专业。伴随着秘书专业高等教育的出现,一批秘书学教材和专著也相应问世,从而促进了秘书学的诞生。

3. 新技术革命的要求

随着秘书工作实践的发展,人们认识到秘书不只是"秀才"或"通才",更主要的应当是"管理人才"。尤其是在新技术革命浪潮的冲击下,人们更加清醒地认识到,必须大力发展管理工作,使其向现代化、科学化迈进,实现办公自动化。这就要求秘书不但要更新观念,而且要掌握一定的现代科学知识,具有使用现代化设备的各种技能。为此,必须加强对秘书工作技能和秘书人才素养等方面的专门研究。这不仅推动了秘书学的形成,也将秘书学研究向纵深方向推进。

4. 我国秘书学自身发展的需求

我国秘书工作已有数千年历史文化的积淀,为秘书学理论研究提供了丰富的实践经验;而清朝幕学、近代行政学研究的发展以及文书学、档案学等相关学科的诞生与发展,则为秘书学的形成提供了有益借鉴,奠定了理论基础。到20世纪80年代,秘书学的

---

① 王守福:《试论秘书学在我国产生的社会动因》,载《秘书工作文萃》,北京:中国大百科全书出版社,1993年,第480~484页。

② 江泽民:《省、自治区、直辖市党委秘书长座谈会上的讲话》,1990年1月10日。

形成已具备坚实的实践基础和理论基础。时代在发展,社会在进步,秘书学作为一门专门学问,作为一门独立学科屹立于世界科学之林是其自身发展的需要,更是历史的必然。

5. 学科带头人的出现

80年代中期,我国出现了第一批具有代表性的秘书学研究者,他们主要由两部分组成:一是长期从事机关秘书工作、具有丰富实践经验和较高理论水平的秘书工作者,如李欣、王千弓等。李欣是原中共中央办公厅秘书局常务副局长,所著《秘书工作》(高等教育出版社,1985年)一书,奠定了其作为中国秘书学开创者的地位。王千弓是原武汉市人民政府秘书长,同时也是原江汉大学校长、党委书记,其代表作《秘书学与秘书工作》,对我国秘书学的开创以及后来秘书学专著的写作都产生了巨大影响。二是具有相当理论水平和开创精神的高校教师们,如上海大学文学院的翁世荣教授、成都大学的常崇宜教授,都以专著的形式构建了秘书学的课程体系。学科带头人的出现及其著作的出版,有力地促进了秘书学的诞生与发展。①

(二)主要标志

高等教育秘书学会副会长、老一代秘书学研究者常崇宜先生回顾了与秘书学科产生关系比较密切的事件:一是高校秘书专业的创办;二是秘书学会与学术活动的兴起;三是相关评奖活动的开展;四是秘书杂志的出版;五是秘书著作与教材的出版。② 本书认为,这些事件与秘书学的产生不仅仅"关系密切",而且其本身就是秘书学产生的标志。

1. 秘书专业高等教育的创办

1980年秋,上海大学文学院(原复旦大学中文系)在全国率先招收秘书专业(专科)学生。此后不久,成都大学、江汉大学也开设了秘书专业。1983年,北京高等秘书学院成立,这是国内唯一致力于培养高级秘书、办公管理及相关专业人才的民办高等教育学府。1983年以后,秘书专业逐步得到社会的承认;1984年,秘书专业获教育部认可,列入文科类;1985年,中央肯定了秘书学是一门学科;1986年,国家教委将秘书专业正式列入高等院校的专业目录;1988年,四川省社科院正式招收秘书学研究生。据不完全统计,到1985年止,全国设置秘书专业或秘书学课程的高等院校已有120多所,③除台湾、西藏和海南省外,遍布全国27个省市;到1988年,已有近200所高校开设了秘书专业。④

在职业高等教育的带动下,我国一批综合性大学和理工院校也办起了秘书专业,如南开大学、安徽大学和四川大学,以及大连理工大学、西北建筑工程学院、成都电讯工程学院等。此外,各地职大、电大、函大、夜大和党校等成人教育系统,也开设了秘书专业或

---

① 何宝梅:《秘书学基础理论探究》,杭州:浙江大学出版社,2010年,第12~13页。
② 常崇宜:《当代秘书学科发展简述》,《秘书》,2005年第5期。
③ 原载《人民日报》,1985年11月17日。
④ 董继超主编:《公务秘书学》,哈尔滨:黑龙江科学技术出版社,1989年,第36页。

培训班,秘书教育在全国迅速发展起来。秘书专业高等教育的创办,为我国秘书学研究的开展和秘书人才的培养提供了基地,为我国秘书学的发展开创了新局面。

2. 秘书专著和教材的出版

20世纪80年代,我国出版了许多秘书学专著和教材,其中代表性的有:北京李欣的《秘书工作》(高等教育出版社,1985年),上海翁世荣的《秘书学概论》(上海人民出版社,1984年),武汉王千弓等的《秘书学与秘书工作》(光明日报出版社,1984年),四川张金安、常崇宜的《秘书学概论》(云南人民出版社,1984年),北京孙云洁等的《实用秘书学》(广东高等教育出版社,1985年)等。这些是我国第一批问世的秘书学专著和教材,它们是从事多年高校教学经验与研究的人员、富有实践经验的老秘书们的研究成果和工作心得相结合的产物,不仅为后来秘书学著作的编写提供了范例,也为我国秘书学的发展奠定了基础。此外,还有娄山关的《秘书学教程》、朱佳林的《管理秘书学》、刘玉林的《公安秘书学》、刘祖遂的《通用秘书学》、瞿谦的《企业办公室工作的理论与实践》、朱佳林的《企业秘书学》、周励的《女性秘书学》、王守福的《军事秘书学》、詹银才的《涉外秘书学》、杨剑宇的《中国秘书史》、周恩珍等的《秘书心理学》、袁维国的《秘书学》、董继超的《公务秘书学》、李景行的《当代秘书学》、翁世荣的《现代秘书学》、刘登山等的《秘书学教程》、王绍龄等的《秘书学》等。这一时期,我国秘书学研究人员和秘书工作者还着手翻译了一批国外的秘书学著作,如上海大学文学院翻译的美国安娜·埃克丝雷著的《韦氏秘书手册》(中国新闻出版社,1985年),河南刘祁宪、孟昭泉翻译的苏联卡捷琳娜著的《机关秘书》(河南人民出版社,1985年)等。

3. 秘书专业刊物的出版

80年代,各类秘书专业期刊在全国各地相继创办,具有代表性的有:《秘书》(上海大学文学院主办)、《秘书工作》(中共中央办公厅主办)、《秘书之友》(兰州大学主办)、《文秘》(沈阳大学主办)、《秘书工作》(广东省人民政府办公厅主办)、《秘书界》(成都市秘书协会主办)、《企业秘书》(江汉大学秘书科学研究所主办)、《厂长与秘书》(四川省乐山市计经委主办)、《秘书苑》(湖北大学主办)、《当代秘书》(湖南省委办公厅主办)、《秘书业务》(广东省委办公厅主办)、《秘书学研究》(江汉大学主办)、《航空档案》(航空工业办公厅主编)等。其中,《秘书》杂志由上海大学文学院创办于1983年8月,是我国最早的秘书专业期刊,现由上海市教育厅主管,上海大学主办,国内外公开发行。为月刊,每月18日出版。主要栏目有"高端视野"、"前沿论坛"、"一家之言"、"访贤问智"、"秘书教学"、"职业培训"、"职场导航"、"数字办公"、"文档工作"、"写作天地"等。内容兼具秘书工作理论、实践和教学,有广度、有深度,颇具影响力。在指导秘书工作实践、提高秘书人员修养、探索秘书活动规律、辅助秘书专业教学等方面起到了积极的作用。

《秘书工作》是经中共中央办公厅和国家新闻出版总署批准,由中共中央办公厅秘书局主管的全国性秘书业务指导类刊物。创办于1985年7月,创刊时为季刊,1987年改为双月刊,1991年改为月刊。主要栏目有"信息工作"、"调查研究"、"秘书修养"、"秘苑春秋"、"公文写作和信访"、"随笔与杂谈"等。在中共中央办公厅秘书局的正确领导下,《秘书工作》走过了27年风雨征程路,已逐步形成了自己独特的风格,拥有了稳定的读者群,具有很高的知名度,是目前国内发行量最大、影响力最广的秘书类期刊,为推动我国秘书工作的与时俱进发挥了良好的指导作用。

《秘书之友》由兰州大学主办,创刊于1984年,是全国最早公开发行,最具专业性、理论性、指导性的秘书类杂志。主要栏目有"理论探讨"、"办公室建设"、"工作研究"、"应用写作"、"实践与真知"、"文书与档案"、"办公自动化"等。创刊28年来,一直深受各级党政军机关及企事业单位文秘工作者、其他文字工作者和大专院校文秘专业师生的喜爱。该杂志始终以做秘书工作者"生活的朋友、学习的朋友、工作的朋友"为己任。

这些专业刊物的创办有利于新情况、新问题的及时反映,有利于新思想、新观点的快速交流,为秘书学理论研究、学术探讨提供了阵地。

4. 秘书会议的召开和学术团体的建立

1984年10月,在上海召开了全国高等院校秘书学教学经验交流会,有来自全国23个省、直辖市、自治区67所高等院校的120多名代表参加。与会代表们相互交流了秘书学教学的方法、经验以及秘书工作的心得、体会,并在充分酝酿和协商的基础上,成立了中国高等院校秘书教学研究会(1988年改为"中国高等院校秘书学学会";1996年8月并入"中国高教秘书学会")。1985年11月,全国高等院校第二次秘书学教学经验交流会暨中国高等院校秘书教学研究会第一次年会在武汉召开,会议收到论文、材料70多篇。代表们广泛交流了秘书专业教学的经验,深入探讨了教材体系、教学计划及公文写作方面的内容,并一致通过建立了5个专业研究会。1986年8月,全国高等院校第三次秘书学教学经验交流会暨中国高等院校秘书教学研究会第二次年会在哈尔滨召开,会议交流和讨论了秘书学体系、秘书教学体系和秘书工作性质等一系列问题,会上还成立了中国高等院校秘书学教学研究会成人高等院校分会。1988年5月,全国高等院校第四次秘书学教学经验交流会暨中国高等院校秘书教学研究会第三次年会在黄山召开。以上这些会议,对于推动秘书专业教学和秘书学研究起了积极作用。

此外,在全国各地还陆续成立了秘书专业研究组织和学术团体,如:上海市秘书学会、天津市企业秘书研究会、武汉市秘书学会、成都市秘书学会、乐山市秘书学会、大庆市秘书学会、四川省秘书写作研究会、四川省电子工业秘书学会、河南省秘书学研究会、云南省秘书学会、黑龙江省文秘速记协会、广东省质量管理秘书工作研究会、西北地区军事院校秘书学会等。这些学会、研究会成立后,积极开展活动,组织秘书人员学习业务、交流秘书工作经验,大大促进了秘书工作改革和秘书学理论研究的蓬勃发展。

5. 秘书研究专业队伍的形成

80年代初期,我国秘书学研究的主体是高等院校的教师和处于秘书工作第一线的秘书工作者;研究内容主要是秘书工作及秘书学的相关理论。之后,随着科研院所专家学者们的加入,我国逐步形成了高校教师、科研人员和秘书工作者相结合的专业研究队伍。其中高校教师和科研人员具有较高的理论水平;秘书工作者具有丰富的秘书工作经验。三者的结合,使得这支队伍兼具理论性和实践性,能够理论联系实际,"也使秘书学研究开始从共性理论研究向专业秘书学研究的方向发展,从总结性、回顾性的研究向预测性、指导性的方向发展"。① 这支队伍的形成促进了秘书学理论研究的发展,推动了秘书工作改革和发展的进程,加速了秘书教学体系和方法的完善。

四、发展阶段

20世纪90年代至今,是我国秘书学的平稳发展阶段。

著名秘书学研究者钱世荣先生在《中国当代秘书学研究:第三次"爬坡"》中回顾了我国秘书学形成、发展过程中的三次"爬坡"。② 然而本书认为,自20世纪90年代至今,我国秘书学的总体趋势是前进的、发展的,期间并没有明显的"爬坡"或"滑落"。马克思主义认为,任何新事物的发展都不是一帆风顺的,都有一个螺旋式上升的发展过程。秘书学作为一门新兴学科,其形成到发展,难免会有起伏,会呈现一定的阶段性特征,但并没有出现大幅度滑落,其总体趋势是较为平稳的上升、发展。

90年代以来,我国秘书学在诸多方面都取得了较大进步:有关秘书学科的理论专著和大学教材已出版约1000种,近50家秘书杂志和大学学报上发表的有关秘书方面的论文超过2万篇;③各地纷纷出现了一批新的秘书学术团体并相继展开活动;中国高教秘书学会等秘书会议也陆续召开……但是,在秘书学所取得的各项成就中,还是以秘书高等教育的发展、秘书学专著和教材的继续出版以及办公室管理理论的形成与发展最为突出。

(一)秘书高等教育的发展

1993年全国高等教育自学考试指导委员会决定将秘书专业列为全国高等教育自学考试常设专业,并邀请专家制定了秘书专业(本科和专科)高等教育自学考试计划。秘书专业自学考试的开设,激发了研究者的积极性,拓宽了学习者的学习途径,提高了秘书学的学科地位,促进了秘书学的发展。据不完全统计,到20世纪90年代中期,设有秘书专业的高校已达400余所,秘书专业已发展成为全国高校招生人数最多的专业之一。④ 截至2002年,我国已有417所高等院校设有秘书专业,从事秘书学专业教学的教师至少有2万多人,其中30%以上有高级职称。⑤ 我国"已初步形成了多层次、多渠道、多形式

---

① 杨丽娟主编:《秘书学》,上海:上海交通大学出版社,2001年,第7页。
② 钱世荣:《中国当代秘书学研究:第三次"爬坡"》,《当代秘书》,2002年第3期。
③ 常崇宜:《秘书工作理论建设的问题》,《秘书之友》,2001年第1期。
④ 杨树森编著:《秘书学概论教程》,合肥:安徽大学出版社,2008年,第3~4页。
⑤ 孔繁芳、吴令起主编:《现代秘书学教程》,北京:中国人民公安大学出版社,2002年,第13页。

的秘书人才培养、教育网络,并建立起了一支专兼结合的秘书专业教师队伍和科研队伍"。① 此外,秘书学教学也获得较大发展。我国许多高等院校秘书专业经过20多年的成长与发展,已积累了丰富的办学经验,制定了完整的教学计划和教学大纲,并有配套的专业教材。在教学方法上,各校除坚持传统教学法外,还创造了案例教学、现场教学、情景模拟教学、电化教学、多媒体教学、岗位实习、知识竞赛、建立专修室、实验室等丰富、活泼、有效的教学方式。②

(二)秘书学专著和教材的继续出版

这一时期,我国秘书学专著和教材硕果累累,其中代表性的有:袁维国等的《秘书学》(高等教育出版社,1990年),楼宇生的《通用秘书学》(同济大学出版社,1991年),陈合宜的《秘书学》(暨南大学出版社,1993年出初版本,1994年出修订本,1997年出增订本),史玉峤、陶菊怀主编的《现代秘书学》(青岛出版社,1995年),范立荣的《现代秘书日用大全》、《现代秘书实务》(中央民族大学出版社,1996年)以及《现代秘书学教程》(首都经济贸易大学出版社,2005年),冯金祥主编的《秘书学》(中等专业学校教材)(中国商业出版社,2000年),司徒允昌、陈家桢编著的《秘书学教程》(上海人民出版社,2003年),姬瑞环主编的《秘书学教程》(海洋出版社,2003年),胡鸿杰等编著的《秘书学教程》(中共中央党校出版社,2005年),杨树森编著的《秘书学概论》(安徽人民出版社,2005年)、《秘书学概论教程》(安徽大学出版社,2008年),谭国应编著的《普通秘书学概论》(西南交通大学出版社,2006年),李泽江、杨晗主编的《秘书学》(西北农林科技大学出版社,2007年),何宝梅的《秘书学基础理论探究》(浙江大学出版社,2010年)等。

这一时期,我国学者还非常重视秘书专业丛书的编著,代表作有:由史玉峤总主编、青岛出版社1995年出版的"现代文秘丛书"(《现代秘书学》、《现代文秘写作》、《现代文秘写作实用范例》、《现代秘书心理学》、《现代秘书与礼仪》、《现代商务文秘》、《现代涉外文秘》)共7册;由吕发成主编、兰州大学出版社1997年推出的"全国高等院校文秘专业通用教材"(《秘书技能教程》、《秘书写作教程》、《秘书工作案例分析》)共3本;吉林郑崇田主编的《中国当代100位秘书学者学术观点集锦》(延边大学出版社,1998年)和河南聂中东主编的《中国秘书史》(中州古籍出版社,2000年)则从横向、纵向两个不同角度对秘书学理论和秘书史料作了有益的研究和整理。

(三)办公室管理理论的形成与发展

新中国成立后,我国已经开始对办公室管理的若干理论问题进行了初步探索,但由于各项建设任务过于繁重,以及天灾、人祸的干扰,办公室管理理论并未取得大发展,直

---

① 冯金祥主编:《秘书学》(中等专业学校教材),北京:中国商业出版社,2000年,第18页。
② 孔繁芳、吴令起主编:《现代秘书学教程》,北京:中国人民公安大学出版社,2002年,第13页。

到十一届三中全会以后人们才开始对办公室管理理论进行深入的研究,并形成一股热潮。1985年中共中央办公厅明确提出,中央办公厅工作的指导思想是"三个服务",即为中央服务,为各省、自治区、直辖市服务,为人民服务,同时,在业务工作上提出"四个转变",即从侧重办文、办事转变为既办文、办事又出谋划策,从收发传递信息转变为综合处理信息,从单凭传统经验办事转变为科学化管理,从被动服务转变为力争主动服务。"三个服务"、"四个转变"不仅指导了各地的办公室工作,也促进了办公室管理理论的发展。1994年中央领导指出,办公厅要实行"两个结合"、突出"三项重点工作"、搞好"四项建设"。"两个结合"即"一般和个别相结合,领导和群众相结合";突出"三项重点工作"即在全部工作中,突出抓好信息调研、督促检查和保证日常工作正常运转三项工作;搞好"四项建设"即搞好办公厅(室)队伍的思想建设、组织建设、业务建设和作风建设。

办公室管理与秘书工作有交叉重叠的部分,而办公室管理理论与秘书学研究在内容上也有交叉重叠的部分,同时办公室管理理论也是秘书学发展到一定阶段的产物。2005年,胡鸿杰、马仁杰、魏芬合著的《办公室管理》被国家教育部列入"十五"国家级高等教育规划教材,由安徽大学出版社出版,标志着我国"办公室管理"这门课程正式得到官方认可,也标志着我国"办公室管理"这门课程正式得到官方认可,也标志着我国办公室管理理论的正式形成。因而有学者指出,办公室管理理论的形成与发展是我国现代秘书学研究的新特点与新趋势。[①]

从20世纪80年代至今,我国秘书学已走过30多年的光辉历程,在充分肯定所取得成就的同时,也应该看到,秘书学研究还不够成熟,还存在许多问题,如许多相关理论还没有成熟,秘书学学科体系还有待完善,秘书专业学术团体和组织的影响力还不够大、开展的活动还不够多,等等。只有全体秘书工作者、研究者辛勤耕耘和不懈努力才能解决这些问题,也才能推动秘书学的繁荣发展。

第二节 中国秘书学的研究对象与性质

一、秘书学的研究对象

任何一门学科都有其特定的研究对象,正如毛泽东同志所说:"科学研究的区分,就是根据学科对象所具有的特殊矛盾性。因此,对于某一现象的领域所特有的某一种矛盾的研究,就构成某一科学的对象。"[②]秘书学的特殊矛盾性构成了秘书学的研究对象。然而学界对秘书学研究对象的认识尚未统一,可谓众说纷纭,尚无定论。目前较有代表性的观点主要有以下几种:

---

① 胡鸿杰等编著:《秘书学教程》,北京:中共中央党校出版社,2005年,第39~41页。
② 《毛泽东选集》合订本,北京:人民出版社,1967年,第284页。

第一,"秘书工作说"。这种观点认为,秘书学以秘书工作为其研究对象,如"秘书学是一门研究秘书工作规律及其应用的学科"。① "秘书学是研究秘书工作的一门科学"。②

第二,"秘书管理说"。这种观点认为,秘书学的研究对象应当是秘书管理,如"秘书学是以秘书管理活动为研究对象的应用性社会科学"。③ "基于秘书学运行的特殊氛围及其产生、嬗变、发展,并成为一门独立的学科,其学科对象应为——秘书管理"。④

第三,"辅助管理说"。这种观点认为,"秘书学的研究对象,主要是研究辅助各级各类社会组织的领导机关或个人,进行科学领导和管理的科学"。⑤ "秘书学是探讨如何更为有效地辅助领导进行管理的一门科学","特殊的辅助性管理活动……是秘书学的研究对象"。⑥

第四,"对象多元说"。这种观点认为,"秘书学是研究秘书工作和秘书活动规律的科学,是一门综合性的应用科学"。⑦ "秘书学研究什么?……应该以秘书、秘书工作、秘书活动为主要研究对象"。⑧

以上对秘书学研究对象的争论是秘书学学科建设和发展过程中不可或缺的经历,这种各抒己见、百家争鸣的繁荣局面不仅反映出秘书学研究的蓬勃发展,也加强了学界的思想交流,促进了秘书学基础理论建设的完善和学科建设的发展。

那么究竟应当如何界定秘书学的研究对象呢?德国古典哲学家康德曾说过:"如果想要把一种知识建立成为科学,那就必须首先能够准确地规定出没有任何一种别的科学与之有共同之处的、它所特有的不同之点……这些特点可以是对象的不同,或是知识源泉的不同,或是知识种类的不同……"⑨要将秘书学与其他一切学科区别开来,首先必须明确秘书学的研究对象。本书认为,秘书学是一门以秘书、秘书工作和秘书机构为研究对象的综合性应用学科。将秘书学的研究对象规定为秘书、秘书工作和秘书机构,主要出于以下几点考虑:

首先,秘书是秘书活动的主体,是秘书工作的执行者,是整个秘书系统中的能动因素。秘书工作者的素质,能够直接或间接地影响其工作能力、工作效率、工作质量。因此,只有对秘书工作者的职业道德修养、心理素质、知识结构和业务能力等方面展开系统全面研究,从理论的高度揭示秘书人才的基本条件和标准,建立起科学的秘书人才培养、教育、选拔、考核、晋升制度,才能从根本上改变我国长期以来"师傅带徒弟"的落后的

---

① 杨树森编著:《秘书学概论教程》,合肥:安徽大学出版社,2008年,第5页。
② 李欣著:《李欣文集》(第六卷),北京:高等教育出版社,2008年,第3页。
③ 胡鸿杰等编著:《秘书学教程》,北京:中共中央党校出版社,2005年,第45页。
④ 宋斌:《秘书学系统》,武汉:湖北人民出版社,2000年,第8页。
⑤ 李景行编著:《当代秘书学》,北京:农村读物出版社,1989年,第1页。
⑥ 林巍:《秘书工作概论》,北京:中国档案出版社,1987年,第43页。
⑦ 李泽江、杨晗主编:《秘书学》,西安:西北农林科技大学出版社,2007年,第10页。
⑧ 杨继明主编:《秘书学》,北京:中国农业出版社,2006年,第15页。
⑨ 康德:《任何一种能够作为科学出现的未来形而上学导论》,北京:商务印书馆,1978年,第23页。

秘书人才培养模式,使大批素质高、能力强的秘书人才脱颖而出,以满足社会主义建设事业对秘书人才的需求。具体来说,包括以下几方面:第一,秘书的起源、发展、地位和作用;第二,秘书的职业道德修养、思想道德素质和心理素质;第三,秘书的知识结构和业务能力;第四,秘书人才的培养、教育、选拔、任用、考核和晋升;第五,秘书专业教学课程的设置和培养目标。

其次,秘书工作是秘书活动的客体,是全部秘书活动的中心内容。秘书工作内容丰富,纷繁复杂,尤其是随着时代的发展,科学技术和管理手段的不断进步使得秘书工作的事务性、复杂性和挑战性日益增强,经常呈现多重矛盾相互交叉、多项事务亟待办理的紧张局面。面对这种状况,仅凭秘书人员的工作经验已难以驾驭,甚至有可能贻误时机,给工作造成不必要的损失。因此,研究秘书工作的内容,探索秘书工作的规律,把握秘书工作的内在联系,概括秘书工作的实践经验,是提高秘书工作效率和质量的必要途径,也是秘书学应有的研究范围。研究秘书工作,具体的就是要研究以下几方面:第一,秘书工作的地位和作用;第二,秘书工作的性质、特点、基本原则和指导思想;第三,秘书工作的职责范围和具体内容,如调查研究、信息工作、参谋咨询、督查工作、协调工作、文字工作、文书工作、会务工作、信访工作、保密工作、公关工作、领导日程安排、随从工作、接待和礼仪、通信联络、值班和突发事件处理等。

最后,秘书机构是秘书活动的环境条件,是秘书人员所归属的职能机构,也是秘书工作开展的特定场所。秘书机构设置是否合理,职能是否完善,设备是否先进,工作制度是否规范,人员配备是否到位,对秘书工作效率、效果和质量都有重要影响。因此,对秘书机构进行深入、系统的研究,努力实现秘书机构设置的科学化、合理化、规范化,建立起完备的秘书工作制度和程序,使秘书人员尽快适应并充分利用工作环境,实现资源的合理配置和有效利用,不断提高秘书工作效率和质量,是我国秘书学研究对象的重要组成部分。对秘书机构的研究具体应当包括:第一,秘书机构的体制和设置;第二,秘书机构的职责范围和任务;第三,秘书人员的配备;第四,秘书机构在机关中的地位及与其他部门的关系。

综上所述,秘书学以秘书、秘书工作和秘书机构为研究对象。这一表述既揭示了秘书学研究对象的稳定性,又赋予秘书学研究对象以时代进步性。这里的"稳定性"是指,虽然在各个国家和地区的各个历史时期,秘书的称谓、秘书工作的内容以及秘书机构的设置各有不同,但是从根本上看,秘书活动的主体都是秘书,秘书活动的客体都是秘书工作,秘书活动的环境都是秘书机构,三者是秘书系统中最核心的因素,是相互作用、相互联系的有机整体,三者共同构成秘书学形成和发展的基本依据。同时,随着时代的发展和社会的进步,秘书的各项素质和能力会日趋提高,秘书工作的复杂性和挑战性会日益增强,秘书机构设置的科学化和规范化程度会越来越高,从而体现了秘书学研究对象的时代进步性。因此,我们认为,将秘书、秘书工作和秘书机构确定为秘书学的研究对象,是比较合理的。

二、秘书学的学科性质

秘书学的研究对象决定了其学科性质,具体包括以下几方面:

(一)综合性

秘书学的综合性是由其研究对象的丰富性和涉及学科的广泛性决定的:

一方面,如前所述,秘书学的研究对象是秘书、秘书工作和秘书机构,而这三者的内容是十分丰富的。首先,秘书学既研究秘书的心理,又研究秘书的行为;既研究秘书的起源,又研究秘书的发展;既从微观上研究个体秘书的培养和教育,又从宏观上研究我国秘书人才培养、教育、选拔、考核和晋升制度,研究内容涉及秘书工作的方方面面。其次,随着时代的发展,社会分工越来越细,秘书工作的种类越来越多,内容也越来越丰富,"如在政治管理领域里,有党务秘书工作、行政秘书工作、军事秘书工作、外事秘书工作、公安秘书工作等;在经济管理领域里,有工业经济秘书工作、农业经济秘书工作、财贸经济秘书工作等;在文化管理领域里,有科学研究秘书工作、教育秘书工作、文化秘书工作、学术秘书工作、新闻秘书工作等;其他还有会议秘书工作等"。[①] 秘书工作的多样性也决定了秘书学的综合性。最后,秘书机构的体制和设置、秘书机构的职责范围和任务、秘书人员的配备、秘书机构在机关中的地位及与其他部门的关系等,也极大地丰富了秘书学的综合性。

另一方面,由于近代科学的迅猛发展,学科分化越来越细,学科种类也越来越多。与此同时,由于人们日益认识到各门学科之间的紧密联系和相互作用,所以传统的学科界限逐渐模糊,甚至被打破,边缘学科、横断学科、综合性学科等交叉学科大量兴起并取得累累硕果,科学在高度分化的基础上实现了新的整合。[②] 秘书学正是在这样的分化与整合中产生的,也是在多门学科的交叉、边缘中产生的。秘书学在其发展过程中既容纳和吸收了其他学科的理论成果,又借鉴和运用了相关学科的技术方法,这些学科主要有五个方面:第一,文学、史学、哲学、经济学、语言学、逻辑学、心理学等传统学科;第二,政治学、管理学、领导科学、决策科学等社会科学;第三,文书学、档案学、文字学、写作学、会议学、公共关系学等姊妹学科;第四,数学、科技等自然科学;第五,信息论、系统论、控制论等方法论学科和应用技术。秘书学与这些学科的交叉、融合,决定了其本身是一门综合性学科。

(二)理论性

任何一门学科都是科学理论的总结和概括,秘书学也不例外。作为一门应用性学

[①] 张同钦主编:《秘书学概论》,北京:中国人民大学出版社,2011年,第7~8页。
[②] 魏晋才编著:《秘书学概论》,兰州:甘肃教育出版社,2003年,第7页。

科,秘书学虽然以应用性为主,但也具有相当的、不可忽视的理论性,例如,对秘书的起源和发展、秘书工作的原则和指导思想以及秘书机构的地位和作用等方面的研究,具有鲜明的理论性,甚至即使是秘书实务,也具有一定的理论含量。然而,我国秘书学研究一直存在着重应用、轻理论的倾向。早在20多年前翁世荣先生就曾指出:"但是迄今为止,秘书学留给人们的印象似乎是一门理论性不强甚至没有理论性的学科。这实在是一种误解。造成这种误解的原因,一是出于人们对秘书工作的误解,似乎写写文件、听听电话,没什么理论可言。二是秘书学研究开展以来,由于时间短暂和其他原因,大多数研究还只是停留在介绍秘书工作的业务知识和专业技能的阶段,在相当程度上忽视了对秘书工作理论的研究。近年来,虽陆续有些研究论文和教材问世,但也缺乏理论色彩。"[1]的确,纵观出版的秘书学专著,几乎所有专著在谈及"秘书学的学科性质"时都列出了"应用性"或"实践性",而提到"理论性"者微乎其微。为了消除"误解",恢复秘书学的本来面目,首先,必须明确理论虽然源于实践却也指导实践。秘书学要长远发展,秘书工作要高效开展,都离不开秘书学理论的科学指导。其次,必须大力加强对秘书工作理论的研究,系统总结并升华秘书工作经验,揭示秘书工作规律。最后,还必须将秘书学理论运用到实践中,指导秘书工作。

(三)应用性

秘书学是一门兼具理论性和应用性并以应用性为主的学科,属于应用科学的范畴,其应用性主要表现在:第一,秘书学的理论知识,直接来源于生动的秘书工作实践,以及由此产生的实际工作经验。无论秘书学的基础理论或应用理论,都不能脱离秘书工作实践,否则秘书学就会成为无源之水、无本之木。第二,秘书学的理论知识直接指导秘书实践,并且具有普遍意义。第三,秘书学的理论知识直接接受秘书工作实践的检验,并得以修正、补充和完善。有学者指出,"秘书学不同于社会科学领域的文、史、哲、经等传统学科,它的突出特征就在于实践性。它的产生土壤是秘书工作实践,它的发展动力源于秘书工作实践,它的研究目的是提高秘书工作质量和效率,它的根本价值在于揭示秘书工作的客观规律,促进秘书工作的发展"。[2] 这正是对秘书学应用性的科学阐释。

第三节 中国秘书学与相关学科的关系

20世纪50年代以来,社会的不断发展和分工的逐步细化,推动了各学科之间的互相融合、互相渗透,从而使得一门学科的产生、发展与完善,不仅要有社会需求作为原动力,而且学科间这种相互借鉴、相互促进的趋势,也发挥着越来越重要的作用。中国秘书

---

[1] 翁世荣主编:《现代秘书学》,上海:上海人民出版社,1989年,第17~18页。
[2] 姬瑞环主编:《秘书学教程》,北京:海洋出版社,2003年,第14页。

学作为一门独立的综合性学科,产生于20世纪80年代,发展至今,同样离不开许多相关学科的支持与影响,要全面、正确地认识秘书学,有必要弄清楚中国秘书学与其他相关学科的关系。

一、中国秘书学与管理学

管理学是一门研究一般管理活动及其规律的综合性学科。它着重研究管理原理、管理过程、管理职能和管理技术等内容。第二次世界大战后,管理科学在西方发展迅速,曾经历科学管理、行为科学和管理科学三个发展阶段,并发展成为一门显科学。中国秘书学脱胎于管理学,与管理学关系最为密切,可以说,秘书学是管理学下属的一门二级学科。

首先,1990年《中图法》(第三版)以增注的形式,将秘书学纳入"C931管理技术和方法"的三级类目,从而将秘书学定位为管理学的下属学科。《中图法》首次将秘书学纳入权威分类体系,在当时不仅有利于对秘书学既有研究成果进行分类,而且对秘书学研究的发展起到非常重要的扶持和推动作用。然而随着秘书学的发展,其已由当初专门研究秘书活动的"小秘书学"逐步细化壮大成为包括"秘书学史"、"秘书学概论"、"比较秘书学"等一系列学科的"广义秘书学"。从未来的发展来看,秘书学必然会从现有的管理学三级类目上升到管理学二级学科的地位,并且国内已有不少学者呼吁将秘书学在《中图法》中定位为二级类目。[①]

其次,秘书学的主要研究对象——秘书工作,是一种特殊的管理活动,即辅助管理活动,从这个意义上说,秘书工作具有明显的管理性特点。因此,秘书学的研究必须借鉴和吸收管理学的研究成果,如计划、组织、指挥、协调和控制等管理过程理论,以便从中破译出管理过程中的秘书工作内容。

最后,秘书部门是管理大系统中的一个子系统,是紧紧围绕在领导周围的办事机构,担负着上传下达、沟通上下左右、对外进行公务联络以及管理机关事务等管理职能,[②]因而秘书工作是管理工作的一个组成部分。

二、中国秘书学与领导科学

秘书学与领导科学具有极其密切的关系。这是因为"秘书"是相对"领导"而言的,有领导才会有秘书;秘书工作与领导工作关联紧密,秘书工作是辅助领导工作,为领导工作服务的,秘书工作的成绩体现在领导工作的成绩之中。

领导科学是研究现代领导活动规律和方法的一门科学,它是在管理学发展的基础上形成的,以领导职能、领导体制、领导类型、领导方法、领导艺术等为主要研究内容。它与秘书学有着许多相互交叉、重叠和融合之处。秘书学中阐述的参谋、协调、信息、督查

---

① 钱世荣:《〈中图法〉的定位与秘书学的突破》,《秘书》,2002年第5期。
② 何青:《再论秘书学的学科定位》,《秘书之友》,2005年第5期。

等内容,必须符合领导科学原则和规律,才能更好地为领导工作服务;领导科学中阐明的科学决策理论、决策的程序和方法等内容,与秘书学中阐明的辅助决策的有关内容应当相互协调。① 两者这种相辅相成的紧密关系,决定了秘书学研究与领导学研究必须相互观照、相互制约、同步发展。

三、中国秘书学与行政学

行政学又称"行政管理学",是研究行政管理活动及其规律的一门科学,以国家行政机关的行政原理、行政组织、行政领导、行政法规、行政监督和机关管理为主要研究对象和内容。其中对机关管理的研究,与秘书学的研究内容出现了交叉。而秘书学所研究的秘书学原理和秘书实务、秘书人员、秘书工作和秘书学的产生、发展和演变等,都不是行政学所能包含的。因此可以说,行政学是秘书学的相关学科。

关于秘书学与行政学的关系,目前国内有不少学者认为,行政学包含秘书学,秘书学是行政学的分支学科。笔者认为,此种观点有一定的局限性。

首先,行政学的一般研究对象是中央和地方各级人民政府,亦即党政机关的行政管理活动。而秘书学不仅要研究党政机关的秘书、秘书机构和秘书工作,还要研究企业的秘书工作,当前尤其要研究非公有制经济实体中的秘书及秘书工作。如果将秘书学纳入行政学的学科之中,势必会将秘书学仅定位在党政秘书学这一领域,导致只有党政机关才有秘书工作的错误认识。

其次,将秘书学定位在行政学这一分支学科之下,在一定程度上构成了对秘书学研究对象和研究内容的限制,延缓了秘书学学科体系的建立。秘书学作为一门独立的学科,其研究范围和内容应该是很广泛的,应该在现有的研究范围的基础上,进一步吸收、借鉴别的学科的研究成果,作更多拓荒性的研究,不断丰富、壮大秘书学。

四、中国秘书学与文书学、档案学

文书学是研究文书与文书处理工作的规律以及原则与方法的一门学科,它是伴随档案学的创立而形成的。在我国,文书学的发展先于秘书学,至今已经发展成为一门独立的学科。它主要研究文书理论、文书的形成、文书的运转、文书的生效和文书的终止,以及文书工作的原则和效率。

秘书学与文书学的关系十分密切。这是因为秘书学与文书学在研究对象和研究内容上有一定的交叉和重叠。秘书机构包含文书部门,秘书工作包括文书工作。也就是说,秘书学的研究内容包含文书学的研究内容,两者之间存在包含与被包含的关系。从目前国内相关研究成果来看,有不少学者建议将文书学与秘书学合并。但是,作为不同的学科,我们也应该看到二者的区别:秘书学是从宏观上研究文书及文书工作的,侧重

---

① 姬瑞环主编:《秘书学教程》,北京:海洋出版社,2003年,第18页。

于研究文书的撰写、办理、运行和功能等；文书学则是从微观上研究文书及文书工作，侧重于研究文书的特点、功能与保管，具有较强的技术性和可操作性。

档案学是文书学的姊妹学科，是一门研究档案和档案管理规律的学科。文书写作和文书处理后的文字材料，经收集、整理后即归入档案，成为档案学的研究对象。档案工作是秘书工作的重要组成部分，但这并不能说明，秘书学包含档案学，档案学是秘书学的下属学科。

首先，秘书工作中涉及的档案管理工作并非档案工作的全部。我国档案工作已形成一个由档案事业管理工作、档案馆工作、档案室工作、档案专业教育、档案科学技术研究、档案宣传出版、档案界国际交流与合作等部分组成，具有国家规模的档案事业系统。在该系统中，档案馆工作是主体，其他部分则是建设发展我国档案事业的重要条件。秘书工作所涉及的档案管理工作属于档案室工作，只是我国档案工作的一部分。

其次，秘书部门和秘书人员也不完全包括档案部门和档案人员。我国目前已建立从中央到地方的各级各类国家档案馆和国家档案行政管理机关，档案行政管理机关是主管档案事务的行政职能机构，档案馆是永久保存档案的科学文化事业机构，显然它们不属于秘书部门，其工作人员也不在秘书人员范畴之内。

最后，秘书学与档案学的研究对象不同。秘书学的研究对象是秘书人员及其从事的具体工作，其中包括档案管理工作，档案学研究的对象是档案这种事物和围绕这一事物所进行的工作。也就是说，秘书学与档案学的研究对象交叉于档案管理这一模块，二者不具备包含关系。

综上所述，文书学是秘书学的下属学科，而档案学则只是秘书学的相关科学。

五、中国秘书学与写作学

写作学是研究写作特点、规律和方法的科学，[①]从研究对象上分，写作学可分为普通写作学、应用写作学和文学写作学，秘书学研究的公文和其他实用文体写作的规律、特点和方法，也是写作学，特别是应用写作学的研究范畴。在这一点上，两门学科有重叠和交叉。虽然文学写作对写作有一定的作用，却不是秘书学的研究范围，因此，写作学是秘书学的相关学科。

此外，秘书学与公共关系学、礼仪学、决策学、社会学、信息科学等学科也有着比较密切的联系。正确认识秘书学与相关学科的关系，对于秘书人员而言，可以使他们更加自觉地吸收相关学科的知识营养，拓宽知识视野，建立起适应秘书工作需要的知识结构和过硬技能；对于秘书学的建设与发展而言，可以使人们认识到，任何一门科学的发展和完善，都需要吸收和借鉴相关学科的研究经验和理论成果。[②]

---

① 陈合宜：《秘书学》（第六版），广州：暨南大学出版社，2010年，第8页。
② 姬瑞环主编：《秘书学教程》，北京：海洋出版社，2003年，第20页。

第四节　秘书学的学习方法与要求

一、秘书学的学习方法

（一）理论联系实际

理论与实际联系是我们学习和研究秘书学的根本方法。秘书学是理论性与实践性相统一的学科，秘书学的理论与应用是密不可分的。因此，在学习和研究秘书学时，要把握秘书学的基础知识和基本原理，运用理论联系实际的方法，深入实际，调查研究，或亲自到秘书工作岗位实习，获取第一手资料，增强感性认识，在实践中认识"秘书学"概念的基本理论，加深理解。

（二）比较学习法

比较学习法是通过对两个以上的学习对象进行比较，从中发现异同点及其原因和规律的学习方法。只有对各种事物的内部矛盾进行充分的比较后，才能深入认识事物之间的内在联系，把握其规律性。比较学习法是学好秘书学必不可少的方法。

1. 秘书学与相关学科的比较

学习和研究秘书学，有必要将秘书学与相关学科进行比较、鉴别，找出它们之间的相同点和不同点，找出各相关学科在秘书学中所处地位和所起作用，以及这些相关学科的基本原理、原则和方法、技巧在秘书学中的创造性运用。

2. 古今秘书工作的比较

通过描绘我国秘书工作的萌芽、发展、变化，特别是以改革开放以来秘书工作的发展、变化为比较重点，以了解不同时期秘书工作的差异，并分析导致这一差异的原因，从而加深对秘书学的理解；同时秘书学在发展、深化过程中，各个分支学科也要相互比较与借鉴，如秘书学概论、中国秘书史、秘书语言学、秘书心理学等分支学科的研究内容、研究方法必然各不相同而又相互联系。

3. 国内外秘书学研究的比较

通过对不同地区、不同国家秘书工作状况和秘书学研究成果的了解，取彼之长补己之短。就目前而言，中国秘书学在吸收借鉴外国秘书学研究成果和理论方法方面存在不足。

（三）案例分析法

案例是实际存在或曾经发生过的具有典型意义的事例，其价值在于提供真实有效的素材，供人们分析研究，总结普遍规律，从而提高人们的认识能力和实践能力。案例分析法,就是通过对大量具体、有代表性的案例进行比较、分析、归纳和综合,概括出一般规律的学习方法。秘书学是一门实践性、实用性很强的应用学科,因而,案例分析法是学习秘书学的常用方法。典型的秘书工作案例,不论是成功的还是失败的,都有助于人们加深对秘书学本质及其规律的认识和理解。因为任何秘书工作案例,都是秘书学原理和方法的具体运用。依据具体案例对秘书学中的有关问题进行研究、学习,有助于提高人们运用理论知识分析、解决实际问题的能力,并有助于人们在秘书工作中发现新问题、总结新经验、探索新观点和新方法,从而推动秘书学理论的进一步发展、完善和成熟。

二、关于本书的学习要求

首先,从宏观上把握本书的框架结构,了解各章节之间的逻辑联系。从本书的结构体系来看,共4编,15章,分为两大部分:

第一部分为基础知识和基本理论,包括第一篇"理论篇"的四章内容,是中国秘书学基本理论知识的概述,本部分介绍了我国秘书学、秘书工作的产生和发展,阐述了秘书人员的素质和职责以及我国秘书工作的一般原理。

第二部分为秘书工作的具体内容,分为"实务篇"介绍秘书人员的主要工作;"职责篇"介绍秘书人员的主要职责;"礼仪与交际篇"介绍秘书人员应具有的礼仪素养和交际能力。

其次,对本书的学习提出三个层次的要求:

第一层次是记忆,即理解记忆秘书学基本理论知识,为进一步学习秘书学奠定基础。首先要知道什么是秘书学,了解秘书学产生发展的历史、秘书学的研究对象和性质,对秘书学形成初步认识。其次要了解我国秘书和秘书工作的产生、演变史,知道秘书从何而来,秘书工作从古至今在机构以及内容上发生了怎样的变化,等等,这一系列基础性、常识性知识应熟记于心。

第二层次是理解。在记忆的基础上,要联系实际深入思考,透彻领会其中的意思,要融会贯通。如秘书的三大职责:调查研究、协调工作、督促检查,是做好秘书工作的指导方针和基本原则。这些理论应该仔细研读,真正理解,并能付诸实践。又如秘书人员应注意哪些礼仪细节,怎样和上司、同事相处等,这些内容不仅适用于当好秘书,也是从事任何职业都不可缺少的,若能熟练掌握,将会终身受益。

第三层次是学会运用。秘书学本身是一门应用性学科,人们学习秘书学的最终目的不是为了得学分或拿证书、文凭,而是能胜任秘书工作,当个优秀秘书。因而前两个层次的记忆和理解内容是基础,是前提,综合运用才是最终目的。本书的"秘书实务"部分,具体说明了秘书工作有哪些,应该怎样去做。如公文写作、公文处理、秘书会务、秘书日常事务等,这些内容大都是秘书工作经验的总结,对读者有着切实的指导作用。然而这些秘书实务并不那么简单,都有相当复杂的方法、程序和规范上的标准化要求,并不是懂了就会做好,还要经过多次实践,不断揣摩、提高,才能达到近乎完美的境地。学习《秘书学》的重点在于实务,在于培养从事秘书工作的能力。知识、理论是必要的,其中有些学了就能运用,有些则是在今后的工作中才能充分显示其作用,而不是立竿见影的,因而学好秘书学,更需要融会贯通,综合运用。

此外,不同类型、不同地区、不同级别的社会组织中秘书工作的内容差别很大,对秘书工作的要求也不尽相同。没有一本秘书学教材能提供包罗一切秘书工作的绝对正确的理论,本书亦不例外。建议读者在学习本课程时进行一些简单的调查研究,同时,将各种秘书学著作对于某些关键内容的阐述加以比较、分析,以加深对本书所阐述观点的理解,并形成自己的独立见解。

▎本章思考题

1. 中国秘书学的形成和发展经历了哪几个阶段?每个阶段的标志是什么?
2. 中国秘书学的研究对象是什么?
3. 中国秘书学的性质是怎样的?
4. 搜集有关资料,阐述秘书学与公共关系学、汉语言文学、政治学之间的关系。
5. 谈谈你打算如何学习秘书学。

▎案例分析

由于高考失利,孙冲没能进入自己喜欢的专业学习,而是按照"服从志愿"被分配到文秘专业。孙冲觉得这个专业既枯燥乏味,又没有技术含量,甚至不能称为一门学科、一个专业。"不就是给人打杂吗?有什么好学的?"孙冲常常这样想,因而非常失落。尽管孙冲并不喜欢文秘这个专业,但是他仍然刻苦努力,学习成绩一直名列前茅,因为他认为既然进入了这个专业,那就要把它学好。

大学毕业后,孙冲成功应聘上了一家大公司的总经理秘书。这时他惊喜地发现,大学期间的理论学习为他的日常工作提供了正确而高效的指导,让他工作起来得心应手,颇受领导赏识。几年后,孙冲就被提拔为副总经理。

回首往昔,孙冲不无感慨地说道:"怪自己刚上大学时没有摆正心态,没有正确理解秘书学和文秘专业。好在自己有一个好学、上进、不服输的性格,总算是学到了一些秘书学的相关知识,这对我之后的工作起到了意想不到的作用。"

根据上述案例,请回答:

1. 谈谈你对"不就是给人打杂吗?有什么好学的"这一观点的看法。
2. 结合上述案例,谈谈学习秘书学的意义。

第二章
中国秘书工作的发展沿革

▌本章导语

本章主要介绍了我国秘书工作的发展沿革。全章共分三节,在交代了我国秘书工作的起源之后,按照先介绍秘书工作的发展脉络、再介绍当时主要的秘书工作制度的思路,分别介绍了尧舜时期、先秦时期、秦汉魏晋南北朝时期、隋唐五代宋时期、元明清时期、民国时期和新中国成立后我国秘书工作的沿革。

▌本章关键词

秘书工作起源;秘书工作历史沿革;秘书工作制度

第一节　中国秘书工作的起源和先秦时期的秘书工作

中华文明源远流长,我国的秘书工作也历史悠久。秘书工作究竟起源于何时,目前学界还有不同的观点。有的认为起源于神农时期,有的认为起源于黄帝时期,有的则认为起源于殷商时期。众说纷纭,各有所本。根据文献记载和考古发现,可以确定,我国在黄帝时期已经出现了秘书工作。

一、秘书工作的出现

秘书工作是一项依附性工作,它以为领导和领导机构提供辅助管理和综合服务为宗旨。秘书工作产生的前提必然是其依附对象的存在。因此,秘书工作的产生,只有在领导和领导机构出现之后才有可能。

人类的公共管理活动是伴随社会组织的发展而出现的。考古发现表明,我国最早的人类出现在200万年前。自原始人类出现后,经历了约160万年漫长的进化和发展,人类社会组织结构逐步由简单而松散的原始群演变为以血缘为纽带的人类共同体——氏族。氏族的社会组织结构相对稳定,氏族成员共同劳动和生产,产生了公共事务,于是原始的公共管理活动开始出现。但这时候,氏族的人口较少,所在地域范围很小,公共事务也较少,而且公共事务管理采取原始民主制,氏族公共事务由民主决定后,再由民主推选的氏族首领具体实施。因此,尚未出现真正意义上的领导和领导机构。

随着生产力的发展和社会的演进,在原始社会后期,一些有血缘关系的氏族联合而成胞族,若干胞族构成部落,几个部落又结成部落联盟。在部落或部落联盟中,贫富分化,原始民主制名存实亡,部落首领由社会公仆变成最早的实际统治者。生产力发展导致的社会分工、部落组织规模的日益扩大和完善、战争和祭祀等公共事务的增多、利益集团的形成,必然要求一部分人从生产劳动中分离出来,专门从事管理活动,部落联盟的公共管理职能和管理范围进一步拓展,领导和领导机构便产生了,秘书工作产生的条件已经具备。

我国历史上传说中的"神话时代"即黄帝时代(距今约 5000 年),是部落联盟昌盛时期,当时的华夏大地上生存着多个部落联盟,主要有:在黄河中游、关中平原、河东盆地和河南沿岸一带以姬、姜诸姓为主的部落联盟;在海岱地区和淮、泗,包括长江下游的三角地带以风、嬴、偃诸姓为主的东夷部落联盟;在豫西南山地和丹水、汉水、长江中游一代的"三苗"或苗蛮部落联盟。传说中,炎帝(号神农氏)后裔烈山氏以烧山种田著称,共工氏善于平治水土;少昊氏的后代重、该、修、熙等部落,除经营农业外,各有技术特长:重善于制作木质耒耜等农具,该善金属加工,修和熙善防治洪水;东夷少昊(号伏羲氏)过着"亦佃亦渔"的生活,说明他们以狩猎、捕鱼为生。由此可以看出,各个部落的先民们,在他们生活的土地上渔猎、治理水患、开垦土地、种植农作物、制作生产生活器具,并且有了技术分工。

这一时期的部落或部落联盟规模很大,每个部落或部落联盟都由为数众多的氏族或部落构成。如黄帝部有以熊、罴、貔、貅、虎等野兽命名的 6 个部落,少昊氏凤姓部落有 24 个氏族,蚩尤部落有 81 个氏族。各部落或部落联盟规模的扩大和相互交往的增多使得冲突也逐步增多,相互间的战争时有发生,其中以炎黄联盟对蚩尤部落的战争和炎、黄间的战争最为著名。经过战争,黄帝部落成为中原各地众多部落的核心力量,并形成了领导集团。

诚如一些学者所言,我们不能将黄帝"视为一个简单的人,而是一个急剧变革时期的象征,这个时期就是由军事民主制到国家诞生的时期,是超越血缘性部落而向庞大的地域性部落联盟发展的时期"。① 在这个时期,后世国家的雏形已经出现。领导集团内已有了管理分工,传说黄帝不仅设立"六相",而且设立了后世所谓的"史官",协助他管理部落事务。根据有关典籍记载,担任黄帝史官的有仓颉、沮诵、孔甲、大挠、隶首、宾成等人。这些人负责记录黄帝言行、为黄帝著辞等。从其职责来看,他们的工作内容都属于秘书工作的范畴。也就是说,在这一时期,秘书工作已经出现。

文字的产生虽然不是秘书工作出现的必要条件,但文书工作是秘书工作的重要内容。因此,我们也可以从文字的出现这一角度考察我国秘书工作产生的情况。

---

① 朱绍虞主编:《中国古代史》(上),福州:福建人民出版社,1990 年,第 42 页。

众所周知,我国有确切文字的历史始于殷商时期。当时使用的文字是刻写于龟甲兽骨上的甲骨文。甲骨文的字数相当多,据不完全统计,约有 4500 个;文字结构上已经具备指事、象形、形声、会意、转注和假借 6 种造字原则;具有较为成熟的语法体系。由此可知,甲骨文是一种相当成熟、严密的文字系统。

一个相当完整成熟的文字体系不可能一蹴而就,必然经历了漫长的演变过程。我国历史上有关造字的传说和考古发掘均显示,在黄帝时期,早期文字已经出现。

自战国时期起,历史上就流传着各种造字的传说,其中最著名的当为"黄帝造字说"和"仓颉造字说"。这两个传说都将文字的出现归功于某一个人。实际上,文字的产生和发展是人类在社会实践中出于现实需要而由群体创造逐步形成和完善的,不可能由一个人独创。黄帝作为一个偶像化和神化的象征,历史传说和古籍记载中常将当时的一些重大创造发明归功于他;而仓颉作为黄帝的史官,可能从事过整理文字和保存文书的工作,因而被当作文字的发明者。更有可能的情况则如《荀子·解蔽》所言:"好书者众矣,而仓颉独传者,壹也。"透过历史传说可知,在黄帝时代,文字已经出现。《后汉书·郊祀志》中"自五帝始有书契"的记载与此相契合,同时它在我国的考古成果中也得到了验证。

陕西西安半坡遗址属于新石器时代晚期的仰韶文化。在半坡出土的陶器上刻画有二三十种符号。郭沫若认为:"这些刻记符号,可以肯定地说就是中国文字的起源,或者中国原始文字的孑遗。"[①]同属于仰韶文化的陕西临潼姜寨遗址也出土有 40 多个刻画符号的陶器,其中的部分符号与半坡遗址出现的符号相同。这两个遗址分布于近 3 万平方公里的范围内。这说明,在距今约 6000 年前的时期,这些符号已经在较大范围内得到较为普遍的使用。

属于龙山文化晚期的文字在考古中也有所发现。在西安西郊斗门乡花园村发掘的距今约 4500 至 5000 年的原始社会遗址中,考古工作者发掘出一批甲骨文。这批甲骨文与殷商时期的甲骨文字体相近。这一时期恰处于传说中的黄帝时代。

上述情况表明,在黄帝时期,秘书工作不仅已经出现,而且担任史官的不止一人,并各有分工,"这绝不是最原始的秘书工作,而是经过了一定发展阶段的比较成熟的秘书工作"。[②] 鉴于此,我们有理由相信在距今约 5000 年前的原始社会末期,当若干氏族联合组成规模较大的部落时,我国的秘书工作便已产生。

二、尧舜时期的秘书工作

黄帝之后的尧舜时期介于原始社会向奴隶制社会过渡的时期。与前相比,这一时期部落联盟的管理组织有所扩大,秘书工作得到加强。

[①] 郭沫若:《古代文字之辩证的发展》,《考古学报》,1972 年第 1 期。
[②] 杨树森、张树文:《中国秘书史》,合肥:安徽大学出版社,2006 年,第 14 页。

上古先民对神灵和祖先有着无上的崇拜,凡事必先征询神灵的旨意,经常举办祭祀活动。在原始社会末期,巫、祝是专职的神职人员。巫负责沟通人、神,在两者之间传递信息;祝在祭祀活动中负责致祝词。他们一方面代表人向上天和鬼神发送信息,另一方面传达上天和鬼神的旨意。他们的职责带有秘书工作的性质。尧舜时还设有秩宗一官,秩宗职司宗教祭礼,实际上是巫、祝的领导者,主持的是最重大的祭祀活动。

舜时,还特设"纳言"一职。《尚书·舜典》中记载,舜曾对龙作出这样的指令:"帝曰:龙!朕堲谗说殄行,震惊朕师。命汝作纳言,夙夜出纳朕命,惟允。"根据孔安国的解释,所谓纳言,乃"喉舌之官,听下言纳于上,受上言宣于下,必以信"。即纳言是负责上传下达的官职,是典型的秘书职务。

这一时期,社会管理事务日趋繁多和复杂,领导集团为了广泛听取臣民的意见和建议,设立了"进善之旌"、"诽谤之木"和"敢谏之鼓",这是我国信访工作的滥觞。《史记·文帝本纪》载:"古之治天下,朝有进善之旌,诽谤之木。"这里的"古"指的就是尧舜时期。传说尧曾在朝廷前设置一面旗帜,史称"进善之旌",臣民可以立于旗下进善言、提建议;"诽谤之木"是舜所立木柱,指陈舜之过失者站在柱下发表意见。"敢谏之鼓"的功能与"进善之旌"、"诽谤之木"相似,欲荐贤能、献良策者敲击大鼓便可得到接见。

三、先秦时期秘书工作的初步发展

（一）先秦时期的秘书机构和职官

禹承尧舜之绪,通过治理水患、发展生产、征伐三苗等举措,获得众多部落拥戴,被尊称为"夏后氏",为诸夏最高首领,并通过"涂山之会",大会夏、夷诸部邦国和部落首领,最终确立了王权,标志着夏王朝正式建立,我国历史上的国家自此形成。

国家的建立意味着严格意义上的官职出现了,秘书官是其中的官职之一。

夏朝的秘书官除前文中的秩宗外,还有辅佐夏王处理国政、掌管文书档案的机要秘书长——太史令。太史令之下有左史、右史、遒人等从官。左史和右史的主要工作是记录王的言行和国家的重大活动,掌管机要资料;遒人掌管王命的传达、发布。

商代是我国奴隶制的鼎盛时期。商代的官制较其以前完备得多,官职、官位都比夏朝多。在中央官制中,除冢宰、百僚之外,重要的官职还有六太、五官、六府、六工等。这些官职中,有不少是专职或兼职的秘书官。如太宰、太史、太宗、太祝、太卜、太士等。太宰是商王的助手,总理庶政和秘书事务;太史是机要秘书的首领,负责起草王命、发布文告;太宗专司宗庙祭祀的具体事务;太祝负责礼仪和会务;太卜掌管占卜,负责敬神事务等。此外,尹、多尹、乍(作)册、卜、多卜、工、多工、史、北史、卿史等秘书官各自均有着明确的分工。

这些处于不同层次的秘书官分属两种类型:一类是神职秘书,如贞卜史官和祭祀史官,分别职司占卜、祭祀、求雨、降神等活动;另一类是人事秘书,如乍(作)册史官、记事史官等,职司机要、文字、档案典籍管理、记言、记事、观测天象等。商人尊神敬鬼,"国之大事,在祀与戎",凡事必先问卜然后决行止,神职史官就是人神沟通的纽带,可以挟神意以参与政事。而人事史官则因职掌可以参与国家政治生活。同时,他们是当时具有很高文化修养的特权群体,因此,商代秘书官地位显赫,相对而言,神职秘书的地位又高于人事秘书。

西周时期,伴随国家管理事务的增多和国家管理的正规化,秘书机构较之夏商时期更为正规化,秘书人员数量也相应增多,我国最早的中央综合性秘书机构——太史寮出现了。

太史寮初设于商代末年,成形于西周,是与卿事寮并列的部门。其长官为太史,太史之下,设立级别不同、分工有异的史官,号称"五史"。其中,太史亦称"大史",掌邦国之六典,诸如文书起草,策命诸侯、卿大夫,记载史事,编写史书,管理国家典籍、祭祀和天文历法等事务均由其负责,其职位显赫;小史是太史的副手,掌邦国之志,定世系,辨昭穆,有时协助太史组织重大的礼仪活动;内史在周初称"作册",乃枢要之职,与汉代以后的尚书令、明代的大学士相当;外史则负责起草天子下达给京畿以外的命令,掌管四方邦国的历史记载和三皇五帝的典籍及文字推广工作;御史即柱下史,顾名思义,常侍立于殿柱之下以接收四方文书,也负责档案、典籍的保管,是太史寮中的低级秘书官。

太史寮之外,天子还有宫廷秘书——宰。宰在商代原是天子的厨师,因常侍左右,得以亲近天子,故成为其亲信。西周时期,宰成为宫廷事务秘书的首领,这是后代近侍被任用为掌管机要的开端。在后宫,王后也有负责礼仪和文书的秘书官——女史,这是我国历史上迄今为止所知最早的女性秘书人员。

西周实施分封制,周王封同姓、异姓及古帝王的后代于各地,作为周室的藩屏。这些诸侯国有相当的独立性,可以仿照中央官制设置自己的管理机构。据《左传·定公四年》记载,伯禽封鲁时,周天子"分之土田陪敦,祝、宗、卜、史,备物、典策、官司、彝器",这说明在封国内也有祝、宗、卜、史之类的秘书班子。

从公元前770年周平王东迁洛邑至公元前221年秦灭六国,统一中国,是我国历史上的重大变动和战乱时期,即春秋战国时期。这一时期,群雄迭起,王权式微。在这个所谓礼崩乐坏、百家争鸣的时代,社会动荡,私学兴起,原有的社会秩序发生了重大改变;秘书机构和人员也发生了根本性变化,其中最突出的就是史官地位的下降和新的秘书群体"士"的兴起。

史官地位的下降与春秋战国时期王室的衰落、私学的兴起有着直接关系。西周实施分封制的目的,原本是为了让诸侯拱卫王室。但是,到了春秋战国时期,随着诸侯势力的逐渐强大和周王室力量的削弱,周王已经丧失天下共主的地位,仅仅是名义上的最高统治者。西周时期,"学在官府",文化教育的特权由贵族专享,掌握较高文化知识的人为数甚少。这也是作为当时的高级知识分子的史官的地位得以保持的原因之一。春秋后期,私学渐兴。私学招收的学生不分出身贵贱,贵族垄断教育的局面不复存在。这样,史官依附的权势削弱了,借以维持地位的优势也丧失了,他们的地位便自然而然降低了。

士的社会角色起初主要为武士,春秋战国时期主要指文士。士是介于官民之间的一个社会阶层,其构成十分庞杂。春秋战国时期,士是政治舞台上的活跃分子,很多士充当着国君和权贵的顾问和谋士,他们"入楚楚重,出齐齐轻,为赵赵完,畔魏魏丧",[①]属于高级秘书。同时,权贵"养士之风"盛行,号称"战国四公子"的魏信陵君、齐孟尝君、赵平原君和楚春申君,都蓄养了大批门客,多者有数千人。这些门客(又称"食客"、"舍人")的主要任务是参议谋划、起草信函、处理日常事务及承担交办事项等,也属于秘书工作的范畴;他们是我国早期的私人秘书群体。

(二)先秦时期的秘书工作制度

先秦时期秘书工作制度的主要内容包括秘书的选拔与培养制度、文书与档案管理制度、社会调查制度等方面。

1. 秘书的选拔与培养制度

夏商和西周时期,秘书实行世袭制,特别是高级秘书工作人员,累世袭守,在世袭制度下,从业者父死子继,兄终弟及,如司马迁的祖上便是史官世家,在周代即"世典周史"。春秋战国时期,诸侯混战,为了战胜对手,必须不拘一格地网罗天下英才为己所用,在这样的历史背景下,世袭制已不再适应新的历史要求,被"选贤任能"制代替。当然,史官的世袭并不就此绝迹,秦汉时期,仍有史官世袭家传的现象,如司马迁、班固家族就是著名的史官世家。

春秋之前,由于史官世袭和史官业务专业性的特点,决定了秘书人员的培养方式主要有家传和师承两种。他们的文化知识从官学获得,专业知识很多来自家学,也有一些承自师授,例如卜辞的刻写等技术,就需要在老师的指导下习刻或仿刻。春秋末期,私学成为培养秘书人员的重要机构,其中以孔子的私学规模最大,影响最深远。

2. 文书与档案管理制度

公务文书是统治者实施社会管理的重要工具,以公务文书的起草、运行、保管等工作为对象的文书与档案管理工作,是秘书工作的主要内容之一。先秦时期,随着文书、档案工作的出现和初步发展,文书与档案管理工作相继形成了一些制度。

根据学者的研究和推断,在夏代我国已经出现了比较发达而正规的文书和档案工作。[②]《尚书》中保留有一篇目前所知最早的、成文于夏初的公文,即夏启征伐有扈氏发布的檄文《甘誓》。"誓"是我国最早的公文名称,为发布王命的下行公文。先秦时期,公文已形成由多个文种、不同行文方向构成的文书体系。其中,下行文主要有誓、诰、命、策、典、檄文、令等,上行文包括丁籍、事书、谱牒、版、图、丹书、约剂、上书、计书等,平行文主要有盟书、移书、载书等。

---

① 王充:《论衡》,上海:上海古籍出版社,2010年,第157页。
② 周雪恒主编:《中国档案事业史》,北京:中国人民大学出版社,1994年,第7~13页;杨树森、张树文:《中国秘书史》,合肥:安徽大学出版社,2006年,第80~82页。

在公文的处理和运行方面也形成了文书正副本、撰制、用印、传递等制度和程序。

王命文书和地方官府的重要公文建立副本(即"贰")的制度始于西周时期,其后为历代所沿袭。根据《周礼·春官·内史》的记载,"内史掌书王命,遂贰之"。即将王命文书的副本交由内史保管。邦国间的重要盟约,"大史、内史、司会及六官皆受其贰而藏之"。① 地方官署的重要文书也要制作副本,分别保存。《礼记·内则》中有这样的记载:"宰告闾史,闾史书为二,其一藏诸闾府,其一献诸州史,州史献诸州伯,州伯命藏诸州府。"

在公文撰制过程中,形成了草拟、审阅、修改、签发等程序。《论语·宪问》中有关于郑国"命"这一文种撰制过程的记载:"为命,裨谌草创之,世叔讨论之,行人子羽修饰之,东里子产润色之。"说明在春秋战国时期,公文的撰制已形成由拟制、讨论、修饰、润色等环节构成的特定程序,各个环节由专人负责。公文的签发,是指在拟稿、核稿后由主管者签写意见形成定稿,作为缮印正本的依据。这一环节起源于殷商时期卜人在卜辞中刻上自己的名字。战国时,齐国国相田婴首先在契券文书上签名,即"押券",这一做法被各官署仿行,在缣帛官文书上押署。

给公文加盖印章是确保公文效力的手段。我国古代在公文上用印,不仅反映公文的效力,还可以起到保密的作用。先秦时期的印一般称"玺","玺者,印也。印者,信也"。② 先秦时期,玺的使用并不像秦以后有严格的规定,主要是私人使用以为凭信。在文书上使用印玺始于商周,作为文书的封盖始于春秋后期。加盖印玺,既可以作为凭信,也为了确保简牍文书在传递过程中能保密,防止中途拆阅,这个环节称为"封泥"。其具体手续是:"书函之上,既施以检,而复以绳约之,以泥填之,以印按之,而后题所予之人,其事始毕。"③这是公文生效的标志。

文书的大范围运转需要传递机构和人员及相关制度的保证。春秋战国时期,已经形成了文书传递制度,建立了邮传组织,称"遽"或"邮"。负责传递公文的叫"行夫"或"僖",用来传递公文的工具有车、马,驿站、邮亭是公文传递的机构。《孟子·公孙丑上》中记载孔子的话说:"德之流行,速于置邮而传命。"说明在春秋后期,公文传递的速度相当快。

根据《吕氏春秋·先识》中关于夏末"太史令终古出其图法"哭谏夏桀的记载,一些学者认为,在夏末已经出现了档案工作。尽管在夏代已经具备档案工作出现的条件,但因"图法"至今未见实物,尚不能完全确认这一论断。至今所知最早的档案是商代的甲骨档案。其存贮已有一定的方法,包括集中保管、集中归档、登记和初步整理、专人经管等。④

西周的档案种类有了显著增加,除史官保管的诰、誓、政典、记注等档案外,王朝中央还保管着图版、盟约、谱牒等重要档案。西周时期还出现了档案保存的副本制度,建立了最早的中央政府正规的档案保管机构——天府,并出现了将机密性和重要性最高的档

---

① 《周礼·秋官·大司寇》。
② 蔡邕:《独断》卷上,《四库全书》子部十·杂家类二。
③ 王国维:《简牍检署考》,《王国维遗书》(第六册),上海:上海书店出版社,1983年,第110页。
④ 周雪恒主编:《中国档案事业史》,北京:中国人民大学出版社,1994年,第25~30页。

案保存在"金縢之匮"的做法。

春秋战国时期,兼并战争和社会的巨大变革使得原有档案大量散失或被破坏,而一些新型文书档案如律法档案(刑书)、赋税档案(计书)、用印文书(玺书)、凭证文书(符、节、券)等也相继出现。这是我国历史上第一个广泛利用档案的时期。周王东迁后,原来被藏诸密室的档案大量分散到各国,这种状况为档案的广泛利用提供了条件。孔子是搜集、利用档案的典范。他"使子夏等十四人求周史记,得百二十国宝书",①广泛搜求各个诸侯国的档案文献,利用史官记注和官府文书编纂六经,"六经实际上就是对档案的整理和编纂"。②

3. 社会调查制度

为了观风俗、知得失、自考证,西周时建立了一套较为严密的社会调查制度。从事社会调查工作的上至天子,中有各级官吏,下到朝廷从民间选拔的专门人员。《礼记·王制》记载,天子每五年要巡视诸侯职守,访问百岁老人。根据《周礼》的记载,乡师、大仆、大司寇、小行人等官员的职责中都有进行社会调查的内容。乡师须四季巡行国都及城外周边地区,救民困苦,每年要考核六乡的政绩;大仆有接待上访官员的职责;大司寇须在官府门前设立肺石,贫困无助者可以站在肺石上申诉;小行人也要按时巡游各地,了解地方百姓生活状况、各地风俗礼节、施政情况等。此外,还从民间选拔"男年六十,女年五十无子者,官衣食之,使之民间采诗"。③ 这便是采风制度,即采集民间诗歌,通过民歌了解百姓生活状况、风俗善恶和政治臧否,作为施政的参考。

第二节 秦至清代的秘书工作

公元前221年,秦灭六国,统一全国,我国开始进入2000多年君主专制中央集权统治的封建时期。与封建王朝日益严密的行政体制相一致,秘书机构的设置也不断发展,形成一系列渐趋完善的秘书工作制度。由于在这漫长的历史时期内秘书工作的内容涉猎相当广泛,本节只能撮其要者,将各个历史时期主要的秘书机构和秘书工作制度作简要介绍。

一、秦至清代的主要秘书机构与职官

(一)秦汉魏晋南北朝时期的主要秘书机构和职官

1. 秦代御史府的秘书职能

秦代的中央行政管理体制为三公(丞相、御史大夫、太尉)九卿(奉常、廷尉、宗正、卫

---

① 《春秋公羊传·隐公卷一》疏。
② 周雪恒主编:《中国档案事业史》,北京:中国人民大学出版社,1994年,第79页。
③ 《春秋公羊传》宣公十五年《解诂》。

尉、太仆、少府、典客、治吏内史、郎中令)制,三公各自设府。三公府是辅助皇帝治理天下的中枢机构,其中主要的秘书机构是御史府。御史府的职责绝大多数属于秘书工作范畴,如收受公卿、百官吏民的奏事,掌管版籍、地图等重要档案和律法文书,受命代皇帝巡视各郡县并监理郡务,受命处理皇帝交办的特殊事宜等。御史府内各曹所掌多为秘书工作,其中,奏曹负责拟写奏章,书曹负责收受、处理文书,令曹负责秘令、法令的掌管,印曹专司印玺的刻制等;曹下还有令史、下隶吏禄等低级秘书,负责具体的文书档案工作。①

2. 汉代御史府与尚书台的秘书职能

汉初沿袭秦制,在中央行政管理体制上实行三公九卿制。武帝时期,出现了重大变化,朝官分成中、外两个系统。汉代的秘书机构和职官也相应发生了变动。这主要表现在两个方面:一是御史府秘书功能的逐渐萎缩,二是尚书台秘书功能的逐步强化。

汉初,御史府的秘书功能一度比秦代有所强化:某些制书、诏书须经御史大夫过目,再发往丞相府;下级部门或地方官署上呈的文书,要经过御史的初阅和筛选;国家的律令和郡国的上计文书由御史府保存。15个侍御史分别对口管理中外朝的往来文书。②武帝后,御史大夫的实权逐渐为尚书各曹所代替。汉成帝后,御史改称"大司空",东汉改称"司空",掌水土营建,不再有秘书职能。

汉代尚书台之所以逐步成为国家政务的中枢机构,其根源在于最高统治者通过重用内廷官员以逐步削夺外朝官员的权力,维护和强化皇权。尚书在秦代属皇宫低级秘书,汉武帝时启用尚书掌管中央政府机要,成帝时进一步提升其地位,将尚书署擢升为尚书台,哀帝时尚书台已成为皇帝实际上的机要秘书处。至东汉光武帝时,"众务悉归尚书,三公但受成而已",③尚书台正式成为皇帝之下的权力中心。尚书台在权力扩张过程中,逐步取代御史府的大部分秘书功能,成为西汉后期和东汉重要的秘书机构。负责出纳帝命,呈送奏章、参与机要,其后还增加了批阅奏章并提出初步处理意见等职责。尚书台分曹理事,可以代表皇帝颁发诏令、承传公卿奏章的权力。东汉时尚书台机构比较庞大,尚书令是其长官,尚书仆射是副手,尚书左、右丞各一人,掌录文书期会,并辅助令、仆治事;尚书台有尚书侍郎36人职掌文书起草,尚书令18人主书,尚书侍郎和尚书令分属六曹。

两汉时期在皇宫承担秘书工作的除尚书机构之外,还有职司进谏的谏大夫(东汉改称"谏议大夫")、备皇帝顾问的中大夫(后称"光禄大夫")、专掌顾问应对的议郎及汉武帝罢黜百家之前的博士等参谋、进谏类的秘书和由宦官充任的中常侍、侍中、黄门侍郎、中书令等贴身秘书官。汉代的中朝官很多由宦官担任,特别是东汉后期,宦官常充任重要中朝秘书职位,逐步形成一股强大的政治力量,参与政治斗争,操纵朝政,使得东汉政治尤为黑暗。这是汉代秘书工作的一个特点。

---

① 杨树森、张树文:《中国秘书史》,合肥:安徽大学出版社,2006年,第24页。
② 詹绪佐等:《中国秘书简史》,合肥:安徽大学出版社,1998年,第104页。
③ 郑樵:《通典》卷22《职官四》。

3. 魏晋南北朝时期中书省的秘书职能

东汉末年,曹操柄政。他设立秘书令取代尚书台,成为新的秘书机构。秘书令下辖秘书左丞和秘书右丞,负责收发、处理奏章,拟制文书等工作。曹丕废汉之后,设立中书省,起草诏书、掌管奏章、记录朝廷大事、参与政务。中书省的主官有二:一是由曹操设立的秘书令改称的"中书令",另一个是新设的中书监,两者共同掌管机要。此外还有:黄门郎掌收受、拆阅奏章,通事郎(晋时改成中书侍郎)负责起草诏令、呈送奏章,主书负责保管文书、抄写诏敕,书吏负责文书抄录、誊写,在人手不够时还择取主书协助书吏工作;西晋时在中书侍郎之下还设立舍人、通事(合称"通事舍人",后改成"中书舍人")。

中书省原本是皇帝的机要秘书机构,后来规模逐渐扩大,业务日益繁多,成为重要的秘书机构。

4. 魏晋南北朝时期门下省的秘书职能

为了分割日益强化的中书省权力,晋时将汉代的侍中寺改称"门下省",负责参与审议、出纳王命、承办交办事宜等,实际上承担了部分中书省的秘书职能。其人员多为皇宫中的秘书工作人员,如侍中、常侍、给事中、黄门侍郎、谏议大夫、起居郎等,主官为侍中。在南北朝时期,门下省权势日盛,掌管机要、参与朝政,号称"小宰相"。

(二)隋唐五代宋时期的主要秘书机构

隋唐五代宋时期是我国政治制度史的重要时期。在这一时期,专制主义中央集权制度不断完善,形成了一整套等级森严、相互制约而又有明确分工的官僚体系,建立、健全了职官管理制度。相应地,为政府机构、皇帝和行政长官服务的秘书工作更显重要,秘书工作制度也更加规范化、制度化。秘书机构和职官分布非常广泛,在各个部门、各级官府及军队中,基本都设立了相应的岗位或职官从事秘书工作。

经过魏晋南北朝时期的演化,三省制雏形粗具。隋统一全国后,在前朝基础上确立了以三省六部制为核心的中央行政体制。这一体制为唐宋等朝代所因循,只是代有损益而已。这一时期具有秘书职能的机构主要有隋唐宋的中书省和门下省、唐宋的翰林学士院、唐五代时期的枢密院等。

1. 中书省、门下省的秘书职能

隋的三省为尚书省、门下省和内史省。在运行体制上,隋代的三省以尚书省为核心,在实际执行时有较大的伸缩性,虽同时参与政事,但分工尚不明确。唐代改内史省为中书省,并对三省职责作了明确分工,即中书出令、门下封驳、尚书执行。宋代在神宗元丰改制后恢复了唐代的三省制。三省中,门下负责审议,尚书负责执行,中书则根据皇帝意图起草政令,中书省是中央主要的秘书机构之一。如宋代的中书省"掌进拟庶务,宣奉命令,行台谏章疏,群臣奏请兴创改革及中外无法式事,应取旨事"。① 同时,在另外两省特

---

① 《宋史》卷161《职官志》。

别是门下省,其职掌中也有一部分属于秘书工作,如宋代的门下省"受天下之成事,审命令,驳正违失,受发通进奏状,进请宝印"。①

第一,中书(内史)省的秘书职能。

隋代的内史省起先设内史监 1 人,寻废,改设内史令 2 人,是部门长官;侍郎 4 人,舍人 8 人,通事舍人 16 人,主书 10 人,录事 4 人。唐代的中书省设中书令 2 人,总领部门政务,侍郎 2 人为副职,中书舍人 6 人,主书和主事各 4 人,右散骑常侍 2 人,通事舍人 16 人及起居舍人、主书、书吏等职位。宋代前期,中书省仅为皇城外挂牌机构,掌管郊祀册文祝辞等琐事。元丰改制后,成为中央造令、传旨机构。其编制包括中书令、中书侍郎、右散骑常侍各 1 人,中书舍人 4 人,右谏议大夫、起居舍人、右司谏、右正言各 1 人。有吏额 45 人,包括录事、主事、令史、书令史、守当官等。

中书舍人是主要的秘书官,唐代中书舍人"掌侍进奉,参议表章,凡诏旨制敕、玺书册命,皆起草进画"。② 宋代中书舍人的秘书功能包括"五案":上案(册礼、朝会事务)、下案(收发文书)、制诏案(起草制诏等)、谏官案(关报文书即官府往来文书)和记注案(记录皇帝起居言行)。

宋代中书省设房治事。各房的秘书职责分别是:吏房掌承办官员任免、赏罚等文书工作,礼房掌祭祀、册封典礼及递送国书、诏命,刑房掌赦宥罪人文书等,生事房掌收发文书,班簿房掌百官名籍(相当于干部档案),制敕库房掌汇编、登记所颁敕、令、格、式并提供检阅和架阁库管理,催驱房主要负责催促中书省各房发送文书、纠察延误耽搁者,点检房负责校对、检查各房书写的文书。

第二,门下省的秘书职能。

隋唐宋各朝门下省均有权修改奏驳有异议的中书省所拟诏令,驳正臣下章奏中的违误。

唐、宋两代的门下省还负责处理信访文书。武则天时在门下省设立匦使院,此后唐代历朝均沿此制。匦使院由知匦使主持,属员有判官和典各一人,另设兼职理匦使。知匦使"专知受状以达其事",③每日将分类接收的官民奏书,呈送皇帝批阅,事关重大的立即处理,次要的由知匦使分送中书省或理匦使据状申奏。唐穆宗时,信访文状的处理改为"事之大者闻奏,次申中书门下,小者各牒诸司处理"。④

宋初在门下不仅有匦使院,还另设鼓司。宋太祖太平兴国年间将匦使院改为登闻院、鼓司改为登闻鼓院,景德年间又改登闻院为登闻检院,简称"鼓院"和"检院"。这两个机构设置的目的是了解下情,属于信访文书处理部门。其受理包括上诉、举告、议论朝政、集体请愿、自荐等文书,"文武官及士民章奏表疏。凡言朝政得失、公私利害、军期机

---

① 《宋史》卷 161《职官志》。
② 《新唐书》卷 52《百官志二》。
③ 《唐六典》卷 9《中书省》。
④ 《唐会要》卷 55《匦》。

密、陈乞恩赏、理雪冤滥,及奇方异术、改换文资、改正过名,无例通进者"。① 在处理信访文书时,必须先向鼓院进状,直接向检院进状的不予收接,如果鼓院不受,可向检院进状。两院都是进状的受理或转呈机构,受理进状后必须进呈皇帝亲自审阅并委员处理。

门下省的秘书职能在宋代最为突出。承担秘书职能的部门有通进司、银台司、章奏司、封驳司、进奏院等。其中,通进司与银台司职责相近且互通,又合称"通进银台司"或"银台通进司",通进司的职责是"受银台司所领天下章奏、案牍及阁门京百司奏牍、文武近臣表疏以进御,然后颁布于外",是宋代中央政府处理文书的枢纽;银台司的职责是"受天下奏状、案牍,抄录其目进御,发付勾检,纠其违失而督其淹缓";②章奏房的职责类似于银台司,负责收受天下章奏、案牍,送交通进使;进奏院又称"奏邸",是宋代重要的文书传递机构,负责收受皇帝、中央各部门文书和地方官府来文,并作初步审查,根据事由和重要性分送相关部门处理,"掌受诏敕及三省、枢密院宣札,六曹、寺监百司符牒,颁于诸路。凡章奏至,则具事目上门下省。若案牍及申禀文书,则分纳诸官司。凡奏牍违戾法式者,贴说以进"。③

隋初在门下省设符玺局,专门负责管理符玺,炀帝时撤局改设符宝郎;唐代也设有此职。

唐代门下省的起居郎与中书省的起居舍人共同负责皇帝言行起居的记录。

2. 唐、宋时期翰林学士院的秘书职能

唐初的翰林院本是内廷待诏之所,用于招揽人才以备皇帝顾问。因为经常接近皇帝,逐步参与国家机要。翰林院源于唐初的"待诏",太宗时,名儒学士虽时常被召以草制,但尚无名号;高宗时号"北门学士",玄宗时置"翰林待诏",后又别置翰林学士院,专掌内命。肃宗时,翰林学士院成为皇帝直接控制的最高秘书机构,负责撰写拜免将相、号令征伐等机密诏令。翰林学士院发展到宋代,成为常制。翰林学士官"掌王言大制诰诏令敕文之类",④是皇宫机要秘书处。它的设立和运行,取代了中书省的部分权力和秘书职能。

3. 唐、五代时期枢密院的秘书职能

唐代枢密院的萌芽是三省合署办公之所中书门下的下属机构枢密房,枢密房负责掌管皇帝的重要机密文书。代宗时以宦官为枢密使,"初不置司局,但有屋三楹,贮文书而已。其职掌惟承受表奏,于内中进呈,若人主有所处分,则宣付中书门下施行而已"。⑤其后,由于地位的特殊和唐代后期宦官势力的膨胀,枢密使的权力迅速膨胀,不仅承受诏旨、出纳王命,还参与机要。

---

① 《宋史》卷161《职官一》。
② 《宋史》卷161《职官一》。
③ 《宋史》卷161《职官一》。
④ 赵升:《朝野类要》卷2《两制》。
⑤ 马端临:《文献通考》卷58《职官考十二》。

宦官充任枢密使的现象在唐末开始转变。朱温控制朝政后，诛杀宦官，以心腹为枢密使；建立后梁后，改宦官之弊，枢密院更用文人。后将枢密院改为崇政院，主要职能是备顾问参谋。后唐时复设枢密院，枢密使由权臣担任。此后，五代时期枢密院的设置屡有变更，权力时大时小，但其秘书职能逐步弱化，成为权力中心；到了宋代，枢密院成为国家的最高军政机关。

(三)元明清时期的主要秘书机构

元明清时期，特别是明清两代是我国封建社会秘书工作发展的鼎盛时期。由于中央行政体制的变化和秘书工作的发展，秘书机构、职能和职官也相应进行了调整。这一时期，从秘书工作的角度来说，在中央行政管理体制方面又发生了一次重大变化，这就是三省制的废除。

三省制的变化起源于与宋长期对峙的少数民族政权辽和金中央行政管理体制的设置。辽代负责管理汉族居住地事务的南面官虽也设有三省制，但因南面官本身不掌实权，故这时三省制中的中书省已不再是朝廷的主要秘书机构了。而金代则先是虚设三省，然后仅保留尚书总揽政务，中书和门下两省被废除。自此，历史上作为重要中央秘书机构的中书省便消失了。

1. 元代秘书机构与职官

元代的中央行政管理体制分为管理政务的中书省、管理军事的枢密院、管理监察的御史台以及管理宗教和吐蕃事务的宣政院四个各有职司、互不统属的系统。实际上，元代中书省的职能相当于其前的尚书省。

元代的中枢机构和行政事务管理机构及地方各级衙署，均设立秘书部门，承担各自的秘书业务；如中书省下辖的一些部门和中央机构中的翰林院、太常礼仪院(负责大礼乐、祭享宗庙社稷、封赠谥号等事务)、典瑞院(掌管宝玺、金银符牌等)、通政院(会同兵部主管全国驿站管理)、秘书监(主管历代图籍及阴阳禁书)等，都具有较强的秘书职能。这里主要介绍中书省内的秘书部门、翰林院的秘书职能及元代特殊的秘书职官——译史和通事。

(1)中书省的秘书部门。中书省有职官20余人，办事机构为左、右司。中书省的秘书部门有：承发司，负责收发文书；检修校司，负责检查、核对左、右司和六部公事程期、文牍案牍是否迟滞和错失等工作；照磨所，负责"纠弹百官非违，刷磨诸司文案"，其中的照刷、磨勘文书等工作属于秘书工作范畴；时政科，负责记注皇帝言行和诸司奏闻之事。

(2)翰林院的秘书职能。元代在世祖忽必烈时先后分别设立翰林院和国史院，后两者合并，称为"翰林国史院"。其职责有三，即纂修国史、典制诰、备顾问；起草诏敕文书是其重要职掌。八思巴蒙古文颁行后，在翰林国史院专门设立"新字学士"负责用八思巴文起草、翻译诏敕。至元年间，为体现对八思巴文的重视，分置蒙古翰林院。自此以后，元代的翰林院便一分为二，在秘书职能的承担上也各有所司：大量诏敕文书以"圣旨"的形式经蒙古翰林院草拟并翻译后下发,只有那些以汉文文言起草的布告全国的诏书和一些封赠诏敕才由翰林国史院负责。①

(3)元代特殊的秘书职官——译史和通事。元代统治者作为少数民族入主中原,在语言交流方面,需要大批翻译工作者。不仅在蒙古翰林院有很多翻译官,而且在地方各级官署中都设有"译史"和"通事",负责往来文书的翻译。译史是州以上官署中设立的翻译官,通事则是负责为蒙古族和色目族管院充当口头翻译的官员。

2. 明代的秘书机构与职官

明代初期,设立中书省、都督府、御史台三大机构,分别负责行政、军事和监察事务。由于中书省的职权过重,威胁皇权,朱元璋在洪武十三年(1380年)进行了官制改革,撤销了中书省并宣布永远废除丞相一职。中央行政管理体制在四辅官制度失败后,采用了内阁制度。明代的重要机构中具有秘书职能的主要有六科、通政使司、内阁和司礼监。

(1)六科的秘书职能。中书省被废后,明代设六部作为中央政务中枢。六科(包括吏、户、礼、兵、刑、工等科)成为专门协助皇帝指挥六部的秘书机构,主要职责是"掌侍从、规谏、补阙、拾遗、稽察六部百司之事。凡制敕宣行、大事覆奏,小事署而颁之;有事封还执奏。凡内外所上章疏下分类抄出,参署付部,驳正其违误"。② 即负责政令的下传、章疏批答后的颁发等下行文书的处理工作。

(2)通政使司的秘书职能。通政使司是皇帝了解下情的秘书机构,主要负责上行文书的处理工作。其职责是"掌受内外章疏敷奏封驳之事。凡四方陈情建言,申诉冤滞,或告不法等事,于底簿内誊写诉告缘由,赍状奏闻。凡天下臣民实封入递,即于公厅启视,节写副本,然后奏闻";"凡在外之题本、奏本、在京之奏本并受之,于早朝汇而进之。有径自封进者则参奏。午朝则引奏臣民之言事者,有机密则不时入奏。有违误则籍而汇请。凡抄发、照驳诸司公移及勘合、讼牒、勾提件数,给繇人员,月终类奏,岁终通奏"。③

(3)内阁的秘书职能。内阁始于洪武十五年(1382年)皇宫内文渊阁的设立,文渊阁学士负责详看诸司奏启,兼司平驳。朱棣占领南京后,正式组设内阁。内阁在明代中后期逐步成为政务中枢。其内设有两个专职的秘书部门,即制敕房和诰敕房。这两个部门均设于宣德年间,工作人员从进士、监生、儒生及平民中挑选,制敕房负责书办"制敕、诏旨、诰命、册表、宝文、玉牒、讲章、碑额及题奏揭帖等项,一应机密文书,各王府敕符底簿";诰敕房负责书办"立官诰敕及番译敕书,并四夷来文揭帖,兵部纪功,勘合底簿等项"。④

(4)司礼监的秘书职能。司礼监是明代宫廷的秘书机构,职官由宦官充任。起先,朱元璋严令禁止宦官干政,不许宦官识字。明成祖后,开始任用宦官,此后,宦官开始干预

---

① 张帆:《元朝诏敕制度研究》,《国学研究》(第十卷),北京:北京大学出版社,2002年,第107~158页。
② 《明史》卷74《职官三》。
③ 《明史》卷73《职官二》。
④ 《明会典》卷321《翰林院》。

朝政。司礼监成为明代中后期重要的秘书机构。监内掌印太监掌理内外奏章及御前勘合,秉笔太监和随堂太监数人负责章奏的初阅,代皇帝批答,记述、传达皇帝命令等工作。司礼监的附属机构——文殊坊是专职的秘书机构,协助司礼监进行本章收发、奏本批阅和诏谕传达等具体的文秘工作。

此外,明王朝中央还设置了行人司和尚宝司两个具有秘书职能的机构,前者专事藩王与中央往来的文书工作,后者负责保管皇帝印玺。

3. 清代的秘书机构与职官

清军入关建立全国政权后,依照明制,设置了完整的国家机构。在清政权存续期间,社会制度经历了由封建社会向半封建半殖民地社会的转变。其中央机构的秘书部门也相应地在明代的基础上有了新的发展变化。在清代的中央机构中,具有较为突出秘书职能的主要有内阁、军机处、通政使司、奏事处、中书科、六科、南书房、翰林院、捷报处、稽查钦奉上谕事件处等;鸦片战争后,由于社会性质的变化,清代的政府机构也有所变化,开始出现了一些新的秘书机构,较为典型的是总理各国事务衙门(后改称"外务部")的秘书职能。这里简要介绍下内阁、军机处和总理各国事务衙门(外务部)的秘书职能。

(1)内阁的秘书职能。清代内阁的设置始于天聪三年(1629年)设立的文馆。天聪十年(1636年)文馆改为由内国史院、内秘书院和内弘文院除组成的内三院。内三院是当时的中央秘书机构,其中,内国史院掌记注诏令、编纂史书、撰拟表章;内秘书院掌撰外国往来文书及中央诏令、祭文;内弘文院掌历代善恶记注,侍讲皇子、教诸亲王。其后,内三院改称"内阁",在清代前期一度成为国家的中枢机关。后来其重要性虽有所削弱,但内阁作为一项制度一直延续到清末。

内阁下设十二房,与秘书工作相关的主要有典籍厅、满本房、汉本房、蒙古房、满票签处、汉票签处、诰敕房、稽察房、收发红本处、副本库、批本处。负责收发、处理公文,收藏重要文书,阅满文题本,缮写满、汉文公文,掌管皇家档案库,翻译蒙文、回文及外交文书,拟写满汉文票签,拟写诰敕,管理印玺等一系列秘书工作。

宣统三年(1911年)清政府设立责任内阁,《内阁属官官制》规定了内阁的秘书机构,即负责诏令宣布、奏折和文案的办理及图书档案管理的承宣厅,掌进拟制诏诰敕、进呈贺表等事务的制诰局和收受京外衙门投递内阁的公文的收文处。这些机构随清政府的灭亡而消失。

(2)军机处的秘书职能。军机处设于雍正时期,作为处理战事的临时军务机构,在乾隆时成为常设机构。这个机构在清代存在了180多年,直至责任内阁设立后才废止。在存续期间,军机处是皇帝的机要秘书处和参谋部门。负责拟写诏旨,收受奏折并在处理后存档,参与政务,侍从皇帝左右以备顾问,参与审理大案,奏补文武官员,催办、稽查公文等事务,军机大臣还兼管职司翻译的内翻书房和军机处的档案库——方略馆。

(3)总理各国事务衙门(外务部)的秘书职能。总理各国事务衙门是清政府为了适应新的外事活动的需求于咸丰十年(1861年)设立的机构,负责处理外交事务。随着外交事务的增多,总理衙门的文秘工作日益繁重,专门设立了司务厅和清档房作为专职的文档部门。光绪年间总理衙门改称"外务部",内部的秘书部门增设了翻译处、机要股、电报处和文报处等。翻译处负责各国文书并担任口译,清档房专管档案的收集、编纂和校对,机要股负责收集机密消息、发布新闻等,司务厅掌收发文书和领用印信,电报处专管电报拍发公文及其翻译和投递,文报处专司往来外交文书的掌管。

二、秦至清代的主要秘书工作制度

（一）秘书选拔制度

秦至清代,随着秘书工作的发展和秘书工作制度的逐步完善,秘书人员很多是通过当时的选官取士制度选拔而来。在这一历史时期,我国主要的选官取士制度先后有察举、辟除,九品中正和科举等制度。

1. 察举、辟除制

察举即经考察后荐举,是汉代盛行的选官制度。察举由主要长官等人根据皇帝指定的科目举荐人才,经考核后,根据对策成绩高下分别授官或作为郎官候补。

察举的科目繁多,如孝廉、茂才、贤良方正、贤良文学、明经、明法、至孝、敦厚等。尽管后来对岁举的科目和人数作了规定,但察举的标准过于笼统,缺乏严格的考核制度,致使察举制度在实施过程中经常出现很多违规举荐、弄虚作假的情况。到了东汉末年,察举制度已败坏殆尽,民谣"举秀才,不知书;察孝廉,父别居;寒素清白浊如泥,高第良将怯如鸡",正是这种情况的反映。

辟除是主要长官任用属吏的制度,这一制度在秦汉魏晋南北朝时期被广泛采用。辟除有中央长官辟除和地方长官辟除两种方式。前者没有地域限制,可在全国范围内选用掾属;后者则只能在自己的管辖范围内选用。被选者也要经过考核后方可任用。

2. 九品中正制

九品中正制始于曹丕时期。曹丕为魏王后,采纳了吏部尚书陈群的建议,实行"九品官人法"作为选官制度。这一制度成为魏晋南北朝时期的主要取士制度。这种制度将举荐人才的职责交由中正官专门承担。根据经学、德行、乡间清议、家世、才识等标准,将人才区分为上上、上中、上下、中上、中中、中下、下上、下中、下下九品,再结合"状"（即对士人德才行状所写的评语）进行综合考评,评定人才等级,由小中正上报大中正、大中正上报司徒逐级核实,最后由尚书吏部选用。九品中正制虽然比察举制完备,但因当时处于门阀士族统治时期,中正官被门阀士族把持,品评人才以门第为重,故而出现"上品无寒门,下品无世族"的现象,这一制度也因而渐趋腐败。

3. 科举制

隋炀帝时设置进士科,采用以试策取士的方法。这一方法在唐代进一步发展并逐渐完备,这就是科举制度。士人通过参加官府定期举行的考试,逐级筛选,由官府择优录取,根据考评成绩相应授予官职。科举制度避免了荐举制的种种弊端,让出身寒门的庶族士人有了进身之阶。相对而言,具有显著的公平合理性,也更有利于统治者广泛吸收人才。因此,这个制度一直为历代所沿用,直到清末。但是,这个曾经发挥过历史进步作用的制度发展到明清时期,在考试内容上仅限于几部儒家经典,在文章形式上八股之风盛行,使得科举制度窒息了知识分子的创造力、桎梏了知识分子的思想,成为一项陈腐而落后的制度。

(二)文书档案管理制度

1. 文书运行的相关制度

从秦至清,我国文书与文书工作不断发展,文种不断增多,文书工作制度日益完备。文书运行过程中,在拟制、传递、处理等方面形成了一系列制度。纵观这一历史时期的文书运行制度,先秦时期就已出现了正副本制度,签发制度在这一时期得到进一步完善。此外,在一些朝代执行的制度主要还有:

(1)公文用纸制度。我国历史上公文的书写材料曾采用简牍、甲骨、缣帛、金石、纸张等。东晋末年之前,简牍是主要的书写材料。404年,桓玄颁发"用纸令",自此,纸代替简牍,成为国家文书的正式书写材料。其后各个朝代在公文用纸的颜色、尺寸、纸质等方面相继形成了一些制度。如南北朝时规定一般公文用白纸,较为重要的公文用经过特殊处理、可长期保存的黄纸。唐代也规定皇室用黄纸,官府文书用白纸,一些特殊用途的公文则用特殊的纸:告身文书用五色绫纸,征讨性命令用白藤纸。在用纸的大小方面,唐代规定诏敕类文书长3尺,宽1尺3寸,臣属行文的用纸尺寸不得大于它。宋代规定文武官员的公文用纸有5种12等,宫廷及命妇的文书用纸有7种12等。

(2)行文避讳制度。避讳制度始于周,成于秦,盛行于唐宋,在民国时期依然流传。在公文撰写方面,也有避讳要求,即在行文时,遇到需要避讳的字,一般采用改字、空字、缺笔或同音代替的方式替代。这个规定始于秦始皇,其后一直为历代所沿袭,发展到唐代后期,以法律的形式加以规定,如唐代规定,凡在上书奏事时犯家庙讳者,要杖八十。

(3)公文传递制度。秦始皇统一天下后,大量修筑驰道,形成以咸阳为中心全国范围的交通网络。在驰道沿途设置邮亭,用以传递公文、军令。为了保障公文、军令传递的畅通无阻,秦代还专门制定了邮传方面的律令,对如何为邮传人马供应粮草、怎样接待过往官员和役夫等人、邮传人员的选拔等方面都作出了明确规定。汉代的邮传制度进一步发展,规定五里一邮,十里一亭,三十里一驿。汉代邮传制度的最大进步是邮和驿的分流:一直盛行的车传公文的方式逐渐被淘汰,骑传成为长途传送公文的主要方式,这就是"驿",紧急公文和重要公文都由驿来传运,而"邮"则专指短途步行传递文书的方式。邮传制度到了唐代有了很大发展,全国的陆驿、水驿、水陆兼驿共有1600多处,分为几等,每等配备马匹或船只各有定数。唐代对公文传递的速度有明文规定,对驿传工作有考绩制度。宋代由于长期与辽、金对峙,需要传递大量的军事文书。因此,宋代的驿站带有军事性质,还专设"急递铺",根据军务文书的传递速度等级进行军务文书的传递。这一制度为后代所沿袭。元代在统一中原后,建立了严密的"站赤"制度,这一制度对驿站的管理、驿官的职责、驿站的设备及对站户的赋税征收等方面都有严格的规定。明代的驿传在京者称"会同馆",京外者称"水马驿递运所",另设铺舍专送紧急公文。明代有严格的法规以维护公文传递的运转。对驿递过程中文书的盗窃、私拆、毁坏等行为都要处以刑罚,在传递过程中的程限、传递方式中发生的律令失误都规定了相应的量刑标准。清代对邮传制度进行了改革,其中,最突出的是邮和驿的合并,公文传递的速度比前代要快得多。

(4)公文处理过程中的相关制度。

收发文的登记制度。收发文的登记制度在秦代就开始出现。秦律中规定收到或传送文书,必须标明收发的月日朝夕。宋代对收发文登记制度进一步完善,要求将涉密的公文逐一编号。清代对收发文的登记已实施了分类,根据公文的发文衙署和公文性质,进行分簿登记。

票拟制度。票拟制度始于明代宣德年间,在明清一直沿用,是现代公文处理环节"拟办"的发端。具体做法是:臣下上奏的公文先由秘书部门在专用纸笺上写出初步处理的意见,再转呈皇帝定夺。

引黄、贴黄制度。这一制度是现代公文内容摘要的前身,源于唐代。唐朝规定,在拟制敕书时,若有写错或谬误之处,须在错处用黄纸贴上改写。这是一种公文纠错制度。中唐后,枢密院宦官通过"堂状后贴黄"制度,即在宰相拟写的处理方法上再贴上黄纸,写上意见作为决策,颁由宰相执行。而引黄则指"表章略举事目与日月道里,见于前封皮者",[①]即章奏文书的摘要。宋代的贴黄则是对上行文书的补充说明。明清时期的贴黄相当于唐代的引黄,是对上奏文书内容的摘要。

办文的时限制度。公务文书具有很强的时效性,办文的时限规定是提高公文处理效率的有效手段。早在唐代就有明文对此作出规定:对于一般公文,"勾经三人以下者,给一日程,经四人以上,给二日程;大事各加一日程",[②]对于皇帝诏敕和重要文书则要随到随办,如果稽延,则要受到惩罚。宋元等朝代都对公文办理提出了时限要求。元代还形成了公文催办制度,根据办文机构所在,分别定期进行催办。

照磨制度。照磨即照刷、磨勘,明察曰照,寻究曰刷,复核曰磨,检点曰勘。这是元代施行的文书处理监督制度,用来检查公文处理过程中的稽迟、错漏、规避、埋没、违枉等弊病。这项工作由各级监察机关定期施行,根据文卷情况标明"稽迟"、"违错"、"已绝"、"未绝"等字样,并署名用印。对于照磨的内容、方法和违规处理措施等,都有严格规定,而且只有照磨无误的文卷才能送入档案库。

---

① 叶梦得:《石林燕语》卷3,西安:三秦出版社,2004年,第62页。
② 《唐六典》卷1"左右司郎中员外郎"条。

2. 档案管理制度

这一时期,我国逐步形成、发展了一系列档案管理方面的制度。

在档案移交方面,唐代规定文书经办文笔后,必须由主管部门标记、写上时间后才能移交库房收存;宋代规定各个机关的文书必须定期向架阁库移交;元代规定在向架阁库移交文卷时必须由相关人员当面移交,"牵照完备,明立案验,依例交割"。①

在档案征集方面,两汉初期的统治者都非常重视对包括档案在内的各类典籍的广泛收集,西汉初,"改秦之制,大收篇籍,广开献书之路",②光武中兴后,也"采求阙文,补缀漏逸"。③

在档案保管方面,秦代规定收藏档案的府库要有人值夜看守巡护,禁止把火带进。④唐代规定伪造、盗窃和毁坏文书档案者要给予绞、杖、徒等刑罚。清代规定要对那些破损档案采取重抄、转抄等修缮措施,特别是嘉庆之后,修缮破损档案成为一项定制,每隔几年施行一次。

在档案统计方面,唐代规定,"凡天下制敕计奏之数,省符宣告之节,率以岁终为断"。⑤ 要求将收受的制敕文书、尚书省文书及计书、奏书在年终时进行数量统计,并将统计工作作为州令考绩的内容之一。清代在雍正时规定,遇有官员升迁事故,须将任内档案逐一清查统计,进行交接。

在档案鉴定销毁方面,唐代规定每隔三年进行一次档案的鉴定和销毁工作,并开列了应该长期保存的档案种类。

在档案编研方面,档案文献的汇编和公布具有强化统治的作用。因此,我国历史上的档案文献编纂工作十分发达,编纂各类档案文献汇编,利用档案修史编志是历代延续下来的优良传统。例如清代,在各个部院衙门均设有"则例馆",定期将奉旨颁行的例案纂修成则例;专设实录馆纂修各朝实录;并数次修订《会典》;从康熙朝起,每于重大军事行动或事件后都要将该行动或事件形成的重要档案文件汇编成《方略》。

在专门档案管理方面,唐代在三省分别设立了专门的人事档案库——甲库,用来保管官员职名、履历、考绩、授官等情况的档案材料,当时称为"官甲"。甲库有专职官员和管理人员,在官甲的管理和查阅方面均有严格规定。

(三)其他相关制度

1. 保密制度

文书保密事关国家安全、社会稳定,历代统治者都十分重视。汉代规定在文书传递

---

① 《元典章》卷14《吏部八》。
② 《汉书》卷30《艺文志》。
③ 《后汉书》卷79《儒林列传》序。
④ 《后汉书》卷79《儒林列传》。
⑤ 《旧唐书》卷43《职官二》。

时，文书须由发寄人自封，在捆扎公文的绳结上加封泥、盖印信，并注明收文者、发文时间等信息，防止私拆。唐代对文书泄密者，根据泄露事件的重要性分别处以绞、徒、杖等刑罚。宋代出于军事、外交斗争的需要，除继承前代文书保密制度外，还采取措施进一步强化文书保密工作，如禁止榜示、复制涉密公文，奖励告发泄密者等。明代有严厉的法律规定惩处泄密者，如对泄露军事机密者或泄漏机密的近侍官员都要处以斩刑。清代的保密制度更加严密，特别是军机处的设立，意味着朝廷内部机要工作达到了巅峰。

2. 用印制度

用印制度自秦代开始逐步严密，印章有了严格区分，皇帝之印为"玺"，百官之印为"印"，在印玺的用途、规格、质地、形制、名称、颜色等方面均有明确规定，用以明示官阶、尊卑等。汉代又出现了官署之印和长官之印的区别，两者分别相当于单位公章和领导人的公务章。汉代实行一官一印，官员履新，需刻新印。而到了魏晋南北朝时期，这种状况改成官印移交制度，前后任官员要移交官印，不再新刻官印。

南北朝时期，纸质文书推广后，出现了骑缝盖印制度，在公文粘帖连接之处加盖印章，防止篡改和伪造。这种制度与明代的行文半印勘合制度做法相似，但目的不同，后者是为了防止官府擅行公文，也为了保密。唐代还规定公文贴黄处需加盖印章，作为改动的凭证。

第三节　民国时期的秘书工作

1911年，辛亥革命爆发。从此，中国历史进入了一个新的时代。从武昌起义爆发至1949年国民党政府退居台湾，不同的政治势力曾先后建立了多个政权，如武昌起义后由立宪派和革命党人建立的湖北军政府、南京临时政府、北洋政府、南京国民政府、孙中山领导的二次革命政府、广州政府、中国共产党领导的政府、东南五省联合政府、武汉国民政府、伪西藏政府、伪满州国、日本侵华期间的伪政府等。这些政权都有自己的秘书机构和秘书工作。这里主要介绍南京临时政府时期、北洋政府时期、南京国民政府时期和中国共产党领导下的秘书工作。

一、民国时期的秘书机构

（一）南京临时政府时期的秘书机构

1912年1月1日，南京临时政府成立，虽然其存在时间仅仅数月，但在秘书史上却有着非常重要的地位，因为它开创了我国近代国家秘书工作制度的先河，其所创制的一些反封建秘书制度一直被延续下来。

根据《中华民国临时政府组织大纲》的规定，临时大总统既是国家首脑，也兼任行政长官，各部受其统辖、指挥，总统府所辖的秘书处便是中央秘书机构。同时，在总统府下辖的机构中还有明显秘书性质的部门,在中央各部中,都设有专门的秘书机构。

1. 总统府秘书处的秘书职能

秘书处负责中央政府的秘书工作,对总体负责,负责收受、批答各部、局的呈文和各地机关团体、军民等递送的呈件,也负责草拟各种文件。该处长官是秘书长,总揽各项文秘事务和日常工作。下设总务、军事、财政、文牍、英文、电报等科室,每个科室有秘书若干名,具体办理各项事务。

2. 中央政府直属局的秘书职能

南京临时政府的中央机构中,除9个部外,还有几个直属局,其中法制局、印铸局和公报局的业务具有较强的秘书性质。法制局是专门起草、审定法律文书的机构;印铸局的职责主要有印刷官方文书用纸和票券,制造勋章、徽章、印信、关防、图记及其他物品,刊行公报、职员录等;公报局掌管编纂、印刷和发行临时政府公报及缙绅录等。

3. 中央各部的秘书机构

南京临时政府在中央设立九部,即陆军、海军、外交、司法、财政、内务、教育、实业和交通等部。在各部都设有秘书机构,其名称,有的承袭清末官制,称"承政厅",有的则改称"秘书处"。承政厅设秘书长1人,受各部总长领导,总理厅务,并掌管机要文书;还有秘书4~6人,负责办理重要文书,协助秘书长处理要务;另外还有一些属于一般秘书人员,如文牍员、公牍员、书记员、收发员、缮写员、调查员、应接员、录事等。其内部分科办事,大致在4~6个科(处)。如内务部承政厅就设有纂辑处、文牍处、收发处、监印处、庶务处、会计处。每处有秘书工作人员若干名。军事机关如陆军部除设立秘书处专门办理重要文书外,还设副官处,设三等副官,负责文电收发登记、指令传达、公务接待等工作。

(二)北洋政府时期的秘书机构

1912年4月1日,孙中山辞去临时大总统职务,袁世凯接任民国总统,中央政府迁往北京。自此开始了北洋军阀在中国16年的统治,这段历史时期就是北洋政府时期。

1. 袁世凯统治时期的中央秘书机构

1914年5月,袁世凯废除了《中华民国临时约法》,代之以强化总统权力的《中华民国约法》。据此,他解散国会,将内阁制改为总统制,撤销国务院。实际上,此时袁世凯的权力几乎与皇帝相埒。但他仍不满足,在1915年底接受"劝进",宣布复辟帝制。1916年3月,袁世凯在全国人民的强烈反对声中被迫放弃帝制,恢复共和。

袁世凯统治期间,随着中央政权政体的变化,中央秘书机构也相应发生变化。在实行总统制期间,总统府内设立政事堂作为办事机构,原来的总统府秘书厅被改为内史厅。袁世凯称帝期间,秘书被改称带有浓厚封建色彩的"内史",秘书长称为"内史监",原来的总统府收文处也改称为"奏事处"。帝制取消后,政事堂被撤销,恢复了国务院。秘书机构也相应改变了,内史厅改回总统府秘书厅。

政事堂的秘书部门机要局,可以说是袁世凯当政时中央最主要的秘书部门。局内设局长1人,参事6人,佥事16人,主事若干;局下分设3个科。机要局的职责主要有:颁布命令、撰拟命令和文电、收发京外官署文牍电信、典守印信、审核各部事务、处理关于清室和立法院的往来文件、与各部院接洽文件、保管图书、编辑档案等。

2. 军阀混战时期的中央秘书机构

袁世凯死后,北洋军阀处于分裂状态。在1916年至1928年间,这些军阀不断进行混战,致使内阁频繁倒台,总统和总理的人选屡有变动,先后出任总统或摄行大总统(临时执政)职务的人有十几个,当过总理的有30多人。尽管政局混乱,但共和的观念已深入人心,因此,名义上,国家政权政体都实行民主共和制,国家机构形式上按照三权分立的原则设立。

这一时期,中央机构的秘书部门主要有总统府秘书厅、国务院秘书厅和各部总务厅。总统府秘书厅的长官是秘书长,领导秘书若干人,负责文书处理工作,参与机要工作的称为"机要秘书";另有佥事负责审议法令类公文;随着外交事务的增多,还设立了专职的外文秘书,处理对外文书工作。国务院秘书厅类似于现在的办公厅,文书处理工作是其主要职责。

国务院秘书厅的人员设置和职责分别是:秘书长1人,掌管秘书厅事务;秘书6~10人,协助秘书长办事,负责宣达法令、撰拟文书、保管印信等;佥事12~24人,负责撰拟一般文书、编纂记录、保管文书图集、翻译文电、核对文稿、收发文件等;主事24~72人,辅助佥事分办各项事务;参议8人,负责审议法令等。

在多数时间内,北洋政府在中央设立外交、内务、财政、陆军、海军、司法、教育、农商、交通等9个部。其秘书机构的设立有三种情况:外交、财政、司法、教育、交通等五部以其办事机构总务厅作为秘书机构;陆军、海军和交通三部除设立总务厅负责部分秘书工作外,还设立参事室(参事处)负责部分秘书工作;农商部则在上述两种机构之外增设秘书处,共同承担秘书工作。参事室主要负责法令的审议,秘书处主要掌管机要文书,两者的职能比较单一。相比较而言,总务厅是各个部的主要秘书机构。总务厅的人员配备有参事2~4人,秘书2~4人,佥事至多8人,主事若干人。其具体职责与国务院秘书厅相应人员相同。总务厅与秘书工作的相关职责包括:掌管机要和印信,编制统计,报告,纂辑、保存和收发公文等。

北洋政府时期,在国会存续期间,实行两院制,即参议院和众议院。两院的秘书厅是常设的秘书机构。参议院秘书厅分设文牍、议事、速记、公报、会计、庶务六科,众议院秘书厅分设议事、速记、文书、会计、庶务五科;每科配秘书六人分掌科内事务,科员、事务员若干辅助秘书办理具体事务;秘书厅由秘书长领导。但是,北洋政府时期的国会在国家政治生活中的作用非常有限,其秘书机构的重要性也相应起不到多大作用。

(三)南京国民政府时期的中央秘书机构

1927年大革命失败后,以蒋介石为代表的国民党取代北洋政府,在南京建立了国民政府,开始了对中国大陆22年的统治。南京国民政府在政权组织形式上先后实行过委员合议制、五院制和总统制。各个时期的中央秘书机构均有所不同。

1. 委员合议制时期的中央秘书机构

1928年10月之前,南京国民政府的政权组织形式根据国民党中央执行委员会通过的《国民政府组织法》采用委员合议制,由委员会总理日常政务,下设军事、外交、财政3个部,另外设立秘书处、副官处和参事处3个内部机构,秘书处就是中央秘书机构。该处设秘书长1人,秘书8人,办事员(科员或处员)8~12人,书记官若干人,还可酌情配备雇员。处下分总务、机要和撰拟3个科,1928年将总务科内的铨叙、印铸两项工作抽出组成第四科。秘书处负责中央政府的一般事务、文书的处理和保管、文件撰拟、人员铨叙和印信管理等工作。

2. 五院制时期的中央秘书机构

(1)文官处。1928年10月,南京国民政府改行五院制,中央秘书工作主要由新设的文官处承担。其职责是:负责办理中央政府的文告宣达,印信、关防、奖章、勋章的铸发,政府会务工作的安排,对决议执行情况的督查及各种文件的起草和机要办理等。[1] 文官处长官为文官长,属下有秘书8~12人,协助文官长办理各项事务。处下设文书局、印铸局和人事室。由秘书兼任局长或主任。

(2)侍从室。1932年,蒋介石设立了自己的亲信秘书机构——侍从室。起初,侍从室仅是一些随蒋介石奔走的参谋、秘书和译电人员,负责处理各类函件和公文。1938年,侍从室的地位和职责通过国民政府的《组织大纲》得到了法律上的确认。根据《组织大纲》的规定,侍从室"驻留时与办公厅密切联系,掌机要之承启传达,委员长行动时随侍行动"。抗战前,侍从室下有2处5组,战时扩编为3处,其中以负责秘书工作的一处最为重要,它是蒋介石与中央各部门沟通的枢纽,各个省、市主官向蒋汇报、请示的事项,都归该室办理。1945年抗战胜利后,侍从室撤销。

(3)五院秘书部门。"五院"即行政院、立法院、司法院、监察院、考试院,是国民党根据孙中山五权宪法理论设立的中央政权组织形式,五院同为治权机关,互不统属,互相独立。每个院都设有秘书部门。以行政院为例,行政院的主要秘书部门是秘书处。该处设秘书长1人、秘书8~14人,另有科员10~20人,负责撰拟文件、收发文书、保管档案、掌管印信和翻译等工作。

3. 总统制时期的中央秘书机构

1948年,南京国民政府为挽救统治危机,标榜还政于民,宣布进入宪政时期,实行总统制。总统府是直属于总统的秘书机构。总统府由秘书长负责,另设一名副秘书长作为副手。总统府有秘书12~16人,负责撰拟、审核重要文件等事项,设一名典玺官负责国玺典守,有参事4~6人负责撰拟命令、审核方案及其他特交核议事项,另外还有参军长

---

[1] 聂中东:《中国秘书史》,郑州:中州古籍出版社,2000年,第727页。

1名、参军10~15人负责办理军务方面的事项。在秘书长、参军长下还设6局2室,分别负责法令文告的宣达、文书的撰拟、保管、印信的典守、会议的记录、机要文件审签、机要案件的转递、调查材料的研究整理、军事命令的宣达、文件的承转、典礼与外交接待、印信和关防等的铸造、勋章和奖旗等的制作与发行庶务、机要电务及侍卫等事项。①

二、民国时期的秘书工作制度

民国时期是我国秘书工作发展史上具有重要意义的时期。这一时期,秘书工作制度方面,如秘书机构的设置、秘书人员的选拔、文书与档案管理等都发生了根本性变化。

(一)秘书培养选拔制度

1. 民国时期秘书人员的选拔

南京临时政府时期,秘书人员主要来源于早期革命党人、清政府的文职吏员和幕僚。武昌起义之前,各个革命团体均设有秘书机构,这些机构里的工作人员成为南京临时政府秘书人员的中坚力量,他们承担的主要是高级秘书的工作。从旧政权选用的秘书人员有的须经过考试,有的须通过访察。通过考试的试用期满后,根据品行、成绩甄别、决定去留;通过访察在确定其人品端正、办事谙练且熟悉新政的情况下,派充课员。他们承担的主要是普通秘书的工作。

北洋政府时期的秘书人员大致可分为秘书官(包括秘书和秘书长)和一般秘书官吏(除前两者之外的秘书工作人员)两类。这一时期秘书人员的选用方式因秘书人员的级别、地位的差异而有所不同。

北洋政府时期,官吏的选拔任用仿效西方文官制度。北洋政府国会颁布的《文官保障法》、《文官高等考试法》、《文官普通考试法》和《文官惩戒条例》等法规对行政官员的等级、资格条件、考试办法、任用程序、服务规则、薪俸待遇、职业保障、惩戒处分等方面都有明确规定。一般秘书官吏主要通过文官考试制度选拔。文官考试分为普通考试和高级考试两种,都是每三年在首都举行一次。应试者须符合相关规定,比如,参加普通考试的必须是年满20岁的中国男子,具有教育部认可的相当于中等以上专门学校的毕业文凭,或曾在政府担任过初级文职。1919年还进一步规定了更加详细的资格限制。普通考试须三试,高级考试须四试,平均合格后才能录用。普通考试合格者须在官署实习1年,高级考试合格者须实习2年,期满且成绩优良者,方可作为候补,相应授予职务。

对于秘书官的选拔和任用,根据1913年公布的《秘书任用草案》规定,秘书和秘书长均不得按《文官任用法》的规定,其资格不受文官任用一般规定的限制。秘书官均为荐任,可由各官署的荐任文官兼任。当然,国务院秘书长因是简任职,不在此限。实际上,由于秘书官职务的特殊性,决定秘书官必须是长官的亲信,所以其选拔、任用多根据长

---

① 黄泽元:《中国秘书史》,兰州大学出版社,1997年,第294~295页。

官意志,没有资格限制,也没有实习期。1915年,《文职任用令》颁布后,《秘书任用草案》被废止,秘书官的任用一度被要求服从一般文官任用的规定,但实行的时间很短暂,1917年再度规定,秘书官可不限资格任用。

南京国民政府时期,对于秘书人员的任用更加严格,担任国民政府的秘书必须符合以下规定:必须是国民党党员,具有国内外大学或专门学校以上毕业学历,有任文职三四年的资历,同时要有国民政府委员或主管长官二人推荐或保准。①

2. 民国时期对秘书人员的培训

秘书人员的培训工作主要是在南京国民政府时期进行的。针对当时公务员文化水平普遍较低的问题,南京国民政府专门制发了《公务员补习教育通则》,要求各个机关举办公务员补习教育。其内容包括两个方面,基本科针对全体公务员,讲授法律、行政管理、中国历史、地理等内容,专门科主要针对各级秘书人员,讲授内容包括打字、速记、油印、书法、电务、外文等。

国民政府还委托一些专业学校开设讲习班,专门训练在职的文书、档案人员。如1942年私立武昌文华图书馆专科学校被指定开办学制4个月的档案管理职业培训班,共培训档案管理人员200多名。

此外,一些私立专门学校也相继开设了与秘书工作相关的专业,如文华图书馆专科学校开设的档案管理专业,私立崇实档案学校开设的文书处理、档案管理等专业,相继培养了数百名学生。

(二)文书与档案管理制度

民国时期,文书档案工作一改数千年来的传统,逐步形成了近代意义的文书档案管理制度。

1. 文书管理制度

(1)南京临时政府对文书工作的改革。南京临时政府一成立,便对延续了数千年的文书工作进行了革命性改变,从公文文种、文书格式、文书处理到行文中的称谓等,都进行了改革,以适应资产阶级政权的需要。

1912年1月,南京临时政府制定了新的公文程式,规定公文文种为5类7种,即令(上级对下级行文)、谕(公署对民众行文)、咨(平级之间行文)、呈(下级对上级行文)、示(公署向民众公告)、公布(经参议院议决的法规、由大总统宣布)、状(任用职员、授赏徽章的证书)。其后,临时政府内务部补充了"批"和"照会"两个文种。

在公文格式方面,临时政府内务部在文式、行式、字式、页面布局、成文日期等方面都作了详细规定。

在文书处理程序方面,南京临时政府为了提高办事效率,改变文牍主义的衙门作

---

① 黄泽元:《中国秘书史》,兰州大学出版社,1997年,第305页。

风,要求各级机关在自己的职权范围内直接办理。

南京临时政府还规定了判行首长署名的制度,也就是签发人署名制度。这个制度的施行,有利于明确权限和责任。

1912年3月,孙中山发布《临时大总统令内务部通知各官署革除前清官厅称呼文》,废除了前清公文中"大人"、"老爷"之类称呼,一律改称职务或"先生"、"君"等。

(2) 北洋政府时期的文书工作。1912年11月,袁世凯政府公布了《公文程式令》,规定了公文名称令、状、咨、公函、呈和批及其具体用法。1914年5月,袁世凯再次发布《官署公文程式令》。这个命令将官署的公文程式分为大总统公文程式、政事堂公文程式和一般官署公文程式。其中,大总统公文分为策令、申令、告令、批令,政事堂公文分为封寄、交片、公函和咨,官署公文分为呈、详、饬、咨呈、示、批和禀等。这些文种的名称很多具有浓厚的封建色彩,其目的是为袁世凯复辟作准备。

1915年底,袁世凯称帝后,公文程式上也相应地沿用了反映封建皇权的名称、格式和用语。如给袁世凯的行文称"奏折",奏折中要用"伏乞皇帝圣鉴训示"等语,成文日期也要署"洪宪元年某月某日"等。这些规定在袁世凯复辟失败后被取消。

1916年7月,北洋政府再次公布《公文程式》,对公文文种、适用范围等作了严格的规定。主要有:令(包括大总统令、国务院令、各部院令)、任命状、委任令、训令、指令、布告、咨、咨呈、呈、公函和批。

在公文处理方面,北洋政府时期基本上形成了一套收发文处理程序。以部机关为例。来文的处理程序是:收发处登记、摘由、编号,送呈秘书、次长、总长核阅,并转由各相关部门承办;发文的处理程序是:拟稿人拟稿后送单位主官核阅,再发由承办人缮写正稿,由司、科长签名后,送总长判行,最后缮写正文、校对、用印、封发,总收发处在文件发出后,将文稿送承办单位立卷保存。①

(3) 南京国民政府时期的文书工作。为了规范文书工作,提高行政效率,南京国民政府曾先后于1927年至1933年、1933年至1935年、1938年至1945年进行过三次文书工作改革。

第一次文书工作改革通过对公文文种、公文形式和公文处理程序的规定,奠定了南京国民政府文书工作的基本模式。在公文文种方面,规定政府机关的公文共有9种,即令、训令、指令、布告、任命状、呈、咨、公函和批答。此外,还沿用了北洋政府时期的代电、手谕、告书和宣言等文种。在公文形式方面,取消了公文中的习用套语,增加对白话文和新式标点符号的使用,并要求对公文分段;对公文用纸和装订等都有统一要求。在公文处理程序方面,分别对收文和发文的处理程序作了统一规定。其中,收文程序包括验收、拆封、编号登记、摘由、呈阅、分送、拟办、检查和归档等环节;发文程序包括交拟、拟稿、核稿、判行、缮校、用印、编号、录由、登记、封发、立卷和归档等环节;联合行文的,还须会签、

---

① 聂中东:《中国秘书史》,郑州:中州古籍出版社,2000年,第718页。

会稿。

　　1933年至1935年,为了消除机构重叠、行文混乱、公文处理迟滞、官僚主义盛行、行政效率低下的状况,南京国民政府开展了以"文书档案改革运动"为核心、以提高行政效率为目标的"行政效率运动",其中心活动是推行"文书档案连锁法",加强文书档案管理工作。文书档案连锁法就是在一个机关内集中统一文书和档案工作的流程,通过设计几道简便的手续,把文书运转从收发室到承办机构再到档案室的各个环节在程序、手续和责任上加以连锁,同一机关内的文件统一分类、统一编号、统一登记、统一归档,从而加快文书的流转。这一改革在一定程度上促进了行政效率的提高,对近代文书档案工作产生了深远影响。

　　抗战期间,为了适应战时行政管理的需要,国民政府在1938年至1945年开展了第三次文书工作改革,改良了公文的判行、会稿、承转和编号等环节的工作,并通过实行分层负责制,加强对秘书工作的统一管理和集中指导。

2. 档案管理制度

　　(1) 档案机构的设立。南京临时政府时期没有设立专门的档案机构,但在总统府秘书处设有文牍科,承担总统府机关档案室的职能,主要管理总统府的文书档案。

　　北洋政府时期,除前述秘书机构兼管档案工作之外,一些机关还设立了专门的档案机构,如外交部总务厅下设的档案房、内务部下设的档案科、司法部下设的文件保管室等。

　　南京国民政府时期,中央政府各个机关和地方政府普遍建立了专门的档案机构。1934年,行政院还曾设立档案管理处,领导全国的档案工作,可惜未真正开展工作就被撤销了。

　　(2) 档案管理制度。民国时期,伴随专职档案机构的渐次设立,逐步形成了一整套档案工作的规章制度。

　　南京临时政府时期,十分重视历史档案的编纂。1912年3月,一些革命党人上书孙中山,呼吁设立国史院,收藏历史档案,以便将来撰辑民国建国史。

　　北洋政府时期,在机关档案工作中形成了两种不同类型的档案管理制度：一种在沿袭清代档案管理的基础上形成的档案管理制度；一种则革除了清代纂档的做法,形成了一套较为科学的档案管理制度。

　　外交部、蒙藏院等中央机构的档案管理制度属于第一种。以外交部为例,根据该部制定的5条关于档案事务的章则的规定,档案工作的管理制度主要有：

　　编档和归档制度。编档即"文件编制",也就是后来的文书立卷。编档工作由文书主务部门或专门的编档机构负责,根据各个部门的职能编制编档门类(即案卷类目),以"以案为主,一案一档"的原则进行立卷。对案卷要编列字号,汇为卷宗,登簿存储。各部门档案工作人员须将保管一定期限的档案按照规定送交专门的档案统一保管。

　　档案保管年限及销毁制度。外交部的文书档案,根据重要程度分成三种保管期限,即永远保存、三年和一年。保存期满的文书档案,经过多次复检后,由厅司派员监视焚毁。

档案借阅制度。根据外交部《保存文件规则》的规定,调阅文件,须先调取删繁摘要编成的专档,如有需要再调阅文件原件。

档案编纂制度。外交部档案房设编档课和编纂课,专门负责档案编纂工作。编档课送纂的文件分为重要、次要和寻常三种,分别有不同的编纂要求。

以司法部等机构为代表的一些机构的档案管理制度属于第二种。根据司法部《文件保存细则》的规定,其档案管理制度主要有:

在文书立卷方面,要根据主管业务机构编制的案卷类目进行立卷。

在接收档案时,要根据档案类别分别登记,登记的项目包括每个案卷的类别、卷数、件数、案由、附件、时间、柜号等。

划分了档案的重要程度和保管期限。立卷后的档案的重要程度和相应地保管期限分为三类,即正辑,永远保存;要辑,保存7年;杂辑,保存2年。并据此分别编制档案检索簿。

制定了档案借阅制度,并开辟了调阅档案的"阅览室"。

此外,在邮政、海关等被外国势力控制的事业系统中,还形成了一套独立、统一而具有半殖民地性质的档案工作制度。

尽管北洋政府时期档案工作有了很大进步,并为近代档案管理工作的发展奠定了基础,但由于这一时期袁世凯的复辟和军阀混战,导致档案工作制度无法切实落实、执行,还导致大量珍贵历史档案的破坏和损毁,如臭名昭著的"八千麻袋事件"。

这一时期,一些学术团体、文化机构和个人开展了一些历史档案特别是明清历史档案的收集、整理、研究和利用工作。如国史院、清史馆、故宫博物院、北京大学等机构和罗振玉、王国维等学者。

南京国民政府时期,很多机构都制定了一套较为系统的档案管理制度,如内政部制定的《档案室办事规则》、考试院制定的《文卷管理规则》、行政院制定的《保存机关旧有档案令》等。此外,司法行政部、参谋本部、军政部、实业部等机构分别制定了本机关文件保存、档案管理的办法。从这些规章来看,南京国民政府时期在立卷、分类、登记、索引编制等工作上,较北洋时期有了进一步发展。

在立卷方面,从立卷环节的选择,到立卷的具体原则、方法,都作了详细规定,有的机关规定由文书处理部门立卷,有的规定由文书处理部门编制,再由档案室查核归卷、装订,也有的由文书处理部门和档案部门共同进行。

在档案分类标准上,有的规定按照组织结构进行分类,有的则按照机构职能进行分类。

在进行登记时,设置了多种登记簿册,如归档文件总登记簿、卷目分类簿、索引簿等,为档案的查找、利用提供了更多的检索工具。

这一时期,随着档案管理工作实践的发展和理论研究的开展,在吸取我国传统档案管理的经验,结合当时的档案管理实际,借鉴图书管理的理论与方法和国外档案、图书管理方法的基础上,形成了多种档案管理方法,比较有代表性的如文书档案连锁法、公部局档案管理法、教育部档案管理法等。

三、中国共产党领导下的秘书工作[①]

1921年7月23日,中国共产党在上海召开成立大会,毛泽东兼任"一大"的秘书,这是党的秘书工作的开始。在20多年艰苦卓绝的环境中,为了适应斗争和革命的需要,中国共产党领导下的秘书工作呈现秘书机构、秘书工作方式和工作内容灵活多样的特点,并逐渐形成独具特色的秘书工作制度。

(一)中国共产党领导下的秘书机构

1. 建党初期至大革命时期的秘书机构

1923年6月,中共"三大"通过决议,设立党中央秘书一职,负责起草党内外文书、通讯及会议记录,兼管党中央文件,与党中央总书记共同签署党内所有文函、与党中央委员长共同主持召集中央执行委员会会议。党中央秘书是领导成员之一,相当于后来的秘书长。党的地方组织也设有秘书一职,其职责与党中央秘书相似。随后,党的秘书工作有了新的发展。

1924年至1927年是国共第一次合作的大革命时期。大革命初期,在党的各级组织中设立了和"三大"职责相同的秘书一职。随着党组织的逐步扩大和革命运动的发展,秘书工作日益繁重,建立专门的秘书机构很有必要。为此,中共中央在1926年7月规定增设中央秘书处来总揽中央各项工作。秘书处由秘书长负责,有时还设副秘书长协助秘书长工作。秘书处下设文书科、交通科和会计科。每科设主任一人,干事或交通员若干名。秘书处的任务包括会务工作、文书处理、文件材料管理、保密工作、交通工作(文件传递、向导、秘密接头工作和其他联络工作)、会计工作、主编秘书处的通讯及其他由领导交办的秘书工作。1926年至1927年上半年间,许多地方党组织也设立了秘书处。

自1927年党的"五大"开始,在党的全国代表大会召开期间,专门设立大会秘书处,负责会务工作,起草和印发大会文件。

1925年11月,在组织规模较大的地区或委员会,还设立了"技术书记"这一秘书岗位。技术书记实际上是中共机关和群众团体机关专门设置的管理机关技术(包括刻蜡版和印刷技术、缮写技术、文件材料的管理技术等)事务、文书处理和文件管理的秘书工作人员。

---

① 本部分内容主要参照费云东、余贵华的《中共秘书工作简史》(沈阳:辽宁人民出版社,1992年)编写。

2. 土地革命时期的秘书机构

1927年,蒋介石和汪精卫叛变革命,国共合作破裂,大革命失败。此时至抗战爆发后国共第二次合作,是为土地革命时期。蒋汪叛变革命后,大肆屠杀共产党人,中共党组织也遭受严重破坏,秘书工作机构损失殆尽。"八七会议"后,秘书工作逐步恢复并得到发展,在党组织、苏维埃政府、群众团体、军队系统和国统区均建立了秘书机构。

"八七会议"后,中共中央以临时政治局为领导机构,局下的文书科(旋改称秘书处)负责中央机关的秘书、文书和档案工作。各省委机关也相应设立秘书处,由秘书长主持工作。1927年11月,秘书处转归中央组织局领导。

这一时期秘书工作职能的变化最突出的表现就是党中央秘书处和秘书长职能的变化。

1927年以后,秘书长既参加中央领导工作,也对各部委和各省委的秘书处进行业务指导。1929年10月,根据《中共中央秘书处过去的缺点和最近的工作计划》,秘书处的职能发生了重大变化,秘书处成为中央工作尤其是常委工作的执行机关。秘书处成为党内机要工作的总汇,是上下级党部联系的枢纽,在日常工作中协助中央政治局加强对全党的政治指导,负责编辑指导全党秘书工作的刊物《秘书处通信》等。与秘书处职能变化相一致,秘书处内部的结构也有所变化,其下设文书科、会计科、翻译科、内埠交通科、外埠交通科、调查研究室等。1932年后各级秘书处增设机要科。在各个科中,以文书科规模较大,下面还分设油印处、文件保管处、密写处、文件阅览处等。

1928年,党中央还成立了"秘密委员会"负责机关地址的选择、保护文件的安全、建立交通工作、确定秘密接头方式、准备会议等。这是地下斗争状态下一个特殊的秘书机构。

1931年11月,第一届中华苏维埃全国代表大会召开,成立了中华苏维埃共和国临时中央政府。在苏维埃中央执行委员会内设立了中央执行委员会总务处作为秘书机构,不久改为总务处。处内有主任一人,技术书记一人。处下设文书、印刷、会计、事务、收发和交通等股。苏维埃各级政府机关都设置了秘书机构。同时,许多高级机关首长也配备了负责文件管理及会议记录等工作的秘书。

这一时期,群众团体迅速发展,除原有的共青团、妇联等外,又建立了总工会、中国革命互济会、中国左翼文化总同盟、中国社会科学者联盟等。这些团体也有自己的秘书工作乃至秘书机构。由于各个团体所在地区的政治环境不同,其秘书工作的特点各不相同,但职能基本相同。

在各中共中央局、省委、特委和苏维埃地方政府都有秘书机构,其组织形式多种多样,主要有秘书厅、秘书处、总务处(部)等。

在军队系统中,从军委到连队都设立了秘书机构,配备了秘书工作人员。1927年中共中央军委改为中共中央军事部,并在部内正式设立秘书处。1930年进一步规定中央军委常委下设秘书处,中央局和省级军委常委下设秘书科。在红军师以上单位都有秘书处、办公处或办公厅等秘书机构。在团以下的军事机关有的设秘书科、总务科等机构或秘书等职位。

在国统区,为了斗争的需要,中共形成和发展了形式多样的秘书工作。在职业掩护下,采用密写、暗语等方式起草文件,利用地下交通网传递文件,进行秘密联络。为了获取国民党的机密情报,一些优秀的共产党员打入敌人内部,在国民党的秘书部门潜伏,为党组织提供了许多重要的情报。同时,为了保存党的重要文件,还在上海建立"中央文库",秘密保管党中央机关向苏区转移时留下的几十箱文件资料,包括党中央各种会议记录、决议案、中央与各地组织、共产国际间的来往文件等。负责中央文库保管的同志不畏牺牲,前仆后继,一直将这些文件安全地保管到上海解放。

3. 抗战时期的秘书机构

1935年12月,长征结束后,党中央转移到陕西,在瓦窑堡召开政治局会议,恢复和建立了中共中央各部委的同时,恢复了中央秘书处。此后,党中央的秘书工作逐步走上正轨。

中央秘书处内设文书科、机要科、会计科,后来又增加了材料科、速记室、电讯科和收发室,分别承担一定的秘书工作。秘书处的工作范围进一步扩大,负责制定机关工作制度、指导全国性的电讯业务、转发文件材料、管理文件和电报、管理印刷业务、后勤服务和财务管理等。

中央秘书处受中共中央秘书长领导。秘书长的任务主要有:批阅文电,分配文电交各部委研办,组织会议记录、整理会议议案,主编《政治通讯》,处理来信、接待来访、指导秘书处工作,管理机要工作,管理总务工作等。

随着革命事业的发展壮大和革命事务的增多,中央秘书处的职能和组织已不能适应新的要求,1941年9月,中央书记处决定在中央秘书处基础上组建中央书记处办公厅,执行书记处的日常工作。办公厅的主要职责是:指导秘书处工作,协助秘书长管理政治工作,负责书记处的会务工作等。

抗战期间,各部委的秘书工作也得到了加强。很多部委都建立了秘书处,处下多设有文书科、收发科、材料科、机要室等。根据1939年6月发布的《中央直属机关暂行工作规则》,各部委秘书处的职能和工作任务主要包括:文书处理、文件传递、文件管理、机要电讯、机关后勤、经费管理和人事管理等工作。

1945年,在党的"七大"召开前,中央还设立了中央书记处办公处,作为中共领导核心的机要秘书班子,直接协助中央最高层领导人的会务和日常事务,以及进行文件和电报处理。

抗战爆发后,新四军和八路军先后开辟了十几个抗日根据地,在根据地普遍建立了党、政、军、民的各级机构,多层级、多系统的秘书机构也建立起来,并形成了纵横交错的秘书机构网络。在民主政权政府和区以上党组织普遍设立了秘书处作为专门的秘书机构。边区政府秘书处内设秘书主任统管工作。处下设收发科、文书科、统计科、书报室、材料室、档案室等,负责文件、电报、书报、刊物的管理工作,会计、事务和干部教育等工作。党的机关秘书处下设文书科、机要室、材料室、收发科、会计科、供给科等,负责草拟文电、筹备会议、审核预决算、人事管理、保密和后勤等工作。

4. 解放战争时期的秘书机构

解放战争期间,中国共产党领导的秘书机构和秘书工作在大转移中不断发展。1947年3月,国民党军队对解放区由全面进攻转为重点进攻,并把党中央所在地陕北作为重点进攻区。为了适应战争形势,党中央决定将中央机关撤离延安。毛泽东、周恩来和任弼时等率领中央和解放军总部的精干机关撤出延安,留在陕北;刘少奇、朱德等带领中央工作委员会转移到河北平山县西柏坡村,叶剑英、杨尚昆等带领中央后方委员会转移到山西临县三交镇。在这样的情势下,中办秘书处和办公处也一分为三,留在陕北的工作人员组成了机要科、文书科、警卫处、行政科等,负责党中央的文书处理、电讯业务、警卫工作和生活管理等;转移到河北的组成中央工委秘书科、机要科、行政科等,承担中央工委的秘书工作;第三部分则负责承担党中央、中央工委和中央后方委员会交办的各项秘书工作。1948年4月,这三部分中办秘书工作人员全部转移到西柏坡,还原建制。办公厅下设秘书处、机要处、中央机要室等部门,其中,秘书处下有材料科、文印科、交通科、发行科、速记室、总收发科、交通站等。

1949年4月,中办随中央机关进入北平,为新中国的成立做了大量辅助工作。

抗战胜利后,原来的边区政府改为人民政府,在一些新解放区,也成立了人民政府。在解放区人民政府中,秘书工作的机构设置、工作内容等都出现了较大变化。

自1946年起,在解放区人民政府系统内自上至下都设立了秘书机构:各大区人民政府内先后设立了秘书厅,行署一级的人民政府设立了秘书处或办公室,专员公署和县级人民政府设置了秘书处或秘书科,政府的一些部、委、厅、局等也设立了秘书科、文书股,再小一些的单位一般都设有秘书、技术书记或文书等秘书职位。

(二)中国共产党领导下的秘书工作制度

中国共产党自成立之日起就十分重视秘书工作,老一辈革命家如毛泽东、邓小平、周恩来、任弼时、瞿秋白、王若飞等同志先后承担或领导党的秘书工作,许多领导同志都亲自起草过很多党的重要文件。随着秘书工作的开展,逐渐形成了秘书工作制度。

1. 建党初期至大革命时期的秘书工作制度

中国共产党是无产阶级政党,党的文件和文章必须适应工人、农民和文化程度较低的工作人员的阅读要求和党组织斗争的需要。在文体格式方面,必须抛弃文言表达和传统的老套格式,防止空洞,以生活事实为原则。1922年党中央规定,书写文件要用白话文,要使用新式标点符号;同时,为了安全和保密的需要,在文件中必须使用代号和暗语。这是中国共产党领导下的文书撰拟的一个突出特点。

建党初期,文件处理形成了签发、编号和分配等三个环节。根据1923年7月《中国共产党中央执行委员会组织法》的规定,党内文件要由委员长与秘书签发;文件的编号包括文件顺序号(按文种编的流水号)、文件总号(一个机关形成的文件的总号数)、文件分类号及文件运转、管理过程中编制的发文号、收文号、卷号等;文件的分配一开始是由党的主要负责人亲自分配,后来由秘书或秘书长负责,秘书处成立后,由秘书处承担。

自1924年起,党中央机关建立了文件收发登记制度。在各级机关设置了文件底稿簿,登记所发文件和存根;还设置了收文登记簿、发文登记簿和文件保管簿,登记收发文名称、备考、收件人、发件人、收发时间等内容。

在文件传递方面,建党初期,党内文件的传递主要采用秘密邮寄的方式。为了应对日益恶劣的政治环境,1925年1月,"四大"决定建立党内交通网。4月,进一步规定全党停止邮寄秘密文件,由交通员负责秘密文件的传递。

2. 土地革命时期的秘书工作制度

土地革命时期党的秘书工作制度集中体现在《文件处置办法》这份文件中。1931年,为了对越来越多的文件进行规范管理,周恩来委托瞿秋白起草了这份中共历史上第一个系统指导文书处理的文件。全文共分7条,分别规定了文件的分类、整理、编目、收集、保管等工作原则与方法。文件将中央文件分为最高机关决议及指示类,对外宣言、告群众书类,中央政治局会议记录及常委重要问题会议记录类,中央决议案及通告、宣传大纲和党员个人致中央的重要信件类。每类下再按政治、苏维埃、组织、宣传等分成小类。在整理文件时,应将中央、地方、军队和苏维埃政权的文件分开;地方文件按省分成大类,省内文件再按内容性质分项。类内文件按照时间顺序编号、编目。在文件收集、留存和销毁方面,文件也规定了相应的办法。如对机关报刊应保存一份完整的并存放在妥当的地方;对原件已散失的文件,若曾在报刊上登载,应努力收集;对那些仅是事务性质或没有内容的文件应销毁。文件规定,在可能的情况下,应将每种文件保存两份,一份存阅,一份入库,以备交将来之党史委员会。这一方面体现了中国共产党人对文书工作的高度重视,另一方面也体现了老一辈革命家长远的历史眼光。在这份文件的指导下,中国共产党的文书工作逐步健全,并且保存了大量珍贵的历史文献资料。

3. 抗战时期的秘书工作制度

长征后,中央对秘书工作进行了总结,在文件收发、文书处理、文件传递、文件管理等方面,制定了一系列规章制度。其中,在我国秘书工作史上具有重要意义的文件签发制度和文件传阅制度,至今仍在沿用。

文件签发制度是由1938年中央制定的《机要规则》正式规定的。根据这个文件,任何正式文件和电报必须有领导人签字才能生效:中央文件必须有中央政治局委员签发,中央各部的文件必须由部长和秘书长签发,中央军委文件必须由正副书记、政治部主任和参谋长签发,军队中团以上的文件必须由部队长、政委、政治部主任和参谋长签发。

文件传阅制度是在抗战初期逐步形成的。当时,随着党中央政治生活的正常化,对于重大问题,领导实行集体决议制度。于是,文件在领导成员之间传阅便成为实行集体领导的必要方式,因为各位领导人通过文件传阅和在文件上批示能够沟通信息,交流意见。根据相关规定,重要文件都有机要秘书附上传阅单,注明文件编号、提要、收发文时间、送件人、传阅人的名单和传阅顺序等信息。

此外,中共中央十分重视档案的收集、保管和编纂。1937年中央秘书处下设的材料科,实际上就是党中央的档案室。1941年对长期保留的电报进行过一次系统整理。延安整风运动中,在毛泽东的主持下,党中央编纂了大型文件汇编《六大以来》和《六大以前》。此外还编纂了《两条路线》、《军事文献》、《抗战以来重要文件汇编》等。1945年8月解放张家口后,在晋察冀边区政府敌伪物资清理委员会下专设敌伪资料整理工作组(即后来的敌伪文献清理处),负责接管和清理敌伪档案资料。

4. 解放战争时期的秘书工作制度

解放战争时期,中共领导下的文书工作有了进一步发展,如公文的文种、格式方面都有统一的规定。在秘书工作制度方面也有一些明确制度。为了进一步严格执行秘书工作的相关制度,中共中央办公厅1946年11月发出《中央办公厅关于保密问题的通知》,重申《机要条令》,要求各机关按照文电处理制度办事;1948年7月至9月间接连发布《中共中央关于中央各部委处理机密文件的制度》和《中央办公厅承办和收发电报及归档程序》等文件,对文书处理工作提出了制度化和程序化的要求。在文书、档案管理工作中,必须严格执行机密文件的承办制度、机密文件阅办制度、文件摘抄制度、文件材料登记制度、文书处理检查制度、文件起草和审批制度等。

1948年初,中共中央还发布了毛泽东起草的《关于建立报告制度的指示》,规定建立党内报告制度。要求重要报告由领导人亲自起草,不要秘书代劳,公文语言要简练,报告内容要言之有物,不能泛泛而谈。

第四节　新中国成立以来的秘书工作

1949年10月1日,中华人民共和国正式成立,我国秘书工作也翻开了新的历史篇章。

一、新中国成立以来的秘书机构

新中国成立后,秘书工作以解放区人民政府的秘书工作为基础,改革国民党旧政权机关的秘书工作制度,配备了大量的秘书工作人员,逐步形成一个从中央到地方的有机联系的秘书机构体系。

(一)秘书机构的设立

建国初期,通过一系列法律、法规的颁发,新中国在各级秘书机构的名称、设置及其职责等方面作出了明确规定。1949年9月,中国人民政治协商会议第一次全体会议通过了《中央人民政府组织法》,规定中央人民政府设秘书长一人,协助政府主席执行职务。

同年12月发布的《政务院及其所属各机关组织通则》规定了秘书机构的规格、级别和职位设置,并将各级各类秘书机构的名称规范化。此后,各省、地市、县级的行政机关基本上按照政务院的格局设置了相应的秘书机构:省部级以上的机关秘书部门称"办公厅",地市级以上的机关秘书部门称"办公室";办公厅(室)下,往往设有秘书处(科)、行政处(科)、机要处(科)、信访处(科)和政策研究室等二级机构。政府机关各个部门都设秘书长或秘书职位。

1951年4月,为了推动全国秘书工作的开展,政务院召开了全国秘书长会议(即"第一次秘书长会议"),总结秘书工作的经验,规范行政机关的秘书机构和秘书工作。会议讨论通过了一系列有关秘书工作的文件。会议的主要精神体现在1951年7月发布的《政务院关于各级政府机关秘书长和不设秘书长的办公厅主任的工作任务和秘书工作机构的决定》(以下简称《决定》)中。这份文件是建国初期相当长时间内秘书工作的指导性文件,它的发布标志着我国的秘书工作开始走上正规化道路。

《决定》对各级人民政府的秘书长和不设秘书长的办公厅主任的工作任务、秘书机构的设置等问题作了原则性规定。秘书长(办公厅主任)的工作任务是:

(1)协助首长综合情况、研究政策、推行工作。

(2)协助首长密切各方面的工作联系。

(3)协助首长掌管机关内部统一战线工作。

(4)协助首长掌管保密工作。

(5)掌管机要工作。

(6)主持日常行政事务,包括公文处理、会议组织、检查与督促政府决议的执行等事项。

(7)掌管机关事务工作,包括机关财务、生活管理、学习、文化娱乐活动等事项;不设秘书长的机关,如在办公厅之外专设机构管理机关事务工作的,此项工作可不由办公厅主任掌管。

在秘书机构的设置方面,《决定》提出了四项原则:

第一,秘书工作机构,应根据精简原则,尽力减少层次。办公厅一般可分设两层,最多不超过三层。为便利工作,可多设副职,分工领导。省(行署、市)人民政府的办公厅,尚未专设主任者,得由秘书长或副秘书长兼任,必要时另设专职的副主任。

第二,适应业务分工,组织机构可适当向横的方面发展,逐渐改变过大过多一揽子的组织形式。条件许可时,可把秘书业务、研究工作、机关事务管理工作分开,具体编制应依据各地区、各部门具体情况决定。

第三,尽量减少事务人员,充实业务部门。在部分人员中(如收发、缮写等),可试行定额制。警卫勤杂人员的编制,亦应更合理规定,以达到精简节约、提高工作效能的目的。

第四,大行政区和各省(行署、市)人民政府的政策研究机构,应视各地具体工作情况和干部条件建立。如干部条件困难,不能专设机构时,可确立几个具有一定政策水平和实际工作经验的干部,并配备若干文化程度较高的知识分子干部,用带徒弟的方法,培养他们协助秘书长进行某些政策问题的研究,并应让他们参加巡视检查工作。这些人员在编制上或列入参事室、秘书室,或直接归秘书长领导,可视具体情形而定。

这四项原则在其后的实际工作中大多得到了落实。党中央、全国人大、政务院、全国政协、中央军委、最高人民法院、最高人民检察院,中央各部委会署行、各民主党派、各经济实体、文化团体和企事业单位,各大行政区和各级政府机关分别建立健全了自己的秘书机构,连基层的乡镇、街道、村等单位也根据《决定》精神,设立了秘书机构或改革了原有的秘书机构,或者配备了专兼职的秘书、文书工作人员。由此,我国行政系统秘书机构体系的基本框架已经形成。

各级政府秘书机构的设置:

各级政府职能部门秘书机构的设置:

$$\begin{cases} 中央各部委——办公厅——秘书各处 \\ 省区各厅局——办公室(秘书处) \\ 行政公署各处局——办公室(秘书科) \\ 县政府各委局——办公室(秘书股)——秘书 \end{cases}$$

在党的各级组织、各民主党派等政治团体内也设立了秘书机构和职位。从中共中央书记处、办公厅到地方各级党组织都设立了党的秘书机构。

新中国成立后,军队进入和平建设时期,在正规化建设过程中,全军须统一编制。1950年10月,中央人民政府革命军事委员会颁发了国防部军部、步兵师编制系统表,对军、师机关中秘书机构的设置作了统一规定,军设秘书处,编制58人;师设秘书科,编制49人。1954年和1956年,中央军委曾两次颁发文件,精简了秘书机构的编制。1962年,中央军委制定了军以下的编制表和大军区机关编制。军和师两级的秘书机构没有变化,编制分别为18人和11人;团多设秘书1~3人,营设书记或文书职务,从事秘书工作;各军区司令部办公室下设秘书科和保密档案科,政治部设秘书处,处下设秘书科、政工研究科和管理科、总政治部设正副秘书长,下辖办公室、秘书处、政工研究处、机要科、政治处。

此外,随着社会的发展和社会分工的细化,新的产业和行业门类不断出现,在党政机构之外,工农业各部门、科技教育、卫生、文化、金融、体育、信息、法律等不同行业和单位都设置了秘书机构从事行业秘书工作。大致而言,这些组织、产业或行业的秘书机构可分为三大类:政治类、经济类和文教科技类。

(二)"文革"对秘书机构的破坏

1966年5月,"文革"开始。直到1976年10月"四人帮"被粉碎,"文革"结束。在这十年浩劫期间,我国秘书机构受到了极大的冲击。很多秘书部门的负责人被当作"走资派"遭到批斗,一些秘书工作人员被当作"保皇派"遭到打击迫害或者被迫离开秘书工作岗位,致使秘书工作人员的素质下降。自1967年1月开始,很多党政机关的秘书机构直接受到造反派的冲击,很多档案保管部门受到冲击。[①]

(三)新时期秘书机构的恢复和完善

"文革"结束后,秘书行业进行了拨乱反正,恢复和加强了正常的秘书工作秩序,提高了工作效率,1981年1月,国务院召开全国秘书长、办公厅主任座谈会,这就是第二次全国秘书长会议。会议决定在县级以上党政机关设置与办公厅(室)平行的政策研究机构,以加强为领导部门提供决策依据和决策方案,充当领导参谋的工作。

1986年12月,第四次全国秘书长会议召开。根据会议要求,在秘书部门设立了专事信息收集、处理的工作机构(综合部门)。

1990年1月,第五次全国秘书长会议召开。根据中央领导同志对秘书工作的重要指示,会议制定了《关于党委办公厅(室)进一步开展督促检查工作的意见(讨论稿)》,要求强化各级秘书部门的督察职能。会后,全国地市级以上单位成立了督察室,地市级以下单位设立了督察员,专门负责督察工作。

二、新中国成立以来秘书工作的发展

(一)全国秘书长会议与秘书工作的发展

建国后我国秘书工作的发展与几次全国秘书长会议的召开有着密切联系,每次会议都对前一时期的秘书工作进行了总结,对今后的工作作出部署,都会提出一些有关秘书工作的新的重要观点并形成一系列文件,以指导秘书工作的发展。

1. 第一次全国秘书长会议与秘书工作制度的形成

第一次全国秘书长会议的目的是总结新中国成立一年多来的秘书工作经验,研究由于秘书工作范围和职能迅速扩大而带来的各种问题,重点讨论各大行政区和各省、直辖市人民政府的秘书工作,明确规定秘书工作的性质、职责和机构设置。在第一次全国秘书长会议召开前后,政务院发布了一系列秘书工作文件,制定了秘书工作的各项规章

[①] 杨树森、张树文:《中国秘书史》,合肥:安徽大学出版社,2006年,第252~256页。

制度,为我国秘书工作制度的发展奠定了基础。这一时期形成的秘书工作制度主要有:

(1)印信管理制度。1950年2月政务院发布的《印信条例》,对全国各级机关公章的格式、字体、尺度、质料和制发办法等都作了统一规定。

(2)保密制度。1950年2月发布的《政务院关于各级政府工作人员保守国家机密的指示》对国家机密的范围、各机关和工作人员的保密纪律、泄密人员的处罚等都作了严格规定,并特别对秘书人员和秘书部门的保密工作作了明确指示。次年,《保守国家机密暂行条例》正式颁布施行,这是新中国成立以来在保密方面的第一个法规性文件。

(3)信访工作。1951年6月,《政务院关于处理人民来信和接见人民工作的决定》发布。文件指出新中国信访工作存在一些问题,规定了承担信访工作的机构和信访工作的一些制度,如登记、研究、转办、检查、催办、存档、定期总结等。

(4)文书和档案工作制度。1951年5月发布的《行政公文处理暂行办法》和《政务院所属各部门、各级政府行文关系的暂行规定》规定了行政公文的文种和名称、行文关系、文书处理程序、公文的格式等内容。

2. 新时期几次全国秘书长会议与秘书工作的发展

在第二次全国秘书长会议上,为了加强秘书工作对领导部门决策的参谋作用,重点研究讨论了文书处理和调查研究工作。会议前后,先后发布了《中共中央关于各级领导干部要亲自动手起草重要文件,不要一切由秘书代劳的指示》、《中央收发文件电报批抄、注办工作的原则和方法》、《关于中央领导同志机要秘书工作的暂行规定》、《党政机关信访工作暂行办法》、《国家行政机关公文处理暂行办法》、《中共中央关于开展查办工作的通知》等重要文件,对重要文件的起草、注办工作、机要工作、信访工作、查办工作和公文处理等作出了规定。

1985年1月,为了研究讨论在新形势下如何充分发挥秘书部门的作用,进一步开创秘书工作新局面,第三次全国秘书长会议召开。根据中央领导同志的讲话精神和当时秘书工作面临的形势,会议认为秘书工作重点应放在以下几个方面:明确"三个服务"(又称"三服务",即为领导工作服务、为各部门和所辖区域及下级服务、为人民群众服务)为秘书部门的指导思想,秘书工作要充分发挥参谋、助手作用;实现"四个转变"(即从单纯地办文办事转变为既办文办事又出谋划策、从单纯地传递信息转变为综合处理信息、从被动服务转变为力争主动服务、从凭老经验办事转变为科学化管理)和加强"四化"(即秘书干部队伍的年轻化、知识化、专业化和制度化)建设;建立和健全信息工作体系,加强信息工作;改变工作作风,提高工作质量和工作效率;抓好秘书部门的领导班子和队伍建设。

第四次全国秘书长会议的主要议题是如何进一步做好办公厅(室)和信息工作,更好地为领导科学决策和指导工作服务。会议要求以秘书部门为基础建立全国信息网络。

第五次全国秘书长会议重点讨论了如何改进工作作风、进一步做好秘书工作的问题。改进工作作风的重点是加强督促检查。要求将督察工作的重点从过去主要是"批办督察"转到"决策督察"上来。这样,督察工作得到了前所未有的加强。

1994年12月,第六次全国秘书长会议召开。会议提出了当前和今后一个时期办公厅工作的基本思路,即围绕"一个基本任务"(即以党的基本理论、基本路线和基本方针为指导),搞好"三服务",实行"两个结合"(即一般和个别相结合、领导和群众相结合),突出"三项重点工作"(即信息调研、督促检查和保证日常工作正常运转),搞好"四项建设"(即秘书队伍的思想建设、组织建设、业务建设和作风建设)。

1996年12月,召开了第七次全国秘书长会议,重点研究督促检查工作如何进一步推动领导决策的落实问题,要求今后督查工作要着重抓好五个问题,即把抓落实作为督促检查工作的出发点和落脚点,为党委和领导同志进行督促检查工作提供优质高效的服务,根据领导部门的要求经常组织有实效的督查活动。把中央宏观决策和地方具体决策的督促检查有机结合起来,进一步提高督查队伍的素质。

1999年1月,第八次全国秘书长会议召开。会议进一步明确了秘书工作的指导思想,强调秘书部门发挥参谋助手作用要增强主动性,发挥督促检查作用要注重时效性,发挥协调综合作用要把握全局性。提出要处理好继承与创新的关系、全面与重点的关系、对上服务与对下服务的关系、务实与务虚的关系。强调新时期做好秘书工作的关键是要有一支高素质的干部队伍,秘书干部要向忠诚坚定、甘于奉献、廉洁自律、业务精湛的方向努力。

2002年7月,第九次全国秘书长会议召开。会议要求秘书部门认真履行参谋助手职责,更好地为领导决策服务,充分发挥综合协调作用,确保日常工作高效运转,大力加强督促检查工作,努力促进决策的贯彻落实,进一步做好后勤工作。①

(二)市场经济条件下秘书工作的新发展

1. 秘书队伍的扩大

改革开放后,我国经济体制由计划经济转入市场经济,各种非公有制经济形式出现并快速发展。经济体制的变化对秘书工作也产生了巨大影响,其中之一便是私人秘书、非公有制企业秘书的出现并急剧增加。这样,秘书队伍的组成结构发生了变化,秘书队伍进一步扩大。

2. 秘书工作内容的增加

随着市场经济体制的确立,各种所有制形式的经济主体按照市场运行机制参与市场竞争;同时,经济活动成为国家建设和社会管理事务的重要内容,成为各级政府的主要公务活动之一。为了适应市场经济环境,树立良好的社会形象,必须进行公关工作。在我国,大多数企业、所有事业单位和政府机关的公关工作都由秘书部门承担。这样,秘书工作内容就新增了公关工作。

---

① 参见晓理:《新时期的七次全国党委秘书长、办公厅主任座谈会》,《秘书工作》,2005年第10期。

此外，在市场经济条件下，进行各种形式和内容的谈判成为各级政府机关、企事业单位的经常性事务活动。要取得理想的谈判效果，必须充分准备谈判资料、搜集相关信息、承担谈判的具体事务，这些工作多由秘书部门承担；有的秘书还直接参与谈判。这也是秘书工作新增的内容。

3. 秘书人员选拔和管理的法制化

一直以来，秘书人员的选拔、任免、奖惩等都没有施行法制化管理，具有一定的随意性。这种情况到1993年10月1日《国家公务员暂行条例》施行后发生了改变，条例的实施标志着我国秘书人员的选拔和管理进入法制化时期。条例规定要根据公开、平等、竞争、择优的原则，选录国家公务员，对于主任科员以下非领导职务的公务员，要采用公开考试、严格考核的办法，按照德才兼备的标准择优录用。自1995年开始，全国陆续开始面向社会公开招考公务员，招考的职位有很多属于文秘岗位。这样，在原来的选拔体制下不能进入秘书队伍的一些素质高、品德优的人才不断充实到秘书队伍中。随着2006年1月《中华人民共和国公务员法》的正式施行，秘书人员选拔和管理的法制化进一步深入发展。

（三）秘书教育的发展与秘书学研究的兴起

1. 秘书教育的发展

新中国成立后，我国秘书教育主要是通过一些初级秘书学校和秘书培训进行的。高等教育中没有秘书学专业，学科体系中也没有秘书学学科。1980年，上海大学文学院首创秘书专业，并于当年秋开始招收全日制专科学生。其后，成都大学、江汉大学等高校先后开设了秘书专业。经过30余年的发展，我国秘书专业教育已经形成了包括本科、专科、中职等多种层次，全日制、函授、夜大学及非秘书专业开设秘书学课程等多种模式的教育体系。

2. 秘书学研究的兴起

新中国最早对秘书学理论进行系统研究的是李欣。作为中办秘书局一名长期从事秘书工作的学者，他在1959年就开始了对秘书工作的研究，并于1961年完成了《秘书工作》一书的初稿。这是我国秘书学研究的开山之作。高等学校开设秘书学专业，标志着秘书学作为一门学科诞生了。随之而起的是秘书学理论研究的兴起。特别是20世纪80年代至90年代中期，秘书学理论研究迅速发展。秘书学教材和专著大量出版，秘书学杂志纷纷创办，秘书学学术组织相继成立，国外秘书学书籍陆续被翻译介绍到国内。①

本章思考题

1. 我国秘书工作的起源和尧舜时期的秘书工作发展脉络。

---

① 参见杨树森、张树文：《中国秘书史》，合肥：安徽大学出版社，2006年，第272～273页。

2. 先秦时期我国秘书工作的发展脉络。
3. 秦汉魏晋南北朝时期我国秘书工作的发展脉络。
4. 隋唐五代宋时期我国秘书工作的发展脉络。
5. 元明清时期我国秘书工作的发展脉络。
6. 民国时期我国秘书工作的发展脉络。
7. 新中国成立后我国秘书工作的发展脉络。

案例分析

杨修是三国时魏军行军主簿,即为曹操掌握簿籍与文书的官,相当于现在的政府秘书长。此人才思敏捷,头脑灵活,颇具才华,但却屡屡"犯曹操之忌"。《三国演义》中载有这么几则小故事:一则是曹操去看新造的花园,在门上写了一个"活"字,众人皆不知其意,杨修说:"门内写活,乃阔字也,丞相是嫌门阔了。"曹操知道后,口虽称美,"心甚忌之"。二则是塞北送来一盒酥,曹操在盒上写了"一合酥"三个字,杨修即"取匙与众人分食",曹操问其原因,杨修说:"丞相已写明一人一口酥。"曹操"虽喜笑,而心恶之"。三则是曹操试曹丕和曹植的才能,杨修多次为曹植出谋划策,曹操因而认为杨修与曹植联合起来欺骗自己,于是就有了杀杨修之心。最后,当曹操兵退斜谷,前被马超所拒,退又恐蜀兵讥笑之时,传出夜间口令为"鸡肋",杨修就叫军士收拾行装,准备归程,因为鸡肋"食之无肉,弃之有味"。最后,曹操以惑乱军心罪杀了杨修。

(资料来源:孙荣等编著:《秘书工作案例》,上海:复旦大学出版社,2005年,第81~82页。)

根据上述案例,请回答:
1. 请从秘书学的角度谈谈杨修之死的根本原因。
2. 请问秘书应该如何摆好自己的位置?

第三章
秘书人员、机构与职能

▌本章导语

秘书在我国已经发展成为一种职业,许多人在这个领域辛勤工作。秘书人员为领导者和领导机关服务,是领导的参谋和助手。秘书工作的特殊性决定了秘书人员必须具有较高的素质。秘书机构处在机关的枢纽位置,合理地设置秘书机构并进行管理,对提高秘书工作效率起着十分重要的作用。秘书和秘书机构,主要有辅助决策、协助管理、处理信息、综合协调、督促检查等职能。它们是互相联系,互为条件,互为因果,相辅相成的,缺一不可,全面体现了秘书和秘书工作的功能、价值和意义,构成了秘书和秘书工作的整体。

▌本章关键词

秘书人员;秘书机构;秘书职能

第一节 秘书人员

一、秘书的含义

(一)学术界的看法

"秘书"一词,含义丰富,在当今学界尚无统一的说法。

我国自20世纪80年代秘书学兴起时就开始对秘书概念进行探讨。

1986年,张家仪在《秘书》杂志上撰文认为:"秘书是身处领导机构或附着个人,撰制掌管文书,辅助决策,并处理日常事务的服务人员。"[1]

1987年,常崇宜在《现代秘书工作》一书中认为:"秘书是一种职务名称,也是一种社会职业。是领导机关首脑或特定领导人员的助手。各种秘书的具体助手作用各不相同,

---

[1] 参见《什么是秘书》,http://wenku.baidu.com/view/1efa3b9c51e79b8968022694.html。

但都是通过辅助领导,直接为领导服务去体现为人民服务、为社会主义服务的。"

袁维国认为:"秘书,在我国现代主要是指党和政府机关、企事业单位、社团体、军队、院校内的一种行政职务。其主要职责是辅助管理,综合服务;主要工作是撰拟文稿、管理文书、接待来访、组织会议、调查研究、处理信息、办理事务、参谋咨询、联络协调等等。"①

2000年,欧阳周、陶琪编著的《现代秘书学:原理与实务》一书认为:秘书学所研究的秘书,通常指的是广义的秘书,它既包括掌管文书并直接辅助领导者全面处理事务的专门人员(狭义秘书),还包括首长的个人秘书以及拥有决策权和指挥权的秘书长、办公厅主任等行政首长在内。②

2011年8月,杨剑宇教授主编《中国秘书史》(高等教育出版社)一书中以《辞海》(上海辞书出版社缩印本,2010年版,第1300页)的解释为依据,遵循权威词典的看法,表述为:一般认为,秘书是"掌管文件并协助领导人处理日常工作的人员"。③

(二)权威词典的解释

早在1979年,《辞海》秘书词条写道:秘书是"职务的名称之一,是领导的助手。秘书工作是一项机要性的工作,它的任务是收发文件、办理文书、档案和领导交办的事项,各机关和企业、事业单位,一般均设有秘书工作部门或秘书工作人员"。

《新华词典》的解释:"秘书,是管理文书并协助领导人处理工作的人员。"④

最新《辞海》的定义:"秘书:职务名称。掌管文件并协助领导人处理日常工作的人员。"⑤

另外,还有其他定义。如,秘书职业资格考试全国通用秘书学教材的定义:"专门从事办公室程序性工作、协助领导处理政务及日常事务并为领导决策及其实施服务的人员。"百度百科网认为:"秘书,一般指协助领导人联系接待、办理文书和交办事项的工作人员。"中科软件园网之《秘书的定义》一文认为,秘书定义应作如下表述:"秘书是为领导工作服务的办公室人员,是领导的参谋和助手。"

总而言之,秘书是为领导者和领导机关服务的,是协助领导处理机关事务的人员,是领导的参谋和助手。

二、秘书人员的称谓、类别、层次

(一)称谓

因为秘书岗位职能的不同,秘书的称谓也存在很大差异。当今社会,对秘书人员的

---

① 袁维国:《秘书学》,北京:高等教育出版社,1990年,第1页。
② 欧阳周、陶琪编著:《现代秘书学:原理与实务》,长沙:中南大学出版社,2000年,第3页。
③ 参见杨剑宇主编:《中国秘书史》,北京:高等教育出版社,2007年,第2页。
④ 《新华词典》,北京:商务印书馆,2001年修订版,第618页。
⑤ 《辞海》,上海:上海辞书出版社,2009年第六版彩图版,第1569页。

称谓比较复杂,常见的称谓主要有:

秘书,如高级机关的秘书局、处、室人员,高层领导的私人秘书等。

文员,负责打字、速记、安排日程、会议、订机票、订酒店。

文书,负责文件的撰写、整理、归档等工作。

主管,如培训主管、业务主管。

主任,如行政部主任、办公室主任、综合部主任等。

助理,如人事助理、执行助理、主任助理。

办事员……

学术界认为,秘书称谓不规范带来许多问题:一是称谓的不统一给界定秘书职务带来了困难,不利于对秘书人员进行科学的管理。二是容易造成秘书角色认知的差异,一个单位中同时存在秘书、文书等称谓,使得非秘书称谓的人员不能以秘书的角色规范来要求自己。三是不利于秘书学科基本术语的准确表达。

(二)类别

(1)以秘书的从属和服务对象来分,可分为公务秘书和私人秘书两类。公务秘书,泛指为各级党、政、军、群机关和企事业单位的领导服务,有组织和人事部门选调,从国家或集体领取报酬,在编制上属于该机关、单位的工作人员。如省委办公厅秘书、市长办公室秘书、经理办公室秘书、办公室主任等。其中少数是为一定级别的领导干部、专家服务的个人秘书,虽然他服务的对象是领导者个人,但仍从国家或集体领取报酬,是国家编制的正式工作人员,故仍属于公务秘书的范畴。我国高、中层机关、团体的主要领导人和大型国有企业、事业单位的主要领导人,都配备有专职的个人秘书。

私人秘书,指的是为外国商社、三资企业、私营企业主服务,由它(他)们聘请并支付报酬,不属于国家编制的文员。

(2)以秘书在组织内部的工作性质和内容来分,可分为文字秘书、机要秘书、行政秘书、生活秘书、信访秘书、公关秘书等,是当前较为普遍的一种分类。

文字秘书,是以文字工作为主的秘书。在党、政、军、群机关和企事业单位中,文字秘书主要承担单位文稿的撰拟、协助领导进行公文把关、沟通信息、参与政策研究等职责。

机要秘书,指专管机密文件和负责机密性事务的秘书。在高、中层领导机关和机密性较强的机关、单位,都配置有机要秘书。高层领导干部根据工作需要也可以配置机要秘书。机要秘书的主要职责是收发、管理机密文电及其他机密材料,负责领导干部办公处的保密工作,做好领导干部交办的各项带机密性的事务工作。

行政秘书,指协助领导处理各种行政事务的秘书,是秘书群体中最主要的类别,不但有辅助领导处理各种公务的职责,还担负一定的文字工作。

生活秘书,指负责领导层或领导者个人日常生活事务的秘书,其职责是负责安排领导者的起居、作息、医疗保健和各项公务活动的顺序,在生活方面给领导层或领导者个人提供各种服务和帮助。在我国,高层领导机关的重要负责人都配备有生活秘书。

信访秘书,是指接待和处理人民群众有关来信来访事宜的秘书,其职责是通过办信、接访,沟通领导机关与人民群众的联系,倾听人民群众的呼声,保障人民群众的合法权益。

公关秘书,主要负责单位的公共关系工作,如对内、对外的宣传、策划、洽谈等活动。

(3)以秘书人员从事工作的行业特征来分,可分为法律秘书、医药秘书、教育秘书、体育秘书、军事秘书等。

(三)层次①

秘书的层级,一般从三个方面来进行划分:

一是根据组织级别进行划分。秘书的层级可以分为中央秘书层、地方秘书层和基层秘书层三个层级。中央秘书层,指在中央党、政、军、群领导机关工作的秘书;地方秘书层,指在地方,即省、自治区、直辖市、地、县的党、政、军、群机关和企事业单位工作的秘书;基层秘书层,指在组织系统最底层的党政机关、社会组织、企事业单位工作的秘书。

二是根据领导中枢和领导者辅助功能进行划分。根据秘书对领导中枢和领导者辅助功能影响的大小,可以分为辅助决策层、行政执行层和技术操作层。辅助决策层,为直接参与领导中枢和领导者决策活动的秘书,主要是秘书长、办公厅(室)主任和领导者的个人秘书;行政执行层,为领导中枢和领导者处理重要公务的秘书,主要是负责文稿撰拟、信息加工、综合协调、来访接待、信访处理和会议组织等工作的秘书;技术操作层,为领导机关和领导者提供技术服务的秘书,主要是负责文稿编印的电脑操作人员、文书收发和处理的有关人员、图书资料采编人员、专事文稿把关的校核人员、机关印信的管理人员和通讯设备的操作人员等。

三是根据秘书的工作职位进行划分。我国从中央到基层各级机关,单位层级有高有低,机构有大有小,因而秘书职位也高低不同。一般分为高级公务员、中级公务员、初级公务员。高级公务员,是指在党、政、军、群机关公务员序列中担任副部长级别以上职务的秘书,如中央机关的秘书长和不设秘书长的办公室主任,以及省级党、政、军、群机关的秘书长;中级公务员,指在党、政、军、群机关公务员序列中担任副处级以上职务的秘书,如中央职能部门和地方机关、单位的办公厅(室)、秘书部门的局长、处长等;初级公务员,指在党、政、军、群机关公务员序列中担任非领导职务的秘书,如秘书机构中的办公室主任、科长、主任科员、科员、办事员、股长、文书、调研员、巡视员等。

从秘书的层次划分,可以看出:第一,不同级别的秘书从低到高辅助层次不同。如前文所述,有决策层、执行层和技术层。第二,不同层次的秘书工作量及相应的秘书结构比例不同。高级别的领导机关或领导者个人的秘书数量根据工作需要而定,要求秘书

---

① 欧阳周、陶琪编著:《现代秘书学:原理与实务》,长沙:中南大学出版社,2000年,第12页。

人员必须工作经验丰富,政治敏感性强,专业技能过硬,心理素质好。大中型企事业单位的秘书人员较多,各自的工作职责和能力要求更加专业化和规范化。而一般小企业的秘书人员少,秘书的要求不高,但秘书应是通才,他们需完成秘书任务中的基本任务,如既要打字,接听电话,还要能接待客户、会议服务、打扫办公室卫生等。第三,不同层次的秘书人员在知识、经验和能力上存在级差。第四,不同层次的秘书人员在级别和工资待遇上存在差别。

如,中国外资企业秘书分三类:初级秘书,以接电话、发传真、收发信件等为主;中级秘书(一般性秘书),用英文写一般的信函、起草报告和准备会议等,多为大专或本科毕业。高级秘书(经理助理),能起草重要的合同文本,懂法律、税务知识,有应急处理能力,有较高的语文素养和较强的写作能力。

三、秘书人员的基本素养

"素"是指"素质",即人们常说的天资、禀赋、天分等,是个人身心条件的综合体现,如个人的性格、气质、兴趣等;"养"是指"修养",要通过后天努力来培养,如个人的思想、学识、技能等。

"素养"是"素质"和"修养"的合称,它是一个人在政治、思想、作风、道德品质和知识、技能等方面,经过长期锻炼、学习所达到的一定水平。它是人的一种较为稳定的属性,能对人的各种行为起到长期的、持续的影响。它包含心理素质、基本修养、知识结构、能力构成等。

作为领导身边的参谋、助手,秘书工作的特殊性决定了其必须具有较高的素养。

秘书人员的基本素养一般包括:

(一)思想政治素养

秘书人员贴近领导,直接为领导的工作服务,必须有较高的思想素养和政策水平。

在思想上,秘书人员必须加强政治理论学习和政策的把握,拥有正确的世界观、人生观、价值观,用科学的态度、正确的方法处理秘书工作中的一切事务,始终以党和国家的利益为重,以人民的利益为重,始终保持清醒的头脑,坚持正确的政治立场。尤其是在国际形势纷繁复杂,国内改革逐步深化的今天,秘书人员必须站在党和人民的立场来想问题、办事情,不管在任何情况下,都要在政治上、思想上、行动上与党中央保持高度一致,自觉贯彻落实党的路线、方针、政策。

政策是党和国家处理各种关系、社会事务和国家事务的原则和措施,它体现党和国家的意志,体现大多数人的利益,是为实现一定历史时期的路线、任务而制定的行动准则。党、政、军、群和企事业单位所制发的一切文件,所开展的一切工作,都涉及党和国家的各项政策,都具有很强的政策性。因此,秘书人员必须具有很强的政策水平,能全面认识和把握,并运用它来指导自己的实际工作,处理事务,解决问题,高质量、高层次地完成辅助领导决策,服务领导工作的各项任务。

秘书人员还要有很强的法制观念,不能违背国家的法律、法规。无论是公文拟制工作,还是信访接待等工作,都应在法律的框架体系中进行,自觉维护法律、法规的尊严,不钻法律的空子,不以权谋私,不做损害党和国家、人民利益的事情,真正为领导做好参谋和助手的工作。

(二)职业道德和工作作风

秘书人员的职业道德,主要体现在服务意识上。秘书人员从事的是辅助性工作、服务性工作,因此,秘书人员在工作中要摆正自己的位置,必须牢记服从并服务于领导、服务基层,要甘当配角,不越权、越职、自作主张,更不能以领导者自居。同时,秘书人员还应严守机密、实事求是、诚实守信。

秘书人员的工作作风,主要体现在办事效率上。秘书人员的主要工作是"三办":办文、办会、办事。在办文、办会、办事的过程中,秘书人员要讲究工作效率,依靠过硬的专业本领,高速的办事效率,在最短的时间内,完成预定的工作任务,取得理想的工作效果。秘书人员的工作作风,还体现在对待工作对象的态度上。重要的工作,要多向领导请示、汇报,领会领导的意图,了解单位的实际情况,严谨、审慎地处理各项秘书事务。对各机关则应一视同仁,公平、公正地处理机关事务,不能媚上欺下,拉帮结派。秘书人员还应有吃苦耐劳的精神,不斤斤计较,甘于奉献。

(三)知识和能力素养

由于岗位的特殊性和工作内容的复杂性,秘书人员需要具备较广的知识面和较全面的工作技能。可以用"全才"和"杂家"两个词语来概括之。

秘书工作的综合性,要求秘书人员在横向上具有较为广博的知识,包括基础理论、法律法规、语言文字、办公自动化等。在专职业务上,又要求秘书人员有深厚的专业知识和专业技能,如文字秘书应具备文书学、应用写作学等专业知识;机要秘书应具备档案学、管理学知识;接待秘书要掌握社交礼仪、心理学等相关知识。

秘书要具备这些知识和能力素养,就要不断加强学习,博览群书,自觉提高动手能力和实践操作水平,尽可能多地掌握相关技术,才能为机构和领导工作提供高质量的服务。

(四)形象素养

秘书人员每天要跟各种各样的人打交道,秘书的形象、气质往往会影响机关、单位,甚至是领导的形象。所以,机关、领导一般会要求秘书要有良好的形象。

良好的形象,包括外在形象和内在形象。外在形象,就是秘书的仪容仪表,即穿衣打扮,工作场所,着装应端庄、大方、得体,社交场所可以随意、自由一些,穿出个性。内在形象,就是秘书人员的言谈、举止、工作作风。它往往能反映一个单位基本的精神风貌,所以秘书人员要高度重视自我形象的修炼。在公众场合,不说不得体的话,不做不得体的事,言谈文雅,举止文明,给人以彬彬有礼、温文尔雅的印象,不急不躁、不乱发脾气,有良好的品德。

第二节 秘书机构

一、秘书机构的含义和特点

（一）秘书机构的含义

机构,是指机关里的内设单位,是机关根据工作需要按照法定程序设置的职能部门。特定的机构具有特定的职能和任务。

秘书机构,是指在各级各类组织中为领导机构和领导处理综合事务、辅助管理的综合性办事机构。

秘书机构,也称秘书部门,具有参谋咨询、沟通协调、协助管理、督促检查等功能,包括办公厅（室）中的秘书、文印、机要等业务部门,还包括调研、信息、协调、督促、信访、档案、保密、接待、值班、印章管理等业务部门。

秘书机构有广义和狭义之分。

广义的秘书机构,指处于组织内的综合枢纽地位、直接隶属于组织领导、全面辅助领导和领导机关工作的部门。政府机关一般称作办公厅或办公室,企业一般称作综合部或行政部,统管日常行政与日常事务工作。还有不以秘书命名却从事秘书性质工作的机构,如国务院研究室、省政府政策研究室等。

狭义的秘书机构,是指以机关（首长）＋办公厅（室）命名（如省委办公厅、校长办公室）,或者直接以秘书局（处、科、股）等命名的机构（如中共中央办公厅秘书局、政协会议秘书处）。它包括各级办公厅、办公室、综合部或行政部中专门辅助组织及其领导办理业务的部门,以文牍性、机要性工作为主要任务,负责文书、会务、联络等工作。

秘书机构的设置与管理关系秘书人员的具体分工和秘书工作的整体效应。因此,合理地设置秘书机构,对提高秘书工作效率有着十分重要的作用。

（二）秘书机构的特点

秘书机构处于机关的枢纽位置,其基本功能是辅助决策,发挥参谋作用,服务领导,发挥助手作用。秘书机构的特有功能则是沟通上下、联系左右,对内沟通协调,对外广结良缘、谋求发展。具体地说,秘书机构有如下几个特点：

1. 地位的枢纽性

纵观历史,秘书机构都处在联系上下和沟通左右的枢纽地位,不论是上级领导机关与本机关之间的上下联系,还是本机关领导中枢、职能部门与下属部门、单位的上下联系;不论是机关、单位各职能部门之间的左右沟通,还是本机关、单位与兄弟机关、单位的左右沟通,都要经过秘书机构这个中间环节。它是领导者与被领导者之间的中介,是决策层与执行层之间的中介,是各职能部门的中介,是本机关、单位与兄弟机关、单位联系的中介,是内外信息沟通和交流的中介。

2. 职能的辅助性

秘书机构不同于决策机构,也不同于机关内其他业务性机构。它的职能是辅助领导和领导者的工作。它无权作出决策,也无权管理某一方面的业务,而是围绕领导集体或领导的工作开展一些辅助性活动。如为单位撰拟公文、为领导撰写讲话稿、进行调查研究、接待重要来宾、会议服务等。秘书机构必须依据领导和领导工作的需要,按照领导的指示和意图安排工作,绝不能独断专行,专擅越权,自行其是,另搞一套。

3. 功能的综合性

由于秘书机构处于枢纽地位,决定了其活动的内容具有明显的综合性特点。它成为除领导之外唯一把握全局的机构。这一特殊的地位,使秘书机构能从组织的整体利益出发,协调各职能部门的关系,把各部门的工作有机联系起来,从而提高组织系统工作的整体效能。凡职能部门难以承担的工作,都由秘书机构承担。作为领导的参谋和助手,秘书机构对领导的辅助是全面的、系统的,无所谓分内分外,只要是领导和领导工作需要的,就要自觉、主动地进行辅佐。

4. 组织关系的封闭性

这是秘书机构的一个重要特点。在我国,党、政、军、群机构和企事业单位的秘书机构,只接受所属机关领导班子的领导,直接对所属机关及其领导班子负责,上级秘书机构与下级秘书机构之间并无隶属关系,只有业务指导关系。上级秘书机构对下级秘书机构不能进行指挥,只能在具体业务工作上进行规范和指导。

二、秘书机构的设置

（一）秘书机构的设置原则

秘书机构的设置应当遵循一定的原则,避免由于机构设置不合理带来的一系列问题。秘书机构过大或过小、人员过多或过少、层次不合理、关系不顺畅等,都会影响秘书机构发挥应有作用。

一般来说,设置秘书机构应遵循以下原则:

1. 必要性原则

凡是具有一定规模,能独立行使法定职权的单位,为保证单位的正常运转和为领导或领导机关提供全方位服务,都应当设置秘书机构,这是为了组织管理的需要。

如,2008年7月10日,国务院办公厅印发了《国务院办公厅主要职责内设机构和人员编制规定》的通知(国办发〔2008〕60号),通知中说:"根据第十一届全国人民代表大会第一次会议批准的国务院机构改革方案和《国务院关于机构设置的通知》(国发〔2008〕11号),设立国务院办公厅,为协助国务院领导同志处理国务院日常工作的机构。"

2. 适应性原则

秘书机构的设置应当适应领导或领导机关工作的需要。目前,我国各级各类机关、单位,可以分为权力机关、单位(如人民代表大会,属于立法机关);执行机关、单位(如国务院、公安部门);监督机关、单位(如国家审计署、国家食品药品监督管理局、中国证券监督管理委员会),以及业务机关(如财政部门、安徽省人事考试院等部门)等。因此,要根据机关、单位的性质、特点、职权、职能需要来设置各自的秘书机构。

如中华人民共和国中央人民政府网站明确指出:

"中华人民共和国全国人民代表大会是最高国家权力机关。它的常设机关是全国人民代表大会常务委员会。全国人民代表大会和全国人民代表大会常务委员会行使国家立法权。全国人民代表大会由省、自治区、直辖市、特别行政区和军队选出的代表组成。各少数民族都应当有适当名额的代表。"

"中华人民共和国国务院,即中央人民政府,是最高国家权力机关的执行机关,是最高国家行政机关,由总理、副总理、国务委员、各部部长、各委员会主任、审计长、秘书长组成。国务院实行总理负责制。国务院秘书长在总理领导下,负责处理国务院的日常工作。国务院设立办公厅,由秘书长领导。"

3. 精简高效性原则

秘书机构的设置应力求精简,减少层次,不能因人设事,也不因人设岗,一切以适应工作需要为原则。

早在1951年7月26日,国家政务院发布了《关于各级政府机关秘书长和不设秘书长的办公厅主任的工作任务和秘书工作机构的决定》,其中"组织机构"一节中说道:"秘书工作机构,应根据精简原则,尽力减少层次。办公厅,一般可分设两层,最多不超过三层。为便利工作,可多设副职,分工领导。省(行署、市)人民政府的办公厅,尚未专设主任者,得由秘书长或副秘书长兼任,必要时另设专职的副主任。"

精简,是为了避免因机构臃肿、层次繁多、人浮于事、相互牵制等造成工作效率低下。在人员配备上,应挑选那些有良好秘书修养的人员担任秘书工作。当然,也应当避免因过于精简,造成秘书负担过重、难以完成任务的情况发生。

要做到精简、高效,就要重视对秘书机构内部结构的优化,力求做到建制合理、机构配套、岗位设置恰当、岗位职责明确,使秘书机构内部的工作前后严密衔接,纵横协调配合。还要重视秘书人员这个群体结构的优化,即力求在知识结构、智力结构、素质结构、年龄结构、性别结构等方面合理配备秘书人员,使之优势互补、各尽其能、扬长避短、各得其所,最大限度地调动秘书人员的积极性、主动性和创造性,使之取得最佳的工作效率。

4. 相对稳定性原则

秘书机构一旦建立,一般应保持相对稳定的状态。但领导人员的更替,社会政治、经济、法律等关系的变化,常常会影响秘书机构的平衡和发展。如果秘书机构内部长期处于不稳定状态,会直接给领导工作和组织管理带来不利影响。那些凭主观意志和个人习惯、爱好设置秘书机构的做法,是领导者认识水平和管理水平不高的产物,不能适应现代化管理的需要,应该摒弃。每一个组织管理机构的领导者,在进行秘书机构设置问题上,都应该保持清醒的头脑,严格遵循秘书工作的客观规律,科学合理地设置秘书机构,认真处理好部分与全局、个体与整体之间的关系,为秘书机构的高效运转、秘书机构发挥最佳整体功能奠定基础。

(二)目前我国秘书机构的设置状态

(1)从法律的角度看秘书机构的设置,目前分为三类:固定秘书机构、社团秘书机构和临时性秘书机构。

固定秘书机构,指由法律法规认定,并经由编制机构批准的机关、单位,其秘书机构属于永久性的固定机构,如党、政、军、群机关和企事业单位的秘书机构。

社团秘书机构,指由民政部门批准成立的民间社团,其秘书机构是非固定的,如各种协会、学会、基金会、研究会的秘书机构。

临时性秘书机构,指各级各类领导机关在实际工作需要时设置的非常设性的秘书机构,如为临时性的领导机构服务而设置的"抗洪救灾指挥部办公室"、为政协全体委员会的顺利召开而设置的"政协会议秘书处"等。

(2)从组织系统的角度看秘书机构的设置,分为党委系统秘书机构、政府系统秘书机构、军队系统秘书机构、企业系统秘书机构、事业系统秘书机构、民主党派系统秘书机构、人民团体(工会、共青团、妇联、科协等)秘书机构等。

各个系统的秘书机构,又可以分为各个层级的秘书机构。比如,教育系统的秘书机构,在高等院校,党委和行政分别设有秘书机构(如党委办公室和校长办公室),中学、小学则只设综合办公部门或者专(兼)职秘书。

三、秘书机构的组织形式

(一)秘书机构的名称

1. 办公厅、办公室

一般来说,省级以上(含省级)党政机关的秘书机构,称作"办公厅"。以下则称作"办公室"。如"国务院办公厅"、"省政府办公厅"、"瑶海区政府办公室"等。

2. 秘书局（处、室、科、股）

在办公厅等机构领导下，下设直接以"秘书"命名的秘书机构，如"国务院办公厅秘书一局、二局……"、"中共中央办公厅秘书局"、"省政协办公厅秘书处"、各高校两办（党办、院办）的"秘书科"。

3. 以秘书机构承担的具体职能命名

如，信访局、保密局、政策研究室等。这种以内设机构的职能命名，也是常见的命名方式。

4. 以"行政部"、"综合处"等命名的秘书机构

一些企事业单位，以"行政部"、"综合处"来命名自己的秘书机构，如"××投资控股有限公司行政部（党办）"、"××市法制办公室综合处"等。

（二）秘书机构的组织形式

根据秘书机构的性质和基本职能，学术界一般将秘书机构的组织形式分为两种：综理式和分理式。

1. 综理式

综理式，即总体办公型模式。这种模式是以机关、单位运转的整体需要为原则而设立一个统一的办公机构。综理式组织的秘书机构，对办公厅（室）负责人的要求很高，要求负责人具有较强的全面统筹能力和组织管理能力。

综理式的好处：结构简单（内设单位安排在不同的房间，往往在同一楼层），权力集中，责任分明，方便领导者统一管理，有利于统筹安排、综合协调，以及内设单位之间的沟通、联系和配合。其不足之处：不利于机关的安全和保卫工作，不利于为来访者提供服务，也不利于保持机关的安静。很多公司采用这种模式。

综理式主要适合组织机构驻点集中、工作业务较窄、内设机构层次较少的单位。

2. 分理式

分理式，即职能分工型模式。这种模式是未来适应现代管理日趋复杂、分工渐细而又需要各部门协调配合而采用的一种布局方式。它将秘书工作按照职能的不同，分解到各个职能部门和个人，这样有利于充分发挥各个职能部门的作用，以适应大、中型机关、单位职能分工复杂的情况，有利于各司其职、各尽其能，促进秘书人员不断提高自身业务水平。其不足之处：不便于统一管理，且会增加行政费用开支。

分理式主要适合管理面较宽，或者是驻地较为分散，且工作联系面广，需要处理的文书比较繁多的大中型组织。

另外，由于涉外企业、私人企业等一些小型企业秘书工作的需要，我国还出现了"单一制"的秘书岗位。它只设一名专职秘书，直接为领导和其他部门提供辅助性和综合性服务。还有一些基层的党政机关规模小，人员少，业务较为单一，也采用"单一制"秘书组织形式。秘书工作的上传下达、检查监督、文书会议、接待联络等由一名专职秘书完成。

四、秘书机构的工作原则与要求

秘书部门是一个工作整体。为了有效而全面地实现秘书部门的职能,就要求每一位秘书人员,尤其是秘书部门的负责人应遵循正确、科学的工作原则与要求。

秘书学界大多认同以下说法:

(一)明确职责、权限、目标、任务

每一个机关或单位的领导部门都应根据本机关、本单位的性质、总目标、总任务来确定秘书部门的职责范围和权限大小,确定某一时期秘书部门的目标、任务和工作要求。秘书部门则应确定每个秘书人员的职责、权限、具体工作目标和工作任务,做到既分工明确,又配合密切。

(二)制定秘书工作的各项制度和标准

不论是常规性工作,如文书工作、档案工作、信访工作,或是临时性工作、灵活性较大的工作,如会议工作、调查研究工作、接待工作,秘书部门都应制定明确的规章制度和工作标准,使之有规可循,有章可依。

(三)分清主次,有条不紊

秘书工作头绪繁多,千变万化,又往往纷至沓来。秘书部门做工作不能胡子眉毛一把抓,也不能头痛医头,脚痛医脚,整日忙于应付,疲于奔命。秘书人员必须头脑冷静,熟悉业务,根据任务轻重、时限长短,或者根据领导指示,区分主次缓急,有条不紊、井然有序地安排工作。

(四)科学地安排工作程序

秘书部门应根据本单位的工作实际、工作习惯,以精简为原则,科学地安排各项秘书工作程序。废止繁文缛节,取消重复的、虚设的工作环节,防止工作的脱节和混乱,力求工作程序的简洁、严密,提高工作效率。

(五)准确细致,切实无误

秘书部门和秘书人员应认识到秘书工作责任重大,秘书工作关系整个机关、单位的得失成败,秘书要真正起到助手作用,使领导无后顾之忧,因此,秘书做任何工作都必须准确细致,切实无误。

(六)迅速果断,讲求时效

秘书工作繁重而琐碎,秘书人员的劳动是一种脑力与体力相结合的高度紧张的劳

动,常常需加班加点。秘书必须反应敏捷,操作迅速、准确,讲求时效。职责范围之内的事情要敢于负责,果断处理;职责范围之外的工作要及时请示,从速办理。不可消极等待,不可敷衍了事,更不可拖拉积压。

(七)忠于职守,安于职分

不论是政府机关或是企事业单位的秘书都必须忠于职守,忠于机关、单位、领导。秘书还应该安于职分,甘心当好助手、配角,甘做幕后英雄。既要在职责范围之内积极主动工作,努力向上,又不可越俎代庖,擅作主张,更不可狐假虎威,借权谋私或有个人野心。

(八)加强教育、管理,不断提高素质和能力

秘书部门对秘书人员既要充分信任,合理使用,做到"人适其职,职得其人",又要对秘书人员加强管理和教育,提高他们的思想修养、工作责任心和职业道德观念。既要让秘书人员在实际工作中积累经验,锻炼能力,提高水平,又要创造条件,让秘书人员参加各种形式的培训、进修,以更新知识,提高素养和能力,为他们提供晋升、奖励和加薪的机会。

五、秘书机构的管理

(一)秘书机构的管理理念

对秘书机构的管理,必须以遵循秘书实践的基本规律为前提,以提高秘书工作的质量和效率为根本目的。

1. 组织关系理念

组织中的关系有三类:一种是"条条"关系,即,垂直性关系,如国务院与某省政府的关系——该省政府与下属市政府的关——该市政府与下属区政府的关系等;一种是"块块"关系,即,平级性关系,如安徽省人民政府与江苏省人民政府之间的关系、江苏省人民政府与上海市人民政府之间的关系等;一种是无隶属关系,如中国共产党安徽省委员会、安徽省人民政府、安徽省军区,分属党、政、军三个不同的组织系列。

秘书机构的组织关系十分特殊,它具有非常鲜明的附属性,任何机关的秘书机构都不存在领导与被领导的关系,它们直接隶属于自己的领导机关,接受本机关领导层的领导,不接受上级秘书机构的领导,也不对下级机关秘书机构行使领导权,对下级秘书机构只有业务指导责任。

2. 人本观念

组织目标的达成依赖于组织成员对工作的全身心投入,而组织机构的管理,实质上也是对人的管理。

如果秘书机构将"以人为本"的理念作为一项重要的管理理念,在管理过程中,充分

重视调动秘书人员的工作积极性和能动性,发挥他们的创作潜力,就能促使秘书人员和秘书机构主动提高综合服务的水平,发挥好参谋、助手作用。

3. 系统理念

系统是由相互作用相互依赖的若干组成部分结合而成的、具有特定功能的有机整体,它不是各要素的简单相加,而是相互制约、相互影响的。系统管理强调的是对管理对象进行全方位、全过程的立体式管理。

秘书机构的管理应考虑整体效应,要协调好各职能部门之间的关系,弄清部门的职能差异,在管理过程中,以调动各职能部门的工作积极性和主动性为要义,引导各职能部门以全局的观念处理秘书工作,顺利完成领导机关和领导层交办的各项秘书任务。

4. 效能理念

机关效能建设是管理科学的重要组成部分,是一种高层次的管理形式和载体,是以效能为基本目标,以实现优质高效为目的,把管理的诸要素有机结合在一起依法履行职责的管理活动。而机关及其工作人员是效能的体现者,是效能的主体。因此,秘书机构的管理应以追求效益的最大化为工作目标。

在加强对秘书机构的管理中,应增强机关工作人员的"公仆"意识,做到用职能去管理,用机制去完善,用领导的人格去影响。还要建立多维监督制约机制,将行政的全过程置于社会全方位的监督之下,提高决策质量,消除不当、不良的行政行为,创建良好的行政环境。

(二)秘书机构的管理内容和要求

有人将秘书机构的管理内容分为部门职责、岗位职责、工作程序和方法、信息系统、办公自动化等五大部分(多数教材采用这种说法)。广州大学的杨峰教授则将秘书机构的管理内容分为制度与程序管理、环境管理和人员管理。①

我们认为,上述所列第二种表述更准确地概括了秘书机构管理的实质性内容。以下采用该种说法:

1. 制度与程序管理

制度管理是管理模式中最有价值的一种。每一个机关和单位,都不可能靠人来管理人,只有制度管理是最有效,也是最经济、最科学的。而建立、健全秘书机构的制度体系,是实施秘书机构管理的基本条件,也是实施组织有序运转、领导决策科学化的基本保障。用制度来约束人、激励人,来保障各项工作的顺利开展,是秘书机构必须重视的一项工作。常见的秘书机构制度,如《办公室日常管理制度》、《办公室工作人员管理制度》、《办公用品管理制度》、《办公室卫生管理制度》等。

同时,由于秘书工作纷繁复杂,具体事务层出不穷,按程序办理,能保证工作顺利进

---

① 杨峰:《秘书学概论》,北京:高等教育出版社,2011年,第67~75页。

行。秘书工作包括自然性、指令性、法定性、技术性、经验性等程序。

自然性程序，即准备、计划、布置、执行、检查、总结、评比、表彰等。

指令性程序，按照领导对办理某项事物的具体指示和要求来办理。

法定性程序，根据法律、法规所规定的程序来办理。如公文撰拟、文书处理、信访工作、保密工作、印信管理等秘书工作，都要按照相关法定程序来处理。

技术性程序，一些依赖技术支持的秘书工作，有一套自己的技术操作程序，须遵守，如接听拨打电话、收发传真、电脑操作、电视电话会议的组织等。

经验性程序，指在长期的秘书工作实践中积累大量经验而形成的符合单位实际的工作程序。其具有宝贵的价值。

2. 环境管理

马克思、恩格斯在《德意志意识形态》一书中指出："人创造了环境，同样环境也创造了人。"

从组织管理学的角度看，组织与环境相互依存、相互作用。环境可以促进组织的发展，也可以阻碍组织的发展，而组织又可以改造和创造环境。

秘书环境是在秘书机构及其人员从事秘书工作时对他们的工作效率、行为倾向等产生影响的客观世界。它包括物质层面和精神层面的环境。

其一，物质环境的管理。物质，顾名思义，指的是秘书人员和秘书机构工作时的物质条件，如办公室所处方位、办公室的空间布局、办公设备的自动化程度等。办公环境的好坏，在一定程度上会影响办公效率。因此，秘书机构应重视秘书物质环境的管理。

各级各类机关、单位的秘书机构，应为秘书人员创造一个优美、和谐、整洁、舒适、安静的工作场所，营造优美的室内外环境。秘书的工作场所，应根据秘书工作的性质、特点、基本职能，特别应根据服从并服务于领导工作的需要和外来人员办事、联络的需要来合理设计，力求功能齐全。在对秘书工作场所进行设计时，应考虑秘书的活动范围、工作姿势、办公用具的安置以及物理方面（如采光、空气、声音、颜色等）的因素，做到办公室的位置排列科学、房间的面积适当、室内空间安置合理，秘书人员的座位应按工作流程顺序同向排列，不宜任人自由选择，造成互相干扰。在现代化社会，办公自动化的设备要合理购置并定期维护保养，以保证办公自动化的顺利实施，提高办公效率。

其二，精神环境的管理。精神环境包括组织风气、工作制度、群体意识、协作关系以及领导作风等。这些因素会直接影响秘书机构及其成员工作的积极性、主动性。秘书机构在精神环境的管理上应注重几点：一是在组织上形成尊重人才、鼓励创新、激励奉献的风气；二是在秘书机构人员之间形成互相帮助、密切配合的良好风气；三是对秘书人员的工作实施目标管理和奖惩机制，使机构内部形成公平竞争的良好氛围。

3. 人员管理

秘书机构的管理在很大程度上是对"人"的管理。因此，要想服务好领导者和领导机关，就要建设一支高素质、高水平和相对稳定的秘书队伍。如果没有一支高素质、高水平和相对稳定的秘书队伍，就无法承担繁重的秘书工作，连续性很强的秘书业务也就后继乏人，从而影响机关、单位的工作效率，造成难以估量的后果。

因此，秘书机构一定要加强对秘书人员的管理。

其一，加强对秘书人员选拔和任用的管理。其基本原则是：政治素质过硬、道德修养高、遵纪守法、知识和业务水平高、身心健康。2012年9月秘书学专业被列入教育部公布的本科目录，为培养大量有系统秘书知识和技能的秘书人员提供了有力保障。秘书人员的选拔和任用，目前有国家和省级公务员考试制度的保障（通过统一笔试和面试关，进入秘书岗位），也有各级各类机关、单位通过推荐、提名等方式为领导者和领导机关、单位提供（根据领导者和领导机关实际工作的需要而定），还有的是直接被领导点名要去的（如领导的私人秘书）等。

其二，对秘书人员工作规范的管理。秘书机构的许多工作是程序性工作，所以秘书机构应该加强对秘书人员工作程序的管理，如果没有一定的章法和秩序，秘书工作就会陷入混乱和无序中。

而要进行规范化管理，就要对秘书人员进行一定的岗前培训和在岗培训、换岗培训等，加强对秘书人员的业务指导和帮助，提高他们的专业秘书职业技能，培养和提升他们对秘书工作的浓厚兴趣。

对秘书人员的管理，还要求秘书人员有明确的责任意识，要以岗位责任制来约束自己的言行举止和工作习惯，从而更有成效地搞好秘书工作。

（三）秘书人员的自我管理

1. 工作管理

工作中，秘书人员首先要有明确的工作计划，如工作目标、内容、分工和合作情况、工作步骤、方式方法、完成时间、标准要求等，都要了然于胸。

其次要区分轻重缓急，有条理地安排好相关工作。一般来说，受制约的工作安排在前，自己能够支配的工作置于后；重大工作用整段时间，集中精力去做，日常事务工作利用空余时间，分散去做。但无论做什么工作，都要高标准、严要求。

2. 行为管理

秘书行为管理，是指秘书人员对自己的言语、举止、态度等的管理。秘书在任何场合、任何工作时间都应使自己的行为合乎礼仪要求，做到穿着得体，谈吐文雅，举止落落大方。一般来说，秘书的言谈、举止、行为、动作不宜呆板、迟缓，也不宜激烈、张扬，秘书应给人一种冷静、谦逊、随和的印象。秘书尤其不宜有意无意卖弄才学，而应谦虚谨慎，言辞简要、清晰，语气温和、明朗。秘书做事要干净利落，动作准确到位。秘书还应做到不背后议论上司的长短，不谈论或泄露别人的隐私。

3. 时间管理

秘书应科学地支配时间和充分地利用时间。要善于利用大段或整块时间处理复杂而又连续性的工作;利用小段或零散的时间从事简单或可间断的工作。秘书还应有效地控制某些工作时间的弹性幅度,不要因无谓的敷衍而浪费工作时间。秘书还应养成记录自己工作时间使用情况的习惯,总结经验教训,结合工作成果作必要的调整,以提高工作效率。

4. 办公环境管理

秘书应注重对办公室、办公桌及用品、办公室内外环境的管理。这不仅关系秘书和其他工作人员的工作情绪和工作效率,还关乎秘书所在机关、单位的形象。因此,秘书应养成每天提早15分钟到办公室打扫、整理,迟几分钟下班清理办公桌的良好习惯。应保持办公室和接待室窗明几净,办公桌整洁美观,文具、文件、电话机、电脑、打字机、复印机等办公用品分门别类,安放整齐而又触手可及。秘书还应经常清理自己的办公桌抽屉、文件夹、资料柜等,一方面可清理废纸废物,另一方面可及时发现遗忘的信函、文件,抓紧处理,避免积压。这对提高工作效率,树立良好的组织形象大有好处。

第三节　秘书的基本职能

职能,是指人、事务、机构等所承担的任务、职责和应有的功能。秘书职能,是秘书的工作、任务、职责、功用和效能的总称。

秘书的基本职能,可以概括为"管理事务,参与政务",即当好参谋,办好事情。

早在1985年1月,中央办公厅召开了全国党委秘书长、办公厅主任座谈会,强调秘书机构应当起到四种作用:一是参谋作用,二是助手作用,三是提供信息作用,四是协调作用。会议强调办公厅工作要实现"四个转变":从偏重办文办事转变为既办文办事又出谋献策;从收发传递信息转变为综合处理信息;从单凭老经验办事转变为实行科学化管理;从被动服务转变为力争主动服务。

结合当下秘书工作的实际,我们认为,秘书和秘书机构主要有辅助决策、协助管理、处理信息、综合协调、督促检查等职能。它们是互相联系、互为条件、互为因果、相辅相成、缺一不可的,全面体现了秘书和秘书工作的功能、价值和意义,构成了秘书和秘书工作的整体。

一、辅助决策职能

领导的基本职能就是决策,领导决策的正确与否,直接关系党和国家事业的兴衰成败。秘书和秘书部门是为领导服务的,其首要职能也是最重要职能,就是辅助领导作出正确决策并使之得以贯彻落实。而给领导提供参谋和咨询,就是辅助决策的主要手段。

由于信息量的急剧增加,科学技术的日新月异,各种矛盾的千变万化,任何一位领导者仅凭个人智慧和经验都难以作出科学决策。因此,需要借助"外脑"以弥补其在才智、经验、信息和精力等方面的不足。秘书在领导者身边工作,比较熟悉领导者的决策意图和思路,便于提供有利于正确决策的信息。

要注意的是,秘书既要当好领导的助手也要当好领导的参谋,这些说法都是针对整个秘书工作和秘书队伍而言的,不能理解为每个秘书工作者都要当领导的"高参"。在一般机关中,有关大政方针和重大决策的参谋咨询任务,主要是由政策研究室的研究人员和办公厅(室)主任等高级秘书承担,领导信任的有经验的秘书也能提供一定有价值的建议,而一般的秘书工作人员则主要通过具体工作为领导服务。①

二、协助管理职能

秘书部门是综合性办事机构,协助领导机关加强对机关、单位的管理,是它的日常工作内容之一。因此,协助管理也是秘书和秘书机构的重要职能之一。

秘书和秘书部门协助领导对机关、单位进行管理,其内容很多,除大量日常程序性工作的管理外,还包括文书管理、接待管理、印章管理、会务管理、信访管理、环境管理、总务后勤管理等。其中,日常程序性工作,大都是一些具体事务,头绪繁多,可以用"细、杂、乱、忙"四个字概括。因此,协助领导进行管理,就要依靠健全的制度、具体的分工、明确的目标等手段,没有这些措施和方法,工作就会杂乱无章,就会影响工作质量和效率。

秘书和秘书部门协助领导加强管理,搞好服务工作,必须坚持原则,按制度办事,凡符合原则、制度的事,就积极主动地办;凡不符合原则、制度的事,就坚决不办,并做好细致耐心的解释工作。同时,遇到特殊情况时,应在坚持原则的情况下,从大局出发,从工作的实际需要出发,灵活处理。

三、处理信息职能

秘书和秘书部门是服从并服务于领导和领导机关的,因此,及时、准确地为领导和领导机关提供真实、高质的信息,成为秘书和秘书部门的重要职能之一。

秘书的信息工作包括:接受信息、加工信息、沟通信息、贮存信息、反馈信息、利用信息等。秘书人员处理信息要注意做到准确、及时、全面、适用。

其一,为领导提供信息服务。决策是领导的主要职能,是领导工作的主题。信息是决策的依据,是决策的必要条件。没有信息,就不能作出科学决策。各级领导要提高决策水平,就需要掌握大量真实的、高质量、有时效的信息,并通过对各方面情况的科学判断,作出符合客观实际的正确决策。秘书主动、认真地反映各种情况、提建议要求、出主意等,也是在运用信息为领导提供有价值的服务。

其二,为机关提供信息服务。秘书人员撰拟公文不能闭门造车,而是要在掌握各种信息的基础上,根据领导的意图,经过分析、综合,形成更系统、更新的书面信息。秘书撰拟公文,也就是运用信息为机关服务。可以说,现代秘书的基础工作,就是处理信息的工作。

---

① 杨树森:《谈谈秘书工作中的参谋咨询问题》,《秘书工作》,2007年第2期。

其三，严格保守信息秘密。秘书人员由于岗位特殊，为领导近身服务，因此，要严格保守机关、单位的秘密。秘书人员在撰拟公文、准备材料、执行计划、督促检查等秘书工作过程中常常会接触到一些机密信息。因此，党、政、军、群等机关的秘书和秘书机构一定要强化信息管理意识，保守信息秘密，严格按照《中华人民共和国保守国家秘密法》和《中华人民共和国保守国家秘密法实施条例（征求意见稿）》等相关文件规定来规范自己的言行。保守信息秘密，指对机关、单位的文件及内容、传真、电子邮件、档案、密码、会议、经济情报、电讯设备、计算机、领导行程等的保密。另外，在当今商场就是战场的经济社会，保守商业秘密是公司或集团成员的职责。

四、综合协调职能

协调是公共关系和领导艺术相结合的一门综合性学问。秘书和秘书部门作为领导的参谋和助手，始终处于承上启下、联系左右、沟通内外的主体交叉中心。这个位置的特殊性，决定了秘书和秘书部门的一项基本职能即是协调。其职能目标：将各方面的力量充分调动起来，使上下同心、团结协作，保质保量地完成各项任务。沟通协调工作做得好，就可以事半功倍；反之，则易造成推诿扯皮、延误工作，结果会事倍功半。

需要注意的是，秘书的沟通协调工作，一定要在领导授权范围内，按领导意图办理，秘书不可擅自决断，发号施令。秘书在发挥协调职能时，要把握好全局性（站在领导的全局角度）、层次性（坚持按本层次的职权范围办事）、科学性（注重调研，讲究时机和方法）、权威性（依法、公正、务实）、预见性（及时协调，力求超前），应时刻牢记服从大局的原则，把对协调对象的认识统一到全局利益上来并以协商解决问题的方式和态度处理好各方关系，达到解决问题的目的。

五、督促检查职能

督促检查（简称督查）工作是实施领导过程中一个重要环节，其目的是贯彻落实国家的法律与党的方针、政策，达到政令畅通，令行禁止（党的"十八大"特别强调"政令畅通、令行禁止"）。这是领导赋予秘书部门的一项重要职能。如果这个环节的工作做不好，任务只完成了"一半"，就必然影响领导效率，使决策难以奏效。

改革开放以来，中央领导同志十分重视督查工作，并明确赋予秘书部门以督查职责。如1990年1月，中央办公厅召开全国党委秘书长、办公厅主任座谈会，会上，中央领导同志对加强督促检查和信息调研工作作出指示。江泽民同志在讲话中强调办公厅要主动发挥参谋助手、督促检查、协调综合"三个作用"。1996年会议继续强调督查和信息工作。①

---

① 晓理：《新时期的七次全国党委秘书长、办公厅主任座谈会》，《秘书工作》，2005年第10期。

需要注意的是，秘书部门开展督促检查工作，是代表领导或受领导之托进行的，与其他监察、纪检、审计、政法部门办案不同，应着重围绕政令与中心工作的全局，抓大事，抓重点难点热点，举一反三扩大效果，而不能包办代替上述部门与基层组织的分内工作。督查工作应同调查研究、信息工作、信访工作等结合，新时期强化督查工作有着特别重要的意义。

本章思考题

1. 秘书机构有哪些特点？其设置应遵循怎样的原则？
2. 秘书机构的组织形式有哪些？
3. 秘书机构工作的原则和要求是什么？
4. 秘书有哪些基本职能？

案例分析

每天面对送到办公室的大批文件和函电，小李总要感慨一番，这办公室真是"不管部"啊！

张主任笑着说："你这话算说对了，办公室工作头绪最多，工作最忙，用'不管部'来形容是最恰当不过了。不说年终大忙了，单讲每年三月，就有学雷锋活动、植树节活动、三八节纪念、三一五消费者权益日活动等，而人民代表换届选举、党代表换届改选、清明节祭扫烈士墓地的准备、五四青年表彰的前期准备等，都无一例外地要在此时完成。这些工作都是由办公室来承担。另外，办公室还要承担许多临时的突击性任务，还有许多领导交办的事务。小李，你对此要有充分的思想准备啊。"

小李说，我不怕，忙才有奔头，不忙就意味着要下岗了，对吧？

办公室所有的人都笑了。

根据上述案例，请回答：
1. 案例中"不管部"的说法，揭示了秘书机构的哪些特性？
2. 张主任对小李说的一番语重心长的话，说明秘书人员应该具备哪些素养？

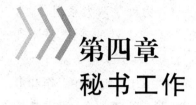

第四章 秘书工作

▌本章导语

本章秘书工作主要介绍了秘书工作概述、港台与国外的秘书工作以及秘书工作的发展趋势。秘书工作概述着重分析了秘书工作的内容、秘书工作的原则、秘书工作的要求、秘书工作的性质、秘书工作的特点以及秘书工作的作用。港台与国外的秘书工作着重介绍了中国香港、中国台湾、美国、英国、日本秘书工作的种类、职能、要求、教育、资格考试等内容。秘书工作职业化、秘书培养专业化、秘书资格制度化、秘书能力综合化是我国秘书工作的发展趋势。

▌本章关键词

秘书工作;港台秘书工作;国外秘书工作;秘书工作趋势

第一节 秘书工作概述

一、秘书工作的内容

从字面上理解,秘书工作就是秘书所做的工作。但从学科角度看,作为一个专业术语,秘书工作具体有哪些主要内容应当予以明确。我们认为,秘书工作是指秘书人员为实现秘书部门的基本职能而从事的具体工作。

不同时期的秘书学教材对秘书工作的概括与秘书工作内容的揭示并不完全相同。就是同一时期的秘书学教材对秘书工作的概括与秘书工作内容的揭示也存在差异。秘书工作的具体内容,尽管在认识或表述上存在差异,但总体上看,也是相同点多,不同点少。

王千弓、杨江柱、杨光汉编著的《秘书学与秘书工作》将秘书工作"归纳成政务与事务两大类。全部秘书工作,无非是'参与政务,管理事务'"。[①] 政务与事务两大类也难以囊括秘书工作的全部内容。

---

① 王千弓、杨江柱、杨光汉编著:《秘书学与秘书工作》,北京:光明日报出版社,1984年,第4页。

常崇宜主编的《秘书学概论》将秘书工作分为事务助手与智力助手两大系列。① 常崇宜后来在一篇论文中又将秘书工作内容归纳为信息性的工作、事务性的工作、技术性的工作等三种性质的工作。②

杨树森著的《秘书学概论》将秘书工作的内容划分为：政务性工作、业务性工作和事务性工作三大类。③ 但后来又将秘书工作的内容划分修改为：领导决策服务、秘书常规业务和机关日常事务三大类。④

实际上，无论怎样划分，都无法将秘书工作的内容非常准确地归入相应类别。鉴于对秘书工作内容难以按一个标准进行合理的划分，无法避免交叉现象。因此，我们对秘书工作的内容仅以列举方式进行介绍。

（一）调查研究

调查研究，简称调研。"耳听为虚，眼见为实"，"没有调查就没有发言权"，通过调查可以了解事情的真相，得到第一手的真实材料。然后在真实材料的基础上进行分析研究，得出结论，形成文字材料。有的文字材料是直接反映和记录某一调查结果的调查报告，有的文字材料是根据调查研究而制定和起草的一些文件，有的文字材料是对调查研究进行理论阐述或推广介绍的文章。

领导经常到下级机关单位、基层调研，秘书作为随从人员，应为领导调研做好各项服务工作。

领导亲自调研，便于领导了解实际情况，有利于领导作出正确的决策。由于时间和精力有限，领导不可能经常下去调研。领导常常安排自己的秘书去做调查研究工作。秘书的调研具有"奉命性"的特点，很少有秘书未受命而擅自调研的情况。

领导让秘书调研同样可以了解真实情况，掌握第一手资料，便于领导制定政策，为领导的科学决策提供参考。直接为政务服务，这是秘书调查研究与一般调研的不同。因此，调查研究是秘书为领导科学决策服务的一个重要环节，是秘书的基本功。

调查的方式有很多，如全面调查、重点调查、典型调查、抽样调查等。调查方法也有很多，如开调查会、现场观察、个别访谈、问卷调查、文献调查、统计调查、专家调查等。

（二）信息工作

"信息"一词有着很悠久的历史，早在两千多年前的西汉，即有"信"字的出现。"信"常可作消息来理解。作为日常用语，"信息"经常是指"音讯、消息"的意思，但至今信息还

---

① 常崇宜主编：《秘书学概论》，北京：线装书局，2000年。
② 常崇宜：《关于我国秘书职业定义的再探讨》，《成都大学学报（社会科学版）》，2007年第1期。
③ 杨树森：《秘书学概论》，合肥：安徽大学出版社，2005年。
④ 杨树森：《秘书学概论》，合肥：安徽大学出版社，2012年。

没有一个公认的定义。1948年,美国数学家、信息论的创始人仙农指出:"信息是用来消除随机不定性的东西。"1948年,美国著名数学家、控制论的创始人维纳指出:"信息就是信息,既非物质,也非能量。"信息、物质和能量(或能源)是现实世界的三大要素,是人类社会文明的三大支柱。

21世纪是信息时代,人类社会已经迈入信息时代。信息工作与秘书工作紧密相关。秘书部门处于上传下达、联系内外的枢纽地位,沟通上下、协调左右、联系内外,通过沟通、协调、联系,可以获得大量信息,秘书是通过提供信息为领导辅助决策和科学管理服务的,实际上做的是信息工作。不论是调研、督查,还是办文、办会、办事,秘书人员都在从事信息的收集、处理、利用等工作,秘书工作就是领导的信息源。因此,秘书应当牢固树立信息观念,及时为领导提供客观、准确、全面、有价值的信息。

获取信息的渠道很多,如文件渠道、书刊渠道、会议渠道、信访渠道、调查渠道、档案渠道、网络渠道等。获取信息的方法也有很多,如阅读法、收看(听)法、交流法、调查法、观察法等。

(三)参谋咨询

参谋咨询,主要体现在领导的决策过程中。

参谋咨询的特点:一是随机性。秘书与领导接触较多,相互熟悉、了解,秘书可以就工作中发现的问题,随时向领导提供参谋建议。当然,领导也可以随时向秘书提出咨询。二是参考性。秘书的参谋咨询意见,领导可以采纳,也可以不采纳,具有明显的参考性。三是条件性。秘书工作的参谋咨询是以领导的信任为前提和基础的。只有领导愿意征求并听取秘书的参谋建议,秘书才能有效地发挥参谋咨询作用,否则秘书的参谋咨询作用就难以发挥,甚至无从发挥。即使是能够听得进不同意见的开明领导,秘书提出参谋建议也要考虑时间、地点和场合,才能收到良好的效果。

参谋咨询的主要方法:进谏性参谋咨询、预测性参谋咨询、提供资料式参谋咨询、跟踪性参谋咨询等。①

(四)协调工作

协调是指和谐一致、配合得当。协调工作本是领导和管理活动的重要职能,也是秘书人员辅助领导开展工作的重要内容之一。协调工作是指秘书人员在其职责范围内,或者经过领导授权后,改善组织之间、工作之间、人与人之间的关系,以实现共同目标的过程。协调目的就是化解矛盾、统一认识、理顺关系、推动工作,实现预定目标。

---

① 陈英奉:《秘书参谋咨询的特点和方法》,《秘书之友》,1998年第8期。

(五)督查工作

督查这一概念正式提出和使用是在1990年1月中共中央办公厅召开的全国省区市党委秘书长座谈会上。后来在使用中,人们把过去的督办、催办、查办等内容统称为督查。所谓"督查工作"是指对党的路线、方针、政策的执行落实情况、各项重大任务的部署完成情况,以及各级领导指示交办事项的办理情况进行督促检查的工作。

督查工作是秘书的日常工作之一。督查工作牵涉面广,包含内容杂,具体环节多,工作容量大,解决问题难,而且受到多方面因素的制约,工作难度相当大。

督查机构一般设在办公厅(室),没有成立督查机构的,督查工作是办公厅(室)的工作。

(六)议案、建议、提案工作

2012年4月16日,中共中央办公厅和国务院办公厅联合印发的《党政机关公文处理工作条例》(国发〔2012〕14号)规定,议案"适用于各级人民政府按照法律程序向同级人民代表大会或者人民代表大会常务委员会提请审议事项"。

全国人大常委会办公厅1998年2月试行、2000年1月修订并印发的《人大机关公文处理办法》规定议案"适用于根据法律规定,依据法定程序,提案人向人大及其常委会提请审议的事项"。建议、批评和意见"适用于人大代表向人大及其常委会提出,由常委会的办事机构交由有关机关、组织研究处理并负责答复的事项"。

提案是提请会议讨论、处理的建议。在政协会议、党代会、职工代表大会上,会议代表或委员可以提出提案。

议案、建议、提案由人民政府、人大代表、政协委员等根据相应权限提出。秘书工作中的议案、建议、提案工作是指秘书部门应该承担的与议案、建议、提案的提出、通过和办理相关的具体工作。

(七)文字工作

任何机关单位都少不了为单位起草文件和撰写讲话稿、工作总结、汇报材料等各类文稿的秘书。文字工作是秘书工作的一项重要内容。秘书之所以被称为"秀才"、"笔杆子",是因为文字工作是秘书的立身之本。有人甚至主张,没有文字功底不要当秘书。说的虽有些绝对,但却说明写作能力对于秘书的重要性。对秘书来说,打的首先就是文字牌。

(八)文书工作

文书工作,也称为文书处理、文书处理工作。文书工作包括收文处理工作、发文处理工作和收发文处理完毕之后的文件处置工作。文书工作属于秘书工作中的"办文"范畴。

收文处理工作的主要程序有签收、登记、初审、拟办、批办、承办、传阅、催办、答复。发文处理工作的主要程序有起草、审核、签发、复核、登记、印制、核发。办毕文书主要处置程序有清退、销毁、整理归档。

（九）会务工作

会务工作是指领导机关为保障会议顺利召开所要完成的各项会议准备与实施工作。会务工作是秘书工作的一项重要内容。会务工作繁冗琐碎，细节繁多，容易出现差错，造成不良影响。会务工作按照进程可以分为会前、会中和会后三个阶段。

会前筹备工作是会务工作的基础性工作，也是会议取得成功的前提。它包括会前协调、会议通知、会场布置、材料发放等。秘书一定要有认真负责的精神，既要考虑会议的整体进程，更要考虑会议的一些最重要环节，还要考虑可能出现的意想不到的问题。

会议期间是会务工作最活跃的阶段，也是考验秘书工作能力的阶段。会议开始后，秘书的中心任务是掌握会议动态，通过精心组织和良好的服务，协助领导使会议按预定方案进行，遇到问题及时解决。

会议结束不等于会务工作的结束，秘书要做好会议材料的整理、归档工作，还应对会务工作进行总结。①

（十）信访工作

信访是群众来信来访的简称，指人民群众致函或走访有关部门，反映情况，并要求解决某些问题。

信访，是指公民、法人或者其他组织采用书信、电子邮件、传真、电话、走访等形式，向各级人民政府、县级以上人民政府工作部门反映情况，提出建议、意见或者投诉请求，依法由有关行政机关处理的活动。

信访的有关信息一般要经过信访办公室工作人员的筛选，然后递交给有关领导、有关机关。

有的市设立了书记"信访秘书"、市长"信访信箱"，在市委办、市政府办分别由专门科室、专人负责处理来访来信事项。有的高校规定信访受理部门为党委办公室或纪委办公室。信访工作人员由上述部门指定专人负责。

（十一）保密工作

任何机关单位都有在一定时间内只限定一定范围人员知晓的事项。秘书和领导接触机会多，了解秘密的渠道也多，如参加会议作会议记录、收发保管机密文件等。因此，对秘书人员来说，一定要有保密意识，自觉遵守保密纪律，不说不该说的话，不问不该问

---

① 郭斌、沈俊：《会务工作"三步曲"》，《办公室业务》，2006年第3期。

的事,不看不该看的文件,不记不该记的事,不擅自携带密件外出,不在公共场合谈论秘密,不在私人通信中涉及秘密,不在不安全的地方放置密件,婉拒、避谈无关人员问及的秘密内容。

某县委秘书参加讨论干部任职问题的常委会,会议决定了某位干部的任职。会后该干部找他打听情况,秘书说:"你就准备请客吧。"正式文件还没有制发,消息就泄露出去,领导很恼火。经调查是听会秘书所为,该秘书很快就被调离了秘书岗位。

(十二)领导日程安排

领导事务多,时间紧,什么时间做什么工作,需要事先安排好,所以一般都需要制定"日程表"。有的人要见领导,先和秘书联系,秘书一般会问:有预约吗?没有预约,一般不安排见面,除非是特殊情况。

2008年北京奥运会开幕式有106名各国政要出席,其中包括美国总统布什、俄罗斯总理普京、日本首相福田康夫等81名元首级领导人,创历届之最。按日程安排,胡锦涛主席等党和国家领导人在5天内,先后与这些国家领导人进行了70多场会面。

(十三)随从工作

领导因公外出考察、调研、参加谈判、出席会议,一定会有随从人员,因为领导没有时间和精力事事身体力行,有的事情就需要秘书去为领导提供服务。某大学暑期开展学生社会实践活动,校党委书记、校长前去慰问,办公室主任始终陪同。多数情况下,领导外出,一般由秘书长、办公厅(室)主任、副主任、秘书处(科)长、秘书等人员陪同。

随从事务的类型很多,如随领导进行调查研究、出席会议、谈判、商务出访。随从事务,往往内容不同,时间有短长,但工作程序都大致相同。

(十四)接待工作

秘书部门是领导机关的窗口,一切与外界的联系与接待,都离不开秘书部门的参与。办公室是具体的办事机构,素有"关口"、"窗口"之称。

秘书人员在接待过程中应给予上级领导、客人以足够的尊重,礼貌、礼节做到位,注重接待细节,尽量避免出现差错。

(十五)值班工作

值班,是指轮流在规定的时间担任工作。机关单位在节假日期间都要安排人员值班,尤其是重大突发性事件期间,领导更是高度重视值班工作。县级以上党委、政府一般设有总值班室,归办公厅(室)管理。遇有突发性事件,值班秘书首先应向领导报告,请求指示。

(十六)机关日常事务

机关印章的管理、公务用车(多是小车班)的管理、会议室的管理、办公用品的购置与管理等。

二、秘书工作的原则

秘书工作的原则是指秘书人员从事秘书工作所依据的标准。秘书工作的原则主要有:

(一)遵纪守法原则

"没有规矩,无以成方圆。"在法治社会,每一位公民更应该遵纪守法。秘书工作的遵纪守法原则是指秘书在秘书工作中必须符合党和国家的法律、法规、政策和规定,无论是公务秘书,还是私人秘书,都不得违反。

一次,江西省抚州市委书记到××县农村调查,看到乡政府墙上辟有一块评"三户"(双文明户、五好家庭户、遵纪守法户)宣传栏。栏里公布了对未评上"三户"的农民的"十一条限制性措施",其中规定:那些落选户在家庭成员入党、入团、招工、提干、参军,各类经济项目的承包,宅基地的批准,生育指标的安排以及"农转非"、集体福利待遇、民政补助等方面,都要受到限制。乡镇干部汇报反映,这次评"三户"活动有利于解决平时工作中不称心、不顺手的一些难题,是一次"整治不听话的农民的好机会"。一些有缺点、毛病的农民则反映,他们害怕当落选户,感到惶恐不安,压力很大,担心遭受歧视,要求上级领导给出"十一条措施"的根据。

市委书记在调查中还了解到,这明显违反宪法精神和党的政策的"十一条限制性措施",原来出自县委的"红头文件"。它的出笼经过是:县委办公室在调查评"三户"活动情况时,有乡镇汇报他们创造的"有奖有罚评三户"经验,而所谓的罚就是几条限制。秘书调查后整理了一份调查报告,建议县委推广该经验,并将限制性措施明确规定为"十一条",经县委常委会讨论形成了正式文件。此文件也曾按照规定报送市委办公室。

市委领导及时纠正了该县委文件的违法内容。[①]

这样违法内容的文件竟然能够正式出台,该县委办公室的秘书人员没有尽到秘书人员的职责,违背了秘书工作的遵纪守法原则。可见,对秘书人员来说,知法、懂法、守法绝不是大道理,而是从事秘书工作必须遵循的原则。

(二)实事求是原则

1941年5月,毛泽东在《改造我们的学习》的报告中,对"实事求是"这个概念作了科

---

① 杨树森:《秘书学概论》,合肥:安徽大学出版社,2012年,第151~152页。

学阐释,指出:"'实事'就是客观存在着的一切事物,'是'就是客观事物的内部联系,即规律性,'求'就是我们去研究。"实事求是是毛泽东思想的精髓,是我们党的思想路线和最根本的思想方法、工作方法,是我们党的生命线和一切工作的准则。因此,实事求是无疑也是秘书工作的原则。

实事求是原则要求秘书人员说实话,做实事,在工作中做到,数据要准确、真实,不夸大,不缩小,不掺杂水分,敢于坚持原则,杜绝弄虚作假。

公司负责销售的马总年富力强,他的才能和魄力在公司上下得到一致认同。但在公司内部也不时能听到一些有关他的风流韵事的传闻。

于雪是总裁办秘书。这天,公司总裁问于雪:"近来公司好像有人在议论马总,你常去他的办公室,是不是知道一些这方面的情况?"

事情是这样的:几天前,马总把于雪叫到自己的办公室,说:"麻烦你帮我办件事。我马上要出差了,后天下午你去王府井××商店的首饰柜台,你说出我的名字后,人家就会给你一包东西。取到东西后,你再帮我送到这个地方。"说着,递给于雪一张写着门牌号码的纸条。

于雪在××商店首饰柜台取到东西后准备离开,柜台里一位年纪较大的员工又特地关照于雪:"你是坐出租车吗?这包东西很贵重,在路上要小心一点。"于雪当然明白,这贵重东西,不是几百元或者一两千元能买得起的。

根据马总的纸条,于雪在亚运村找到了一栋高层公寓的××号房。出来给于雪开门的是一位穿着睡衣的年轻漂亮女郎,她接过东西,高兴得几乎有些忘形:"啊!马哥连我的生日也没有忘记,真是太好了,谢谢马哥!"

面对总裁的询问,于雪应该如何处理?现在于雪有这么几种选择:(1)前几天马总的老师过生日,马总要出差,让我帮他送了点礼物给他的老师。(2)最近一个时期马总从未找过我,对马总的事,我一点也不知道!(3)上个星期五下午,我帮马总送了件首饰给住在亚运村的一位年轻女性。(4)上个星期五下午,我帮马总送了件首饰给住在亚运村的小姐,看她那打扮,肯定是哪个歌厅里的小姐。(5)对马总我不太了解。[1]

依据秘书工作的实事求是原则,第三种选择是最佳选择。

(三)服从大局原则

秘书工作主要直接为领导的工作服务,这就决定了秘书工作要服从机关单位的大局。在秘书部门的利益与机关单位的整体利益不一致时,秘书部门的局部利益要服从整体大局。对秘书人员来说,在评优评先获得荣誉方面,领导往往从大局考虑,对自己身边的秘书人员照顾较少,秘书人员应该能够理解。

---

[1] 谭一平编著:《秘书工作案例分析与实训》,北京:中国人民大学出版社,2007年,第5页。

某高校打字室曾隶属于校长办公室,20世纪90年代,打字室由最初的为机关免费服务改为有偿服务,为校长办公室带来了一定的经济效益。后来,机关别的部门也想通过其他服务方式创收。最后,学校领导决定,机关一律不允许搞创收,并将打字室从校长办公室剥离出去,并入学校后勤服务集团。校长办公室不能因为部门的局部利益而影响学校的整体利益。服从大局、支持领导决策,就是对领导工作最好的辅助。

还有其他诸如超前服务原则、团结协作原则、联系群众原则等,将这些列为秘书工作的原则也是可以的,但最主要的还是遵纪守法原则、实事求是原则和服从大局原则。秘书遵纪守法原则,是从事秘书工作的一个必备前提;实事求是原则是秘书在工作中始终要遵循的原则;服从大局原则则要求秘书在工作中始终摆正自己的位置。

三、秘书工作的要求

要求是指提出具体愿望或条件,希望做到或实现。秘书工作的要求,简言之,就是从事秘书工作应当具有的具体条件。

(一)准确

准确是秘书工作的质量要求。做到准确,要认真、细心,有责任心,不能马虎。秘书人员在工作中记录信息、传递信息要准确,撰写公务文书用词要准确,使用数据要准确。准确是对秘书工作最起码的要求。"秘书工作无小事",出现差错,造成的损失和负面影响难以挽回。

2008年中秋节放假,××市人民政府办公室主任签批的中秋节放假通知出现了如下内容:"根据《××省人民政府办公厅转发国务院办公厅关于2008年部分节假日安排通知的通知》安排,2008年中秋节放假3天……节假日期间,各地各部门要妥善安排好值班和安全、保卫等工作,遇有重大突发事件发生,要按规定及时报告并妥善处置,确保人民群众度过一个祥和平安的端午节。"

明明是中秋节的放假通知,但××市政府办公室的工作人员一时粗心,竟在通知内容中出现"端午节"字样。尽管××市政府办公室的工作人员发现后及时作出更正,但经××市委常委会研究决定,对该市政府办公室主任停职反省。市政府办公室及时召开会议,对综合科科长王某某,副科长王某、何某作出免职的处理决定。错了2个字就有4个人被问责,3个人丢了官。

通知出错,说明工作人员重视程度不够,责任心不强,造成了严重的后果,相关人员也受到了处罚。

(二)迅速

迅速是秘书工作的时间要求。以公文为例,2012年中共中央办公厅和国务院办公厅联合印发的《党政机关公文处理工作条例》第九条(三)规定:"紧急程度。公文送达和办理的时限要求。根据紧急程度,紧急公文应当分别标注'特急''加急',电报应当分别标注'特提''特急''加急''平急'。"秘书对紧急公文,应当根据时限要求迅速予以处理,"特提"是特别提前的简称,要求马上办理;"特急"要求在8小时内阅办;"加急"要求在24小时内阅办;"平急"要求阅办不超过48小时。即使是一般件,也应按正常程序处理,不必拖延。如果是自然灾害、突发事件,更应及时向单位领导和上级机关报告。

某大学2009年9月发现一例甲型H1N1流感疫情,学校立即对患者采取了隔离、保护措施,及时送往指定医院治疗;办公室秘书连夜加班赶写文字材料,迅速向上级教育主管部门报告。

(三)保密

保密是秘书工作的基本要求。秘书工作中经常会涉及秘密事项,秘书一定要牢固树立保密意识。对绝密文件、机密文件和秘密文件,应当采取措施防止失密泄密,避免造成损失。秘书与领导接触较多,对得知的秘密内容,也应做到守口如瓶,不口头泄密,不在电话中泄密。对秘密事项,即使是自己的家人、亲朋好友,也不能透露。

公司秘书于雪的男朋友是公司市场部的胡毅。他俩的关系也早已到了谈婚论嫁的程度。他俩准备在明年春暖花开的时节定百年之好,但由于公司不允许员工之间谈恋爱,所以他俩的关系在公司内部至今尚无人知晓。

这天上午公司开司务会,讨论人事问题,于雪来到会议室为大家添茶。"最近香港分公司的王军病得很厉害,那里的经理来电话让我们赶紧派人去顶替王军……"人力资源部的刘经理说。"派市场部胡毅去如何?他还没有结婚。"公司一位副总这样提议。"我看可以。"公司总经理说:"那就这样定了吧,这个月底就发调令,让他过去。"人力资源部的刘经理马上回答:"行!我们在月底前给胡毅办好调令。"于是胡毅去香港工作的事就这样定下来了。

这天下班后,于雪和胡毅又在那家幽静的小酒吧里约会。"我想我们明年春天最好还是去新马泰旅游……"胡毅说着,递给于雪一本精美的新马泰旅游宣传册。他的目光清澈纯真,脸上带着红晕,那时他已深深陶醉在蜜月旅行的幸福遐想之中。公司有规定,除非出差,公司外派人员半年之内不得回京探亲,即使过不惯外地生活,也必须忍耐。于雪当然知道这些,所以,她感到十分苦恼。不仅明年春天结婚的计划可能泡汤,即使结了婚也得忍受两地分居的煎熬。面对胡毅的提议,于雪应该怎么办?现在于雪有这么几种选择:(1)你下个月就要调到香港分公司去了,我们的婚期可能得推迟。(2)到时候再说吧!(3)默默无语。(4)胡毅,听说你们部又新来了一个漂亮的MM,是吗?(5)好,我俩就去新马泰旅游。①

---

① 谭一平编著:《秘书工作案例分析与实训》,北京:中国人民大学出版社,2007年,第3~4页。

依据秘书工作的保密要求，于雪在个人感情与公司利益发生冲突的时候，应当以公司利益为重，避免泄露人事秘密。因此，案例最后一种选择才是比较好的选择。

四、秘书工作的性质

关于秘书工作的性质，目前秘书学界认识大体一致。

（一）辅助性

领导与秘书的关系是一种工作上的主辅关系。"领导工作是轴心，是主线，秘书工作围绕主线运转，对轴心起辅助作用。"[①]因此，辅助性是秘书工作的本质属性。"辅助性是秘书工作天生的属性。"[②]

本质属性就是最根本、首要的性质，其他性质是一般属性，一般属性是其他工作也可以具有的性质。当然，如果不强调本质属性，全部表述为秘书工作的性质是可以的，但一般说来，一个是本质属性，其他的是一般属性。

辅助性是秘书工作的本质属性，但不宜将"辅助性"说成"辅佐性"。因为辅助和辅佐的意思并不完全相同，辅佐性则过分夸大了秘书人员所起到的作用。

辅助性要求秘书需要摆正自己的位置，淡泊名利，甘当陪衬，千万不要想着出风头。1949年12月至1950年2月毛泽东首次访问苏联期间，当时陈伯达作为毛泽东的随行人员出访。在一次斯大林与毛泽东的会谈中，斯大林偶然谈起陈伯达在延安时写的《人民公敌蒋介石》一文，说文中写到的宋美龄与美国总统罗斯福之子小罗斯福的故事"很有趣"。聊得兴起，斯大林居然拿起酒杯向陈伯达道："为中国的历史学家、哲学家陈伯达同志干杯！"陈伯达也赶紧举起酒杯说："为全世界最杰出的历史学家、哲学家斯大林同志干杯！"一时间，政治秘书陈伯达成了谈论的中心，却把毛泽东撂在了一边。陈伯达忘乎所以，兴高采烈，却没注意到毛泽东的恼怒。会谈结束后，仍处于兴奋之中的陈伯达立马接到毛泽东的通知："下一次会谈你不要参加了！"

（二）综合性

同其他职能部门的工作不同，职能部门的工作有很强的专业性，而秘书部门的工作则具有很强的综合性。秘书为领导服务，领导工作具有全面性，这就决定了秘书工作的内容必然具有综合性，所以我们要求秘书最好是杂家，这其实是由秘书工作的性质所决定的。秘书知识面窄，知之甚少，甚至对本单位的基本情况都不了解，是很难成为一名合格的秘书的，这种秘书的工作也是难以让领导认可和满意的。

---

① 常崇宜主编：《秘书学概论》，北京：线装书局，2000年，第96页。
② 任群主编：《中国秘书学》，重庆：重庆出版社，2006年，第54页。

(三)机要性

有的秘书学教材将机要性表述为机密性。密级有绝密、机密、秘密之分,机密是具体的一种密级,如果没有注明机密期限,一般理解为机密期限为20年。由于机要是指机密而又重要,因此表述为机要性更准确一些。如常有机要秘书、机要工作、机要交通的提法,而很少有机密秘书、机密工作、机密交通的提法。

秘书工作必然涉及秘密事项,对秘书来说,一定要牢固树立保密意识,防止泄密、失密事件的发生。

(四)服务性

有的秘书学教材表述为事务性,有的将服务性与事务性作为两种性质。这两种性质没有必要同时并存。事务性是办事的性质,服务性能够涵盖事务性。比如,领导交办秘书某项工作,就是秘书为领导服务,是通过办具体事体现服务性。"为领导服务是秘书工作永恒的主题。"①

(五)政治性

有的秘书学教材表述为政策性,但多数表述为政治性。"政治性虽非秘书工作所独有(这恰恰说明政治性只是一般属性,编者注),但它表现得特别明显。"秘书工作"从属于一定的统治阶级并为其服务,这是政治性的集中表现"。②

有一种观点认为,鉴于公务秘书工作、非公务秘书工作都有政策性,而非公务秘书工作不一定有政治性,所以就用"政策性"替代了"政治性"。

常崇宜还提到:秘书工作"常常辅助领导制定和贯彻执行方针政策,事关大政方针和人民的利益,政策性特别强"。"非公务秘书工作的政治性显然较少",但"决非与政治、政策无关的"。③

我们常说政治是经济的集中体现,经济建设就是当前最大的政治。即使是外资企业,看起来似乎政策性更强,但政策性恰恰是政治性的体现。在阶级社会,政策性不可能不涉及政治性,政治性包括政策性,不应将政策性与政治性割裂或对立起来。

五、秘书工作的特点

(一)枯燥

由于秘书工作多数属于事务性工作,事务性工作具有程序化、重复、单调、枯燥的特

---

① 任群主编:《中国秘书学》,重庆:重庆出版社,2006年,第56页。
② 常崇宜主编:《秘书学概论》,北京:线装书局,2000年,第95页。
③ 常崇宜主编:《秘书学概论》,北京:线装书局,2000年,第95页。

点。有报道说,有70%的办公室人员对琐碎的事务性工作感到厌烦,这说明他们还没有认识到秘书工作的这一特点。

当然,我们的秘书学教材很少讲这一特点。毕竟这一特点并不是秘书工作所独有的,但认同并接受这一特点有助于我们安心从事秘书工作。曾有一位主要从事接待工作的秘书,最初也觉得接待工作枯燥无味,但她渐渐改变了看法:既然在这个岗位上可以接触到全国各地的客人,自己就应当利用与客人接触交流多的优势在接待工作中了解客人所在地的风土人情、名山大川方面的知识。后来她这方面的知识增长很快,更加热爱接待工作,接待工作做得特别出色。

（二）辛劳

吃苦耐劳是秘书工作的基本特点。有人说秘书工作是"没完没了,没饥没饱,没昼没宵"。这是秘书工作的真实写照。秘书工作的特点决定了秘书不能自由安排自己的时间。领导外出,需要秘书陪同;有接待任务,需要秘书安排;有紧急文稿撰写任务,需要秘书加班加点。秘书很难按照正常时间上下班,节假日也不一定能够陪同家人休闲娱乐。一位高校办公室主任说,他晚餐几乎都不在家里吃,如果偶尔要回家吃晚饭,那事先一定要给家里打电话。

（三）寂寞

秘书工作的辅助性决定了秘书工作是一种没有鲜花与掌声的默默无闻的职业,秘书必须耐得住寂寞。如果说领导是主角的话,那么秘书就是幕后人员;如果说领导是红花的话,那么秘书就是绿叶。领导决策,其后有秘书提供的信息作为基础;领导讲话,其后有秘书为撰写讲话稿的辛勤付出;领导会谈出行,其后有秘书的精心安排。而且秘书付出的劳动,还不易被看到、被承认,如起草文件、撰写讲话稿,不能署秘书个人姓名,只能署单位名称或领导姓名。

（四）委屈

有的领导说话只说一半,秘书体会不了领导意图,有时会受到批评。有的领导要求严格,性格急躁,对工作不到位、有失误的秘书,就会加以批评。有的领导心中不愉快,有时秘书会成为发泄对象。有的领导对其他领导有意见,有时却将秘书作为批评对象。有的领导工作中出了问题,把责任推给秘书。当然,并不是所有的领导都是这样对待秘书的。不过,如果遇上这样的领导,秘书一般也只能忍辱负重,默默承受。

以上提及的秘书工作的几个特点,似乎都是负面的。既然如此,为什么还有人愿意选择秘书职业呢？秘书在领导身边,直接为领导服务,有时可以代表领导,甚至可以代替领导。因此,人们对秘书,尤其对高级领导人的秘书更是尊敬有加。当然,有的秘书摆不正自己的位置,容易把自己当成"二领导"、"二书记"、"二首长",这是不对的。

不可讳言,由于秘书在领导身边工作,能够学到领导的长处和管理经验,成长较快,秘书更容易得到提拔重用。

六、秘书工作的作用

秘书工作的作用体现了秘书工作的性质,或者说秘书工作的性质决定了秘书工作的作用。

(一)助手作用

助手作用是由秘书工作的辅助性所决定的。秘书是领导的左膀右臂,正因为领导不能独揽全部工作,有的工作必须要有人替他分担,以便集中主要精力从事决策和管理工作,所以才需要辅助领导的秘书。领导也是人,其精力、时间毕竟有限。国外统计数据显示:50%以上的老板表示他们根本离不开秘书,75%以上的老板在发生突发事件时,首先会给他的秘书打电话。

(二)参谋作用

秘书的参谋作用主要体现在为领导的决策提供准确完整的高质量信息和决策事项的备选方案上。简单说就是为决策提供信息和方案。

决策是以信息为基础的,秘书陪同领导调研或奉命调研,就是为了得到第一手的可靠信息,为领导制定政策和决策服务。有时遇到难以决策的问题,秘书应当提供几种方案供领导选择。一所高校当年扩招,但因多种原因新校区宿舍尚未完工,开学在即,新生不能按时开学。学校领导征求中层干部意见,大家提出了几种供选择的方案:在老校区搭建临时宿舍;租用宾馆;租用另一所学校的学生宿舍;一个学期当两个学期使用,上一年级新生提前开学、提前上课、提前放假,后半学期新生入学。经过权衡,学校领导最终选择了最后一个方案。提出该方案的办公室副主任因参谋有功,在第二年的干部调整中得到提拔重用。

秘书发挥参谋作用,应当为领导出好主意、金点子,千万不要出馊主意。2000年9月14日,曾任全国人大常委会副委员长、中共广西壮族自治区委员会副书记、广西壮族自治区人民政府主席的成克杰被执行死刑。公诉书和证人证言材料中反复提到成克杰的秘书周××。1993年底,成克杰和李平的奸情被成克杰的爱人发觉后,这位周秘书安排他们在自己驾驶的汽车里密谈,商量各自离婚后再结婚的问题。周秘书为李平出谋划策道:"现在结婚不现实,没有什么经济基础,不如趁成克杰在位时赚些钱,为将来的生活打好基础。"之后,成克杰和李平几年工夫就捞取了4000多万元。

(三)协调作用

当遇到需要协调的事情时,多数情况下,领导一般让秘书部门去做协调工作。从管理的角度来理解,所谓管理,就是协调,协调的过程就是管理的过程。由于秘书部门在机关单位都处于枢纽地位,是联系上下左右内外的纽带,这就决定秘书部门起着非常重要的协调作用。秘书部门发挥协调作用,也就是要协调本单位成员之间的关系,协调本单位各部门之间的关系,协调同其他单位之间的关系,使之能够互相配合,齐心协力,共同去实现领导制定的管理目标。[①]

(四)桥梁作用

秘书部门所处的位置决定了秘书工作处在联系上下、协调左右、沟通内外的地位,起到明显的桥梁作用。无论是领导传达意图,还是群众向领导反映问题,或者是外来单位联系工作,都要通过秘书部门这一桥梁,由秘书部门来安排。

(五)督查作用

因办公厅(室)设立了专门的督查机构,如督查处(科、室),专门开展督查工作。没有设立专门督查机构的,多由办公室承担督查工作。秘书虽具有督查职能,但却始终处在"配角"的位置上,是"督查员"角色,主要起到以下几个方面作用:一是"助推器"作用,推动下级机关实施落实决策。二是"晴雨表"作用,有助于领导了解下情、切准脉搏、把握病因、对症下药和进一步增强决策的科学性。三是"传真机"作用,向机关领导汇报真实情况,不添加任何感情色彩。四是"建议箱"作用,为领导进一步完善决策出谋献计,"出点子"、"当参谋"。[②]

(六)信息作用

秘书部门不是职能部门,更不是权力机构,而是综合性的办事机构。由于秘书工作主要为领导提供辅助服务,是机关单位的信息集中地。对办公厅(室)人员来说,机关单位的大事、小事尽在掌握之中。

有秘书学教材将秘书为领导收集信息的作用称为耳目作用,虽然是一种比喻,但耳目一词毕竟含有贬义,在信息一词被大家普遍接受的情况下,还是称为信息作用,避免使用耳目作用的提法。

(七)窗口作用

办公厅(室)是机关单位的窗口,与上下左右内外联系较多,秘书机构人员的言行与工作质量代表着单位的水平。办公厅(室)主任对部下要求严格的居多。

---

① 郝全梅:《试论秘书部门的协调作用》,《山西大学学报(哲学社会科学版)》,1989年第4期。
② 王志新:《秘书在政务督查中的作用》,《秘书》,1995年第9期。

第二节　港台与国外的秘书工作

一、中国港台地区的秘书工作

(一)中国香港的秘书工作

香港的秘书工作范围很广,秘书人员种类也多。香港秘书绝大部分是商务秘书,从性别上看是女性秘书。

1. 香港秘书的主要种类

一般秘书。30岁以下,中五(相当于高中毕业)文化程度,经过秘书职业培训,每分钟能打35~40个字,具备一定的商务知识,懂电脑操作与会计知识,能使用英语、普通话或第三种语言者可优先录用。一般从事日常事务,如接待、接打电话、打字、记录、统计、传达、文书的收发与管理等。一般秘书属于初级秘书。

行政秘书。20岁以上,具有一年文职经验,持有商科课程文凭,中学以上文化程度,能独立思考、能承受工作压力。其中行政主任要求25岁以上,中学以上文化程度,能讲流利的广东话,有一定工作经验,能独立处理文件者优先,主要协助领导处理行政事务和从事业务推广工作。行政秘书属于中级秘书。

公司秘书。由于香港开设的公司比较多,因而公司秘书是香港很有特色且需求量较大、要求较高的一种秘书。公司秘书需通过英国ICSA考试才能领牌,上市公司必须设立这个职位。一般的公司必须聘有公司秘书。

董事会秘书。董事会秘书由董事会或董事长派出,与总经理保持联络,了解、监督公司业务,并负责筹办董事会、股东大会,准备年度报告、决算、预算等材料,发布公司信息。担任公司秘书或董事会秘书,必须具有5年以上秘书工作经验,且具有"高级秘书"证书。

公务员型的秘书。要有较高级的文凭,经过专门的考试,其薪金也按公务员对待,同大学教授差不多。①

前两种秘书,不需要通过考试取得证书,要求相对较低,后三种要求较高,属于高级秘书。香港的秘书绝大多数都是私人秘书,第一到第四种可以理解为私人秘书,第五种才是公务秘书。

2. 香港秘书必备的素质与能力

香港秘书必备的素质:

认真。是对秘书最起码的要求。

诚实。说老实话,办老实事,做老实人。

---

① 常崇宜:《香港秘书职业及其培训》,《秘书之友》,1999年第3期。

谦逊。秘书要对人友善,举止得体。

合群。秘书的每项工作几乎都需要各部门的支持,否则秘书工作难以进行。

宽厚。秘书在工作中与他人意见不一致,应换位思考,站在对方角度考虑问题。

自信。秘书工作会遇到突发性事件,秘书只有自信才能应对自如,处理得当。

缜密。秘书在工作中必须缜密周到,养成做事留有余地的习惯。

有上进心。善于学习知识,弥补自身不足,同时注重完善自我。

幽默风趣。有亲和力,有利于建立和谐的人际关系。

香港秘书必备的能力:

判断能力与执行能力。具有分析问题和解决问题的常识和经验,并能迅速采取行动。

理解能力与洞察能力。能够站在上司的角度考虑问题,理解上司对工作的要求,提前做好准备工作。

信息收集能力和写作能力。秘书应为上司搜集有价值的决策信息,并写成专题报告;还要起草商务文书。

交流沟通能力。秘书所处的地位决定了秘书必须协助上司进行多方面的交流沟通。

办公自动化操作能力。现在的公司基本上都用电脑来传递文件、处理文书,秘书必须熟悉办公自动化等办公设备的操作与使用,否则无法为上司服务。[①]

中、英文运用自如能力。英语一直是香港的官方语言,政府公函、本地公司之间文件往来都以英文为主。到20世纪70年代,中文被确立为香港的官方语言。随着香港的回归,香港与内地交往越来越频繁,会说普通话也是对秘书的基本要求。

3. 香港的秘书培训

香港的秘书主体是处理办公室日常事务的女秘书,要求较一般。所以,承担香港秘书人才培养的主要是中专层次的学校,共有120所这类学校。

学制一般为1年,开设课程16~17门:秘书实务、行政程序(文书处理)、商业簿记、打字、商业事务管理、商务英语、语言训练、速记、商业信息传播(商业通讯)、电脑应用及基础、报告和备忘录的写作、进出口业务结算、经济学、电报传真等。毕业后发给正式文凭,供应聘就业之用。

香港秘书如需深造,则可到英国、澳大利亚、新西兰等英联邦的大学去取得其他专业的学士、硕士、博士文凭。近年来,到美国、加拿大深造的亦不少。[②]

(二)中国台湾的秘书工作

1. 台湾的秘书教育

1961年开始在专科学校的商科和家政学校设立商业文书科和秘书事务科,为工商

[①] 香港专业秘书学会编写:《职业秘书实务》,北京:研究出版社,2010年,第7~14页。

[②] 常崇宜:《香港秘书职业及其培训》,《秘书之友》,1999年第3期。

企业培养专门的秘书人才，这是台湾正式秘书教育的开始。近20年，这些学校的毕业生成为工商企业界秘书工作人员的中坚。

秘书事务科：目标是为政府机构、公私企业培养秘书和事务管理专业人才。开设课程：公共课有国文、英文、中国现代史、国际关系、宪法、国父思想等大专院校共同的必修课；专业及相关课程有企业管理、会计学、心理学、国际汇兑、人事管理、国际贸易实务、礼仪、英语会话、英语作文、商用英语、英文打字、中英文速记、应用文、档案与资料管理、秘书实务、电脑概论等。

商业文书科：目标是为工商业培养一般行政业务和秘书人才。开设课程：公共课有经济学、会计学、货币银行、企业管理、行销学、国际贸易、公共关系、人事管理、市场研究、统计学、商事法、民法概要、应用文、商用英文、英语会话、中英文速记、中英档案管理、英文打字、翻译、演说与辩论、秘书实务、电子资料处理等。

由于企业对专业秘书的需求，许多秘书职业补习班便应运而生，企业管理顾问公司也开设专业秘书培训班，课程主要注重秘书实务，以便结业后能胜任秘书事务性工作。台湾秘书协会也开办一些短期专业培训班，以增强秘书工作技能。

2. 台湾秘书的类型

第一，按性质分类。

公职和私营机构秘书：男性秘书大都服务于公职，等级也高，属于管理阶层，如公共关系助理、资讯管理助理、国际关系助理等。女性秘书多半在企业界工作，主要是做主管助理业务。

企业管理者秘书：主要业务是协助主管文书、资料收集管理及办公行政等比较琐碎的工作，由于女性比较细心和耐心，所以适合担任企业管理者的秘书。

行政管理者秘书：一般在政府机构、学校或社会团体担任秘书，除协助主管之外，还负有一般行政工作的责任。

专门职业秘书：许多自由职业者，如律师、医师、学者、艺术家、设计家等，多聘有秘书协助处理行政业务或整理资料。

政治家的秘书：政治家，如议员、立法委员、国民代表等，通常聘有人数不等的助理、秘书或顾问，来协助进行从政工作。此类秘书，男性担任较为方便，女性则更适合担任较静态的办公室内部秘书工作。

第二，按职能分类。

参谋型秘书：参谋型秘书担任的工作几乎可以代理主管处理某些事务，是主管的重要幕僚，大小问题都可以提出建议供主管参考，如机构的主任秘书、机要秘书等。由于工作有决策性、权威性，女性不容易谋到该职位。

副官型秘书：就是事务型秘书。这类秘书是根据主管所授旨意处理事务，一般企业、社会团体的秘书都是副官型秘书，他们存在与否能影响整个公司的正常运转。

第三,按性别分类。

男性秘书:多在政府或团体机构中工作,地位较重要,在一般企业中,男性秘书并不多见,大都以特别助理之名义从事类似秘书的工作。由于秘书工作琐碎繁杂,秘书常给人以无发展前途的感觉,但如果表现优异,得到公司及主管赏识,也能得到升迁。

女性秘书:在中国台湾,女性的工作意识比邻近的亚洲各国都强,所以在工商业界,许多女性秘书都成为主管的左右手。但由于女性在社会中所担任角色和男性不同,首先,她们除了工作,还要兼顾家庭;其次,受传统观念的影响,一般认为女性能力要比男性低,这使得女性秘书很少能获得应有的平等升迁机会。

3.台湾秘书工作的内容

台湾秘书工作的内容主要有:接听电话,安排约会、接见,信件书信处理,抄录指示,文稿整理,报告及简报制作,公文处理,档案及资料管理,会议筹备安排管理,主管公务旅行安排,办公室行政管理,公共关系,办公器械操作,主管个人资料保存与财务管理,幕僚缓冲地位等。[①]

二、国外的秘书工作

(一)美国的秘书工作

1.美国秘书的种类

政府秘书。指在联邦、地方政府和所属官方机构任职的秘书。在其取得打字、速记证书,通过秘书考试后,试用一年,3年后转为固定职业,并可获资格申请担任政府各机构的秘书工作。

行政秘书。又称"行政助理"、"管理秘书",指在各类机构、公司、企业中担任行政职务的秘书。

经理秘书。指经理的高级秘书。这类秘书要有大学学历,并持有特许的职业秘书资格证书。

公司秘书。指公司中接受董事长领导的高级秘书,其职责是监督、管理公司财务、人事、对外联络;同各部门联系、协调;向董事会汇报、答复质询等。

法律秘书。具有5年以上法律系统工作经验,在加入法律协会后,经考试合格,授予法律秘书资格,才能担任政法机构、律师事务所、法院的秘书。

技术秘书。也称"工艺秘书",指掌握某方面技术,从事编写技术资料,承担技术性工作的秘书。

教育秘书。在教育系统为校长、系主任、教授服务的秘书。除承担一般秘书事务外,还有收集资料、准备讲义、制作教学音像带等任务。

---

① 徐筑琴:《秘书实务》,台北:台湾扬智文化事业股份有限公司,2004年。

财经秘书。指协助财务总监处理财务、金融等事务的秘书,要求掌握财经、金融、簿记等知识。

通信秘书。指从事文字和信息传递、加工、处理的秘书。一般通讯秘书称"文字处理员",高级通讯秘书则称为"首席文字处理员"。

医学秘书。医学秘书要对医学术语、医务速记和医务工作程序有比较深入的了解,才能应聘相应的职务。

2. 美国主管对秘书的要求

准时。美国主管要求秘书自始至终遵守时间,经常迟到早退或生病缺席的秘书很快就会被解雇。

诚实。主管十分重视申请者的气质和个性,以判断其可靠程度。

学习能力。主管一定会了解申请者的受教育程度。不仅要了解正式学历与文凭,而且要了解自学情况和单科结业情况。

服从。尽管秘书提出的明智意见和建议是受欢迎的,但主管更希望秘书对自己决定了的事情不作争论,而是不折不扣地执行。

保密。每一个主管都希望自己的秘书忠诚、严守机密。喜欢打探消息、传播流言蜚语的人,不适宜担任秘书。①

3. 美国专门培养秘书的学校

高校。美国专门培养秘书的高校主要是2年至4年的初级大学、技术或商业学院。主要课程有:打字、速记、阅读与写作、办公室工作程序、计算机应用、秘书会计学、体育等。行政秘书的专业课程有:商业数学、企业法、行政秘书准则、演讲基础等。法律秘书的专业课程有:企业法、法律秘书准则、美国政府法律专门术语、法律秘书听写和录音、法院及法律事务所程序等。医学秘书的专业课程有:生物学、生理学、人体解剖学、心理学、医药学、医学专门术语等。

高中。主要在普通高中开设秘书职业技能教育课程,如打字、速记等,培养学生具有从事一般秘书工作的基本技能。

成人学校。这类学校多半是私人开办的。有的是在商业、技术学校中设秘书系,有的就叫"秘书学校"。学习时间有长有短,班次类型多样。②

4. 美国的专业秘书证书制度

美国建立了专业秘书证书制度,即由专门组织,通过一定的手段,确认秘书人员的资格和能力,以确立秘书作为一种社会专门职业的地位和作为秘书人员晋升的一种依据,同时,也可协助用人单位挑选合格的秘书。"国际职业秘书协会"在每年5月的第一个星期五、星期六两天,在250个考试中心举办"特许职业秘书"考试。"特许职业秘书"

---

① 方国雄主编:《外国秘书工作概况》,北京:线装书局,2000年,第88~89页。
② 许茵:《美国的秘书和秘书工作》,《办公室业务》,2008年第4期。

被认为是高级秘书,因此报考条件很严,高中毕业生要有 6 年秘书经验;受过大学教育者,其学习年限加上秘书工作年限要达到 6 年,才能报考。考生要考 6 门课,即企业行为科学、企业法、经济与管理、会计学、秘书技能、办公室工作程序。[①]

(二)英国的秘书工作

1. 英国秘书的分类

私人秘书。在英国,有较高社会地位或有财富的人士,一般都有私人秘书。政府官员、公司经理也有私人秘书。

政府秘书。英国内阁办公厅及议会下院事务处均设有秘书机构,有常务秘书和内阁秘书等秘书职务,主要为内阁及内阁委员服务。

董事会秘书。董事会秘书是公司的法定机构。英国公司法规定有限责任公司和股份有限公司均须设立董事会秘书。董事会秘书的职责为处理董事会文件、签署根据董事会决定授权发行的公司股份证书和行政管理性合同、发布信息、对外联络等。

2. 英国秘书工作的发展

近年来,随着现代管理工作的发展和计算机技术的广泛应用,英国的秘书工作发生了巨大的变化,呈现出很多新的特点。

秘书职责日益多样化。最初的秘书工作主要是公文处理和机要通信,如今的秘书工作范围逐步扩大至撰写公函、规划会议、与客户沟通、培训员工、管理信息等方面。

秘书的职业细分日趋明显。秘书工作职责的多样化对秘书工作的专业化要求越来越高,秘书的职业划分越来越细。公司秘书有法律秘书、营销秘书、财务秘书等,政府秘书根据工作权限和性质划分为不同层级。

秘书工作逐步职业化。秘书工作最初的经验性、随意性逐渐被现今的规范化、职业化所取代,秘书工作不仅有规范的行业标准,还有严格的从业资格限制。

从业人员结构更加合理。秘书职业女性多、年轻人多、流动性大是英国早期秘书职业的特点。随着秘书职责的日益多样化,秘书职业为越来越多的男性所关注。据统计,英国的私人秘书中,男性秘书所占比例超过了 5%,而在公司秘书和政府秘书中,男性秘书所占比例则更高。

秘书的职业地位日益提高。由于秘书工作在现代管理工作中发挥着越来越重要的作用,所以秘书职业更加受到社会尊重,秘书的职业地位也日益提高。国际秘书节的设立充分表明社会对秘书职业的尊重。国际秘书节当天,秘书可以休假,还能得到老板的嘉奖和祝福。

3. 英国的秘书资格考试

在英国,企业招聘秘书,除要求有一定年限的工作经验以外,还要求有秘书职业资

[①] 杨剑宇主编:《涉外秘书概论》,沈阳:辽宁大学出版社,2000 年,第 298 页。

格证书。秘书资格证书需要参加培训、通过考试才能获得。英国的秘书资格考试主要有以下几种:

NVQS秘书考试。即国家职业资格证书制度,是按国家制定的职业技能标准或任职资格条件,通过政府认定的考核鉴定机构,对劳动者的技能水平或职业资格进行公正、科学的评价和鉴定,对合格者授予相应的国家职业资格证书。

LCCIEB秘书证书考试。伦敦工商会考试局是世界最大的职业技能证书发放机构之一。LCCIEB秘书证书考试为全球统一命题、统一考试,在英国本土的等级资格考试最高为四级。LCCIEB秘书证书是国际认可的职业资格证书,有"工作绿卡"之称,在英联邦国家和东南亚影响很大,与商界尤其是跨国企业联系较多。此外,该证书在赴英留学移民方面也可作为申请条件之一。在考试科目设置方面,更多地侧重商业秘书需要,分别为商务英语、商务实践、商务管理和文本处理。

ICSA专业资格证书考试。英国特许秘书和行政人员工会的专业资格培训旨在"通过开发特许秘书和行政管理的学习和实践来促进和提高工、商和政府事务的行政和管理效率",其资格是最全面和最灵活的专业资格之一,拥有此种资格的人可从事多方面工作,不会因为太过专业化而受到限制。一名特许秘书既可以公开执业,也能担任一个机构的行政主管。在英国,ICSA专业资格证书已成为谋求秘书职位必不可少的证书之一,每年都有大批求职者为获取此证书而参加秘书职业技能培训和考试。[①]

(三)日本的秘书工作

1.日本秘书的种类

公务秘书。在国会、政党、内阁供职的公务员性质的秘书。

事务秘书。指在医师、律师等专业人员身边工作的秘书,实际上是医学秘书、法律秘书等专业秘书。

外事秘书。擅长外语,在外资企业和各国驻日使馆供职的秘书。

企业秘书。即董事长和经理的专职秘书,主要从事接待、接听电话、联络等事务,以女性居多。在日本,有关秘书的书中一般用"SHE"代指秘书,而不用"HE"。据统计,日本22.3%的高中毕业女学生选择当秘书。日本社会普遍认为女性最适合做秘书工作,男性秘书很少。

私人秘书。党政要员、议员、大企业家、名学者、教授和影视、体育明星等社会名流都雇用私人秘书,少则一二名,多则几十名。

2.日本秘书的等级

见习秘书。她们未受过专门的秘书教育,从事秘书工作不到一年,对秘书工作并不太熟悉。主要职责是值班、接电话、接待来客等。

---

① 邢德武:《英国秘书工作概述》,《秘书工作》,2006年第3期。

初级秘书。一般有2～3年工作经历,基本了解秘书职责和工作方法,能完成上司指定的工作,工作能力基本上得到上司和同事的认可,已具备作为上司个人秘书的候选资格。

中级秘书。一般有4～5年工作经历,能主动分担上司杂务,减轻上司行政工作负担,并能独立进行工作,能指导新秘书的业务,主要工作是为上司安排工作活动日程。

高级秘书。能给上司以有力的协助,提供解决问题的有效方案,是上司名副其实的助手,基本上不处理日常事务,主要负责秘书室(科)的领导工作。①

3. 日本的秘书教育、培训、考试、培养

自1980年日本文部省规定了秘书科设置的标准、批准短期大学可设置秘书科后,日本的秘书教育发展很快。现在,已有103所大学和短期大学设立了秘书专业,开展系统的秘书教育;另有189所商业专科学校、打字学校等各类专门学校增加了秘书实务课程。

日本重视对在职秘书的培训,旨在提高秘书素质和业务水平,如某专科学校商业秘书培训分为一年制和两年制课程。一年制课程开设秘书概论与实务、文书档案学、英文打字、英文速记、秘书英语、英语会话、会计事务、心理学(人际关系)、经营管理、通讯、商业活动、劳动问题等课程。两年制课程开设秘书概论、文书档案学、听写、英文打字、英文速记、秘书英语、英文簿记、时事英语、商业英语、英文翻译与理解、英语会话、计算技术、商业外簿记、经济学、社会问题、钢笔书法、保健体育、音乐等。

日本没有国家的秘书资格考试,但学习进修秘书专业的人可以通过两种检测考试来证明自己的水平:第一种是秘书技能检测考试,由实务技能检测协会实施。这项考试确切地说是文部省认定的秘书技能测试,虽然不是国家正式考试,但也有相当的权威性。从1973年开考以来,想做秘书的人和现职秘书多数都接受过此测试。测试内容包括理论(秘书的素质、职务知识、一般知识)和实践(仪态、接待、方法、技能)。测试分三级,二级三级只参加笔试,一级笔试合格后还要进行面试。第二种是CBS考试,这是由日本秘书协会自立标准组织的考试。1979年开考,应试者必须高中毕业,考试每年一次,分两个阶段,分别用日语、英语完成,也有面试。考试合格者,分别以高中毕业的有3年秘书工作经验、专门学校和短期大学毕业的有2年秘书工作经验、大学毕业的有1年秘书工作经验为标准给予CBS资格。②

秘书士是日本高校秘书专业的学位名称。凡加入日本全国短期大学秘书教育协会的短期大学,按照统一的教学计划,修满规定的19学分者,就可获得学位。其中,必修课9学分:秘书概论(2学分)、秘书实务(2学分)、文章和语言表达法(2学分)、专务和文件管理(2学分)、打字(1学分);选修课共计10学分:经济学、社会学、心理学、商业英语、会计学、贸易实务、实用外语、人际关系论等。③

---

① 杨剑宇主编:《涉外秘书概论》,沈阳:辽宁大学出版社,2000年,第318～319页。
② 林治文:《日本:秘书教育》,《秘书》,1994年第1期。
③ 杨剑宇主编:《涉外秘书概论》,沈阳:辽宁大学出版社,2000年,第334页。

4. 日本秘书的基本素质要求

具有积极进取精神；创造性地工作；严守秘密；对客人接待热情；与领导关系融洽；积极配合同事工作；掌握谈话技巧；有较强的写作能力；穿着打扮得体；熟悉办公自动化设备；为领导决策提供信息服务。①

第三节 秘书工作的发展趋势

秘书工作的发展趋势，不是针对全世界秘书工作而言，因为世界秘书工作的发展并不平衡，发达国家和地区的秘书工作已经实现了职业化、专业化和制度化。这一节内容实际上涉及的是我国秘书工作的发展趋势，确切地说，针对的仅仅是大陆地区秘书工作的发展趋势，并不包括中国港澳台地区的秘书工作。

一、秘书工作职业化

职业是指个人所从事的作为主要生活来源的工作。秘书工作已经成为当今社会比较有影响的一种职业。如美国，秘书是个荣耀的职业，从业者众多，深受尊重，还有自己的节日——秘书周、秘书日。

尽管秘书工作已经成为一种职业，但由于受秘书工作性质、特点以及传统观念影响，我国秘书从业者选择秘书作为职业多数只是权宜之计，甚至认为秘书工作是吃青春饭的职业，不能干一辈子。也就是说，我国的秘书职业被当作暂时性职业，还没有像教师、医生、会计、律师一样被当作终身选择的职业。秘书适应工作以后，在一定时间内有的因表现出众而被选拔到领导岗位，即使没有进入领导岗位的，也会重新选择职业，而秘书职业只被作为自身发展或重新选择职业的跳板和平台，很少有人愿意把秘书工作作为终身职业的。

随着职业观念的改变以及秘书待遇、地位的提高，我国的秘书工作必将会成为越来越多秘书从业者的终身选择。

二、秘书培养专业化

秘书是一种职业，秘书工作需要培养专门的秘书人才，以适应社会对秘书人才的大量需求。我国传统的秘书多是作坊式培养，是由师傅带徒弟的方式带出来的。发现文字功底不错的秘书苗子，再由有经验的秘书在实际工作中加以指点，从而慢慢胜任秘书工作。"谁要是踏上秘书工作岗位，都得自己慢慢在实践中摸索。即使有老秘书人员手把手地带路，也是就事论事，碰上什么就学什么。师徒双方，往往没有通盘打算，缺乏完整的教学计划，更谈不上建立完整的理论体系"。"对秘书人才的要求，在质与量两方面都

---

① 方国雄主编：《外国秘书工作概况》，北京：线装书局，2000年，第251～254页。

越来越高。原有秘书队伍的年龄与知识结构老化,和当前的实际需要不相适应。形势逼人,不少有识之士都觉悟到,历代相传的培养秘书人员的手工方式必须加以改革"。[1] 这就清楚地说明传统秘书培养方式的不足。正因为如此,20世纪80年代初,上海大学文学院等院校开办了秘书学专业。此外,中等职业教育、成人继续教育一度非常红火。"据初步统计,到2007年我国已经有100所左右的公办院校招收秘书专业本科生"。[2] 华东地区某师范大学从2001年开始招收秘书本科生,从2005届到2012届,每一届毕业生一次性就业率都在90%以上。这就说明社会对秘书的需求是大量的,秘书工作的职业化更需要秘书人才培养的专业化作保证。

秘书人才培养已经呈现出专业化趋势。令人欣喜的是,2012年9月,教育部印发了《普通高等学校本科专业目录(2012年)》,秘书学作为特设专业获得了应有的专业地位。相信今后会有更多的高校将开设秘书学本科专业。现在已有高校招收秘书学硕士甚至博士研究生,如暨南大学高级秘书与行政助理学硕士点和博士点、南京师范大学应用文体学硕士点和博士点、安徽师范大学秘书学与应用写作学硕士点、聊城大学秘书学硕士点等。秘书学正式进入教育部本科专业目录以及高校开办秘书学硕士点、博士点,使得高校秘书专门人才培养逐渐步入更快更好的良性循环轨道。

三、秘书资格制度化

秘书职业资格证书,是劳动者具备秘书职业所需要的专门知识和技能的证明。发达国家和地区的秘书从业人员需要通过考试获得资格证书才能从事秘书工作。我国从1995年起实行职业资格证书考试制度,1998年,秘书职业资格证书开始全国统一鉴定。但我国秘书职业资格证书的取得与从事秘书职业并没有等同起来。有数据显示,我国技能鉴定通过率始终在83%以上。我国职业院校从2002年起,实行"双证书"制度,毕业生都必须具备学历证书和至少一份技能资格证书,否则视为不合格毕业生。本科院校秘书专业(方向)的学生,也纷纷参加秘书职业资格鉴定。但很少有用人单位将秘书职业资格证书作为求职的必要条件。这说明,我国的秘书职业资格证书还没有发挥应有的作用。原因在于,通过率过高,使得持有秘书职业资格证书的优势并不明显;实际能力并不能通过考试得到鉴定,所以社会对秘书职业资格证书的重视程度不够。秘书资格认定制度化是发达国家和地区的做法,是世界性趋势。相信随着我国秘书职业终身化成为现实,秘书资格认定制度化势必成为必然。要从事秘书职业,就必须先取得秘书资格证书,持证上岗是从事秘书工作的必要条件之一。当然,我们应当借鉴国外成熟的做法,鉴定既注重知识,又注重能力,不同的行业应当有不同的鉴定标准。只有这样,才能促进秘书资格制度化进程的早日实现,最终实现我国秘书人员的专业化、规范化,直至国际化。

---

[1] 王千弓、杨江柱、杨光汉编著:《秘书学与秘书工作》,北京:光明日报出版社,1984年版,"序言"第1页。

[2] 杨树森:《秘书学概论》,合肥:安徽大学出版社,2012年,第18页。

四、秘书能力综合化

传统的秘书要求较低,能够从事一般日常事务性工作,能够撰写公务文书就是一个合格的秘书。20世纪80年代初期较早的一本秘书学教材,共11章,涉及秘书工作内容的就有8章:秘书与调查研究、秘书与简报工作、秘书与会议工作、秘书与文书处理、秘书与档案工作、秘书与人民来信来访工作、秘书与值班工作、秘书与保密工作和印章管理。[①] 而常崇宜的《秘书学概论》认为新时期秘书工作的主要内容有秘书日常工作、机关行政事务管理、文书撰写、文书处理、信息工作、调查研究、信访工作、督促检查、综合协调、会务工作、档案工作、公关关系事务、保密工作、机要秘书工作、其他秘书部门自身建设的工作。[②] 现在秘书工作的内容,杨树森的《秘书学概论》则列出了22项内容,除普遍认可的秘书工作内容外,还增加了网站管理、谈判事务、公共关系等全新的内容。[③] 通过对不同时期秘书学教材中关于秘书工作内容的比较可以看出,随着时代的发展、科学技术的进步,社会化分工越来越细,秘书工作的内容越来越多,社会对秘书的要求越来越高,做一名合格的秘书直至优秀秘书的难度越来越大。我们从秘书类型的划分也可以看出这一点。秘书学家李欣1986年把秘书分为办事型、秀才型、技术型等3种类型。常崇宜1997年把秘书分为参谋型、文字型、办事型、技术型、公共关系型、财经型、综合型等7种类型。常崇宜2000年又增加了法律型和涉外型2种,将原有的7种类型发展到9种类型。不同秘书类型的划分告诉我们,使用秘书要用其所长。但从秘书角度看,仅仅属于某一类型,把自己局限在某一类型,是远远不够的,是无法适应快速发展的秘书工作需要的。由于秘书工作具有综合性、辅助性、服务性、管理性等特点,这就决定了秘书必须具备多种能力。一般说来,只有具备两种以上类型的综合型秘书才有更大的发展空间。当然,这并不是说单一型的秘书就不能从事秘书工作。但从秘书工作的发展趋势来看,秘书工作需要的是一专多能型秘书,也只有综合型秘书才能更加适应新时代秘书工作的需要。

▎本章思考题

1. 秘书工作有哪些主要内容?
2. 秘书工作的性质和作用是什么?
3. 中国台湾地区秘书工作的内容有哪些?
4. 美国秘书的种类有哪些?
5. 秘书工作的发展趋势是什么?

[①] 翁世荣等编著:《秘书学概论》,上海:上海人民出版社,1984年。
[②] 常崇宜主编:《秘书学概论》,北京:线装书局,2000年。
[③] 杨树森:《秘书学概论》,合肥:安徽大学出版社,2012年。

案例分析

湖北省汉川市日前发生一桩怪事：市政府办公室下发红头文件，给市直机关和各乡镇农场下达喝酒任务，全市各部门全年喝"小糊涂仙"系列酒价值总目标为200万元，完成任务的按照10%奖励，完不成的通报批评。

这份"喝酒文件"全名为汉川政办发〔2006〕11号《关于倡导公务接待使用小糊涂仙系列酒的通知》。通知称：各乡、镇人民政府，各农、养殖场，办事处、开发区，市政府各部门，湖北云峰酒业有限公司是最早来我市落户的引进企业之一，其生产的"小糊涂仙"酒去年跻身"中国白酒品牌20强"。

这份文件还附有《各地各单位使用和促销小糊涂仙系列酒分解表》：市政府接待处10万元，教育局3万元，科技局1万元，民政局2.5万元，仙女办事处7万元，马口镇5.5万元，脉旺镇3万元……共有105个单位承担有喝酒任务，每个市直单位从几千元到几万元不等；最低的是老干部局、信访办、档案局，都是3000元的喝酒任务；乡镇单位最低任务是8000元，一般为2万元到3万元。

负责起草这一文件的汉川市政府办公室副主任童××说，县直单位分解标准是按照单位接待量和人数决定，乡镇的消费标准则按乡镇经济发展水平和人口数量决定，都是有"科学依据"的。这份文件还称："对执行本通知要求，并完成年度使用和促销计划的地方和单位，将按销售额的10%给予奖励。在公务接待中不按规定用酒，完不成年度使用和促销计划的地方和单位，将予以通报批评。"

汉川市部分干部认为，下发该文件是"引商、稳商、亲商、富商"的需要，帮助企业做宣传、促销工作是政府的义务，发文只限于公务招待，用的是政府的钱，怎么喝、喝什么酒政府自己定是无可厚非的。

童××说，各个地方包括县直各机关单位、乡镇的商务往来、上下交流，都有繁重的接待任务，喝酒交流感情已经是客观存在。既然这样，都是喝酒就不如喝"小糊涂仙"，毕竟云峰酒业是地方的利税大户，而其他的酒只有消费税留在汉川，做的贡献就小多了。

市政府办公室另一位副主任李××说，烟、酒都是高税产业，外地烟、外地酒，政府只能收到消费税，本地烟酒除消费税外，地方还能拿到增值税，都是抽烟、喝酒，不如促销地产烟、地产酒，这样对地方贡献大。其实每个地方都有一个不成文的规定，烟要抽地产烟，酒要喝地产酒，我们只是为企业服务的心情比较迫切，把这个不成文的规定搞成"红头文件"而已。

在采访结束时，童××已意识到文件的"不妥之处"，他强调说："'小糊涂仙'的广告词是'喝糊涂酒、办明白事'，我现在是好心办了糊涂事，这份文件确实不符合市场经济的要求，易引起大家的误解。"

（资料来源：http://guide.ppsj.com.cn/art/3624/12504164/）

根据上述案例,请回答:

1. 政府出台正式文件下达喝酒任务是否符合秘书工作的遵纪守法原则?请说明理由。

2. 负责起草这一文件的汉川市政府办公室副主任童××认为自己是好心办了糊涂事,你认可这一说法吗?

3. "当地政府正在抓紧研究,考虑终止这个文件",你认为这个文件会被废止吗?

实务与职责篇

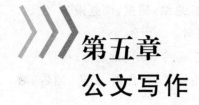

第五章 公文写作

本章导语

本章首先对公文的概念、种类、特点及公文写作的要求进行了概述,接着简单介绍了 2012 年 7 月 1 日起实施的《党政机关公文处理工作条例》规定的 15 种法定公文:决议、决定、命令(令)、公报、公告、通告、意见、通知、通报、报告、请示、批复、议案、函、纪要的概念、种类、特点,最后介绍目前各机关单位常用的 6 种其他公文计划、总结、调查报告、简报、公示、会议记录及其写作方法。

本章关键词

公文;党政公文;其他公文;写作方法

第一节 公文概述

一、公文的概念

"公文"是公务文书的简称,有广义和狭义之分。广义的"公文"是指在社会活动中处理公务时形成的具有特定效力和惯用体式的各种文字材料,包括国家法定公文、事务文书、礼仪文书、商务文书、司法文书等。狭义的"公文"专指国家公文法规规定的具有规范的体式和法定效力,并按特定的处理程序进行传输的公文。如《党政机关公文处理工作条例》(以下简称《条例》)(中办发〔2012〕14 号)中规定的 15 种公文:决议、决定、命令(令)、公报、公告、通告、意见、通知、通报、报告、请示、批复、议案、函、纪要等。

二、公文的种类和特点

(一)公文的种类

(1)根据公文的性质,可分为法规类公文,如法律、行政法规、部门规章、地方法规及地方人民政府规章;法定性公文,如决议、决定、命令(令)、公报、公告、通告、意见、通知、通报、报告、请示、批复、议案、函、纪要;事务性公文,如计划、总结、简报、调查报告、公示、述职报告等;专业性公文,如司法文书、商务文书、外交文书等。

(2)根据公文的内容,可分为指令性公文,如决议、决定、命令(令)、批复等;指导性公文,如下行的意见、带有指导性内容的通知、规划等;知照性公文,如公报、公告、通告、通知、通报、纪要;报请性公文,如报告、请示、议案、提案。

(3)根据行文方向,可分为上行文,如报告、请示;下行文,如命令(令)、决议、决定、批复;平行文,如函、议案。

(4)根据涉密程度,可分为绝密、机密和秘密3个等级。

(5)根据紧急程度,紧急公文可分为特急、加急2个等级;如以电报形式发文,可分为特提、特急、加急、平急4个等级。

(二)公文的特点

1. 是管理的工具,具有鲜明的政治性

公文是管理者与被管理者之间的媒介。机关单位主要是通过公文实现其管理职能,可以说一切计划、组织、指挥、协调、决策等管理活动都需要借助于公文,没有公文就无法实现社会管理职能。每一个国家的公文都体现出本国统治者的意志和愿望,反映出国家政权的性质。所以公文的政治性非常鲜明。

2. 由法定作者制作,具有法定效用

公文的法定作者是依照宪法、法律和行政法规成立的,并且能够以自己的名义行使权利、承担义务的组织和组织的法人。即必须以机关、团体、企事业单位的名义或其领导人的名义制发公文,且只能在自己的职权范围内制发与其职能身份相称的公文。

公文讲究针对性与时效性。针对性集中表现为两个方面:一是对象明确,有特定的发文范围与受文对象。二是指事明确。公文写作本来就是为解决实际事务的,内容的针对性强,常常强调"一文一事"。时效性集中表现为两个方面:一是内容讲求时效,应适时解决现实中出现的问题;二是办文讲求时效,发文、收文及文件处理都必须及时。因而公文具有法定的权威性与现实执行效用。

3. 体式规范,程序性强

规范的体式是公文的重要特征,它包括公文的体例、结构和公文各组成部分的文字符号排列。每种公文只适用于一定的范围,表达一定的内容,使用一定的格式,不能随意乱用,这也是判断其是否合法的依据。

公文还讲究办理程序,无论是收文还是发文都有严格的规定,经办人必须照章办理,不能有丝毫马虎,以体现公文的严肃性和权威性。

4. 语言庄重、质朴、简洁,观点明确

《条例》指出:"草拟公文应当做到'内容简洁,主题突出,观点鲜明,结构严谨,表述准确,文字精练'。"公文一般使用书面语言,有时也可以使用文言词语,如"可否"、"妥否"、

"专此函达"、"特此函达"等,以缩短篇幅,达到简单明了的目的。公文在语言上要求直入主题,不绕圈子,不说空话、废话,言简意赅,不追求辞藻的华丽;为便于收文者理解执行,语气要果断,态度要鲜明,不能模棱两可。

三、公文写作的要求

(一)符合国家法律法规和政策

国家法律、法规和党的方针政策,是我们进行各项工作的依据和标准。制发公文的具体目的虽各有不同,但根本上说都是为了贯彻落实党和国家的方针政策。要使公文真正具备"法定"的执行效用,使其受到"法"的有力保障,公文自身首先必须"合法",符合国家法律、法规和党内法规。这就要求起草公文的人员熟悉党和国家的方针政策和法律、法规,具有较高的政策水平和较强的法律意识,严格依法行政、依法办文。

(二)选材要求实事求是、典型

公文所用材料必须符合客观事实,选材应该经过鉴定核实,去伪存真,不可夹杂主观臆测、"合理想象",更不能弄虚作假。真实和准确是公文写作的生命。公文选材应能够深刻地揭示事物的本质特征,具有代表性与说服力。典型材料的使用往往带有普遍的指导意义。

(三)格式要求完整、连贯、严密

公文的格式分为外部格式和内部格式。公文的外部格式是指公文的文面格式、用纸幅面规格及印制装订等,国家标准对此有明确规定。公文的内部格式就是公文内容的组织和衔接,《党政机关公文处理工作条例》对此有明确的要求。完整,即公文要做到开头、主体部、结尾部齐备,不可无故残缺。例如,请示只能有一个主送机关,正文要有请示原因和请示事项,呈现因果关系,结语必须用请批性结语。连贯,公文的各个部分在内容上要相互连贯,井然有序,在语言形式上要有紧密的衔接和合理的过渡。一篇公文,必然是由若干层次构成的,开头、主体、结尾,就是公文的三大层次。其中主体部分,通常也不会只有一个层次,而是由既互有区别,又互有联系的几个部分组成。这些层次之间,不管是在内容上还是在文气上,都要有内在联系。在外部的语言形式上,不管采用序号衔接还是采用自然过渡,也都必须自然流畅。严密,指公文的各个部分之间有严密的逻辑联系,既不能出现前后内容互不相干,也不能出现前后内容相互矛盾的现象。公文的部分与部分之间,或呈现因果关系,或呈现主次关系,或呈现并列关系,或呈现表里关系,各部分应互相弥补、互相辅助。

(四)语言要求

1. 语言表达上应明确、平实、简约、得体

公文的语言表达必须体现公文语体的特点和风格,做到明确、平实、简约、得体。明确,即意思明白清楚、准确贴切,不晦涩,无歧义。表述符合客观事实。平实,即平易、自然、朴实,不滥用修辞;通俗易懂,使受文者易于接受。简洁,即用语精练,不说废话、空话、套话。简而不遗不漏,约而不失一词。得体,即根据收发文双方各自的地位、职能、相互关系及行文目的、不同情境选用恰当的语气和词语。如颁布政令要威严庄重,商洽问题应谦诚礼貌,提出申请应委婉恳切。

应用文常用特定用语简表

用语名称	作用	常用特定用语
开端用语	用于文章开头,表示发语、引据	为、为了、为着、查、接、顷接、据、根据、按、遵照、依照、按照、鉴于、关于、兹、兹定于、今、随着、由于。
称谓用语	用于表示人称或对单位的称谓	我(局)、本(厂)、你(校)、贵(公司)、该(协会)。
递送用语	用于表示文、物递送方向	上行:报、呈。 平行:送。 下行:发、颁发、颁布、发布、印发。
引叙用语	用于复文引据	悉、收悉、惊悉、谨悉、欣悉、阅悉、接、前接、近接、现接、据。
经办用语	用于表明进程	经、业经、已经、兹经、业已、早已、业于。
过渡用语	用于承上启下	鉴于、为此、对此、据此、为使、对于、关于、有鉴于此、总之、综上所述。
期请用语	用于表示期望请求	上行:请、恳请、拟请、特请、报请。 平行:请、拟请、特请、务请。 下行:希、望、希望、尚望、希予、勿误。
结尾用语	用于结尾表示收束	上行:当否,请批示;可否,请指示;如无不当,请批转;如无不妥,请批准;特此报告;以上报告,请审核。 平行:特此函达,尚望函复,请函复,特此证明。 下行:希遵照执行,特此通知,特此通告,此复,现予公布。
批转用语	用于批转或转发文件	批转、转发。
征询用语	用于征请询问对有关事项的意见、态度	当否、妥否、可否、是否妥当、是否可以、是否同意、如无不当、如无不妥。

2. 表达方式上以叙述、说明和议论为主

叙述是记载和陈述人物的经历和事件发生、发展变化过程的一种表达方式,在公文撰写时使用频率最高。报告、通报、调查报告等文种都需采用叙述的表达方式。叙述主要用于交代背景,介绍文章涉及的人、事、单位的概况,记叙事件的发生、发展、结局,以及为议论提供事实依据等。叙述常与其他表达方式结合运用:如夹叙夹议、叙事论理、叙述说明等。说明是用简洁明了的文字,对事物或事理的各种属性,如性质、特征、形状、成因、结构和功能等进行解释和介绍的一种表达方式。在公文写作中,大到对党和国家政策法规的宣传阐释,小到对日用消费品功能、使用的介绍,常需要使用说明这种表达方式。说明常与议论、叙述结合使用,三者相辅相成。议论是对事物进行客观的评价,表明作者的观点和见解的一种表达方式。完整的议论由论点、论据和论证构成。议论往往与其他表达方式结合使用,如通报、调查报告、总结、新闻评论、可行性分析报告等文种常采用夹叙夹议的表达方式。

第二节 党政公文的写作

一、决议

(一)决议概述

《条例》规定:决议是一种适用于会议讨论通过的重大决策事项的公文。决议适用范围较为广泛,既适用于中国共产党各级机关、国家行政机关,也适用于人大、政协及其他机构。决议一旦作出就具有权威性和稳定性。

决议从用途和性质上可分为批准性决议、对重要事项作出安排的决议及阐述性决议。

(二)决议的写作

1. 标题

会议名称+事由+文种,例:中国共产党江西省第十三次代表大会关于中共江西省第十二届委员会报告的决议。

2. 题注

标题下正中注明会议名称及决议通过的时间,用小括号括上。

3. 正文

(1)对于批准的议案。通常格式是:"会议名称+审议了××××关于提请审议××议案,根据××××××××××,决定批准××+提出的要求。"提出的要求可以另起一段。

(2)对于批准的文件。通常格式是:第一段"会议名称+批准了××同志所作的××报告"。有的还加上"大会对××的工作表示满意"等评论。中间一般以"会议赞成……""会议同意……""会议认为……""会议指出……"等几个自然段落写明会议对文件内容的赞成、肯定和认可,并提出某些原则性意见和要求。最后一段一般以"会议号召……"来结束。

(3)对重要事项作出的安排。通常格式是:第一段写出原因。然后用过渡句"特做如下决议/决定:"引出第二段决议事项。

【例】

**中国共产党福建省第九次代表大会
关于中共福建省第八届委员会报告的决议**

(2011年11月19日通过)

中国共产党福建省第九次代表大会批准孙春兰同志代表中共福建省第八届委员会所作的报告。

大会认为,报告确定的"坚持科学发展跨越发展,为建设更加优美更加和谐更加幸福的福建而奋斗"的主题,高屋建瓴,内涵深刻,充分体现了胡锦涛总书记对福建工作提出的"三个切实"的要求,集中反映了全省广大党员、干部和人民群众的愿望。报告围绕这一主题,总结成绩全面客观,分析问题实事求是,确定的目标鼓舞人心,提出的措施切实可行,是指导福建科学发展跨越发展的纲领性文件。

大会充分肯定八届省委的工作。省第八次党代会以来,在党中央的坚强领导下,省委团结带领全省人民,全面推进海峡西岸经济区建设,提出加快福建科学发展跨越发展的战略思路和先行先试、加快转变、民生优先、党建科学的总体要求,全面加强经济建设、政治建设、文化建设、社会建设以及生态文明建设和党的建设,综合实力迈上新台阶,改革开放深入推进,闽台交流合作更加紧密,民生福祉显著改善,民主政治有序发展,党的建设不断加强……

大会提出,今后五年是福建实现全面建成小康社会目标的关键时期。综合分析国内外形势,我们面临的机遇前所未有,挑战也前所未有,但机遇大于挑战。福建最重要、最紧迫的任务,就是在更高起点上推进科学发展跨越发展……

大会同意报告提出的今后五年全省工作总的要求和奋斗目标:高举中国特色社会主义伟大旗帜,坚持以邓小平理论和"三个代表"重要思想为指导,深入贯彻落实科学发展观,大力实施《海峡西岸经济区发展规划》,围绕科学发展跨越发展,进一步解放思想、先行先试,切实加快转变经济发展方式,切实保障和改善民生,切实提高党的建设科学化水平,经济建设、政治建设、文化建设、社会建设以及生态文明建设和党的建设全面推进,科学发展之区、改革开放之区、文明祥和之区、生态优美之区建设取得重大进展,全面建成惠及全省人民的更高水平的小康社会,为建设更加优美更加和谐更加幸福的福建而努力奋斗……

大会同意报告对今后五年全省工作的部署。大会强调,要切实加快转变经济发展方式,构建现代产业体系,做好"三农"工作,发展壮大县域经济,强化创新转型,统筹区域协调发展,加强基础设施支撑保障,推进生态省建设,推动经济又好又快发展。要切实保障和改善民生,推进基本公共服务均等化,扎实抓好就业这个民生之本,加快社会保障体系建设,积极发展社会事业,让人民群众共享发展成果……

大会强调,实现宏伟目标,关键在党,关键在人。要以改革创新精神全面推进党的建设新的伟大工程,大力弘扬古田会议精神,不断加强党的执政能力建设和先进性建设,切实提高党的建设科学化水平……

大会号召,全省各级党组织和共产党员更加紧密地团结在以胡锦涛同志为总书记的党中央周围,以更加开阔的视野、更加昂扬的斗志、更加扎实的作风,深入贯彻落实省第九次党代会精神,团结和带领全省人民,开拓进取,奋力拼搏,为建设更加优美更加和谐更加幸福的福建而努力奋斗,以优异成绩迎接党的十八大胜利召开!

二、决定

(一)决定概述

《条例》规定:决定是一种适用于对重要事项作出决策和部署、奖惩有关单位和人员、变更或者撤销下级机关不适当的决定事项的指挥性公文。决定具有权威性、稳定性和明确性的特点。

决定从性质上可分为公布性决定、部署性决定和处置性决定;从内容上可分为法规政策性决定、工作安排性决定、奖惩性决定,以及机构设置、人员任免决定。

(二)决定的写作

1. 标题

(1)会议名称+事由+文种,例:第十一届全国人民代表大会第五次会议关于第十二届全国人民代表大会代表名额和选举问题的决定。

(2)发文机关+事由+文种,例:安徽省人民政府关于2011年度全省科学技术奖励的决定。

(3)事由+文种,例:关于对黑龙江省第十三届社会科学优秀科研成果表彰奖励的决定。

2. 题注

公布性决定的题注要注明议案或事项通过的时间、会议名称;部署性决定的题注要注明决定签发的时间或会议名称、决定通过的时间;处置性决定的时间项既可以在题下标示,也可以与一般公文一样写在正文之后。例:(2012年6月30日第十一届全国人民代表大会常务委员会第二十七次会议通过)。

3. 主送机关

主送机关即决定的受文机关。要在标题之下、正文前一行顶格书写,回行顶格。

4. 正文

(1)公布性决定由原因、事项两部分组成。

①如果公布的是议案，一般把议案的主要内容公布出来就行，用语简短精练。如"××会议审议了××议案，决定：×××××"。或者"××会议决定：×××××"。

②如果公布的是事项，则先写原因，再写会议通过的事项。

（2）部署性决定由原因、事项、号召三部分组成。

①原因部分由于涉及的问题复杂，一般先从理论上说明这样做的道理，应该紧紧把握发文的主导精神和意图，以历史和发展的眼光，站在全局的高度考虑问题，以体现政策的连续性和稳定性。

②事项部分是部署性决定的中心，说明"做什么"和"怎样做"，要求明确、具体，同时用语要简练、庄重。

②号召部分比较简短，具有鼓动性。这部分也可以说是决定的执行希望和要求。它的作用是加深人们对决定事项的认识、理解和觉悟，提高执行决定的主动性和自觉性，增强决定的执行效力和感染力。

（3）处置性决定。

①原因部分一般要写"根据……"、"为了……"，引出原因，也可以作一些背景性铺垫。

②事项部分写决定的内容，表彰性决定还要对表彰事项进行评价。

③结尾部分根据决定内容确定是否写作，如果是表彰性决定要写"号召"、"希望"，而批评性决定可以写"希望"、"要求"等，也可以不写。

5. 落款

署发文机关名称、成文日期并加盖印章。如是普发性决定，可不加盖印章。

【例】

国 务 院 文 件

国发〔2012〕52号

国务院关于第六批取消和调整行政审批项目的决定

各省、自治区、直辖市人民政府，国务院各部委、各直属机构：

2011年以来，按照深入推进行政审批制度改革工作电视电话会议的部署和行政审批制度改革的要求，行政审批制度改革工作部际联席会议依据行政许可法等法律法规的规定，对国务院部门的行政审批项目进行了第六轮集中清理。经严格审核论证，国务院决定第六批取消和调整314项行政审批项目。各地区、各部门要加强组织领导，明确工作分工，抓好监督检查，完善规章制度，确保行政审批项目的取消和调整及时落实到位。同时，要强化后续监管，明确监管责任，制定监管措施，做好工作衔接，避免出现监管真空。

深化行政审批制度改革是一项长期任务。各地区、各部门要按照党中央、国务院的部署和要求,在现有工作基础上,积极适应经济社会发展需要,坚定不移地深入推进行政审批制度改革。

一、进一步取消和调整行政审批项目。凡公民、法人或者其他组织能够自主决定,市场竞争机制能够有效调节,行业组织或者中介机构能够自律管理的事项,政府都要退出。凡可以采用事后监管和间接管理方式的事项,一律不设前置审批。以部门规章、文件等形式违反行政许可法规定设定的行政许可,要限期改正。探索建立审批项目动态清理工作机制。

二、积极推进行政审批规范化建设。新设审批项目必须于法有据,并严格按照法定程序进行合法性、必要性、合理性审查论证。没有法律法规依据,任何地方和部门不得以规章、文件等形式设定或变相设定行政审批项目。研究制定非行政许可审批项目设定和管理办法。

三、加快推进事业单位改革和社会组织管理改革。把适合事业单位和社会组织承担的事务性工作和管理服务事项,通过委托、招标、合同外包等方式交给事业单位或社会组织承担。抓紧培育相关行业组织,推动行业组织规范、公开、高效、廉洁办事。

四、进一步健全行政审批服务体系。继续推进政务中心建设,健全省市县乡四级联动的政务服务体系,并逐步向村和社区延伸。加强行政审批绩效管理,推行网上审批、并联审批和服务质量公开承诺等做法,不断提高行政审批服务水平。审批项目较多的部门要建立政务大厅或服务窗口。

五、深入推进行政审批领域防治腐败工作。深化审批公开,推行"阳光审批"。加快推广行政审批电子监察系统。严肃查处利用审批权违纪违法案件。

六、把行政审批制度改革与投资体制、财税金融体制、社会体制和行政管理体制改革紧密结合起来。进一步理顺和规范政府与企业、政府与社会的关系,规范上下级政府的关系。进一步优化政府机构设置和职能配置,提高行政效能和公共管理服务质量。

附件:1.国务院决定取消的行政审批项目目录(171项)
　　　2.国务院决定调整的行政审批项目目录(143项)

国务院(印)
2012年9月23日

三、命令(令)

(一)命令(令)概述

《条例》规定:命令(令)是一种适用于公布行政法规和规章、宣布施行重大强制性措施、批准授予和晋升衔级、嘉奖有关单位和人员的指挥性公文。命令的发文机关是有严格限制的。根据法律规定:国家主席、国务院总理、各部部长、各委员会主任及地方各级人民政府可以发布命令(令),其他机关不得随意发布。因此命令(令)具有法规性、权威性和强制性的特点。

从命令(令)发布的名义上可分为以机关名义发布和以领导人名义发布两种。如：中华人民共和国国务院令、中华人民共和国主席令；从命令内容的性质上可分为发布令、行政令、批准授予和晋升衔级令、嘉奖令。

(二)命令(令)的写作

1. 标题

(1)发布令。发文机关全称/发文机关主要领导职务＋文种，例：中国民用航空局令。

(2)行政令。

①发文机关全称＋事由＋文种，例：中华人民共和国关于在北京市部分地区实行戒严的命令。

②发文机关名称/发文机关主要领导职务＋命令/令，例：中华人民共和国主席令。

(3)批准授予和晋升衔级令。发文机关全称＋事由＋文种，例：国务院关于授予和晋升赵福地等5名同志海关关衔的命令。

(4)嘉奖令。

①发文机关全称＋事由＋文种，例：公安部关于表彰全国公安机关爱民模范集体和爱民模范的命令。

②事由＋文种，例：关于表彰全国公安机关爱民模范集体和爱民模范的命令。

2. 命令期号

以签发命令的领导人任期内的发令顺序编号。

3. 正文

(1)发布令。要写明公布的是什么法律、法规和规章，什么时间，经过什么机关或会议通过或批准，自什么时候开始执行、实施或生效。如"××法规和规章已由××会议于×年×月×日通过，现予发布/公布，自×年×月×日起施行。或现予公布实行/实施。"也有的写得更简单，如"现发布《××××规定》。本规定自发布之日起实行。"

(2)行政令。

①一般行政令。

第一，命令原因，然后加上过渡句："现发布命令如下"。

第二，命令事项，用"分项式"方法写"行政措施及由谁解释、由谁执行、什么时候生效等"，每一项都由序数标明。

②任免令。

第一，任免原因。即根据××会议决定。

第二，任免事项。任命或免除什么人的什么职务。即"任命××为××职务"或"免去××的××职务"。

③通缉令。

第一,通缉原因,即案情。

第二,被通缉人的特征,包括姓名、别名、绰号、性别、年龄、身高、容貌、口音、衣着、嗜好等。

第三,联系单位、地址、电话号码、联系人姓名等。

第四,奖励办法。

第五,附犯罪嫌疑人近照或画像。

上述五项内容可根据具体情况增减。

④戒严令。

第一,戒严的原因。

第二,戒严的方式、措施及时间。

第三,对人们的要求。

(3)批准授予和晋升衔级令。

①批准授予和晋升衔级原因。即根据××规定决定的。

②批准授予和晋升衔级事项。即批准授予和晋升××人的衔级。

(4)嘉奖令。

①嘉奖的原因,即介绍被嘉奖者的主要事迹。

②嘉奖的方式和事项,一般以"为了……(发文机关)决定:授予××人或××单位××称号"或者"为此,(发文机关)决定:对××人或××单位予以嘉奖"。

③嘉奖的目的及希望、要求、号召等,即以"希望××再接再厉"或者"号召××向他们学习"等鼓励的词语作为结尾。

4. 落款

在正文右下方署上发文机关领导人职务;签发人签名章;在署名的下一行写上日期。

【例】

中华人民共和国主席令

第五十八号

《全国人民代表大会常务委员会关于修改〈中国人民解放军选举全国人民代表大会和县级以上地方各级人民代表大会代表的办法〉的决定》已由中华人民共和国第十一届全国人民代表大会常务委员会第二十七次会议于2012年6月30日通过,现予公布,自公布之日起施行。

中华人民共和国主席　胡锦涛

2012年6月30日

四、公报

（一）公报概述

《条例》规定：公报是一种适用于公布重要决定或者重大事项的公文。公报属于报道性公文，其发布方式没有密级限制，因而带有鲜明的新闻色彩，常常通过报纸、电台、电视、网络等媒体公开发布，而不采用红头文件发文，所以也称为"新闻公报"。公报对发文机关有一定的要求，一般的机关、团体、单位不宜使用，只有党和国家领导机关或有关主管机关可以使用公报。其公布的内容都是国内外关注的涉及国家政治、经济、军事、外交等方面的重大事件、重要决定或者重要数据。

公报从内容性质上可分为会议公报、新闻公报、统计数据公报和外交公报；从发布时间上可分为定期发布的公报和不定期发布的公报。

（二）公报的写作

1. 标题

(1) 文种，例：新闻公报。
(2) 事由＋文种，例：2010年第六次全国人口普查主要数据公报。
(3) 会议名称＋文种，例：中国共产党第十八届中央委员会第一次全体会议公报。
(4) 地名＋事由＋文种，例：北京市空气质量监测公报。
(5) 国家/政党名称＋联合＋文种，例：中华人民共和国和乌克兰联合公报。

2. 题注

题注是指发布公报的机关、公报内容通过的日期或公报发布的日期，位于标题之下正中，用小括号括上。也可以将日期排在公报的最后。

3. 正文

(1) 导语。
①新闻公报都是开门见山，直接概括新闻事实。
②会议公报直接介绍会议召开的时间、地点、出席、列席会议的人员、人数，主持人及谁作了讲话等。
③外交公报一般要先简单介绍两国或两国政党在何时、何地举行会谈及会谈结果。
④统计数据公报要先写制发公报的原因。

(2) 主体。
①新闻公报要具体详细写明新闻事实，并对此进行评析。
②会议公报要将会议的过程，如听取了什么、讨论了什么、学习了什么概括写出，然后在理论上进行概括，一般每个自然段通过"会议认为"、"会议回顾"、"会议肯定"、"会议指出"、"会议强调"、"会议号召"语词等引出。
③外交公报一般分条列项逐一叙述双方讨论的问题、达成的共识、交换的意见等。

④统计数据公报一般是分类列项详细公布数据。

(3)结束语。不是必写内容,可根据情况自定。

【例】

中国共产党第十七届中央纪律检查委员会第七次全体会议公报

(2012年1月10日中国共产党第十七届中央纪律检查委员会第七次全体会议通过)

中国共产党第十七届中央纪律检查委员会第七次全体会议于2012年1月8日至10日在北京举行。出席会议的中央纪委委员117人,列席336人。

中央纪委常委会主持了会议。会议全面贯彻党的十七大和十七届三中、四中、五中、六中全会精神,高举中国特色社会主义伟大旗帜,以邓小平理论和"三个代表"重要思想为指导,深入贯彻落实科学发展观,回顾总结了2011年党风廉政建设和反腐败工作,科学分析了当前的反腐倡廉形势,研究部署了2012年任务。全会审议通过了贺国强同志代表中央纪委常委会所作的《统一思想认识,加大工作力度,坚定不移将党风廉政建设和反腐败斗争引向深入》的工作报告。

中共中央总书记、国家主席、中央军委主席胡锦涛出席全会第二次大会并发表了重要讲话。吴邦国、温家宝、贾庆林、李长春、习近平、李克强、贺国强等党和国家领导人出席了会议。有关方面的负责同志参加了会议。

全会认真学习了胡锦涛同志的重要讲话,一致认为,讲话从党和国家事业发展全局和战略的高度,全面总结了党风廉政建设和反腐败斗争取得的新成效和新经验,科学分析了当前的反腐倡廉形势,明确提出了今年党风廉政建设和反腐败工作的总体要求和主要任务,深刻阐述了保持党的纯洁性的极端重要性、紧迫性以及总体要求、工作重点……

全会认为,过去的一年,在党中央、国务院坚强领导下,各级党委、政府和纪检监察机关认真贯彻落实中央精神,按照十七届中央纪委第六次全会和国务院第四次廉政工作会议的部署,深入开展对中央重大决策部署落实情况的监督检查,进一步加强党的作风建设,认真落实《建立健全惩治和预防腐败体系2008~2012年工作规划》……

全会指出,我国现阶段的反腐败斗争,是在严峻复杂的国际环境下,在国内经济体制深刻变革、社会结构深刻变动、利益格局深刻调整、思想观念深刻变化和各种社会矛盾凸显的历史条件下进行的。当前党风廉政建设和反腐败斗争呈现出成效明显和问题突出并存,防治力度加大和腐败现象易发多发并存,群众对反腐败期望值不断上升和腐败现象短期内难以根治并存的总体态势,反腐败斗争形势依然严峻、任务依然艰巨……

全会强调,2012年是实施"十二五"规划承上启下的重要一年,也是深入推进惩治和预防腐败体系建设的关键一年。我们党将召开第十八次全国代表大会,党和国家各方面工作任务十分繁重,做好反腐倡廉工作意义重大。今年党风廉政建设和反腐败工作总的要求是:全面贯彻党的十七大和十七届三中、四中、五中、六中全会精神,高举中国特色社会主义伟大旗帜,以邓小平理论和"三个代表"重要思想为指导,深入贯彻落实科学发展观,坚持标本兼治、综合治理、惩防并举、注重预防的方针,严明党的纪律……

全会强调,要紧紧围绕党的十八大胜利召开,既扎实抓好党风廉政建设和反腐败斗争各项长期性、基础性工作,又切实解决反腐倡廉建设中人民群众反映强烈的突出问题,全面推进党风廉政建设和反腐败工作。

第一,严明党的纪律,加强对中央重大决策部署落实情况的监督检查。严格执行党的政治纪律,加强政治纪律教育,引导和督促广大党员、干部讲政治、顾大局、守纪律,自觉同以胡锦涛同志为总书记的党中央在思想上政治上行动上保持高度一致……

第二,加强党的作风建设,进一步密切党群干群关系。切实加强领导机关和领导干部作风建设,针对换届后领导班子和干部队伍新情况,通过加强教育、完善制度、强化监督,促使各级领导干部加强党性修养,弘扬良好作风,保持清正廉洁,努力树立新班子的新面貌新形象……

第三,加强惩治和预防腐败体系建设,深入推进反腐倡廉各项工作。确保《建立健全惩治和预防腐败体系2008~2012年工作规划》各项任务圆满完成,认真总结推进惩治和预防腐败体系建设成功经验,谋划好下一个5年惩治和预防腐败体系建设的总体思路、目标任务和重大举措……

第四,进一步加大专项治理力度,切实解决反腐倡廉建设中人民群众反映强烈的突出问题。深入推进工程建设领域突出问题专项治理,坚决遏制工程建设领域腐败行为易发多发势头……

全会要求,各级纪检监察机关要进一步加强自身建设,坚持用中国特色社会主义理论体系特别是科学发展观武装头脑、指导实践、推动工作,深入开展社会主义核心价值体系学习教育,加强领导班子和干部队伍建设……

全会号召,全党同志要更加紧密地团结在以胡锦涛同志为总书记的党中央周围,振奋精神、开拓进取、团结奋斗、努力工作,不断取得党风廉政建设和反腐败斗争新成效,为推动经济社会又好又快发展、迎接党的十八大胜利召开作出应有贡献!

五、公告

(一)公告概述

《条例》规定:公告是一种适用于向国内外宣布重要事项或者法定事项的公文。公告通常由国家行政管理机关、人大、司法机关及新华社等,通过报纸、杂志、电台、电视台、网络等新闻媒体发布,或者在专用公告栏中张贴,一般单位、个人不能随意制发。

公告可分为重大事项性公告、发布性公告和职务任免公告。公告与公报的区别在于:

(1)公告涉及的是重大事项和法定事项,公报涉及的则是关乎国家各方面工作的重大事项和重要决定,范围更广。

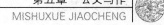

(2)公告公布的内容简明扼要,公报公布的内容具体详细。

(二)公告的写作

1. 标题

(1)发文机关＋事由＋文种,例:质检总局关于防止新型冠状病毒传入我国的公告。
(2)发文机关＋文种,例:中国证券监督管理委员会公告。
(3)事由＋文种,例:关于证券经纪人佣金收入征收个人所得税问题的公告。

2. 发文期号

即公告在一年中的发文顺序号。

3. 正文

(1)公告原因。即为什么发布公告。
(2)公告事项。即公告的主要内容,这部分不要求分析、评论,如果内容较多,可以分条列项来写。
(3)公告结语。一般另起一行,写"特此公告"、"现予公告"。也可不写结语。

4. 落款

在正文右下方署发文机关名称,在署名的下一行用阿拉伯数字写上日期。

【例】

中华人民共和国工业和信息化部公告

2012 年第 34 号

根据《中华人民共和国行政许可法》和《国务院对确需保留的行政审批项目设定行政许可的决定》的规定,现将许可的汽车、摩托车、三轮汽车和低速货车生产企业及产品(第239批)和《节能与新能源汽车示范推广应用工程推荐车型目录》(第36批)予以公告。

附件:车辆生产企业及产品(第239批)

中华人民共和国工业和信息化部
2012 年 8 月 3 日

六、通告

(一)通告概述

《条例》规定:通告是一种适用于在一定范围内公布应当遵守或者周知的事项的公文。通告的内容主要是对某些事项作出行政性规定和法规性限制,要求人们遵守或知道。通告公布的范围有地域限制,内容单一,一份通告只能写一件事项,其发布方式既可以按一般公文方式行文,也可以在某些场所张贴,还可以借助媒体在广播里宣读,在报纸、电视、因特网上发布。

通告主要分为周知性通告和规范性通告两类。

(二)通告的写作

1. 标题

(1)发文机关+事由+文种,例:国家邮政局关于 2012 年上半年快递服务满意度调查结果的通告。

(2)事由+文种,例:关于互联网中文域名管理的通告。

(3)发文机关+文种,例:合肥市公安局通告。

(4)文种,例:通告(仅限于基层单位用于知照有关事项)。

2. 主送机关

主送机关即通告的受文机关或个人,也可不写。

3. 正文

(1)通告原因。即发布通告的依据和目的。通告原因在语言上要求概括、简明,句末用"特通告如下"或"现将有关事项通告如下"等惯用语引起下文。

(2)通告事项。即通告的主体部分,周知性通告要具体写明通告的有关事项或有关规定。如果内容较多,可采用分条列项的写法。规范性通告的事项一般都采用分条列项式,以便阅读和理解。

(3)通告结语。有的告知通告内容施行的时间及范围,如"本通告自×年×月×日起施行";有的发出希望和号召;有的直接以"特此通告"作结。通告结语不是必写内容。

4. 落款

以正式文件形式发出的通告,落款与一般文件相同;张贴或利用媒体发布的通告须标注发布通告的机关名称和领导签发的时间。

【例】

安徽省人民政府文件

皖政秘〔2012〕398 号

安徽省人民政府
关于长江铜陵河段综合治理工程南夹江汊道裁湾区域内
停止新增建设项目控制人口迁入的通告

长江铜陵河段综合治理工程是长江干流重点治理项目,工程可行性研究报告已经水利部水利水电规划设计总院审查。南夹江汊道工程是铜陵河段综合治理项目的重要组成部分,为确保工程建设顺利进行,保障工程占地范围内人民群众合法权益,根据《大中型水利水电工程建设征地补偿和移民安置条例》(国务院令第 471 号)有关规定,现通告如下:

一、自本通告发布之日起,长江铜陵河段综合治理工程南夹江汊道裁湾区域为停止新增建设项目和控制人口迁入区域(以下简称"控制区"),范围包括铜陵县西联乡钱湾村、老兴村以及胥坝乡衣冠村。

二、在控制区范围内,未经市、县人民政府批准,任何单位和个人不得新建、改建和扩建项目,不得开发土地和修建房屋及其他设施,不得新栽种多年生经济作物。

三、控制区的人口自然增长严格按照省人口和计划生育政策执行。除按规定办理有关手续后的正常调动以及婚嫁、复转军人、大中专毕业生回原籍、劳改劳教期满回原籍等人口外,禁止迁入人口。

四、铜陵市、县人民政府要切实加强领导,严格执行有关规定,依法制止违反规定在控制区进行基本建设和迁入人口的行为。

五、建设单位要会同控制区所属各级政府,按照有关规定进行工程建设征地实物指标调查、登记、公示、核定,并经移民户主或迁建单位签字认可后建档建卡。

特此通告。

安徽省人民政府(印)
2012 年 8 月 29 日

七、通知

(一)通知的概念

《条例》规定:通知是一种适用于发布、传达要求下级机关执行和有关单位周知或者执行的事项,批转、转发公文的公文。它告知相关单位、个人应该做什么、为什么做,并要求按要求做。它的使用频率远远高出其他文种,用途和作者也更广泛。通知的内容单纯,一份通知一般只布置或通报一件工作事项。

通知可分为批示性通知、发布性通知、指示性通知、事项性通知和告谕性通知等。其中批示性通知又分为批转性通知和转发性通知。由此可见,通知具有多功能性质。

(二)通知的写作

1. 标题

(1)批示性通知的标题。

①发文机关+批转/转发+被批转/转发文件的题名+文种,例:安徽省人民政府办公厅转发省物价局等部门关于推进农副产品平价商店建设稳定菜篮子价格意见的通知。

②批转/转发+被批转/转发的文件题名+文种,例:关于转发市审计局 2012 年度审计项目计划的通知。

③如果被批转或被转发的公文文种也是通知的话,要省略文种"通知",不要写成:"……通知的通知",另外转发的文件不用书名号。如:转发《国家教委关于加强高等学校

校园秩序管理的通知》的通知,应改正为:转发国家教委关于加强高等学校校园秩序管理的通知。

(2)发布性通知的标题。

①发文机关+关于发布/关于颁布/关于印发/关于实施+原文件名称(要加书名号)+文种,例:教育部关于印发《国家教育事业发展第十二个五年规划》的通知。

②关于发布/关于颁布/关于印发/关于实施+原文件名称(要加书名号)+文种,例:关于印发进一步加强药品安全信用体系建设工作的指导意见的通知。

(3)指示性、事项性、告谕性通知的标题。

①发文机关+事由+文种,例:安徽省人民政府关于加强我省大运河遗产保护管理工作的通知。

②事由+文种,例:关于做好2013届毕业研究生学历证书图像信息采集工作的通知。

③发文机关+事由+紧急+文种,例:安徽省人民政府办公厅关于切实抓好当前抗旱田管工作的紧急通知。

④事由+紧急+文种,例:关于做好今年国庆节长假期间小型客车免费通行有关工作的紧急通知。

2. 主送机关

主送机关即通知的受文机关。一般发到单位,告谕性通知还可以发给个人。

3. 正文

(1)批转/转发性通知的正文。即"批示意见",一般比较简短,包括发文的缘由、执行要求两部分。即"××(发文机关)同意××单位《××××××××××》,现转发给你们,请结合实际情况,认真贯彻执行/参照执行/遵照执行/研究执行。"或"××(发文机关)同意××单位《××××××××××》,现转发给你们,请认真贯彻执行/参照执行/遵照执行/研究执行。"或"现将《××××××》转发给你们,请结合实际情况,认真贯彻执行。"有的批转/转发性通知的正文还加上一段具体的指示性意见。

(2)发布性通知的正文。包括发布缘由、执行要求两部分。即写明发布行政法规和规章的名称、说明性文字、执行要求即可。即"《×××××××××××××××》已经××批准,现印发给你们,请认真贯彻执行"。"《×××××××××××》已经×年×月×日×××××××会议通过,现予发布实施"。"现将《××××××××××××》发给你们,自×年×月×日起施行"等等。

(3)指示性、事项性、告谕性通知的正文。可以分三部分写,即通知缘由、通知事项和结语。

①通知缘由,即发出通知的依据或目的,也可以写发出通知的意义,文字应力求简短概括,然后用过渡句"特作如下通知:""特通知如下:"转入通知事项。

②通知事项,大都采用分条列项法,具体提出要求、措施、办法。

③结语,一般用"特此通知"结尾,也可省略结语。

4. 落款

署发文机关名称、成文日期并加盖印章。

【例】

<h1 style="text-align:center">安徽省政府办公厅文件</h1>

皖政办秘〔2012〕120号

安徽省人民政府办公厅
关于加强保障性住房分配与管理工作的通知

各市、县人民政府,省政府各部门、各直属机构:

为建立健全保障性住房分配与运营监管机制,确保分配公开公平公正、管理规范有序,根据《国务院办公厅关于保障性安居工程建设和管理的指导意见》(国办发〔2011〕45号)精神,经省政府同意,现就加强保障性住房分配与管理工作通知如下:

一、切实提高对保障性住房分配与管理工作重要性的认识

大力推进保障性安居工程建设,着力解决城镇中低收入家庭住房困难问题,改善人民群众的居住条件,是党中央、国务院作出的重大决策部署。认真做好保障性住房分配与管理工作,事关人民群众切身利益、社会和谐稳定与住房保障事业可持续发展。各地、各有关部门要充分认识加强保障性住房分配管理工作的重要意义,切实把分配管理摆在住房保障工作的突出位置,加强组织领导,完善各项制度,落实工作职责,确保保障性住房分配操作规范、管理顺畅有序。

二、完善分配制度,确保公平公正

(一)建立准入制度。市、县人民政府要根据当地经济社会发展水平、居民收入、住房状况,合理确定保障对象住房困难、家庭收入(财产)的具体标准,定期进行调整,并向社会公布。

(二)规范分配行为。各地要按照"三审两公示"的要求,建立健全申请、审核、公示和轮候制度,细化申请程序,明确审核职责,完善工作机制,加强对保障性住房分配与管理中违纪违法行为的查处……

(三)制定轮候办法。各地要建立住房保障轮候库,将经审查符合规定的保障性住房申请家庭,列入轮候库轮候。综合考虑住房保障轮候家庭情况及孤、老、病、残等特殊困难因素,明确分配梯次,实行分类轮候……

(四)公开分配信息。将住房保障标准、房源情况、审核结果、分配过程、轮候顺序、分配结果、退出情况等信息全过程公开,接受社会监督,切实做到分配过程公开透明、分配结果公平公正……

(五)做好供需衔接。各地要根据当地"十二五"住房保障规划,结合轮候库的轮候顺

序,合理安排年度各类保障性住房供应计划,做好供需衔接,确保保障对象在合理的轮候期内配租(售)到保障性住房……

三、加强动态管理,健全退出机制

(一)健全合同管理。完善配租、配售合同,明确保障对象合理使用保障性住房的权利和义务……

(二)实行动态管理。加强保障性住房的使用管理,对已配租、配售保障性住房的家庭进行监督,建立定期检查制度,设立检查档案……

(三)强化退出管理。建立并实施保障对象自行申报、住房保障管理信息系统监测、主管部门和街道社区核查、群众举报查实等制度,形成常态化的保障性住房退出核查机制……

四、加强物业管理,确保居住质量

(一)推行物业管理制度。各地要加快研究制定符合实际的保障性住房物业管理办法。保障性住房小区可以聘请专业机构提供物业服务,也可以实行住户自我管理、自我服务。各地要加强对保障性住房物业管理工作的指导和监督。

(二)发挥物业服务企业作用。实施物业管理的保障性住房小区,物业服务企业可以受住房保障行政主管部门委托,建立保障性住房住户档案,及时了解和掌握保障性住房的出租、转租、转借、调换、经营、转让、空置等情况;发现违反规定使用保障性住房,以及住户的家庭人口、收入(资产)、住房等情况发生变化的,应当及时报告住房保障行政主管部门。

五、加强组织领导,完善工作机制

(一)强化工作责任。各市、县人民政府要充分发挥保障性安居工程领导小组作用,及时研究分配与管理中的重大问题……

(二)建立协作机制。建立各级住房保障、民政、公安、税务、金融、物价、工会等部门及街道、社区协作工作制度,依据各自职责,明确工作分工,合力提高保障性住房分配、管理水平。

(三)加强信息系统建设。各级政府要加大投入,尽快建成省、市、县、街道(镇)、社区互联互通的住房保障管理信息系统,将保障房的建设信息、房源信息、保障对象信息、分配结果信息等即时公开,接受社会监督。

(四)探索完善制度。各地可结合实际,在落实好现有分配管理政策的基础上,稳步探索并轨统筹、差别租金等新机制,努力构建新型保障性住房分配管理模式。

(五)做好政策宣传。充分利用电视、报纸、网站等多种渠道广泛宣传保障性住房分配管理的相关政策,特别是准入范围、申报条件和审批程序等,让群众及时了解和掌握保障性住房分配管理情况……

各地要按照本通知精神,结合当地实际,抓紧研究和完善本地保障性住房分配与管理的具体办法。

安徽省人民政府办公厅(印)

2012年7月26日

八、通报

(一)通报概述

《条例》规定:通报是一种适用于表彰先进、批评错误、传达重要精神和告知重要情况的公文。通报所陈述的事实必须真实典型,以体现公文的严肃性和指导教育意义,同时通报必须及时才具有价值。通报按其功能主要分为表彰通报、批评通报和情况通报三种类型。

(二)通报的写作

1. 标题

(1)发文机关+事由+文种,例:安徽省人民政府关于表彰2011年度服务业发展工作先进单位的通报。

(2)事由+文种,例:2012年第二季度邮政用品用具检查及产品质量抽检情况通报。

2. 主送机关

主送机关即通报的受文机关,如通报仅限于本部门,也可以省略这一项。

3. 正文

(1)表彰性通报。

①表彰缘由。即通报的原因和依据。主要介绍表彰对象的基本情况、主要先进事迹。

②在表彰对象基本情况或先进事迹基础上进行事实评析,分析其性质、重要意义和作用,使人从中受到启迪和教育。

③决定与要求。即给予表彰的荣誉称号或奖励,号召人们向先进人物学习等。

(2)批评性通报。批评性通报的正文有两种写法:

①直述式。首先,写出事实缘由,简要介绍情况,如时间、人物、地点、主要事实和危害;其次,写出具体的处理决定;再次,分析原因,指出问题实质,找出教训;最后,提出要求或希望。

②转述式。转述式的事实缘由更加简单,处理决定也是转述原处理机关的,它的重点在于分析原因、找出教训、提出要求。最后将原处理机关的文件作为通报的具体内容,以附件的形式附后。

(3)情况性通报。

①概述所通报的情况,让人们从中掌握事件梗概。

②按照情况的发生和发展过程,如实简明地叙述清楚,然后对所通报的事情进行评析。对于专题性通报,一般是按事情的发展过程自然分段,或者按事情的几个方面逐一叙述评析;对于会议通报,一般是按会议的议题、参加人员、时间、讨论的情况、议定事项

等顺序来写,类似于会议纪要;对于综合性通报,一般是将各类情况按类划分,每一类用小标题标出,逐项进行叙述、分析评议。

4. 落款

署发文机关名称、成文日期并加盖印章。

【例】

安徽省政府文件

皖政秘〔2012〕384号

安徽省人民政府关于授予安徽江淮汽车股份有限公司等"安徽省政府质量奖"的通报

各市、县人民政府,省政府各部门、各直属机构:

强化质量管理,夯实质量基础,提升质量水平,是推动我省产业集聚发展、实现工业强省的迫切需要,也是推动全省转型发展的现实选择。近年来,按照省委、省政府部署,全省上下深入推进质量强省战略,不断强化质量观念,加强质量管理,推动产品质量、工程质量和服务质量的提升,涌现出一批先进企业。为树立典型,表彰先进,根据《安徽省政府质量奖管理办法》,省政府决定授予安徽江淮汽车股份有限公司、铜陵有色金属集团股份有限公司、格力电器(合肥)有限公司"安徽省政府质量奖"。

希望获奖企业再接再厉、持续进取,深入实施卓越绩效管理,再创佳绩。全省广大企业要以获奖企业为榜样,学习他们追求卓越、创新管理的先进经验,全面提高企业质量管理水平,为推动我省经济发展方式转变,提升经济增长质量和效益,打造"三个强省"、建设美好安徽作出新的更大贡献。

安徽省人民政府(印)
2012年8月14日

九、报告

(一)报告概述

《条例》规定:报告是一种适用于向上级机关汇报工作、反映情况,回复上级机关的询问的公文。报告的作者极其广泛,党政机关、企事业单位、社会团体都可以使用,并且具有多功能,既可以汇报工作、反映情况,也可以提出建议、答复上级询问,还可以报送文件、物件。

报告从内容上可分为综合性报告和专题性报告,从功能上可分为情况报告、回复报告和报送报告,从作用上可分为上复性报告和知照性报告。

（二）报告的写作

1. 标题

（1）发文机关＋事由＋文种，例：林业部关于加强野生动物保护管理工作的报告。

（2）事由＋文种，例：关于阜城中小学布点规划实施工作建议落实情况的报告。

2. 主送机关

一般是上级领导机关或上级业务主管机关，不得直接送领导者个人。

3. 正文

正文一般由三部分构成：报告原因、报告事项和结语。

（1）报告原因。即报告的导语。应开门见山、简洁明了地交代报告依据、目的等。原因之后，一般用过渡句"现将有关情况报告如下："引出报告事项。

（2）报告事项。即报告的主要内容。这一部分要围绕报告的主旨展开陈述，主要包括情况、问题、成绩、经验、教训或向上级提出自己解决问题的意见、今后的打算等。不同种类的报告在以上几方面侧重点不同。同时，报告中不能夹带请示事项，否则会造成公文处理的混乱。

（3）结语。结语要与报告内容相呼应。一般写"特此报告。""专此报告。"如果是请会议审议的，可写上"以上报告当否，请审核。""请予审议。"如果是呈转性的，可写上"以上报告，如无不妥，请批转各地/各部门执行。"结语不是必写内容。

4. 落款

署发文机关名称、成文日期并加盖印章。

【例】

2011年教育部政府信息公开工作年度报告

本年度报告是根据《中华人民共和国政府信息公开条例》（以下简称《条例》）要求，由中华人民共和国教育部编制。全文内容包括概述、政府信息主动公开情况、政府信息依申请公开情况、政府信息公开咨询情况、政府信息公开的收费及减免情况、因政府信息公开申请行政复议和提起行政诉讼的情况、存在的主要问题和改进措施等七个部分。本报告的电子版可以从教育部网站（http://www.moe.gov.cn）下载。如对本报告有任何疑问，请联系教育部政务公开办公室（电话：010-66096825）。

一、概述

2011年，教育部以党的十七大和十七届五中、六中全会精神为指导，在国务院办公厅的指导和部党组、部依法行政和政务公开工作领导小组的直接领导下，紧紧围绕深入贯彻落实教育规划纲要，按照《中共中央办公厅国务院办公厅关于深化政务公开加强政务服务的意见》（中办发〔2011〕22号，以下简称《意见》）总体要求，着力健全信息公开配套制度，积极推进教育重大决策和群众关注的重点信息公开，加强督促检查，强化制度落实,优化政务服务,坚持便民利民,不断提升政务公开工作的制度化、规范化、信息化水平,教育信息公开工作取得了新进展。

1. 认真贯彻落实中办国办《意见》。召开专门会议,学习传达《意见》精神,要求各司局加快推进决策公开,实施依法行政,规范行政审批……

2. 进一步健全教育信息公开制度机制。按照《条例》要求,以"统筹规划、突出重点、切合实际、稳步推进"为工作思路,有计划、分步骤地依序推进部机关、直属单位、高等学校和中小学信息公开制度建设,初步建立了信息公开制度体系。2011年,启动了高校财务、招生等专项信息公开实施办法研制工作……

3. 着力推进教育领域重大决策信息公开。认真细化公开范围,积极推动高校设置、招生就业、义务教育等涉及人民群众切身利益或社会普遍关注的信息公开……

4. 切实加强信息公开平台建设。优化门户网站功能,调整网页栏目,推动网站改版。新增"教育评论"、"教改动态"、"微博快讯"等栏目,突出典型宣传;新增"专家答疑"等栏目,突出互动交流;加大"要闻"、"焦点图"、"媒体聚焦"等言论、新闻栏目稿件的数量……

5. 不断加大信息公开工作指导和监督检查力度。编辑出版了《〈高等学校信息公开办法〉读本》,对办法条款进行了深入细致的解读,为高校信息公开工作人员提供了详细的操作指南……

二、政府信息主动公开情况

2011年,教育部主要通过部门户网站、《教育部公报》、《中国教育年鉴》、新闻发布会、新闻通气会等方式公开政府信息,同时充分利用网站平台与公众互动。

1. 通过门户网站公开信息情况。一是通过信息公开专栏主动公开公文类信息504条,其中位列前五位的信息是:干部人事人才类143条,占28.4%;高等教育类89条,占17.7%;发展规划类57条,占11.3%;职业教育与成人教育类52条,占10.3%;基础教育类48条,占9.5%。截至2011年底,专栏访问量已达55万次,日均点击率近1500人次,较之2010年的1400人次略有上升。二是通过网站公开了2011年部门预算、"三公经费"财政拨款情况和2010年部门决算……

2. 通过《教育部公报》、《中国教育年鉴》公开信息情况。2011年我部共刊发《教育部公报》12期,公开政府信息166条。出版发行了《中国教育年鉴(2010)》……

3. 通过新闻发布会、新闻通气会公开信息情况。2011年我部共举办新闻发布会6场、新闻通气会13场,中央媒体刊播教育报道万余篇……

4. 网上留言答复和在线互动情况。2011年共处理网民各类政策咨询12200余人次,处理网民邮件2900余封,比2010年有较大幅度增加。此外,在门户网站开设"教师之歌"您最喜爱的教师歌曲征集评选活动,共吸引3721人参与投票,获得有效选票5723张。

三、政府信息依申请公开情况

1. 申请情况。2011年1月1日至2011年12月31日,我部共收到公民、法人和其他组织通过各种形式提出的信息公开申请85件,其中有效申请81件。受理的81件有效申请中,从申请的主体看,中国公民提出的申请80件,外籍在华人士提出的申请1件。从申请方式看,当面申请14件,占17.28%;以电子邮件方式申请45件,占55.56%;以信函方式申请9件,占11.11%;以传真方式申请13件,占16.05%。从申请的内容看,涉及招生就业的16件,占19.75%……

2.答复情况。受理的81件申请已全部按时答复申请人。其中"同意公开"的54件,占申请总数的66.67%;"部分公开"的2件,占申请总数的2.47%;"不予公开"的5件,占申请总数的6.17%;"不属于本行政机关公开或者该信息不存在"的20件,占申请总数的24.69%。

四、政府信息公开咨询情况

2011年,我部政府信息公开受理中心共接待500余人次电话及当面咨询,共处理门户网站政府信息公开意见箱中的信件1285件,其中与信息公开有关的信件51件。答复从部长信箱转来的信息公开咨询2件。

五、政府信息公开的收费及减免情况

2011年,没有因依申请公开信息收取或减免费用情况。

六、因政府信息公开申请行政复议和提起行政诉讼的情况

2011年,没有因政府信息公开申请行政复议和提起行政诉讼的情况。

七、存在的主要问题和改进措施

在继续深入推进工作的同时,我们也清醒地认识到,目前我部政府信息公开工作仍存在薄弱环节,信息公开培训和业务指导力度仍需加强,公开的内容和形式还需进一步拓展,信息公开有关配套制度有待完善。

2012年,我部将继续深入贯彻落实《条例》和两办《意见》,不断强化部机关政府信息公开内涵建设,加强对直属单位和学校信息公开工作的分类指导和督促检查,统筹推进政务服务,将教育信息公开工作不断引向深入。

1.增强服务意识,不断提升政府信息公开工作水平。组织教育系统信息公开培训,加强信息公开工作交流,进一步提高信息公开一线工作人员素质……

2.注重公开实效,进一步提高政府信息公开的效率。开展机关存量公文清理工作,拓展主动公开的内容和形式,积极回应社会关切。逐步完善政府信息依申请公开、保密审查和监督保障等措施。进一步增强门户网站、公报公告等政务公开平台的快捷性、互动性和便利性……

3.完善制度体系,着力强化教育信息公开制度的落实。研制高校财务、招生等信息公开办法。启动高校信息公开考核评估指标体系研究工作。全面落实章程及法律法规草案网上公开征求意见工作。采取多种方式狠抓制度落实……

十、请示

(一)请示概述

《条例》规定:请示是一种适用于向上级机关请求指示、批准的上行公文。首先,请示除特殊情况外,一般不能越级行文;因特殊情况必须越级行文时,应当抄送被越过的上级机关。其次,受双重领导的单位的请示,应根据文件的内容确定主送机关和抄送机关。最后,请示应当一文一事。一般只写一个主送机关,如需同时送其他机关的,应当用抄送形式,但不得抄送其下级机关。

请示从功能上可分为求示性请示、求助性请示和求准性请示。

(二)请示的写作

1. 标题

(1)发文机关+事由+文种,例:××省教育厅关于2011级大学新生入学收费标准的请示。

(2)事由+文种,例:关于停车场需增加警卫的请示。

必须强调的是,请示的标题在使用动词时,不能与"请示"的意思重复。如:《关于请求成立××公司的请示》,标题里的"请求"与文种"请示"语意重复,应删去。

2. 主送机关

请示的主送机关只能有一个,不能多重主送,一般不能直接送领导者个人。

3. 正文

请示的正文由请示原因、请示事项和结语三部分构成,缺一不可。

(1)请示原因。即提出请示事项的理由、背景及依据(包括政策依据、事实依据)。原由是写作请示的关键,要有充分的说服力,合理、合情,表达要有层次感(主要理由在前,次要理由靠后)。原因之后,常用过渡句"特请示如下:"引出主文。

(2)请示事项。即请示的主要内容。这部分要提出请示的具体事项,或向上级提出解决此问题的意见。有时可以提出几种意见,供上级机关选择和参考,但行文者应表明自己希望上级批准哪种意见。

(3)结语。一般写"妥(当)否,请指示。""以上意见当否,请指示(请批示,请批复)。""以上请示,请予审批。""以上请示如无不妥,请批准。"

4. 落款

署发文机关名称、成文日期并加盖印章。

【例】

大丰港经济区管理委员会文件

大港管〔2012〕43号　　　　　　　　　　　　　　签发人：×××

大丰港经济区管理委员会关于设立
盐城经济技术开发区临港投资股份有限公司的请示

市政府：

　　为了进一步抢抓江苏沿海开发战略机遇，推动港区经济社会加快发展，根据《中共盐城市委书记办公会议纪要》（第3期）文件要求，我区拟与盐城市经济技术开发区联合出资设立公司，负责盐城经济技术开发区大丰临港产业园区的开发建设工作。

　　公司暂定名为"盐城经济技术开发区临港投资股份有限公司"，注册资本2亿元人民币，我区出资30%即0.6亿元人民币，盐城经济技术开发区出资70%即1.4亿元人民币。公司经营范围为基础设施投资及市政公用事业项目投资，房地产开发与经营，工程管理、物业管理及咨询服务等；兼营实业投资、国内贸易。现特具请示，请求市政府批准设立"盐城经济技术开发区临港投资股份有限公司"，并授权大丰港经济区管理委员会履行出资人职责。

　　当否，请批复。

大丰港经济区管理委员会（印）
2012年4月27日

十一、批复

（一）批复概述

《条例》规定：批复是一种适用于答复下级机关请示事项的公文。批复在时间上是被动的，内容必须是针对下级机关的请示而发，不允许使用不确定的词语回避问题，使请示机关无所适从。批复从功能上可分为指示性批复、支持性批复和准予性批复三种类型。

（二）批复的写作

1. 标题

（1）发文机关＋事由＋文种，例：安徽省人民政府关于合肥新桥国际机场高速公路设站收费经营的批复。

（2）事由＋文种，例：关于《安徽省医疗器械经营许可实施细则》的批复。

（3）发文机关＋同意＋事由＋文种，例：国土资源部关于同意命名内蒙古二连浩特国家地质公园的批复。

(4)发文机关＋同意＋事由＋给＋来文机关＋文种,例:国务院关于同意河北省设廊坊市给河北省人民政府的批复。

(5)同意＋事由＋文种,例:关于同意江苏省口腔医院增加牙科综合治疗台和床位数的批复。

2. 主送机关

即来文请示的机关。

3. 正文

批复的正文一般由批复原因、批复事项、批复结语构成。

(1)批复原因。即批复依据,也称"批复引语",主要引叙来文的标题、文号,说明应什么请示而批复。引语之后,可以加上过渡句"经研究批复如下:""经××同意,批复如下:""现批复如下:"等引出主文。

(2)批复事项。即批复主体。

①指示性批复主要针对下级机关提出的问题作出应该如何处理的指示,使下级机关有所遵循。

②支持性批复则要表明态度:支持、不支持还是部分支持。如果支持则要给予一定的指示,或提出希望。如果部分支持或不支持,则要说明理由,并给予一定的指示,使下级明白并接受。

③准予性批复不能只写"同意"了事,必须写上"同意×××××",即要写明同意请示的事项。

(3)批复结语。一般写"此复。""特此批复。"也可不写结语。

4. 落款

署发文机关名称、成文日期并加盖印章。

【例】

安徽省人民政府文件

皖政秘〔2012〕410号

安徽省人民政府
关于铜陵经济技术开发区调整四至范围的批复

铜陵市人民政府:

《关于请求批准铜陵经济技术开发区四至范围的请示》(铜政〔2012〕12号)悉。现批复如下:

一、同意铜陵经济技术开发区在原批准8平方公里规划用地面积不变的情况下,对四至范围进行调整,调整后的四至范围由省国土资源部门按有关规定依法划定。

二、铜陵市人民政府要加强对铜陵经济技术开发区建设的领导,按照国家有关规定对调整四至范围后的园区进行合理规划,节约集约利用土地,注重环境保护,科学承接产业转移,更好地发挥其示范、辐射和带动作用。

三、省政府有关部门要加强对铜陵经济技术开发区规划建设的指导与服务,促进开发区持续快速发展。

安徽省人民政府(印)

2012年8月30日

十二、意见

(一)意见概述

《条例》规定:意见是一种适用于对重要问题提出见解和处理办法的公文。意见的行文方向灵活,可上行、下行和平行;适用范围广泛,对行文机关没有限制。

意见从性质上可分为指示性意见、指导性意见和建议性意见;从行文方向上可分为上行意见、下行意见和平行意见;从传递方式上可分为直行式意见和呈转式意见。

(二)意见的写作

1. 标题

(1)发文机关+事由+文种,例:国务院办公厅关于实施《国家行政机关公文处理办法》涉及的几个具体问题的处理意见。

(2)事由+文种,例:关于进一步提高首次公开发行股票公司财务信息披露质量有关问题的意见。

2. 主送机关

上行意见的主送机关只能有一个,不能多重主送,而且不得以机关的名义向上级机关负责人报送。下行意见的主送机关可以是多重的,其位置可以在正文之前,也可以放在版记里。

3. 正文

(1)原因。即提出意见的依据、目的、意义。原因之后,通常用过渡句"现/特提出如下意见:"引出意见的核心内容。

(2)建议办法。建议办法是意见的核心。多采用条文形式,分述对有关问题或工作的见解、建议或具体的解决办法。但上行意见中不能夹带请示事项,否则会造成公文处理的混乱。

(3)要求。要求是意见的结尾,上行意见通常使用"以上意见,请审阅。""以上意见如无不妥,请批转×××××执行。"等语句。下行意见的要求较为灵活,可以将之融入建议办法中,也可以在所有的建议办法写完后提出。平行意见的结尾一般使用"以上意见,供参考。"等语句。

4. 落款

署发文机关名称、成文日期并加盖印章。

【例】

安徽省人民政府办公厅文件

皖政办〔2012〕53号

安徽省人民政府办公厅
关于进一步做好减轻农民负担工作的实施意见

各市、县人民政府，省政府各部门、各直属机构：

　　为认真贯彻落实《国务院办公厅关于进一步做好减轻农民负担工作的意见》（国办发〔2012〕22号）精神，进一步做好新时期减轻农民负担工作，经省政府同意，结合我省实际，现提出如下实施意见：

　　一、总体要求和主要目标

　　（一）减轻农民负担工作的总体要求。坚持以科学发展观为指导，以维护广大农民群众的合法权益为核心，以规范涉农收费为重点，以强化监督检查为手段，将农民负担监管工作融入到统筹城乡发展、加强农村社会管理和落实强农惠农富农政策之中，将农民负担监管领域向农村基础设施、农村公共服务、农业社会化服务等方面延伸，创新监管思路、拓展监管范围、加强制度建设，坚决纠正违反政策规定加重农民负担的行为，确保农民负担不反弹，促进农村社会和谐稳定。

　　（二）减轻农民负担工作的主要目标。通过做好减轻农民负担各项工作，使各项强农惠农富农政策落实到位，涉农收费依法规范收取，面向农民和村级组织、农民专业合作社的乱收费、乱摊派、乱罚款等现象得到及时发现和有效制止；各种不合法收费、集资摊派和强行搭车收费等问题基本得到根治；实行"一事一议"筹资筹劳办法符合政策规定和村民自治制度；村级财务管理规范，杜绝各种侵害农民利益的行为，农民负担继续控制在较低水平，农民群众对政策落实的满意度不断提升。

　　二、严格管理涉农收费和价格

　　（三）加大涉农行政事业性收费管理力度。涉农行政事业性收费必须严格按照法律法规和国务院相关规定收取。严禁扩大收费范围、提高收费标准；严禁向农民"搭车"收费或摊派各种费用。严格执行涉农收费文件"审核制"，防止出台加重农民负担的政策文件……

　　（四）加强涉农经营服务性收费和价格管理。涉农经营服务必须按照农民自愿的原则，依据价格主管部门规定严格执行，对重大涉农收费实行听证制度……

　　（五）强化涉农收费的规范收取。向农民收取费用或罚款除应有合法依据外，还必须按规定程序收取。禁止任何部门或单位委托村级组织向农民收取任何费用……

三、治理加重村级组织和农民专业合作社负担问题

（六）深入治理加重村级组织负担问题。加强对村级组织收费事项的日常审核监管，防止乱收费和各种摊派行为。严禁将应由政府承担的建设和公共服务费用、部门工作经费转由村级组织承担，禁止平调和挪用村级集体资金，不得向村级组织收取工作任务性罚款……

（七）加强面向农民专业合作社的乱收费问题治理。加强农民专业合作社负担监管，严禁在农民专业合作社登记时搭车收取费用，严禁强制要求农民专业合作社交纳会费性质的相关费用，严禁向农民专业合作社强行销售物品和摊派任何费用。

四、规范实施村民一事一议筹资筹劳

（八）严格执行一事一议筹资筹劳范围和限额标准。一事一议筹资筹劳要用于村内户外集体公益事业建设。对于明确规定由各级财政支出的项目，以及偿还债务、企业亏损、村务管理等所需费用和劳务，不得列入筹资筹劳范围……

（九）完善一事一议筹资筹劳操作程序。一事一议筹资筹劳要按照民主议事、项目申报、方案审核、财政奖补、验收检查等环节操作，规范组织实施……

五、建立和完善农民负担监管长效机制

（十）建立和完善各项农民负担监管制度。建立健全涉及农民负担政策文件会签、信息公开和备案制度，各级有关部门出台或以政府名义出台涉及农民负担的政策文件必须会签同级人民政府农民负担监管部门……

（十一）加强涉及农民负担事项的检查监督。坚持农民负担年度检查制度，及时发现和纠正各种违反惠农和减轻农民负担政策的行为，检查结果在适当范围内通报……

（十二）防止借落实惠农政策名义侵害农民权益。认真落实党的各项惠农政策，严禁任何单位和个人以任何理由截留、挪用国家对农民的各项补贴补助款、农村集体土地征占用补偿款和土地承包经营权流转收益款……

（十三）严肃查处加重农民负担的违规违纪行为。加大对侵害农民利益的违规违纪问题的查处力度，对向农民、村级组织和农民专业合作社违规违纪收取的各种款项坚决予以退还……

六、加强减轻农民负担工作的组织领导

（十四）进一步加强组织领导。各级政府要坚持主要领导亲自抓、负总责的工作制度，加强组织领导，层层落实责任，坚持实行减轻农民负担"一票否决"制度，始终保持减轻农民负担的高压态势，确保农民负担不反弹……

（十五）加强农民负担监管工作队伍建设。切实加大对广大干部尤其是农村基层干部减轻农民负担政策法规培训的力度，提高政策水平，增强服务能力。加强农民负担监管机构队伍建设，充分发挥各级农民负担监督管理领导小组办公室的作用，充实工作人员，保障工作经费并纳入财政预算……

（十六）强化减轻农民负担工作督导和考核。建立和完善减轻农民负担工作督导和

考核制度,重点对政府主要领导负责制、涉农收费监管、农民权益维护、监督检查、案件查处等方面进行考核。对减轻农民负担工作成绩突出的进行表彰,对农民负担问题较多的予以通报批评,实行重点监控、综合治理,切实维护农民权益。

安徽省人民政府办公厅(印)
2012 年 7 月 16 日

十三、议案

(一)议案概述

《条例》规定:议案是一种适用于各级人民政府按照法律程序向同级人民代表大会或人民代表大会常务委员会提请审议事项的报请性公文。

议案的制作者是法定的。根据《中华人民共和国全国人民代表大会组织法》有关规定:全国人民代表大会主席团、全国人大常务委员会、人大各专门委员会、国务院,中央军事委员会、最高人民法院、最高人民检察院,全国人大一个代表团或者 30 名以上人大代表联名,可以向全国人民代表大会提出议案。全国人大委员长会议、人大常务委员会组成人员 10 人以上、全国人大各专门委员会、国务院,中央军事委员会、最高人民法院、最高人民检察院可以向全国人民代表大会常务委员会提出议案。根据《中华人民共和国地方各级人民代表大会和地方各级人民政府组织法》有关规定:地方各级人民代表大会举行会议的时候,人大主席团、常务委员会、各专门委员会、本级人民政府,县级以上人大代表 10 名以上联名,乡、民族乡、镇人大代表 5 名以上联名,可以向本级人民代表大会提出议案。人民代表大会常务委员会主任会议以及省、自治区、直辖市、自治州、设区的市的人民代表大会常务委员会组成人员 5 人以上联名,县级人民代表大会常委会组成人员 3 人以上联名、县级以上地方各级人民政府、人民代表大会各专门委员会,可以向本级常务委员会提出议案。除此之外的其他部门和人员无权提出议案。

根据提请单位,议案可分为人民政府议案、人大常务委员会议案、人大各专门委员会议案、人民代表团议案和人民代表议案;根据议案的内容,议案可分为法律法规案、重大事项案、人事任免案、外事条约案;根据议案形成的时间,议案可分为会上议案和平日议案。

(二)议案的写作

议案在写作上有公文式和固定表格式两种。公文式写作主要用于各级政府、有权机构提请审议事项时使用。固定表格式主要用于人民代表、代表团、常务委员会组成人员等提请审议事项时使用。下面将介绍公文式写法:

1. 标题

提请议案机关名称+提请审议+《××法(草案)/××条例/××办法/等等》+文

种,例:国务院关于提请审议《中华人民共和国民用航空法(草案)》的议案。

2. 主送机关

即议案提交的机关。如:××人民代表大会、××人民代表大会常务委员会、××人民代表大会主席团、××人民代表大会第×次会议。

3. 正文

(1)案据。即提出议案的缘由、目的。这部分要写清楚提出议案的原因、意义,如:"为了××××""因×××""根据×××",等等。

(2)方案。即提出议案的解决办法、措施,如:"××××(指××单位)经过广泛征求意见和认真研究(总结经验/借鉴××经验),拟订(草拟)了《××××××》。这个草案业经×××××讨论通过。"

(3)议案结语。即对审议机构的要求,要用祈使语词。如:"请审议。""现提请审议。""请审议,并请作出批准的决定。"

4. 落款

落款包括发文机关领导人职务、发文机关领导人的签名章及日期。

十四、函

(一)函概述

《条例》规定:函是一种适用于不相隶属机关之间商洽工作、询问和答复问题、请求批准和答复审批事项的公文。

函的写法灵活:一是格式灵活,二是语言灵活,三是行文方向灵活。函的适用范围广泛:一是可以广泛应用于商洽工作、询问和答复问题、请求批准和答复审批事项,可以传递信息、交流情况、帮助解决问题等。二是任何组织、单位都可以使用,没有级别限制。因此,函的作用范围相对于其他文种要宽,使用频率也高。

函从形式上可以分为公函和便函;从内容性质上可以分为商洽函、询问函、请批函、答复函、知照函、协查函;从行文方向上可以分为去函和复函。

(二)函的写作

1. 去函

(1)去函的标题。

①发文机关+事由+文种,例:××职业技术学校关于减免生活垃圾处理费的函。

②事由+文种,例:关于如何界定上下班途中有关问题的函。

(2)主送机关。即受文单位。去函的主送机关只有一个。

(3)正文。

①发函缘由。这部分要写明发函的原因、目的、依据。如"最近……""根据……""为了……""得悉/据悉……"要开门见山,不能将一般书信开头用的"你们好"等问候语在公函或便函中使用。

②事项、问题。这部分要求一事一函,要具体而简练,条理清晰,切忌内容庞杂。

③希望或要求。如要求对方答复的,应写"请函复""盼复"等。如不要求对方答复的,则用"特此函达""特此函告"。如是商洽函,则用"请大力支持为盼""请支持/协助为盼""请予支持/请予合作"等。

(4)落款。署发文机关名称、成文日期并加盖印章。

2. 复函

(1)复函的标题。

①发文机关+事由+复函,例:国务院办公厅关于进行设立出口加工区试点的复函。

②发文机关+事由+给×××+复函,例:国务院办公厅关于悬挂国旗等问题给××省人民政府办公厅的复函。

③事由+复函,例:关于银菊清咽袋泡剂临床研究有关问题的复函。

(2)主送机关。即受文单位,复函的主送机关与来函机关一致。

(3)正文。

①发函原因,即引叙来函,写清来函的标题、文号,然后写"收悉。"如:你厅《关于请审批盛先业等313位同志中学高级教师任职资格的函》(皖教秘师〔2012〕9号)悉。

②发函事项,即答复对方提出的问题和要求。要求答复明确,不能含糊。

③结尾,即结语。可以写"此复""特此函复""专此函复",也可不写结语。

(4)落款。署发文机关名称、成文日期并加盖印章。

【例1】

关于合肥市医疗事故技术鉴定工作办公室(市医学会办公室)变更办公地址的函

各县(区)卫生局,市管医疗卫生机构:

根据市政府统一安排,合肥市医疗事故技术鉴定工作办公室(市医学会办公室)已搬迁至合肥市政通大厦B区二楼(合肥市阜阳北路95号)办公,电话号码不变,仍为×× ×××××。

特此函告。

合肥市卫生局(印)
2009年4月13日

【例2】

中华人民共和国环境保护部

环函〔2012〕222号

关于河北省矿石装卸堆存颗粒物放散系数应用的复函

河北省环境保护厅：

你厅《关于河北省矿石装卸堆存颗粒物放散系数应用的请示》（冀环办〔2012〕134号）收悉。经研究，函复如下：

你厅通过课题研究，分析测算了采取不同治理措施对港口码头矿石装卸、堆存过程中颗粒物放散的削减效果，得出在港口矿石堆场的装卸堆存过程中颗粒物放散系数，反映了港口码头矿石装卸与堆存过程中粉尘无组织排放和控制的特点，可操作性强，简单易行，有利于促进粉尘无组织排放的治理。此系数按国家规定向社会公示后，可用于你省港口码头矿石装卸、堆存粉尘排放量的核定。

环境保护部（印）

2012年9月4日

十五、纪要

（一）纪要概述

《条例》规定：纪要是一种适用于记载会议主要情况和议定事项的公文。纪要可以上行，向上级单位汇报会议情况和结果；也可下行，向下级机关传达会议精神和议定事项；还可以平行，要求与会单位共同遵守、执行。纪要具有纪实性、纪要性和及时性的特点。

纪要从性质上可分为决定性纪要和研讨性纪要；从形式上可分为工作纪要和座谈会纪要；从形成目的上可分为约束性纪要和传达性纪要。

（二）纪要的写作

1. 标题

(1) 会议名称＋文种，例：创业教育试点工作座谈会纪要。

(2)（发文机关＋）事由＋文种，例：北京市民政局 北京市气象局关于加强救灾合作问题的会议纪要。

2. 题注

纪要的成文日期一般加括号写于标题下正中位置，以会议结束的日期或者领导人签发的日期为准，也有位于正文之后的。

3. 正文

(1) 会议基本情况。简要介绍会议召开的目的、指导思想,会议时间、地点、主持人、参加单位和出席人员或其总数,主要议程、讨论的主要问题,会议的意义等。基本情况之后,可以用过渡语句"现将会议情况纪要如下:"或"会议确定了如下事项:"转入主体部分。

(2) 会议主要精神及议定的事项。这是纪要最重要的部分,主要写会议研究的问题、讨论的情况及意见,对今后工作的安排,会议作出的决定等。这部分内容必须经过分析、概括,用最精练的语言将会议的主要精神反映出来。具体写法有两种:

① 综合式。即将会议上主要人员或重要的发言内容、讨论的情况综合、概括地叙述出来,必要时可以分段。一般小型会议的纪要多采用这种写法。在语言运用上,常用"会议讨论了……""与会者认为……""会议指出……""会议认为……""会议强调……"等语句来叙述。

② 总结归纳式。即将会议上讨论研究的内容归纳出几个方面,每个方面列一小标题,或者分条列项。一般规模较大的会议的纪要多采用这种写法,既全面地反映了会议的主要精神,又清晰明了,便于读者阅读、理解。

(3) 结尾。一般提出希望、号召或要求,还可以写上下次会议由某某部门承办等。结尾不是必写内容。

【例】

苏州市沧浪区人民政府常务会议纪要

第 26 次

苏州市沧浪区人民政府办公室　　　　　　　　　　二○一○年十二月一日

11月25日下午,×××区长主持召开区政府第26次常务会议,听取了南环新村危旧房解危改造和稳定我区当前价格总水平、保障群众基本生活的情况汇报,研究了2011年实施项目计划,老住宅小区综合整治、城中村改造、零星楼宇改造计划,《沧浪区机关办公用房装修和办公设备标准细则》和《沧浪区争创江苏省义务教育优质均衡改革发展示范区的实施意见》等事项。会议议定以下意见:

一、关于南环新村危旧房解危改造工程工作

(一)南环新村危旧房改造启动以来,区委、区政府举全区之力,全力以赴、精心组织、日夜工作,在强化组织协调、优化政策方案、抓好工程前期、做好安置补偿和群众工作等方面取得了较大进展……

(二)会议分析了下一阶段的工作重点和难点,提出全区上下要紧紧围绕市委、市政府的工作要求,精心组织,周密安排,全力以赴做好各项工作……

二、关于2011年老住宅小区综合整治、城中村改造、零星楼综合整治计划

（一）原则同意区住建局关于2011年老住宅小区综合整治、城中村改造计划和区市容市政局关于2011年零星楼综合整治计划的汇报……

（二）会议明确：一是由住建局牵头，下周将"马桶"问题考虑进明年老住宅小区综合整治之中……二是在制定明年方案当中，要吸取以往经验教训……三是城中村改造与解决"马桶"问题结合起来……四是零星楼宇整治要按照市里的计划和安排……

三、关于沧浪区2011年度实施工程计划

（一）原则同意区发改局关于《沧浪区2011年度实施工程安排表》的汇报，由区发改局联系区住建、市容市政局，在广泛征求意见的基础上，结合解决"马桶"问题，并与财政、相关部门再次对接，及早确定相关项目。

（二）会议要求：一是明年实施工程的安排，要充分考虑增强区域发展后劲和居民群众的现实要求，做到量力而行，坚持适当超前。二是要发挥发改局的综合协调作用，加强项目监督。同时积极发挥财政、审计、监察等部门的资金、审计和监督作用，保障实施工程的有序开展。三是各部门要积极组织、尽早实施好确定的项目制定实施计划，排出项目时间表，确定责任部门（牵头部门）、责任领导和具体责任人，自觉接受群众和部门的监督，确保每个项目按时序进度圆满完成。四是要建立健全相应的工作制度，完善发改、审计、监察、财政等部门联动制度，政府采购制度和跟踪审计制度，切实把实施工程打造成"精品工程"和"廉洁工程"。

四、关于稳定我区当前价格总水平，保障群众基本生活

会议要求：一是加强组织协调……二是加强物价监督……三是民政、人社等部门要认真按照市里的文件精神……四是按照市里要求，适时启动实施农贸市场临时性摊位补贴政策……五是结合"5·15"为民服务圈建设，积极探索在社区引入蔬菜直销机制。

五、关于争创江苏省义务教育均衡改革发展示范区工作

（一）原则同意区教育局关于《沧浪区争创江苏省义务教育均衡改革发展示范区实施意见》的汇报。

（二）会议明确：一是成立以区长任组长，分管副区长任副组长的创建领导小组……二是由区教育局根据《实施意见》的要求，尽快制定、细化实施方案和计划；三是加大资金投入和资源整合力度，通过合并、新建和改造一批学校……

六、关于沧浪区2010年度财政追加情况的汇报

原则同意区财政局关于沧浪区2010年度财政追加情况的汇报。会后及时提交区人大常委会讨论。

七、关于《沧浪区机关办公用房装修和办公设备配备标准细则》的汇报

同意区财政局、国资局关于《沧浪区机关办公用房装修和办公设备配备标准细则》的汇报，会后以区政府办公室名义下发各部门。

出席会议的有:王××、顾××、唐××、华×、尤××、陆××。列席会议的有:黄×、张××、王××、尤××、尤××、孙××、杨×……

报:路书记、陈主任、陆区长、李主席
发:各局办、沧浪新城管委会、南门商贸区管委会、行政服务中心、各街道办事处
送:区委各部门、区人大常委会办、区人大各工委、区政协办、区政协各专委会、区法院、区检察院、区人武部、各人民团体、区工商联、公安沧浪分局、工商沧浪分局。

苏州市沧浪区人民政府办公室　　　　　　　　　　　　　2010年12月1日印发

第三节　其他常用公文的写作

一、计划

(一)计划概述

计划是党政机关、社会团体、企事业单位和个人,在一定时期内为了实现某项目标或完成某项任务而预先作的安排和打算。计划是一个统称,人们通常所说的方案、要点、安排、思路、打算、设想、构想、规划、纲要等也都属于计划。

制定计划应具有预见性、可行性和约束性,否则将流于形式。计划从内容上可分为生产计划、学习计划、工作计划等;从范围上可分为国家计划、单位计划、部门计划、个人计划等;从时间上可分为远景计划、年度计划、季度计划、月度计划、周计划等;从形式上可分为条文式计划、表格式计划、文表结合式计划等。

(二)计划的写作

1. 标题

(1)单位名称+时限+事由+文种,例:××学校2011年度第一学期第二课堂活动计划。
(2)单位名称+事由+文种,例:××公司销售工作要点。
(3)时限+事由+文种,例:2010~2015年城市发展规划。
(4)事由+文种,例:科研工作设想。

如果计划还需经大家讨论或领导审查,可以在标题的后面或下面加注"草案"、"初稿"、"讨论稿"等。

2. 正文

一般包括指导思想、总的任务要求、具体的措施、步骤和注意事项等。

(1)指导思想。主要写制定计划的指导思想与现实依据,包括党和国家的路线、方针、政策,上级的指示精神,本单位的实际情况,对当前形势的分析等。即写出"为什么做"。

(2)目的和任务。要清楚地写明在什么时间做什么工作,完成什么任务,在数量、质量上达到什么要求。即写出"做什么"。

(3)步骤和措施。包括计划实施的方法、步骤、主要措施,应注意的问题等。即写出"怎么做"。

(4)结尾。可以用来提出希望,发出号召,展望前景,明确执行要求等;也可以在条款之后就结束全文,不写专门的结尾。

3. 落款

在正文右下方署上制定计划的单位名称,在署名的下一行写上日期。若标题中已有单位名称,此处可不必再署。

【例】

2012年爱国卫生工作计划

中心各科室:

2012年,区疾控中心爱国卫生工作,在市、区爱卫办的领导下,坚持以邓小平理论、江泽民同志"三个代表"重要思想和十七大精神为指导,深入贯彻落实科学发展观,按照市、区爱卫办有关要求,认真落实措施、抓好各项爱卫工作,努力完成爱卫工作任务,继续保持市级卫生先进单位称号,特制定区疾控中心2012年爱国卫生工作计划如下:

一、加强领导、健全机构

为切实加强单位爱卫工作的领导,因内设机构及人员变动和工作需要,调整充实区疾控中心爱卫工作领导小组成员,由中心主任党支部书记黄毅同志担任组长,全面责任爱卫工作,各科室主任为成员,共同落实爱卫工作,办公室张毅、郭亚平负责单位爱国卫生的日常工作,领导班子要将爱国卫生工作纳入重要议事日程,研究部署爱国卫生工作,要及时解决爱国卫生工作中的实际困难、问题,要把爱国卫生工作纳入各项规章制度与业务工作共同部署,同落实,同考核奖惩,经常开展督导检查、坚持每月一次的爱国卫生检查评比。

二、广泛开展爱国卫生工作宣传教育,提高职工卫生意识

要充分利用各种会议、宣传橱窗、宣传资料等形式积极宣传卫生防病知识,提高广大人民群众的卫生防病意识;组织职工认真宣传学习市、区爱卫办、创卫办有关文件精神,充分认识搞好爱国卫生工作的重要性和必要性,明确爱卫目的和要求,提高职工开展爱卫创建工作意识,使职工积极参加爱卫和巩固省级文明城市工作的各项活动,促进单位各项业务的开展,树立良好的疾控中心形象。

三、积极开展爱卫和创卫活动

各科室和全体职工按爱卫工作计划、清洁卫生制度及楼院管理制度,做到界限清

楚,责任明确,落实措施,坚持每天清扫,每周大扫,每两周一突击,做到地面清洁、无垃圾、四壁及悬吊物无灰尘,办公用品摆放整洁,及时疏通阴阳沟,保证上下水通畅,积极开展社区健康教育活动,加强食品卫生、公共卫生、生活饮用水卫生监测,加强传染病的管理,防止传染病流行及暴发流行,加强免疫规划工作,提高接种率,减少相应传染病的发生,进一步提高突发公共卫生事件的应急处理工作,确保人民群众身体健康。切实搞好除害灭病和疾病控制工作,确保灾后无大疫。继续和辖区签订爱卫责任书,积极参加社区组织的各项爱卫、创卫会议活动,为改变市容市貌,建设内江作出应有的贡献。

内江市东兴区疾病预防控制中心
2012 年 2 月 14 日

二、总结

(一)总结概述

总结是党政机关、社会团体、企事业单位和个人对一定时期内的某项工作、生产、学习、思想等情况加以回顾、分析、研究,从中找出经验和教训,引出规律性认识,明确今后实践方向的文书。总结的过程是一个由感性认识上升到理性认识的过程,所以要注重理论性,不能只记流水账。同时总结所使用材料必须真实准确;分析问题应该本着实事求是的态度,按事物本来面目反映。

总结从内容上可分为生产总结、学习总结、工作总结、思想总结等;从范围上可分为地区总结、单位总结、部门总结、个人总结等;从时间上可分为年度总结、季度总结、月度总结等。

(二)总结的写作

1. 标题

(1)单位名称+时限+事由+文种,例:××学院 2011 年度第二学期教学工作总结。

(2)单位名称+事由+文种,例:××公司员工培训工作总结。

(3)时限+事由+文种,例:2010 年支教工作总结。

(4)事由+文种,例:工会工作总结。

(5)新闻式标题,例:让思想闪耀理性的光辉——形式逻辑学习总结。

2. 正文

一般包括基本情况、成绩与主要经验教训、今后的努力方向等几个方面内容。

(1)基本情况。把总结的缘由、依据,所涉及的时间、地点、背景,事情的概况等交代清楚。

(2)主要经验教训。这是总结的重点部分。主要说明在什么思想指导下,采取哪些措施,取得哪些成绩和经验,有哪些教训,并要求把这些经验教训从感性认识上升到理性高度。此部分宜采用叙议结合的表达方式。

(3)今后的努力方向。通常在总结经验教训的基础上提出今后的打算,明确努力方向,表示今后的决心。这部分内容也可以不写。

3. 落款

在正文右下方署上单位名称,在署名的下一行写上日期。若标题中已有单位名称,此处可不必再署。

【例】

2012年上半年合肥市电教专项工作总结

2012年,在省电教主管部门的关心、指导下,在合肥市教育局的领导、重视下,合肥市电教工作以《教育信息化十年发展规划》为指导,紧紧围绕《安徽省电化教育专项工作目标责任书》确定的目标任务,认真贯彻执行省电教工作相关会议和文件精神,以数字化校园建设为抓手,以狠抓应用为重点,扎实有序、开拓创新,切实推进各项电教工作不断取得新成绩。

一、积极申报教育信息化试点

根据《教育部关于开展教育信息化试点工作的通知》(教技函〔2012〕4号)、省电教馆《关于开展省级中小学教育信息化试点工作的通知》(省电教〔2012〕22号)文件精神,我市积极组织申报国家级、省级教育信息化试点,及时印发文件、召开会议进行布置、宣传、动员,经专家审核,从各县区申报的学校中,推荐合肥市瑶海区教体局……各试点单位结合实际,找准试点目标,认真制定试点方案,切实开展各项试点准备工作。

二、扎实推进网上结对工作

长三角网上结对。根据省教育厅《关于申报长三角网上结对学校的通知》(皖教秘〔2012〕42号)文件精神,我市组织学校积极参加长三角网上结对学校申报工作,遴选推荐合肥八中、合肥三十八中、合肥师范附小参加首批结对,分别与上海、浙江的学校结对,并派人参与了与上海学校结对的签字仪式。学校主动与对方学校联系,共商结对方案,积极开展了一些网上、网下活动,取长补短、资源共享。

城乡学校网上结对。根据省电教馆《关于开展城乡学校网上结对工作的通知》(省电教〔2012〕23号),我市及时转发文件并开会落实,积极组织学校申报,学校踊跃参与,共有50多所学校申报参加全省城乡学校网上结对工作,结对对象有本区域内的、有市内外的,还有省内外的,市教育局制定了网上结对工作实施方案并上报省馆……

三、稳步建设数字化校园

我市历来重视数字化校园建设工作,在全省率先建设合肥市教育信息网,提前完成校校通任务,初步构建了市、县区、校三级,天网、地网相互融合的教育网络体系。在城区学校基本实现宽带接入的基础上,积极推进农村学校光纤入校工作。根据省馆要求,对全市校园网基本情况进行统计并及时上报。将创建数字化学校工作纳入督导评估内容,作为学校整体推进素质教育评价的5个专项之一……

四、高度重视设备应用管理

在今年的电教工作安排中,我市的第一项工作就是"强化过程管理,狠抓四项应用",要求以活动为抓手,促进学校提高设备的利用效率。

常规活动坚持不懈。组织开展2012年我市优秀教育技术论文、课题研究方案、教学设计方案、教师博客(或教师个人网站)、教育叙事研究、农村中小学现代远程教育(含英特尔未来教育基础课程项目)应用研究和多媒体教育软件等7项电教学术作品评比活动,各县区经过评比推荐作品1200多件参加市级评比。表彰市优秀作品700余件,并选拔推荐200多件作品参加全省评比。

课题研究方兴未艾。扎实推进我市已立项的49个省及国家现代教育技术课题开题和开展研究,积极组织我市学校申报全国教育信息技术研究2012规划课题,已有9个课题获得省电教馆、中央电教馆审批,占全省课题总数的近三分之一。

应用成果多点开花。组织教师参加中央电教馆"第五届全国中小学交互式电子白板学科教学大赛"及现场交流研讨活动,获得课例评比一等奖7个、二等奖30个、三等奖52个。组织教师参加2012年度全国中小学教师教育技术能力建设计划应用成果评比与展示活动……

调研指导细致入微。不定期组织开展了中小学校教学设备使用情况调研,对学校教学设备拥有情况、教学设备使用情况进行了学校自查、区级调研、市级指导……

五、深入开展教育技术培训

组织校长、教师230多人参加省馆举办的班班通实施培训、网络管理员培训,近400人参加数字化校园建设培训。组织开展英特尔核心课程和基础课程培训、开展教师现代教育技术能力培训和校本培训,不断提升教师信息素养和信息技术应用能力……

六、大力建设电教软件、硬件和资源

电教软件建设是我省义务教育学校标准化建设的一项重要内容,为进一步加强中小学教学软件标准化建设,促进教育信息化的健康有序发展,根据全省中小电教软件建设工作会议精神,我市专门召开会议进行布置,并提出了征订要求,目前已如期完成任务,做到没有空白点。同时,加大投入进一步建设和完善硬件建设,全市已完成校园网、计算机教室、班级多媒体、电子图书等各类教育设备招投标13000多万元。今年,市财政安排8000万元用于全市义务教育学校标准化建设,目前已下达预安排经费3600多万元……

七、有效利用电教工作宣传平台

我市高度重视电教宣传工作,充分利用现有的电教工作和宣传平台,市和各县区按照要求,按时上报工作计划和总结材料,对开展的工作加强宣传,及时报道,截至2012年6月,上报工作计划总结和各类电教信息宣传报道70多篇。

八、丰富的学生活动展现电教新成效

1.举办我市参加省信息学竞赛选拔赛,选拔选手组成我市代表队参加省信息学竞赛(结果尚未公布),4人入选7人组成的省队。我市选手在国家队选拔赛和亚太赛各获

1枚金牌。成功举办了小学信息学选手集训班。

2.与市科协联合成功举办合肥市第27届青少年科技创新大赛,从千余件作品中推荐34个学生竞赛项目、25幅少儿科幻画、4项科技实践活动和24项科技辅导员项目参加安徽省2012年青少年科技创新大赛决赛角逐,勇夺学生竞赛项目一等奖8个、二等奖14个、三等奖11个,科幻画一等奖9个、二等奖7个、三等奖3个,同时获得6个优秀科技辅导员项目奖项。

3.与市科协成功举办合肥市第四届青少年机器人竞赛。共有55所中小学498支代表队1137名选手参加小学、初中、高中三个组别角逐。组队参加省青少年电脑机器人比赛,取得优异成绩,共有14支代表队取得参加全国第12届中国青少年机器人竞赛资格,占全省93%。

4.组织开展第十二届合肥市中小学电脑制作活动,全市共有241所学校,1260名学生参加此次评比活动,收到县区、学校选送的各项作品近300件,并组织专家进行评选,推荐74件优秀作品参加省级评选(竞赛)。获一等奖8个、二等奖16个、三等奖27个。

5.选派10名中学生赴上海参加2012年全国青少年高校科学营活动。

……

成绩属于过去,我们将立足新起点,面对新形势,迎接新挑战,潜下心来思考,静下心来做事,在省教育厅的大力指导下,认真谋划下半年工作,努力开创我市电教馆工作新局面。下半年主要工作如下:

1.遴选优秀6项电教学术作品和多媒体教育软件参加省级评选。

2.组织参加第17届全国青少年信息学奥林匹克联赛暨举办讯飞杯合肥市第29届青少年信息学(计算机)竞赛。

3.指导学校"十二五"教育信息技术研究课题活动的开展。

4.继续推进学校信息化试点工作和网上结对工作,积极推荐学校参加长三角千校结对工作,参与省内学校网上结对,采取调研、召开座谈会、经验交流会等形式,促进参与学校切实开展相关工作。

5.做好教师现代教育技术相关培训,组织开展数字化校园建设、英特尔基础课程等培训活动。

6.开展全市电子白板应用、网络教研等现场观摩活动。

7.做好义务教育学校资源应用新星评选工作。做好校园影视作品等推荐上报工作。

8.组织作品随省馆参加首届全国中小学信息技术教学应用成果展演活动。

(文章来自安徽省基础教育资源网)

三、调查报告

(一)调查报告概述

调查报告是对某项工作、某个事件、某一问题进行深入细致的调查研究后,将调查经过、情况、认识和结论以书面形式表达出来的一种应用文书。

调查报告必须针对问题,采用真实可靠的材料,使用叙述性的语言同时辅以议论和说明,在此基础上进行分析综合。

调查报告可用于反映情况、总结典型经验、介绍新生事物、揭示问题以及考察历史事实。

(二)调查报告的写作

1. 标题

(1)公文式标题,例:××市经济开发区关于特色工业园区建设情况的调查报告。

(2)调查报告内容+文种,例:湖南农民运动考察报告。

(3)新闻式标题,例:为什么中小企业融资难。

2. 正文

(1)导语。可以开门见山、直截了当地提出问题,介绍主要事实;可以先摆情况,然后提出问题,介绍基本经验;可以夹叙夹议地叙述事实,表明作者对所叙事实的基本看法;还可以将调查的时间、地点、调查对象、调查原因、目的、调查人员、调查方式等向读者先作扼要介绍。

(2)主体。详述调查研究的具体情况、事实、做法、经验以及从中得出的各种认识和结论。写法上有纵式结构、横式结构以及纵横式结构。纵式结构是按照事物产生、发展、变化的过程,以时间的先后为序书写。横式结构是将调查报告的主体按照事物的内在逻辑关系进行分类,逐一进行叙述、分析,并得出结论。纵横结构是兼具纵式和横式的特点。可以先纵式,后横式,反之亦可。

(3)结尾。再一次明确结论,深化主题,或提出意见、建议等。结尾不是必写内容,也可省略。

3. 落款

在正文右下方署上个人姓名或调查组名称,在署名的下一行写上日期。具名也可在标题的下一行。

【例】

乳山市科学技术局2011年人才工作调研报告

科技的发展,经济的振兴,以及整个社会的进步,都取决于劳动者素质的提高和大量合格人才的培养。为充分发挥人才的第一资源作用,更好地实施人才强市战略,根据市人才工作领导小组办公室统一部署,科技局成立局长姜炳旭同志任组长,副局长谭英群同志任副组长,各科室负责人为成员的科技局人才调研工作领导小组,集中两周时间对全市人才工作进行调研,情况报告如下:

一、人才工作现状

近年来,乳山市以党的十七大精神和"三个代表"重要思想为指导,牢固树立科学发展观,认真贯彻落实省、市人才工作会议精神,积极推进科技经济一体化进程,认真贯彻落实科教兴市和人才强市战略,进一步提高了对"科学技术是第一生产力"、"人才是第一资源"的认识,人才成长、发展的环境进一步优化。科技局领导班子高度重视人才工作,通过一系列政策措施,充分调动广大科技人才的积极性和创造性,进入"十二五"以来,坚持继续迎接挑战,加快发展,牢牢抓住人才这个"牛鼻子",把人才作为科技、经济工作的关键,更加重视人才,尊重人才,培养人才,切实把科技进步和经济发展转移到依靠高素质人才上来,促进全市经济持续、快速、健康发展,全市科技创新水平明显提高。

(一)推进产学研合作,借用利用人才

通过加强产学研合作,将全国各地科研机构的科技人才资源引入我市科技创新的主战场,实现技术难题的逐个突破。今年7月份,科技局承办了"2011乳山科技创新暨资本运营推进大会",会上共签订了7个产学研技术开发合同,成立了2个产业化基地和1个中心,后续还将有8个项目在"2个基地、1个中心"内展开。广泛邀请中科院、吉林大学、北京化工大学、天津生物技术所等高水平科研机构的资深专家与会,其中包括院士2人,长江学者3人。成功达成产学研合作的专家不乏行业发展中最具潜力的领军人物,如……通过产学研项目合作"借才引智",将优势科技资源和人才资源为我所用,实现企业的稳步转型升级和自主创新能力的大幅提升。

(二)建设和完善创新平台,引进聚集人才

随着产学研合作的深入推进,乳山市的科技创新平台建设也取得了丰硕成果。2011年,中科院应用生态所(乳山)海珍品生物饲料产业化基地、北京科技大学(乳山)粉末冶金成型技术产业化基地、南京工业大学化工设备设计研究所乳山中心落户我市,至此乳山已经建设起"四基地两中心"的创新平台……

(三)通过创新举措,留住壮大人才

通过创新奖励政策、优化发展环境等举措,全面激发企业、高校、科研院所的科技创新人才合力联动,为留住科技人才和壮大人才队伍铺平了道路。今年以来,乳山市委、市政府进一步加强对达成产学研合作企业的优惠和奖励力度,《2011年乳山市鼓励经济发展的若干规定》明确指出,在2010年设立200万元科技专项奖励基金的基础上,2011年将奖励额度上调至1200万元,为新产品试制、大批生产、试销等环节的顺利展开保驾护航……

(四)通过长效合作,用好用活人才

在产学研合作过程中,科技局加强引导企业发挥自身主体作用,充分调动企业技术人才的积极性,鼓励他们与对接专家一起参与到合作项目的创新研发工作中,实现校企联合攻关的同时达成长期有效的合作。依托高水平科研机构的优势科技资源、人才资源和教育资源,协助企业、高校、科研院所共建灵活高效的人才培养机制,实现企业科研人员技术水平的迅速提升……

二、与上级要求和周边市区的差距

尽管我市的科技人才工作取得了长足进步,但还存在不足之处,在高新技术申报、专利申请方面与文登、荣城相比存在一定差距,主要是由于我市工业基础相对薄弱,与其他县、市(区)比,产业资源较少,基础条件差,能容纳高层次人才的有效载体不多,导致人才比较匮乏,特别是缺少高层次人才。

三、促进我市人才队伍建设对策措施

下一步,我们将继续牢固树立"人才资源是第一资源"的理念,不断增强人才开发的责任感和紧迫感,充分认识科技人才在"科教兴市"中的重要作用,进一步落实好引进人才方面的优惠政策,积极优化环境引进人才,活化机制用好人才。主要措施如下:

(一)全面推进产学研合作

产学研合作是助推企业技术提升、产业转型升级的不竭动力,同时也是筑起人才"高地"的有效途径。下一步,科技局将进一步加大产学研合作力度……

(二)努力拓宽科技创新平台

"四基地两中心"的成立,为我市科技型创新人才提供了强大的支撑平台和广阔的发展空间。科技局将继续推进基地和中心的项目建设,进一步拓宽科技创新的活动领域,使得想干事的人才有事干,能干事的人才干好事。同时,科技局将进一步加大工作力度,为更多的科技型企业申报组建自主创新机构,争取实现我市更多的优势产业拥有工程技术研究中心……

(三)密切跟进体制机制建设

加强组织领导,充分发挥科技局在推进企业创新发展中的引领作用,全面推进科技创新、文化创新、管理创新、体制创新,加强与其他部门间的协同配合,切实增强推进自主创新的工作合力。进一步完善人才引进政策……

(四)积极优化科技创新环境

加大舆论宣传,充分利用报纸、网络、电视台、广播电台等各种新闻媒体,同时结合多种形式的科技活动,推动科技政策的宣传和科学知识的普及,提升科技创新的影响力,营造良好的科技创新氛围。继续加强对企业科技创新人才的培训,增强企业的创新动力,深入挖掘创新经验和典型人物,使自主创新观念深入人心,激发广大科技工作者的积极性和创造性,在全市形成"人人关心科技、人人参与创新"的新局面。增强知识产权保护意识,加大知识产权保护力度,完善市县两级联合执法机制,为鼓励自主创新提供法律保障。

(文章来自乳山市政府网)

四、简报

(一)简报概述

简报,是党政机关、社会团体、企事业单位编发的用以传达信息、反映情况、交流经验、指导工作的带有一定新闻性质的应用文书。在实际工作中,"内部参考"、"信息快报"、"情况反映"、"思想动态"、"简讯"等都属于简报的范畴。简报必须迅速及时地反映情况,且真实可靠,选材应典型、重点突出,并使用简洁的文字。

简报从内容上可分为工作简报、情况简报、经验简报、会议简报等;从性质上可分为综合性简报和专题性简报等。

(二)简报的写作

1. 报头

报头排在简报的首页上方,约占三分之一的版面。主要包括:

(1)简报名称。简报名称应根据简报的行业性质或内容作用等确定。如"简报"、"××会议简报"、"市场信息"、"高教通讯"、"文化动态"等。报头大红套印,美观醒目。

(2)期号。有的以年度为单位编号,有的则统编总期号,定期以外如有增刊可另编期号,会议简报的期数则以一次会议始终为时限按次编号。期号印在简报名称的正下方,用圆括号括起。

(3)编印单位。在期号左下侧,左空一格写编发单位名称,如"××局办公室编"或"××会议秘书处编"等。

(4)印发时间。在期号右下侧,右空一格写印发简报的年月日,与编印单位位于同一水平线上,样式为"××××年×月×日"。

(5)密级。密级一般分为绝密、机密、秘密三级,应视简报内容而定,印在简报名称右上方空白处,也有的简报在此位置印"内部刊物"、"注意保存"等字样。

(6)红色横线。距编印单位及印发时间下 4mm 处画一条红色横线,长度同版心。

2. 报文(报核)

(1)目录。对于刊登两种以上内容的简报,可在首页印制目录,便于读者了解简报的梗概。

(2)按语。按语也称"编者按"或"按",它的作用是对简报内容加以提示、说明或评论,以引导读者注意,多用于专题性简报。此项不是必写内容。

(3)标题。简报标题与新闻报道的标题一样可以灵活多样。

①揭示主题式,例:学习"××精神"加强德育工作。

②概括内容式,例:省教育厅领导出席我校高考阅卷动员大会。

③对仗式,例:地震无情 人间有爱。

④设问式,例:"雷锋精神"还要不要。

⑤正副标题式,例:加强科技成果转化,提升地方科技竞争力——××研究所积极推进××市"科教兴市"工作。

(4)正文。

①导语。可采用新闻导语的写法,直接切入主题或交代事件要素;也可采用公文导言的写法,明确行文根据与目的。

②主体。要紧扣导语,通过大量有说服力的典型材料,把导语中概括出来的观点和内容具体化。

③结尾。结尾不是必写内容,应依据简报所反映的内容而定。有的照应全文,深化主题;有的指明事件的发展趋势;有的提出发人深省的思考;有的补充未尽事宜等。

3. 报尾

相当于公文的版记部分,在末页最下方画两条黑色横线,线内注明报送发范围、对象、印数等。

【例】

医 改 简 报

(第二十期)

全椒县基层医改领导小组综合办公室　　　　　　　　　2010年10月10日

县卫生局召开镇卫生院人员竞聘上岗工作推进会

　　为确保按照县政府要求在10月15日前完成竞聘上岗的任务目标,10月9日,县卫生局在局会议室召开镇卫生院人员竞聘上岗工作推进会。

　　会议首先介绍了我县医改前卫生系统基本情况以及目前医改工作进展情况。此次医改后将原有35所乡镇卫生院核定为10所镇卫生院(下设15所卫生院分院、10所卫生院门诊部),纳入一体化管理的村卫生室94个。共核定乡镇卫生院事业编制为501名。

　　针对目前医改工作,卫生局局长苏胜要求,医改工作要抓推进、保稳定。一是要统一思想,提高认识,要认真学习传达相关医改文件精神,要传达到每位职工。二是要明确分工,落实责任。局班子成员、医改局包乡卫生系统联络员要深入到基层一线,开展调查研究,了解符合竞聘上岗人员公示后各镇卫生院的反映情况,及时召开分流人员座谈会,认真督查药品零差率执行情况。三是要积极宣传,确保稳定,各镇卫生院要将医改政策宣传到位,局办公室、人秘股双休日要正常上班,认真接待每一位上访者,认真记录来访者的诉求,将问题解决在卫生系统和最基层。

本期送至:市医改领导小组办公室,县委、县人大常委会、县政府、县政协、县纪委办公室,
　　　　　县基层医改领导小组成员单位,各镇党委、政府。

五、公示

(一)公示概述

　　公示是党政机关、企事业单位、社会团体及单位内部机构为了使工作做到公开、公平、公正,而事先征求群众意见的应用性文书。作为一种新型文种,公示产生仅10余年,

但已经相当广泛地被应用于全国各行各业,公示制度有利于发扬民主,提高了我国各项政务工作的透明度。公示的发文单位广泛,语言表述简明,公示内容多样,对时间有限定要求。

公示从内容上可分为评前公示、任前公示、认前公示、录用公示、中共党员发展、转正前公示、规章制度公示、信用保证公示、捐款捐物公示、收费价格公示、住房分配公示等。从范围上可分为内部公示、社会公示。

(二)公示的写作

1. 标题

(1)发文机关+事由+文种,例:××学院关于预备党员转正名单公示。

(2)事由+文种,例:干部任职前公示。

(3)时间+事由+文种,例:2011年度中心城第一批符合廉租住房保障申报条件人员名单公示。

(4)文种,例:公示。

2. 正文

(1)公示原因。即为什么要进行公示。

(2)公示事项。即公示的内容。

①评前公示要介绍被评者姓名、性别、工作单位或被评者名称、所属单位;任前公示要介绍被评者姓名、性别、出生年月、籍贯、民族、学历、职称、工作简历、政治面貌、拟任职务等。任前公示要写明哪些单位经初步审查符合条件,具有某种资格;录用公示要写明哪些人经考试、初步审查合格拟录用;中共党员发展、转正前公示要写被发展人姓名、所属单位、经初步审查合格拟发展、转正。

②公示单位的电话号码、网站、公示情况受理部门地址。

③公示的时间,一般为5~7个工作日。

3. 落款

署上发文单位名称和成文日期。

【例】

关于表彰合肥市师德先进个人、合肥市师德楷模
和合肥市师德建设先进集体的公示

经基层学校和县(市)、区(开发区)教育主管部门推荐评选,市教育局审核评定,局常务会议研究决定,拟对以下10名师德楷模、100名师德先进个人和50名师德建设先进集体进行表彰。

现进行公示,公示期自2012年9月5日至7日止。公示期间,如有异议,请向局监察室(电话:××××××)和组织人事处(电话:××××××)反映。

附:合肥市师德先进个人、合肥市师德楷模和合肥市师德建设先进集体表彰名单

合肥市教育局
2012年9月5日

六、会议记录

(一)会议记录概述

会议记录是由会议的组织者指定专人把会议的过程和讨论事项、发言人的发言及会议结果等内容如实记录下来而形成的书面材料,具有实录性、原始性的特点,因而是决议、会议纪要、会议简报及其他公文写作的依据,也是编史修志的凭证。

会议记录从内容性质上,可分为工作会议记录和座谈会议记录;从记录的详略程度上,可分为详细记录和摘要记录。

会议记录应注意的问题:一要记得全面,二要记得准确。全面是指不论是详细记录还是摘要记录,都要将整个过程、主要内容记下;准确是指不能加入记录人的意见,记录人不能对别人的发言内容进行概括、进行语言加工等。因此记录人必须掌握速记的方法。

(二)会议记录的写作

1.标题

会议名称＋文种,例:××大学中文系工作会议记录。

2.正文

(1)会议组织的基本情况。

①召集会议的部门。即会议组织的部门。

②开会时间。这里指的是会议开始和结束的具体时间,包括年、月、日、时。

③会议地点。如"××会议室"。

④出席人。出席人数不多的,可将出席人姓名一一写上;对于人数较多的会议,一般只写明出席人数。

⑤列席人。指不具有正式资格,无表决权和选举权但有发言权的参会者,参照出席人记录方法。

⑥缺席人。写上缺席人姓名及缺席原因。

⑦主持人。写上姓名和职务。

⑧记录人。写上姓名和职务。

目前很多单位都有打印好的会议记录本,格式已经固定,记录人在会议开始之前,按记录本所列项目填写会议组织情况即可。

(2)会议内容。这是会议记录的主要组成部分。记录内容大体包括大会报告、领导

讲话,大会发言,会议研究议题,会议的决议、决定,会议的遗留问题等。会议结束后,可另起一行空两格写上"散会"两字。

3. 落款

即主持人和记录人分别在记录内容的右下方签名,以示负责。

【例】

校学生会2009~2010学年度第二学期第五次办公例会

会议时间:2010年3月27日19:30

会议地点:西区活动中心324会议室

参会人员:刘××,冯×,宗××,杨××,吴××,陆××,唐××,赵×,李×,何××,李×,范×

会议主持:赵×

会议记录:陈×

会议议程:

1.筹委会介绍学代会的筹划和准备情况,以及院学代会的开展情况

2.各部门汇报本周工作情况及下周工作计划

3.主席刘××对会议进行总结,提出一些建议和构想,副主席冯×作出相应的补充

会议内容:

一、中国科学技术大学学生代表大会的准备筹划情况

1.宣传组在最近已经开始分组向全国985高校、211高校,以及安徽省高校发邀请函,邀请他们参加我们的学生代表大会。宣传组还将通过展板、校园气氛营造、新闻报道、BBS、校园网通告等手段来宣传学代会。

2.材料组已明确各同学的责任,最近将开始准备整理材料,将纸质版档案与电子版档案对应起来。但估计材料过多,人手不够。

3.会务组将于下周进行工作培训,确定工作组,及项目组人员,并对项目组人员进行培训(通过讲解,模拟会议),将会务组工作提前做好。

二、各部门汇报近期院学代会和主席联席会的开展情况,以及在其开展过程中出现的问题

1.工院、信院、地空等学代会会议较圆满,选出了各院的代表、委员。有些院是第一次开院学代会,但会议很规范、公平、公正、公开。

2.主席联席会圆满完成,提出的问题都得到了解答。

3.其他院主席、校会各部门负责人出席会议(院学代会),加强校会与院会、院会与院会之间的交流。

4.院学代会中出现的主要问题是,同学们对学代会的概念很模糊,一些代表和委员们不了解他们的职责和义务。

5.应加强对学代会的宣传工作,使同学们对学代会有进一步了解。借鉴研究生会的宣传手册,制作学代会的学习材料在学生中宣传。

三、各部门汇报上周工作情况,以及对接下来工作的筹划和安排

1.活动项目中心(东区)宗××对各个组上周的工作作出总结:(1)体育组,针对3月28日开幕的巾帼杯女子足球赛、冠军杯男子足球赛召开了一次领队会议,并作出相应的安排。(2)实践组,实践组的学科知识竞赛活动准备于4月初举行,但负责的老师联系不上,计划书被卡住了。(3)学习组,准备安排两场讲座:一个是"飞跃重洋"的"飞去"与"飞回",另一个是对职业生涯的规划。(4)文艺组,最近批了校园之星和校园演唱会的计划书,但东区这边出现了人事问题,已经妥善进行了人事调动。(5)由于计划书批的经费少,收集书籍变得很困难,院系拉赞助的成功率提高,而我们的则降低。主要由于商家倾向短期合作。

(西区)对于活动项目中心接班人的培养,杨××建议部门负责人与各组长、副组长多沟通一下。

(西区)吴××提出实践组的"周末餐桌"计划书已提交审批,将于最近实施。

2.社区委员会唐××对上周工作作出总结:(1)提出通过商家见面会,向商家联盟反馈一些问题。(2)想把社区信息园地独立出来仅由社区委员会来做(主席提议)。(3)商家见面会成功举行。(4)社区委员会同样出现人事调动,还进行了优干推选。(5)学生会的打印出现问题,西活二楼的打印处不能挂账。

陆××提议,校学生会可以利用商家联盟来进行反向宣传,借助商家来宣传商家联盟,扩大科大在商家心中的影响力,吸引更多的商家加盟商家联盟。在即将开展的社区文化节中社区办已经通过社区风采秀、寝室风采秀的方案和预算。

主席刘××指出对于社区信息园地独立出来由社区委员会来做需要办公室、社区、权益三个部门协商一下。商家见面会、全委会、3.15等活动最近各负责人都去报一下账。

3.权益服务中心何××认为社区信息园地对权益服务中心的消耗过大,独立出来可以节省人力。我们应增加商家联盟的宣传板块,使商家认为加入商家联盟是一种荣誉,把商家联盟做大。恳谈会已经开始计划。

4.综合办公室(东区)李×针对"五月风"科技文化节提出几点建议和安排。(1)最近通知各个院系分团委、学生会和社团;(2)开幕式要做得新颖,能够展现各院系的特色,吸引大量观众;(3)给"五月风"提一个口号,让院系给"五月风"加油,拍DV来扩大影响;(4)闭幕式不依托其他活动,单独来做,计划开展颁奖典礼等。

(西区)范×介绍了赞助手册的制定进程,介绍了办公室的优干评比,安排了对数学系、核院、化院的院学代会的出席。

四、主席刘××对会议进行总结,并对接下来的工作做出部署

主席刘××建议大家:(1)合理规划活动时间和进程,保证活动和工作效率;(2)各个项目组之间组织协调好,明确各自的任务;(3)提前安排好学代会的会务工作,整理好材

料,分好代表团;(4)做好学代会的宣传工作、前期的通告等,不能只是在会议当天宣传;(5)整理好学生会的年度资料,以及本部门活动的规范资料为以后学生工作参考。

副主席冯×补充优干提名候选人的各部门名额分配,激励大一新生。希望常委跟进,参加筹备会议,并能给同学们提出一定的建议。他还建议以后应有大一同学一起来开办公例会,让学生会变得更加透明化、民主化。

(本文摘自中国科学技术大学学生会网站)

本章思考题

一、单项选择题

1. 不属于《党政机关公文处理工作条例》中规定的公文是(　　)
   A. 命令　　　　B. 指示　　　　C. 报告　　　　D. 议案

2. 《党政机关公文处理工作条例》新增命令的功能是(　　)
   A. 嘉奖有关单位和人员　　　　B. 公布行政法规和规章
   C. 宣布施行重大强制性措施　　D. 批准授予和晋升衔级

3. 属于被动的指挥性公文的是(　　)
   A. 决议　　　　B. 决定　　　　C. 命令　　　　D. 批复

4. 下列属于报请性公文的是(　　)
   A. 通报　　　　B. 公示　　　　C. 纪要　　　　D. 议案

5. 下列发文字号正确的是(　　)
   A. 校字〔2007〕003 号　　　　B. 校字〔2007〕3 号
   C. 校字〔2007〕第 3 号　　　　D. 校字〔2007 年〕第 3 号
   E. 校字〔2007〕3 号

6. 《党政机关公文处理工作条例》发布于(　　)
   A. 2012 年　　　B. 1996 年　　　C. 2000 年　　　D. 2002 年

7. 当公文排版后所剩空白处不能容下印章位置时可采取(　　)
   A. 在下一页标识"此页无正文",然后盖章。
   B. 直接在下一空白页盖章。
   C. 应采取调整行距、字距的措施,使印章与正文同处一面。
   D. 上述措施都对。

8. 根据我国宪法、地方各级人民代表大会和地方各级人民政府组织法的规定,有权发布命令(令)的政府级别是(　　)
   A. 省级以上　　B. 地(市)级以上　　C. 县级以上　　D. 乡(镇)级以上

二、多项选择题

1. 公文语言多以(　　)为主。
   A. 描写　　　B. 说明　　　C. 叙述　　　D. 议论　　　E. 抒情

2. 计划是一个统称,(　　)等也都属于计划。
   A. 要点　　　B. 思路　　　C. 设想　　　D. 规划　　　E. 安排
3. 请示的主送对象是(　　)。
   A. 上级领导机关　　　B. 相关工作主管机关　　　C. 相关业务主管机关
   D. 上级业务主管机关　　　E. 上级机关领导人
4. 可作为公文征询用语的专用词语有(　　)。
   A. 为盼　　　B. 当否　　　C. 可否　　　D. 为荷　　　E. 如无不妥
5. 公文成文日期是(　　)。
   A. 会议通过的时间　　　B. 公文起草完稿时间　　　C. 领导签发时间
   D. 公文打印时间　　　E. 公文印发时间
6. 公文的特点是(　　)。
   A. 是管理的工具。
   B. 观点明确,具有鲜明的政治性。
   C. 由法定作者制作,具有法定效用。
   D. 体式规范,程序性强。
   E. 语言庄重、质朴、简洁。
7. 公文标题一般由作者加事由加文种构成。在一定条件下,也可以(　　)。
   A. 省略作者　　　B. 省略事由　　　C. 省略文种
   D. 省略作者和事由　　　E. 省略事由和文种
8. 根据紧急程度,紧急公文应当分别标注(　　)。
   A. 特急　　　B. 加急　　　C. 特提　　　D. 平急　　　E. 急件

三、判断题

1. 公文要求语言优美,辞藻华丽,并运用各种修饰手法。　　　　　　　(　　)
2. 从机密程度上,公文分为涉密和不涉密两个等级。　　　　　　　　(　　)
3. 总结的写作要注重理论性,不能只记流水账。　　　　　　　　　　(　　)
4. 公文中有特定发文机关标志的普发性公文和电报可以不加盖印章。　(　　)
5. 公文的抄送机关指除主送机关外需要执行或者知晓公文内容的其他机关。
   　　　　　　　　　　　　　　　　　　　　　　　　　　　　　　(　　)
6. 调查报告要将调查经过、情况、认识和结论以书面形式表达出来。　(　　)
7. 下行文应当标注签发人姓名。　　　　　　　　　　　　　　　　　(　　)
8. 联合行文时,应标注所有联合行文机关的发文字号。　　　　　　　(　　)

四、拟写公文标题(要求:标题三要素齐全)

1. ×市公安局交通警察支队就商品交易会期间临时进行交通管制发文向社会告之。
2. 某省人民政府、省军区就做好2012年冬季退役士兵接收安置工作制发文件,使各单位周知。

3. 国务院就水利部请求审批黄河流域防洪规划复文,批准对方的请求。

4. 国务院办公厅就规范农村义务教育学校布局调整提出意见。

5. ×市在招录政法干警工作中对加分考生名单向社会公布,期予社会监督。

6. 某市物价局对市肺癌诊治中心联合会诊收费标准问题答复市卫生局,批准其请求。

7. 某校学生会为召开2012年年会制定了一份会议计划。

8. 某局为采购档案柜发文向社会招标。

案例分析

关于申请拨给灾区贷款专项指标的报告

省行:

×月×日××地区遭受了一场历史上罕见的洪水袭击,×江两岸乡、村同时发生洪水,灾情严重。据不完全统计,农田受灾总面积达3000多亩,各种农作物损失达100多万元,农民个人损失也很大。灾后,我们立即深入灾区了解灾情,并发动干部群众开展生产自救。同时,为帮助受灾农民及时恢复生产,我们采取了以下措施:

一、对恢复生产所需资金。以自筹为主。确有困难的,先从农贷指标中贷款支持。

二、对受灾严重的困难户,优先适当贷款,先帮助他们解决生活问题。到×月×日止,此项贷款已达××万元

由于这次灾情过于严重,集体和个人损失都很大,短期内恢复生产有一定的困难,仅靠正常农贷指标难以解决问题。为此请省行下达专项救灾贷款指标××万元,以便支持灾区迅速恢复生产。

以上报告当否,请批示。

××银行××市支行
××年×月×日

问题:以上案例有何不妥之处?请指出并改正。

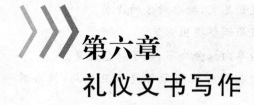

第六章 礼仪文书写作

本章导语

本章主要介绍了礼仪文书的含义、种类、作用和特点,阐述了礼仪文书的写作要求,并详细介绍了请柬、聘书、迎送词、答谢词、贺信(电)、祝词、慰问信(电)、讣告、悼词、唁电(函)、求职信、竞聘词、开幕词、闭幕词等礼仪文书的写作方法和写作要求。

本章关键词

礼仪文书含义;礼仪文书种类;礼仪文书写作

第一节 礼仪文书概述

一、礼仪文书的含义

礼,本谓敬神,引申为表示敬意的通称;仪,指仪式,亦指礼节。所谓礼仪,是指在社会交往中形成的,以建立和协调人际关系为目的,为人们所认同和遵守的行为规范或准则。

礼仪文书是指人们在社交礼仪活动中,用以沟通感情,调整、改善、发展人与人之间、人与组织之间、组织与组织之间关系的,具有固定格式的应用文书。它是人际交往中传播信息、交流感情、融洽关系的重要媒介,是必不可少的社交工具。我国素有"礼仪之邦"的美誉,随着社会文明的不断发展,礼仪问题越来越受到党政机关、企事业单位、社会团体等各类社会组织的重视。秘书人员作为领导的辅助者,应该能够根据不同的需要,在不同的场合,针对不同的对象,运用恰当的文字处理各种公关礼仪事务。因此,遵守礼仪规范,熟练掌握相关礼仪文书的写作,既是秘书修养的一项重要内容,也是秘书应具备的基本素质。

二、礼仪文书的种类

礼仪文书属于传统型的应用文书。它随着社会的需要而产生,其种类随着社会和时代的发展变化而发展变化。根据礼仪文书的不同性质,大致可分为如下几类:

(一)邀约类

包括请柬、邀请函、聘书等。

(二)迎送类

包括欢迎词、欢送词、答谢词等。

(三)祝贺类

包括贺信、贺电、祝词、题词等。

(四)慰问类

包括慰问信、慰问电等。

(五)哀悼类

包括讣告、悼词、唁函(电)、碑文等。

(六)公关类

包括求职信、推荐信、竞聘词、开幕词、闭幕词等。

三、礼仪文书的作用

在人际交往中,人们常常需要借助礼仪文书来调整、改善、发展相互之间的关系,交流思想,联络感情,传递信息。因此,礼仪文书对于加强各方面的了解、联系与合作,融洽和密切主客体关系发挥着重要作用。例如:邀请客人出席招待会、座谈会、宴会、交易会、学术讨论会、沙龙、开业典礼等时要发请柬或邀请函;迎来送往、喜庆场合要致欢迎词、欢送词、答谢词、祝酒词等;重要纪念日、节假日要发慰问信、慰问电等;求职竞聘要写求职信、竞聘词等;重要会议和活动要致开幕词、闭幕词等。

礼仪文书的具体作用如下:

(一)沟通协调

这是礼仪文书写作的重要目的和作用。人们需要运用交际、协调手段,建立广泛的社会联系,创造"人和"的环境。

(二)塑造形象

组织或个人要树立良好的形象,扩大知名度、提高美誉度,常需要开展相关的公关礼仪活动,礼仪文书写作是重要的手段之一。在现代社会,面对复杂的内外部环境,组织或个人难免招致他人的误解、不满,当出现形象危机时,借助礼仪文书,如一封书信,及时诚恳地作出道歉或解释,一定程度上可以起到弥合补救、重塑形象的作用。

(三)传播信息

同其他应用文书一样,礼仪文书也是上情下达、下情上达、共享信息的桥梁和纽带。

第二节 礼仪文书的特点和写作要求

一、礼仪文书的特点

礼仪文书主要有实用性、针对性、体式性、情感性、实效性等特点。

(一)实用性

应用写作为解决实际问题而生,有着明确的目的性。礼仪文书主要用于日常人际交往,既可以处理公务,也可以处理私务,涉及面广,实用性强。写请柬就必须突出"请"的目的,写贺信是为了向对方道贺祝福,写求职信旨在通过自我推荐获得合适的职位。

(二)针对性

礼仪文书大部分都有比较具体明确的阅读对象,在写作中要注意针对不同场合以及对象的性别、年龄、辈分、职业、身份、学识、喜好、习惯等,采用不同的措辞语气。只有有针对性地进行写作,才能使礼仪文书真正发挥实效。

(三)体式性

一般说来,礼仪文书虽不如公文那样有严格的体式规定,但在漫长的写作实践中也逐渐形成了一套基本的定式规范。如在结构上,绝大部分礼仪文书都由标题、称谓、开头、主体、结尾和落款几部分组成。在书写形式上,礼仪文书对于书写载体(如纸的质地和尺寸)的要求,基本上是统一的。因此,在写作时既不能太随意,也不应墨守成规;既要遵循各种规范体式,也可以适当地推陈出新。

(四)情感性

应用文书旨在实用而不要求以情动人,这也是其和文学类作品的区别之一。但礼仪文书由于其特殊性质,却与其他应用文书特别是公文不同:在严肃性之外还具备情感性特征,它实际上是人们进行情感交流的一种书面形式。

礼仪文书应具有感染力,情溢文中,体现尊重、理解、诚挚的情感色彩。比如欢迎词、欢送词、答谢词、慰问信等,要求深怀感情,让人体会到致词人的真情实感,如果写得冷漠、平淡,则无法达到预期目的,甚至可能事与愿违。

（五）实效性

礼仪文书讲求及时写、及时发、及时办理,这样才能发挥其传递信息、沟通协调、联络感情的最佳效用。

二、礼仪文书的写作要求

写作礼仪文书应注意以下几点：

（一）要审时度势

礼仪文书适用范围极广,小至私人应酬,大至国际交往,皆有可能用到。如用于国家之间、地区之间、国家与地区之间、军事集团之间的贺信、贺电、唁函、唁电,用于外交场合的各种致词等,具有一定的政治性、政策性、导向性,写作时务必审时度势。这是因为世界形势风云变幻,国际关系错综复杂,只有站在较高的视点上俯瞰全局,充分了解对方国情、民情,用语谨慎得体,才能使礼仪文书真正起到协调关系、增进友谊、促进友好合作的作用。

（二）要区别不同场合

礼仪文书应用于各种场合,写作时要讲求与场景气氛和谐融洽。

以致词为例：开业或周年庆典会、新闻发布会、学术研讨会、展览会、宴会等,都需要有关人士致词。但不同场合的致词,内容和措辞有所差别。大会致词要庄重严谨,宴会致词要激情洋溢,答谢致词要诚恳亲切。

（三）要分清不同对象

礼仪文书发送的对象不同,说话的语气和分寸也应有所区别。对上级、长辈要尊重、谨严;对平级、平辈要诚恳、谦和;对下级、晚辈要和气、亲切。总之,在交往中须根据关系和对象的不同,采用相应礼仪。要谨记礼仪文书写给谁看,讲给谁听,要有明确的对象感。

（四）语言应简明晓畅,庄雅得体

简明就是简洁明了,言简意赅。晓畅就是内容明晓,行文畅达。如请柬、贺电、求职信的写作,要求言简意明,通顺流畅,这样才易于阅文方快速获取信息。

庄雅是指行文庄重、礼貌、文雅。得体是指语言运用恰到好处,适合所处环境。所表之情、所达之意,既切合自己的身份,又让对方乐于接受。遣词造句的庄重得体也是修养和素质的体现。

（五）写作者要具备综合素养

礼仪文书的写作，关系个人与组织的形象，要求写作者既要了解社交礼仪领域的常识，又要掌握基本的应用文书写作知识及技巧，更需要有良好的道德和文化素养。

第三节　常用礼仪文书写作

一、邀约类礼仪文书

（一）请柬

1. 请柬的概念

请柬，又称"请帖"，是邀请单位或个人参加会议、庆典等活动时所使用的一种告知性礼仪文书。发送请柬，一方面是表示邀请者对被邀请者的尊敬，另一方面也表明活动的隆重。

2. 请柬的写作

（1）封面。在封面（正面）写或印制"请柬"两字，字体要略大，醒目美观，可适当做些艺术装饰。普通请柬可以将"请柬"二字和正文合在同一面上。

（2）称谓。首行顶格写被邀请的单位名称或个人姓名。个人姓名后应加相应的尊称，如"先生"、"女士"、"老师"、"教授"等。发给长辈的请柬可以省略姓名，直接写称谓，如伯父、伯母、舅父、舅母等。

（3）正文。写清邀请的目的，活动名称、时间、地点、内容及注意事项等。

（4）结尾。通常写"恭请光临"、"敬请莅临"、"敬请惠顾"、"敬请光临指导"等表示欢迎、恭敬的词语。

（5）落款。写明邀请者的名称和发出邀请的日期。以单位名义发出的请柬应在此处加盖单位公章。

【例】

请　柬

黄××女士：

　　本店新楼业已竣工，各营业部均已迁入本市××大街××号新址。兹订于×月×日上午8时开始营业，敬请继续惠顾。为庆贺新址开业，兹订于当日下午6时在××大酒店一楼大厅举行酒会。

　　恭请光临

董事长王××敬约
×年×月×日

(二)聘书

1. 聘书的概念

聘书,又称"聘请书",是聘请某些有专业特长或名声威望的人担任某项职务或承接某项工作时所使用的文书。随着经济体制和劳动制度改革的不断深入,在用人制度上,大量单位采用聘任制,聘书也成为使用频率较高的礼仪文书之一。同时它还是单位与单位之间、个人与个人之间互通有无、调剂力量、加强协作、密切联系的纽带。

2. 聘书的写作

(1)标题。首页或内页正中写或印制"聘书"或"聘请书"字样。

(2)称谓。首行顶格写被聘者的姓名,也可在正文中写明被聘者的姓名称呼。如"兹聘请××教授为……"

(3)正文。主要交代聘请的原因、聘任的职务或工作、聘请的期限、聘请的待遇、对受聘人的期望和要求等。

(4)结尾。通常用"此聘"二字,也可省略。

(5)落款。署上聘请单位名称、发文日期并加盖公章。

【例】

聘 书

兹聘请常××同志为××家电集团维修部总工程师、主任,聘期自×年×月×日至×年×月×日,聘任期间享受集团高级工程师全额工资待遇。

此聘

××家电集团(章)
×年×月×日

二、迎送类礼仪文书

(一)迎送词

1. 迎送词的概念

迎送词是欢迎词和欢送词的总称。它是客人光临或离别时,主人为表示热烈欢迎之意或依依惜别之情在座谈会、宴会、酒会等场合发表的热烈友好的讲话。

2. 迎送词的写作

(1)标题。直接写"欢迎词"或"欢送词",也可在"欢迎词"或"欢送词"前边附加致词人姓名、职务及欢迎会议名称等修饰限定词语。如"××总经理在新员工培训会上的欢迎词"。

(2)称谓。在标题下正文前顶格书写。一般要在姓名前冠以"尊敬的"、"亲爱的"等修饰语,在后面加上职务头衔;或加"先生"、"女士"等称呼。对外国元首则以"阁下"、"陛下"等相称。

(3)正文。欢迎词正文内容:一是表达欢迎之意,写明致词者代表谁向宾客表示欢迎。二是介绍宾客的主要情况,如领导职务、工作成绩、学术造诣等。可以叙写宾客来访的背景、意义、作用,也可以回忆国家之间、组织之间、个人之间友好交往的历史等。

欢送词正文内容:一是表达欢送之意,写明致词者代表谁向宾客表示问候和欢送;二是简要回顾欢送对象来访情况、取得的收获等;三是评价来访意义,展望双方未来的合作关系,或者对对方提出希望、要求等。

(4)结尾。表达感谢、祝愿或希望等。如"我衷心地祝愿大家访学期间身体健康!学习进步!生活愉快!""祝同志们一路顺风!前程似锦!"等。

(5)落款。署名并标注致词日期。

【例1】

欢 迎 词

尊敬的总公司领导、各位兄弟分公司的来宾:

大家上午好!

欢迎各位莅临历史文化名城××,参加"2012年度客户服务专项工作会议"。我谨代表××分公司全体同仁,对诸位的到来表示热烈的欢迎和诚挚的问候!

在座的各位来宾,有些可能是初次来到××,借此机会我也向大家简要介绍一下××。××历史悠久,早在7000年前,人类先民就在此繁衍生息,创造出了灿烂的河姆渡文化。

(略)

各位来宾,共同的事业让我们汇聚在"港通天下、书藏古今"的××,商讨公司下半年的客户服务工作;共同的目标使我们众志成城,奋力拼搏。只要用辛勤去耕耘、用智慧去播种,我们一定能收获一个硕果累累的2012年!

让我们携手共进,拥抱明天!

最后预祝本次会议圆满成功!谢谢大家!

××分公司总经理
×年×月×日

【例2】

欢 送 词

尊敬的各位领导、各位嘉宾:

晚风送暖拂离意,清泉低吟叙别情。美好的时光总是短暂的,为期3天的考察之旅就要结束了,在这个美好的夜晚,我们怀着依依不舍的情感,在这里为你们设宴送别。尽管短短的考察时光在岁月的长河中只是白驹过隙、一闪而逝,但考察团留给我们的友谊和支持是真挚而永恒的。你们把宝贵的发展经验传给了我们,同时也把兄弟般的情谊铭刻在我们心田。

沙海浩瀚,草原辽阔,××市因有珠日河草原而骄傲。珠日河草原博大、宽广的胸怀,正是你们宽厚仁爱、甘于奉献的真实写照。山峰连绵,林海滔滔,我市因有圣泉而自豪。圣泉的清冽甘甜,也是我市淳朴、厚重、诚挚情感的体现。草原与圣水的交融,孕育着两地发展的希望;沙海与火山的召唤,架设起我们友谊的桥梁。

历经多年的发展,我市已由原来偏僻落后的山区小镇,建设成为初具规模、独具风格的新城,这得益于各级领导、各兄弟盟市的关心和帮助。在新一轮发展中,我们将以旅游经济为主导产业,率先在全国打造生态文明体验区,构建国内外知名的旅游胜地。

××市的发展模式非常值得我们学习借鉴,××市的成功经验更是我们快速崛起的动力源泉。我们衷心地希望××市的领导和朋友们一如既往地支持我市的发展,永葆两地的传统友谊,携手共创两地更加辉煌的明天!

最后祝在座的各位身体健康!一路顺风!

××市市长
×年×月×日

(二)答谢词

1. 答谢词的概念

答谢词是指在特定的礼仪场合(如宴会、招待会)宾客对主人的热情款待和帮助表示谢意时所使用的致词。

2. 答谢词的写作

(1)标题。直接写"答谢词",也可在其前面加上致词人姓名、职务、致词场合。如"×
×书记在××学校省级实习基地签约仪式上的答谢词"。

(2)称谓。标题下正文前顶格书写被答谢人的姓名、头衔。要突出被答谢的主要人物,然后用泛称依次列出被答谢对象。称呼要友好亲切,常在称呼前加上"尊敬的"、"亲爱的"之类的修饰语。

(3)正文。大体包括对对方的盛情表示感谢;对对方的情况及成就作介绍和评价,以示尊重;就双方共同关心的问题表达自己的观点和态度;展望双方广阔的合作前景等。

(4)结尾。再一次用简短的语言表示感谢。

(5)落款。署名并标注致词日期。

【例】

答 谢 词

尊敬的××总经理,各位××公司上海分公司的同仁们:

首先我代表××公司海南分公司的全体访问员工对贵公司这些天的热情款待表示

衷心地感谢!

　　我们两家公司虽然位居两地,但距离阻断不了交流。我们的共同名称是"××";我们的共同目标是:"让××越来越好,越来越强!"贵公司在财政分析、销售理念以及决策方面具有明显的创新特点,在财务管理上也拥有与众不同的方式方法,这些都是我们××分公司所不及的。是你们使"××"的名声越来越响亮,更让"××"走进了千家万户。通过这次的沟通交流,我们从你们这里学到了独特创新的行事理念、细致严谨的工作作风以及很多具体的管理方法。我们将以你们为榜样,继续努力完善销售理念、经营策略,争取来年达到同贵公司不相上下的业绩,让"××"更辉煌!

　　最后,请允许我们××公司海南分公司再次向你们表达衷心地谢意!希望我们两家公司友谊长存!再次相聚时,那将是我们"××"再创佳绩的"庆功会"上!

××公司海南分公司总经理
×年×月×日

三、祝贺、慰问类礼仪文书

(一)贺信(电)

1. 贺信(电)的概念

　　贺信、贺电,又称祝贺信、祝贺电。它们是对受贺方所取得的成就或突出贡献表示庆贺、赞扬、表彰的专用函电。贺信是对他人或单位表示祝贺的书信的总称,一般用来祝贺取得重大成就、召开重要会议等。贺电是表示祝贺、赞颂的电报,贺电要注意迅速、及时。贺电大多是以领导机关或领导人的名义发给有关单位、集体或个人的,可以直接发给被祝贺者,也可以是电视、广播讲话或在报刊网络上发表,从而产生较大的社会影响。

2. 贺信(电)的写作

　　(1)标题。直接写"贺信(电)",也可在标题中写出致贺者名称、致贺事由、受贺者名称等。如"中共中央 国务院 中央军委对天宫一号与神舟八号交会对接任务圆满成功的贺电"。

　　(2)称谓。在标题下正文前顶格书写受贺单位的名称或受贺个人的姓名、称呼。

　　(3)正文。首先简略地交代祝贺背景、原因并表示祝贺之意。常见句式如"欣(喜)闻……值此……之际,谨代表……向……表示热烈地祝贺"。然后应充分肯定和热情赞扬对方所取得的主要成就,分析取得成就的根本原因和重大意义。

　　(4)结尾。一般应再一次表示祝贺,也可以号召别人向受贺者学习,还可以提出希望和要求。

　　(5)落款。写明祝贺单位或个人姓名及成文日期。

【例】

贺 电

中国体育代表团：

在举世瞩目的第30届奥林匹克运动会上，中国体育代表团表现出色，收获了38枚金牌、27枚银牌、22枚铜牌，位居金牌榜和奖牌榜前列，谱写了我国竞技体育新的辉煌篇章，在世界面前展现出改革开放的中国各族人民的良好精神风貌。党中央、国务院向你们表示热烈的祝贺和诚挚的问候！

刚刚过去的17天里，中国体育代表团的运动健儿们在奥运赛场上频传捷报，雄壮的中华人民共和国国歌一次次奏响，鲜艳的中华人民共和国国旗一次次升起。你们大力弘扬中华体育精神和奥林匹克精神，胸怀祖国、牢记重托，不畏强手、奋力拼搏，展示出高超的运动技能和顽强的意志品质，为祖国和人民赢得了荣誉。你们同各国各地区体育同行相互切磋、深入交流，为促进国际奥林匹克运动发展、增进我国人民同各国各地区人民友谊发挥了积极作用。你们的优异表现，极大激发了全国各族人民的爱国热情，极大增强了海内外中华儿女的民族自信心和自豪感。

当前，全党全国各族人民正满怀信心地推进改革开放和社会主义现代化建设，努力以优异成绩迎接党的十八大胜利召开。希望你们立足新的起点，戒骄戒躁，再接再厉，总结经验，从零开始，不断提高运动竞技水平和体育道德水平，为推动我国体育事业科学发展、建设体育强国，为实现全面建成小康社会奋斗目标、开创中国特色社会主义事业新局面贡献更大力量！

祖国和人民期待着你们凯旋！

中共中央

国务院

2012年8月12日

(二) 祝词

1. 祝词的概念

祝词是对人、对事表示祝贺的言辞和文章，祝词和贺词（电）在某些场合可以互用，但两者的含义并不完全相同。祝词一般的对象是事情未果，表示祝愿、希望的意思；贺词（电）一般的对象是事情既果，表示祝贺、道喜的意思。

2. 祝词的写作

(1) 标题。直接写"祝词"，也可在其前面加上致词人姓名、职务、致词场合。如"××市长在×××市××酒会上的祝词"。

(2) 称谓。在标题下正文前顶格书写受祝贺单位的名称或受祝贺个人的姓名、称呼。

(3) 正文。这部分写法比较灵活，针对不同的祝贺对象、不同的祝贺动机，写出相应的祝贺内容。但总的来说，应包含下面几层意思：向受祝贺的单位或人员表示祝贺、感谢或问候;说明写祝词的理由或原因;对对方已作出的成就进行适当评价等。

(4)结尾。再次表示祝愿、希望、祝贺,也可给被祝者以鼓励。

(5)落款。写明祝贺单位或个人姓名并标注成文日期。

【例】

祝　词

尊敬的××保险公司领导、同志们、朋友们:

上午好!

很荣幸贵公司在××眼科医院举办这次员工大会。我代表××眼科医院的全体员工,对诞生在保险改革实验区的全国性国有保险公司——××保险举办这次会议表示诚挚的祝贺!对各位来到××眼科医院表示热烈的欢迎!

虽然××眼科医院和××保险公司是一个大家庭,但在座各位可能有人对××眼科医院并不是很了解。在此,我简单地作一介绍:我院是××市(包括各县区)新型农村合作医疗定点医院,城镇职工、城镇居民基本医疗保险定点医院,具有以下突出优势:

(略)

××眼科医院和××保险公司可以说荣辱与共、风雨同舟。相信在今后的发展中,××眼科医院和××保险公司将有更多机会合作,互相学习,共同进步。同时,希望贵公司尤其是在座的各位,今后能继续关心和支持××眼科医院。

最后,预祝此次大会圆满成功!

××眼科医院院长
×年×月×日

(三)慰问信(电)

1. 慰问信(电)的概念

慰问信(电)是以组织或个人的名义,在节日、纪念日或遇到某种特殊情况时(如战争、自然灾害、事故等)向有关单位或人员表示安慰、问候、关怀、鼓励而写的专用信(电)。它满含深情厚谊,能给人以继续前进的信心、克服困难的勇气。

2. 慰问信(电)的写作

(1)标题。直接写"慰问信(电)",也可由发文单位名称、慰问对象和文种构成。如"××省民政厅致××灾区人民的慰问信(电)"。

(2)称谓。在标题下正文前顶格书写被慰问的单位或个人的称呼。单位名称要写全称,个人姓名前往往加上"尊敬的"、"敬爱的"等,以表示对被慰问者的尊重。

(3)正文。首先写明慰问信(电)的背景及原因,表示问候、安慰,语言要简明概括,态度要明朗。如:"值此……来临之际,我们谨代表……向……致以节日的祝贺和亲切的慰问"。然后概述对方的先进事迹、忘我的工作态度及其作出的贡献,或是遇到困难时所表现出的不怕牺牲的可贵品质和高尚风格,并分析形势,指出今后的奋斗方向。

(4)结尾。提出希望,表示共同的决心。或表明来自各个方面的关心和谢意,以及将要采取的支援行动等。

(5)落款。写明慰问单位或个人姓名并标注成文日期。

【例】

慰 问 电

中共广东省委、广东省人民政府:

　　近日,贵省受"凡亚比"台风影响,局部地区遭遇超百年一遇特大暴雨,造成严重洪涝灾害,给当地人民群众生命财产造成重大损失。山东省委、省政府和全省广大党员干部群众对灾情十分关心。在此,我们谨代表全省各级党委、政府和9400万人民,向你们并通过你们向受灾群众表示亲切慰问!向战斗在抢险救灾第一线的广大党员干部群众和人民解放军、武警部队官兵致以崇高敬意!

　　一方有难,八方支援,你们的困难就是我们的困难。我们随时做好支援灾区的各项工作。山东省委、省政府决定,立即向灾区捐赠500万元现金。

　　我们坚信,在党中央、国务院及广东省委、省政府的坚强领导下,通过各方面的共同努力,一定能够尽快战胜这次严重的自然灾害,夺取抢险救灾的全面胜利。

中共山东省委
山东省人民政府
2010年9月24日

四、哀悼类礼仪文书

(一)讣告

1. 讣告的概念

讣告又称"讣文"或"讣闻","讣"即"报丧"的意思。讣告就是将噩耗通知给死者生前的朋友、亲属、各有关单位及个人时使用的一种礼仪文书,一般由死者的家属或死者的同事朋友组成的治丧委员会向社会发布。

讣告可分为通知式讣告、新闻式讣告、公告式讣告三种。通知式讣告是讣告中最常见的一种形式。告知的范围限于机关团体等死者生前所活动的范围以内,一般采取张贴的方式。讣告上要以浓墨圈上黑色方框,以示肃穆哀悼。新闻式讣告是以新闻媒体中"消息"这种形式,在较大范围内告知死者逝世的消息。报道的对象有一定的级别与声望,一般都发表在与死者的影响范围相适宜的报刊网络上,也可在电台、电视荧屏上播出。公告式讣告是以公文中的"公告"这种形式,向国内外公开发布的党和国家领导人或有名望的人士逝世的消息,可授权由新华社发布,使用级别较高。

2. 讣告的写作

(1)标题。不同种类的讣告标题写法不尽相同。通知式讣告的标题通常直接写"讣告",或在"讣告"前冠以死者名字和称呼;新闻式讣告的标题一般写"××同志逝世";公告式讣告的标题一般由发布公告的单位名称加"公告"二字构成。

(2)正文。一是死者的自然情况简介,主要包括死者的姓名、籍贯、身份、逝世原因、逝世日期(年、月、日、时、分)、逝世地点及终年岁数。二是死者的生平简介。由于讣告的篇幅有限,对于死者的生平介绍应力求简短。但新闻式讣告和公告式讣告可以例外,主要介绍死者生前有代表性的一些经历、事件,或其思想、言论等。三是对死者的评价。评价要客观公正,以正面肯定为主,褒扬死者的优点和功绩。四是告知吊唁、追悼会的时间、地点或根据遗嘱和逝者家属的意见写明对丧仪活动的安排。

(3)结尾。通知式讣告通常用"特此讣告"或"谨此讣告"结束;新闻式讣告以新闻消息结尾方式结束;公告式讣告则可用"×××同志永垂不朽"作结。

(4)落款。写明发出讣告的个人或单位、团体的名称、时间,可附上治丧委员会名单。

【例】

鲁迅先生讣告

鲁迅(周树人)先生于1936年10月19日上午5时25分病卒于上海寓所,享年56岁。即日移置万国殡仪馆,由20日上午10时至下午5时为各界瞻仰遗容时间。依先生遗言:"不得因为丧事收受任何人的一文钱。"除祭奠和表示哀悼的挽词、花圈等以外,谢绝一切金钱上的赠送。

谨此讣闻。

鲁迅先生治丧委员会(人名略)
1936年10月19日

(二)悼词

1. 悼词的概念

悼词,即悼念之词,也称祭文。它是对逝去的人深情缅怀、表示哀悼的一种礼仪文书。悼词有广义和狭义之分。广义的悼词指发表在报刊等媒体上的对死者缅怀、哀悼、追忆的纪念性文章。狭义的悼词专指在追悼会上对死者的生平事迹进行评价、表示哀思与敬意的宣读式的专用文书。

2. 悼词的写作

(1)标题。常用"×××同志悼词"或"在×××同志(先生、女士)追悼大会上的悼词"等。

(2)正文。首先以沉痛哀悼的心情介绍逝者的身份,写明逝者生前的职务、职称等,由于何种原因于何时(具体到日、时、分)、何地不幸逝世,终年或享年岁数。接着以时间为序介绍逝者生平,包括籍贯、出生年月、学历、工作经历,重点陈述其生平业绩、重要成果、杰出贡献等。而后,高度赞扬逝者的思想品质、精神风貌、学识才能、志趣追求、人格魅力,指出其去世给工作、事业、家庭带来的巨大损失。最后号召并表示学习其精神、品质,化悲痛为力量,以实际行动纪念逝者。

(3)结尾。另起一行,再次表达对逝者的哀悼之情。常用"××同志安息吧""××同志永垂不朽""××,您永远活在我们心中"等语句作结。

(4)落款。写明悼念单位或个人姓名并标注成文日期。

【例】

萧三同志追悼会悼词

1983年2月4日9时55分,中国共产党优秀党员萧三同志与世长辞了。我们党失去了一位老一代的无产阶级革命家,一位杰出的无产阶级文化战士,国际著名诗人,一位为中国革命、为保卫世界和平和促进各国人民的友谊和文化交流作出了积极贡献的政治活动家和国际活动家。此刻,我们的心情非常沉重和悲痛。

萧三同志1896年10月10日生于湖南省湘乡县萧家冲。少年时代,他曾和毛泽东同志在湘乡县东山小学同学,之后一起在长沙湖南第一师范求学。他和毛泽东、蔡和森等同志一起创建了"新民学会",并为毛泽东同志主办的《湘江评论》撰稿。此后,他参加了"五四"运动。1920年加入了赵世炎、周恩来等同志组织的"少年共产党"(即"社会主义青年团")。1922年他经胡志明同志介绍和王若飞等五位同志加入法国共产党,同年转入中国共产党,协助陈乔年、邓小平等同志出版刊物《少年》,1923年到莫斯科东方劳动者共产主义大学学习。1924年夏回国。曾任共青团湖南省委书记、中共湖南省委委员、中共张家口地委书记、共青团中央组织部部长和代理书记等职,1927年出席中国共产党第五次全国代表大会,1945年出席党的第七次全国代表大会。全国解放后,先后出席了第一、第二、第五届全国政治协商会议和第一、第二届全国人民代表大会,并当选为第五届全国政协常委。

萧三同志对中国无产阶级文艺运动和世界各国人民的斗争以及文化交流事业作出了重要贡献,1928年在莫斯科期间,就开始从事文学活动。1934年他出席了苏联作家第一次代表大会,会见了高尔基,并代表中国左翼作家联盟作了大会发言。在苏联期间,他与鲁迅保持着亲密的通讯联系,并通过文艺作品向全世界介绍了中国的工农红军、土地革命及其领导人物,写了毛泽东、朱德等同志的传略,写了大量的诗歌、散文和一些小说、报告文学等作品,被译为俄、保、英、德、法、西、捷等多种文字,在国际上产生了广泛的影响。

萧三同志的作品,充满高度爱国主义和国际主义精神。由他主编的《革命烈士诗抄》及其续集,成为进行革命传统、革命理想和革命情操教育的宝贵教材。它的主要诗集有:《和平之歌》、《友谊之路》、《萧三诗选》、《伏枥集》等,俄文诗集《湘笛集》、《我们的命运是这样的》、《埃弥·萧诗集》、《萧三诗选》等。萧三同志是著名的文学翻译家,是广为流传的《国际歌》歌词的主要译者之一。

萧三同志对我国文学运动的贡献是多方面的,他长期担任文艺界各种领导职务,做了大量的工作。全国解放后历任中国文联委员、中国作协书记、顾问、作协外国文学委员会主任和国际笔会中心副会长等职,为我国文学事业的发展作了长期不懈的努力。

萧三同志又是一位著名的国际文化活动家和保卫世界和平的战士。他曾担任中华人民共和国文化部对外文化联络事务局局长等职,作为一位著名的文化战士和中国人民的和平使者,常年奔走于世界各地,出席历届保卫世界和平会议,访问过许多国家,两次出席亚非作家会议。

萧三同志一贯坚持马克思主义、毛泽东思想,坚持社会主义,时刻以普通党员的标准严格要求自己,尊重组织,关心群众。1962年他把自己主编的《革命烈士诗抄》全部编辑费上缴,1981年又把《萧三诗选》的全部稿费捐赠给四川灾区人民。

在十年内乱中,萧三同志受到林彪、江青、康生一伙的诬陷和迫害,被非法关押七年多,恢复自由以后,他虽然已八十高龄,体弱多病,但始终以老骥伏枥的精神顽强工作,还尽力参加各种社会活动。晚年,他写了大量的革命回忆录和诗歌。他在辛勤劳动和与疾病顽强斗争中走完了生命的最后历程。

萧三同志是中国人民和我们党的忠实儿子,他为中国人民的革命事业和人类的进步事业奋斗了一生,鞠躬尽瘁,献出了自己的一切。我们要学习他对敌斗争的顽强精神、一丝不苟的工作作风、热爱人民的高尚品质、严于律己的崇高精神。萧三同志永远是我们学习的榜样!

萧三同志和我们永别了,我们要化悲痛为力量,为把我国建设成为一个高度民主、高度文明的社会主义现代化国家,为开创我国社会主义文学事业的新局面,为促进中外文化交流,为发展同各国人民的友好事业和保卫世界和平而努力奋斗!

(三)唁电(函)

1. 唁电(函)的概念

唁电(函)是向死者家属表示吊唁慰问的电报、信函。它既可以表示对死者的悼念,又可以向死者家属表示亲切的问候、安慰。重要人物的唁电(函)除直接发给死者家属外,还要登报、广播等。根据致发者的不同,唁电(函)可以分为两种类型:一种是以组织或集体名义发的唁电(函);另一种是以个人名义发的唁电(函)。

2. 唁电(函)的写作

(1)标题。直接写"唁电(函)"或"致×××同志(先生、女士)的唁电(函)"。

(2)称谓。在标题下正文前顶格书写收唁电(函)的单位或逝者家属的称呼。

(3)正文。首先表达惊悉噩耗后的悲痛心情;然后简述逝者生前的品德、功绩,也可回顾与逝者生前交往的点滴;接着表达致哀者化悲痛为力量,继承逝者遗志的决心和行动;最后向逝者家属表示亲切的问候、安慰。

(4)结尾。可写"特电慰问"、"肃此电达"等。

(5)落款。写明发唁电(函)单位或个人姓名并标注成文日期。

【例】

唁 电

蒋英老师,永刚、永慧同志,钱学森同志治丧委员会:

顷悉敬爱的钱学森学长于今晨不幸逝世,万分震惊,悲痛难抑,实在不能相信这一惊天噩耗。特焚燃心香,深深鞠躬,致以最悲切最沉痛之哀悼,并祈盼蒋英老师和亲属节哀保重。

作为最杰出的人民科学家,科技、教育、文化、社会发展以及国防建设的大战略家,钱学森学长是中华民族永远的骄傲,是西安交通大学师生员工和广大校友永恒的榜样。他毕生献身国家、献身人民、献身科学的不懈奋斗,他深邃的思想和卓越实践,造福华夏,辉映世界,烛照未来,在科教兴国、人才强国、建设创新型国家、实现中华伟大复兴的征程中迸发出无尽的光辉。

钱学森学长毕生对母校西安交通大学怀有深厚的感情,寄予殷切的期望,给予了无微不至的关心和指导。身为母校晚辈,我们将牢牢铭记钱老的深情嘱托:"继承和发扬母校优良传统,热爱祖国、崇尚科学、追求真理、报效人民,在二十一世纪,努力把西安交通大学建设成世界一流大学",坚定不移沿着钱学森走过的道路前进,深入学习贯彻"大成智慧学"思想,加快教育创新步伐,培养造就国家民族所需要的杰出拔尖人才,努力实现钱老生前所殷切期盼的西安交大发展远景。

西安交通大学党委书记 ×××
西安交通大学校长 ×××
2009年10月31日

五、公关类礼仪文书

(一)求职信

1. 求职信的概念

求职信是求职人向用人单位介绍自己情况以求录用的专用书信,又称"自荐信"或"应聘信"。求职信旨在通过自我推荐获得满意的职位,是敲开职业大门的第一个重要步骤。

2. 求职信的写作

（1）标题。直接标明"求职信"、"自荐信"或"应聘信"。

（2）称谓。在标题下正文前顶格书写。求职信的称呼往往比一般书信的称呼更加正规礼貌，如"尊敬的××董事长（总经理）"、"尊敬的公司领导"。

（3）正文。一是表明求职的原因、目的，明确提出所选择的岗位或职位；二是介绍个人基本情况：如学历、专业、学习成绩、工作情况、特长、志向、兴趣、性格等，尤其要注意突出自身与职业要求相适应的优势所在；最后写明希望被录用的愿望等。

撰写正文时一定要针对求职目标，多角度、多层次地展示自己，详略适宜，突出重点和个性。

（4）结尾。写上简短的表示敬意、祝愿之类的祝词。如"祝贵公司兴旺发达"、"此致敬礼"等。

（5）落款。署上求职人姓名并标注成文日期。

（6）附件。附件是附在信后用以证明或介绍自己具体情况的辅助性材料，如"附件一：个人简历"、"附件二：体检表"等。证明材料应有必要的签名或盖章。

【例】

求 职 信

尊敬的××学校领导：

您好！感谢您在百忙之中拨冗阅读我的求职信。扬帆远航，赖您东风助力！我是××学院××届××系××专业应届本科毕业生。即将面临就业的选择，我十分渴望成为贵校的一名数学教师。

"宝剑锋从磨砺出，梅花香自苦寒来。"经过4年的专业学习和大学生活的磨炼，进校时天真、幼稚的我现已变得沉着和冷静。为了立足社会，4年中我努力学习，不论是基础课，还是专业课，都取得了较好的成绩。大学期间获得××年度院奖学金，英语达到国家六级水平，并通过了计算机二级考试和普通话测试二级甲等考试。同时在课余，我还注意不断扩大知识面，辅修了教师职业技能、教育学、心理学等课程。

学习固然重要，但能力培养也必不可少。为提高自己的授课能力，积累教育经验，从大二开始，我在学好各门专业课的同时，还利用课余时间积极参加家教实践活动，为多名初中和高中学生进行数学补习，使他们的数学成绩都有较大程度的提高，我的工作也得到了学生家长的肯定和好评。为进一步积累系统的数学教育经验，我到××一中进行了长达两个月的初中数学教育实习工作。实习中，我积极向有经验的老师请教，注意学习他们的教学艺术，提高自身的业务水平和授课技巧，力争使自己的教学风格做到知识性和趣味性并举。通过自己不断的努力和教学实践，我已具备较为扎实的教学基本功和良好的沟通协调能力，这使我对未来的教育工作充满了自信和期待。

十多年的寒窗苦读，现在的我已豪情满怀、信心十足。事业上的成功需要知识、毅力、汗水、机会的完美结合。我恳请贵校给我一个机会,让我有幸成为你们中的一员,我将以百倍的热情和勤奋踏实工作来回报您的知遇之恩。

最后祝贵校发展蒸蒸日上！期盼您的佳音,谢谢！

此致

敬礼！

求职人：××
×年×月×日

附件：个人简历(略)

(二)竞聘词

1. 竞聘词的概念

竞聘词,又称"竞聘演讲词"或"竞聘讲话稿"。它是竞聘者为了竞争某岗位或职位而向领导、评委和听众展示自己的优势条件,介绍自己受聘之后施政方略的演讲稿。

2. 竞聘词的写作

(1)标题。直接标明文种"竞聘词";也可由事由＋文种构成;还可采用"正副双标题式"写法,如"明明白白做人 实实在在做事——××学校办公室主任的竞聘词"。

(2)称谓。即对评委或听众的称呼。一般用"各位评委"、"各位听众"或"尊敬的各位领导、同志们"等。

(3)正文。首先开门见山叙述自己竞聘的职务和竞聘的缘由,应自然亲切,干净利落;其次介绍自己的基本情况(包括年龄、政治面貌、文凭、专业、工作简历等),重点突出自己优于他人的竞聘条件,如政治素质、业务水平、工作能力等,也可简单提及自己的劣势;最后提出自己任职后的施政目标、施政构想、施政措施等。

(4)结尾。用简洁的话语表明自己竞聘的决心、信心和请求。

(5)落款。署上竞聘人姓名并标注成文日期。

【例】

竞 聘 词

各位领导、各位评委,同志们：

大家好！

首先我对联社领导采用竞聘的方式选拔人才表示真诚地拥护,同时也对各位领导及同志多年来对我工作的支持和帮助表示感谢,更希望在座的各位能一如既往地支持和帮助我。今天我竞聘的职位是××信用社主任。为了使大家对我有更多的了解,下面我把自己的基本情况、竞聘优势和被聘后的任职设想向大家作一汇报：

一、个人简历

我是××,今年××岁,中共党员,大专学历,会计员职称。×年×月受聘××信用

社储蓄代办员工作,×年×月调入××信用社从事会计工作。(略)

二、任职优势

1. 从事信用社工作20年来,我一贯坚持党的四项基本原则,认真学习和正确贯彻执行党在新时期新阶段的经济、金融方针政策和法律法规,自觉带头遵纪守法、以身作则、诚实守信、爱岗敬业、勤政务实、清正廉洁,始终以共产党员高标准从严要求自己,常怀宽容之心,常修为人之德,做合格的农村金融卫士。

2. 多年的会计工作和信贷管理工作使我深刻认识了会计结算与会计核算的重要性,资金运用的有效性和风险防范的必要性,积累了丰富的经营管理经验。能深入农村实地调查研究,知民情、达民意、解民难、助民富,把党的"富农惠民、改善民生"政策融入现代金融发展理念,助推经营转型,勇担社会责任。

3. 任主任工作8年来,为了进一步提高自己的学识水平和业务管理能力,我每天坚持自学一个小时,强化学习现代金融理论与操作实务,加强内控建设,防范案件发生;创造性抓信贷资金组织,开拓性抓信贷资产管理,做到用活增量,盘活存量,发挥资金最高效能,收到资金最佳效益。

三、任职设想

1. 抓先机谋发展,为未来3年定调布局。(略)

2. 规范管理、审慎经营。(略)

3. 诚信创新,提高效益。(略)

4. 坚持人本理念,创建富有凝聚力的组织文化。(略)

各位领导、各位同事,不管我这次竞聘的结果如何,不管今后处在哪个岗位,我都将一如既往地认真履行工作职责,并为之奉献自己的最大力量。在联社领导的关心支持下,我将和信用社全体员工心往一处想、劲往一处使,团结友爱、精诚合作,以优异的业绩回报组织、领导和同志们。愿我们××信用社的明天更加美好!

我的陈述完毕。谢谢大家!

竞聘人:××
×年×月×日

(三)开幕词

1. 开幕词的概念

开幕词是重要或大型的会议、庆典、展览等活动开幕时,由大会主席或主要领导人所作的致词,是常见的公关类礼仪文书。开幕词的内容主要是阐述会议或活动的指导思想、宗旨、重要意义,概括说明会议或活动的议程、安排与要求,对会议或活动的成功举办表示祝愿等。开幕词起着定调的作用,对引导会议或活动朝着既定的正确方向顺利进行,保证会议或活动的圆满成功,有着重要意义。

2. 开幕词的写作

(1)标题。标题通常有四种写法:一是直接写"开幕词";二是会议名称+文种,如

"2011全国仿真技术学术会议开幕词";三是致词人姓名＋会议名称＋文种,如"×××同志在××大会上的开幕词";四是"正副双标题式",如"新世纪的祝愿——中国文联第七次全国代表大会 中国作协第六次全国代表大会开幕词"。在标题之下常居中注明致词人姓名,署名下居中加括号注明致开幕词的年月日。

(2)称谓。在标题下正文前顶格书写。根据会议的性质、出席会议人员的不同情况使用不同的称谓。如"各位代表"、"各位委员"、"各位来宾"、"同志们"、"朋友们"、"女士们"、"先生们"等。

(3)正文。首先宣布会议开幕。主体部分一般包括以下内容:会议的筹备和出席会议人员情况;会议召开的背景和意义;会议的性质、目的及主要任务;会议的主要议程及要求;会议的奋斗目标及深远影响等。写作中一定要把握会议的性质,侧重阐述会议的特点、意义、要求,对于会议本身的情况如议程等,要概括说明、点到为止。

(4)结尾。针对会议的具体情况提出一些希望与要求,以增强与会者开好会议的决心和信心。最后预祝大会圆满成功。

(四)闭幕词

1. 闭幕词的概念

闭幕词与开幕词相对应,是指重要或大型的会议、庆典、展览等活动结束时,由大会主席或主要领导人所作的总结性致词,是常见的公关类礼仪文书。闭幕词的主要内容是对会议或活动作概括性的评价和总结,并向与会者提出贯彻落实大会精神的要求、奋斗目标和希望等。闭幕词旨在总结会议或活动成果,激励有关人员宣传会议或活动的精神实质、贯彻落实有关的决议或倡议。

2. 闭幕词的写作

(1)标题。标题的写法与开幕词基本相同:一是直接写"闭幕词";二是会议名称＋文种,如"上海世博会高峰论坛闭幕词";三是致词人姓名＋会议名称＋文种,如"×××主席在××大会上的闭幕词";四是"正副双标题式",如"在构建社会主义和谐社会的伟大进程中创造中国文学的新辉煌 ——中国作家协会第七次全国代表大会闭幕词"。在标题之下常居中注明致词人姓名,署名下居中加括号注明致闭幕词的年月日。

(2)称谓。称谓与开幕词相同。

(3)正文。首先说明会议已经完成预定任务,即将闭幕;然后概述会议的进行情况,恰当地评价会议的收获、意义及影响。主体部分要写明:会议通过的主要事项和基本精神;会议的重要性和深远意义;向与会人员提出贯彻会议精神的基本要求等。写作时要掌握会议情况,有针对性地对会议内容予以阐述和肯定;同时还可以对会议未能展开的重要问题作出适当强调或补充。

(4)结尾。一般先以坚定的语气发出号召、提出希望、表示祝愿等;最后郑重宣布会议闭幕,如"现在,我宣布,××大会胜利闭幕"。

开幕词与闭幕词既各有侧重又首尾衔接、遥相呼应,形成一个有机的整体。

【例1】

北京奥运会开幕词

北京奥组委主席 刘淇

(2008年8月8日)

尊敬的胡锦涛主席和夫人,

尊敬的罗格主席和夫人,

尊敬的各位来宾,

女士们,先生们,朋友们:

今天,来自奥林匹亚的圣火,跨越五大洲、四大洋,将在这里熊熊燃起。在这激动人心的历史时刻,我谨代表第29届奥林匹克运动会组织委员会,向来自世界各国家、地区的运动员、教练员和来宾表示热烈的欢迎!向国际奥林匹克委员会、各国际单项体育组织,向参与奥运会筹办的建设者和工作者,向所有关心、支持北京奥运会的朋友们表示衷心的感谢!举办奥运会是中华儿女的百年梦想。7年前,13亿中国人民与奥运有了一个美好的约定。从那时起,在国际奥委会的指导帮助下,中国政府和人民满怀激情,以最大的努力实践绿色奥运、科技奥运、人文奥运理念,认真做好筹办工作,兑现向国际社会作出的郑重承诺,使奥林匹克精神在中华大地得到了更广泛的传播。

在我国四川发生特大地震灾害后,国际社会和国际奥委会的支持与援助使中国人民感到温暖,也使我们增强了重建美好家园、办好北京奥运会的信心。

奥林匹克运动的魅力在于她巨大的包容力。今天,全世界204个国家、地区,不同民族,不同宗教信仰的人们相聚在五环旗下,增进了解,加深友谊,共同奏响"同一个世界,同一个梦想"的乐章。

奥林匹克精神的真谛在于追求以人为本,实现人的自我超越和自我完善。每一位运动员都将在公平竞争的环境中,展现精湛的技艺,迸发参与的激情,创造心中向往的辉煌。

北京奥运会的重要使命在于促进世界各国文化的交流。我们真诚地希望,中华民族悠久的历史文化、充满生机活力的城市和农村、热情好客的人民,能够给朋友们留下美好的记忆。

朋友们:

——北京欢迎你!

——Welcome to Beijing!

——Bienvenue à Beijing!

现在,我非常荣幸地邀请国际奥委会主席罗格先生致辞。

【例2】　　　　　　　　　　北京奥运会闭幕词
　　　　　　　　　　　　　国际奥委会主席　罗格
　　　　　　　　　　　　　（2008年8月24日）
亲爱的中国朋友们：
　　今晚,我们即将走到16天光辉历程的终点。这些日子,将在我们的心中永远珍藏,感谢中国人民,感谢所有出色的志愿者,感谢北京奥组委。
　　通过本届奥运会,世界更多地了解了中国,中国更多地了解了世界,来自204个国家和地区奥委会的运动健儿们在光彩夺目的场馆里同场竞技,用他们的精湛技艺博得了我们的赞叹。
　　新的奥运明星诞生了,往日的奥运明星又一次带来惊喜,我们分享他们的欢笑和泪水,我们钦佩他们的才能与风采,我们将长久铭记再次见证的辉煌成就。
　　在庆祝奥运会圆满成功之际,让我们一起祝福才华横溢的残奥会运动健儿们,希望他们在即将到来的残奥会上取得优秀的成绩,他们也令我们倍感鼓舞。今晚在场的每一位运动员们,你们是真正的楷模,你们充分展示了体育的凝聚力。
　　来自冲突国家竞技对手的热情拥抱之中闪耀着奥林匹克精神的光辉。希望你们回国后让这种精神生生不息,世代永存。
　　这是一届真正的无与伦比的奥运会,现在,遵照惯例,我宣布第29届奥林匹克运动会闭幕,并号召全世界青年4年后在伦敦举办的第30届奥林匹克运动会上相聚。
　　谢谢大家!

本章思考题

一、简答题
1. 简述礼仪文书的概念与特点。
2. 简述礼仪文书的作用。
3. 简述礼仪文书的写作要求。

二、改错题
指出下面"请柬"存在的问题并加以修改。

请　柬

×××同志:
　　您好!工作一定很忙吧!
　　现在我校定于10月20日召开校友座谈会,此次会议十分重要,请您做好准备,务必准时出席。
　　敬礼!

××中学校长办公室(盖章)
2012年10月12日

三、写作题

1. 教师节即将来临，请代教育部拟写一封致全国教育工作者的慰问信。

2. 请结合自己的求学经历（工作经历）及专业特长，给自己心仪的××单位写一封求职信。

3. ××大学将于2012年9月16日～9月18日举行建校100周年庆祝活动，请发挥合理想象，撰写如下礼仪文书。

（1）请代××大学拟写一份请柬给××省教育厅厅长，邀请其作为特别嘉宾出席校庆活动。

（2）请代××省教育厅拟写一封致××大学的贺信。

（3）请代××大学校长拟写一份在校庆大会上致的开幕词。

（4）请代××大学党委书记拟写一份在"欢迎校友回家"酒会上所致的欢迎词。

（5）××大学学报编辑部拟在校庆期间举行聘请××教授为学报学术顾问的小型仪式，请代拟一份聘书。

案例分析

下面是一篇在外交礼仪场合宣读的"祝酒词"，试分析其写作特色。

弘扬奥林匹克精神 共创世界美好未来
——在北京奥运会欢迎宴会上的祝酒词

（2008年8月8日）

中华人民共和国主席 胡锦涛

尊敬的国际奥委会主席罗格先生，尊敬的国际奥委会名誉主席萨马兰奇先生，尊敬的各位国家元首、政府首脑和王室代表，尊敬的各位国际奥委会委员，尊敬的各位贵宾，女士们，先生们，朋友们：

今晚，北京奥运会将隆重开幕，我们共同期待的这个历史性时刻就要到来了。我谨代表中国政府和人民，对各位嘉宾莅临北京奥运会，表示热烈的欢迎！

在北京奥运会申办和筹办的过程中，中国政府和人民得到了各国政府和人民的真诚帮助，得到了国际奥委会和国际奥林匹克大家庭的大力支持。在这里，我谨向你们并通过你们，向所有为北京奥运会作出贡献的人们，表示诚挚的谢意！

借此机会，我对国际社会为中国抗击汶川特大地震提供的真诚支持和宝贵帮助，表示衷心的感谢！世界各国人民的深情厚谊，中国人民将永远铭记！

女士们、先生们、朋友们！2800多年前在神圣的奥林匹亚兴起的奥林匹克运动，是古代希腊人奉献给人类的宝贵精神和文化财富。诞生于1896年的现代奥林匹克运动，继承了古代奥林匹克传统，发展成为当今世界参与最广泛、影响最深远的文化体育活动。在历届奥运会上，各国运动员秉承更快、更高、更强的宗旨，顽强拼搏，追求卓越，创造了一个又一个佳绩，推动了世界体育运动蓬勃发展。

奥运会是体育竞赛的盛会，更是文化交流的平台。国际奥林匹克运动把不同国度、不同民族、不同文化的人们聚集在一起，增进了世界各国人民的相互了解和友谊，为推进人类和平与发展的崇高事业作出了重大贡献。

当今世界既面临着前所未有的发展机遇，也面临着前所未有的严峻挑战。世界从来没有像今天这样需要相互理解、相互包容、相互合作。北京奥运会不仅是中国的机会，也是世界的机会。我们应该通过参与奥运会，弘扬团结、友谊、和平的奥林匹克精神，促进世界各国人民沟通心灵、加深了解、增进友谊、跨越分歧，推动建设持久和平、共同繁荣的和谐世界。

女士们、先生们、朋友们！举办奥运会，是中华民族的百年期盼，是全体中华儿女的共同心愿。2001年北京申奥成功以来，中国政府和人民认真履行对国际社会的郑重承诺，坚持绿色奥运、科技奥运、人文奥运理念，全力做好各项筹办工作。我相信，在国际奥委会和国际奥林匹克大家庭支持下，我们一定能够共同把北京奥运会办成一届有特色、高水平的奥运会。

现在，我提议：

为国际奥林匹克运动蓬勃发展，

为世界各国人民团结和友谊不断加强，

为各位嘉宾和家人身体健康，

干杯！

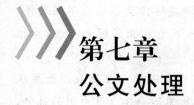

第七章
公文处理

▌本章导语

公文处理是党政机关工作的有机组成部分,是党政机关发挥各自工作的作用,履行各自工作职责的重要手段和工作环节,也是刚参加工作的青年才俊必须掌握的基本知识和技能。《党政机关公文处理工作条例》第 4 条规定"公文处理工作是指公文拟制、办理、管理等一系列相关联,衔接有序的工作"。公文处理包括公文形成、公文办理、公文管理三大环节。公文办理与公文写作侧重点不同,公文办理侧重于了解公文流转的程序性,包括发文、收文和整理归档;公文管理侧重于掌握从公文形成到形成之后的使用这一全过程各环节的管理制度,以确保管理严格规范,充分发挥公文的效用。

▌本章关键词

发文办理;收文办理;整理归档;公文管理

第一节 发文程序与办理

发文处理是一个不断形成和积累有效公文生产条件的过程;是发文机关履行法定职责,表达自身意志和愿望,创作、加工和记录、传递有用信息的过程;是由机关内众多工作人员共同参与的集体创造性活动过程。①发文处理包括发文办理与程序。

发文办理,是公文制发单位为公文发送进行的一系列准备及传递活动,属于公文活动的信息生产与传送阶段。

发文程序是公文处理的重要环节。《党政机关公文处理工作条例》(以下简称《条例》)第 25 条只对发文办理的复核、登记、印制和核发等主要环节作了规定,为了体现发文流程的全貌,根据《条例》的规定,结合实务工作中的做法,本节拟对公文的草拟、审核、签发、复核、印制、校对、用印、登记、分发等程序作全景式介绍。

---

① 赵国俊:《公文处理基础》,北京:中国城市出版社,2008 年,第 68 页。

一、拟稿

拟稿即拟定公文文稿,也称公文的起草,是发文办理的初始环节,也是最重要的一个环节。拟稿工作的承办部门:

(1)一般由机关或单位的秘书部门负责,具体由秘书草拟。

(2)如果草拟内容是在职能部门承办范围之内的,则由职能部门的工作人员草拟。

(3)重要公文起草由机关负责人主持、指导。

拟定公文不同于普通的文学创作。由于公文的特殊性,因而要求拟定的内容符合机关的集体意志,具体而言,拟定公文是在领导授意的基础上进行的写作。这就要求秘书部门要注意收集相关信息,以正确的政策为指导,对公文进行草创。

根据《条例》规定,拟稿的具体要求包括:

(1)符合国家法律法规和党的路线方针政策,完整准确体现发文机关意图,并同现行有关公文相衔接。

(2)一切从实际出发,分析问题实事求是,所提政策措施和办法切实可行。

(3)内容简洁,主题突出,观点鲜明,结构严谨,表述准确,文字精练。

(4)文种正确,格式规范。

(5)深入调查研究,充分进行论证,广泛听取意见。

为了更好地拟稿,工作人员要加强政策、理论的学习,要及时收集单位的有用信息,学会总结领导的意图,不断提高政策水平、业务素养和文字表达能力。

二、会商

会商,是指当发文机关拟稿的内容涉及其他地区或者部门职权范围内的事项时,起草单位应主动与其他职能部门联系,进行商讨,争取获得同意和支持,力求达成一致,以免越权或者造成其他矛盾,使得收文单位难以处理。

会商是为了公文的合法性和效用而存在的环节,是很重要的。如果各个部门下发的公文造成冲突,就导致政令不统一,影响公文的效用,使得工作无法顺利开展。在现实工作中,机关收到互相冲突的、来自不同部门的下发的公文,从而导致混乱的情况是确实存在的,这就提醒我们在发文之前进行会商、将不统一化为统一是十分重要的。

会商要弄清楚除发文机关外,还涉及其他哪些部门,如果涉及其他多个部门,则都需要联系,不能遗漏会商对象。会商的方式有很多种,可以通过电话进行联系,可以采用书面文书的形式交流,也可以进行座谈。

会商的注意事项:

(1)必须协商原则。当公文涉及其他地区或者部门职权范围内的事项,起草单位必须征求相关单位或者部门的意见。

(2)协商的目的是为了达成一致意见。

(3)经协商仍不能达成一致意见的,不得向外行文,可以报上级机关决定。在未达成一致意见的情况下,擅自向下行文的,上级机关应当责令其纠正或者撤销。

三、审核

审核,是指机关或者单位秘书部门的领导人或者负责人,对文稿进行审查、核准以及修改。审核可以看作是拟稿过程的延续。这个过程是对草拟的公文进行把关,看其是否符合相关政策,是否真正体现了部门的意图,是否交代清楚了需要交流的内容,以确保发文的质量。

审核过程十分重要。通过审核,不仅可以保证公文的质量,而且可以控制发文的数量。

根据《条例》规定,公文审核的重点是:

(1)行文理由是否充分,行文依据是否准确。

(2)内容是否符合国家法律法规和党的路线方针政策,是否完整准确体现发文机关意图,是否同现行有关公文相衔接,所提政策措施和办法是否切实可行。

(3)涉及有关地区或者部门职权范围内的事项是否经过充分协商并达成一致意见。

(4)文种是否正确,格式是否规范;人名、地名、时间、数字、段落顺序、引文等是否准确;文字、数字、计量单位和标点符号等用法是否规范。

(5)其他内容是否符合公文起草的有关要求。

经审核,符合发文条件但内容需作进一步研究和修改的,由起草单位修改后重新报送。经审核不宜发文的公文文稿,应当退回起草单位并说明理由。

需要发文机关审议的重要公文文稿,审议前由发文机关办公厅(室)进行初核。

四、签发

签发,是指机关或者单位领导对已经审核的公文进行最终审核,并进行签署,决定印发。签发是公文草拟的最终环节。

签发前,单位领导要对公文进行全面审查,及时纠正错误,确认无误后才能进行签署。签发时,领导首先要明确签署自己的意见,如"同意"、"发"等,然后签署自己的姓名和签署时间。文稿经领导人签发即成定稿,签发人从政治上到文字上对其所签发文稿的准确性负完全责任。

签发的注意事项:

(1)对公文进行最后的审查,确保公文的质量,提高工作效率。

(2)不能越级签发。公文应当经本机关负责人审批签发。各级领导人只能签发自己职责以内的公文,重要公文和上行文由机关主要负责人签发。党委、政府办公厅(室)根据党委、政府授权制发的公文,由授权机关主要负责人签发或者按照有关规定签发。签发人签发公文,应当签署意见、姓名和完整日期;圈阅或者签名的,视为同意。联合发文由所有联署机关的负责人会签。如果相关领导人不在,可以授权或委托其他负责人签发。

(3)签署姓名要写全称,不可只写姓;签发的时间也要清楚注明。

五、复核

复核,是指在印制公文前,出于慎重以及对公文法定效力的尊重,秘书部门对定稿履行复核手续。

公文复核手续包括从格式到内容的检查,具体包括复核公文的格式是否规范、签发手续是否完整、内容是否准确、行文关系是否正确。经复核需作实质性修改的,应当报原签批人复审。

六、印制

印制,是指将公文的定稿印成正式对外发送的文本。印制可以先进行人工誊写或机器誊写,无论采取哪种方式,都要做到文本清晰、字体适中、装订美观。印制而成的文本是具有法定效力的,是最终的成品。印制文件可以采用油印、复印、胶印等多种方式,要在规定时间内完成指定份数的印刷。

根据《党政机关公文格式》规定,印制公文应当符合以下要求:

(1)印制要以定稿为底本,不能随意改动,对原稿也要进行保存。

(2)印制机密文件时,要做好保密工作,专人负责,以免机密泄露。

(3)公文用纸采用 GB/T 148 中规定的 A4 型纸。

(4)公文版心尺寸为 156mm×225mm。公文格式各要素一般用 3 号仿宋体字,特定情况可以作适当调整。一般每面排 22 行,每行排 28 个字,并撑满版心,特定情况可以作适当调整(如最后一页无正文时,可适当调整字间距,使末页有正文文字)。

(5)应当双面印刷。

(6)公文应当左侧装订,不掉页。订位为两钉外订眼距版面上下边缘各 70mm 处;骑马订钉锯均订在折缝线上,平订钉锯与书脊间的距离为 3mm~5mm。无坏钉、漏钉、重钉,钉脚平伏牢固。

七、校对

校对,是指依据定稿,对印制的公文内容进行核准,发现印制错误的地方要及时修正。

校对的基本原则是忠于定稿。校对要求认真仔细,杜绝错误,保证公文的法定效力和严肃性。为了明确责任,负责印制和校对的工作人员都应当在校本上签名。

下表是校对的常用符号和用法：

1		改正
2		删除
3		增补
4		换字
5		改正上下角
6		转正
7		对调
8		转移
9		接排
10		另起段
11		上下移
12		左右移
13		排齐
14		排阶梯形
15		正图
16		加大空距
17		减小空距
18		空 1 字距 空 $\frac{1}{2}$ 字距 空 $\frac{1}{3}$ 字距
19		分开
20		保留
21		代替
22		说明

八、用印

用印，是指在公文的正本上加盖公章，以示公文生效的过程。用印是公文生效的标志，用印后的公文即具有法律效力。

根据《党政机关公文格式》规定，公文的用印应符合以下要求：

(1)未经签发的公文不可用印。

(2)用印时采用的公章要与发文单位一致。

(3)印章应用红色。

(4)单一机关行文时，一般在成文日期之上、以成文日期为准居中编排发文机关署名，印章端正、居中下压发文机关署名和成文日期，使发文机关署名和成文日期居印章中心偏下位置，印章顶端应当上距正文（或附件说明）一行之内。

(5)联合行文时，一般将各发文机关署名按照发文机关顺序整齐排列在相应位置，并将印章一一对应、端正、居中下压发文机关署名，最后一个印章端正、居中下压发文机关署名和成文日期，印章之间排列整齐、互不相交或相切，每排印章两端不得超出版心，首排印章顶端应当上距正文（或附件说明）一行之内。

九、登记

登记，是指发文机关在公文复核以后核发之前，将公文的相关内容按照一定格式进行登记，方便查找、统计和管理。登记是对外核发的公文需要严格执行的环节。

登记主要采用簿式登记，登记内容包括公文标题、发文日期、发文字号、分送范围、份数等。

发文登记簿样式

序号	公文标题	发文日期	发文字号	分送范围	份数

十、核发

核发，是指发文机关对公文质量检查确认后，分装发送至收文单位。这个环节需要及时进行，因为公文的时效性很强，尤其是紧急公文更需要迅速传递。

核发公文也是有规定的。核发之前，要核发的公文须填写"发文通知单"或"回执单"，然后，将公文装入封套，填写收文单位的名称和地址，最后封口。

如果是急件或者密件，要在封套上标明紧急程度和密级，再按照紧急程度和密级发送。根据《条例》规定，对于涉密公文应当通过机要交通、邮政机要通信、城市机要文件交换站或者收发件机关机要收发人员进行传递,通过密码电报或者符合国家保密规定的计算机信息系统进行传输。

实际工作中,随着科技进步和网上办公平台的运用,党政机关的有些公文可能不发纸质文件,而代之以电子公文形式。电子公文处理工作的具体办法由相关部门另行制定。

十一、其他事项

(1)发文字号。文件经复核后,应编排、登记发文字号。编排在发文机关标志下空二行位置,居中排布。年份、发文顺序号用阿拉伯数字标注;年份应标全称,用六角括号"〔〕"括入;发文顺序号不加"第"字,不编虚位(即1不编为01),在阿拉伯数字后加"号"字。

上行文的发文字号居左空一字编排,与最后一个签发人姓名处在同一行。

(2)成文日期。署会议通过或者发文机关负责人签发的日期。联合行文时,署最后签发人签发的日期。成文日期一般右空四字编排。

(3)签发人。上行文应当标注签发人姓名。由"签发人"三字加全角冒号和签发人姓名组成,居右空一字,编排在发文机关标志下空二行位置。"签发人"三字用3号仿宋体字,签发人姓名用3号楷体字。

如有多个签发人,签发人姓名按照发文机关的排列顺序从左到右、自上而下依次均匀编排,一般每行排两个姓名,回行时与上一行第一个签发人姓名对齐。

(4)涉密文件和需加急办理的文件,应按相关规定在文件规定位置标注密级和保密期限、紧急程度。

【例1】

中国传媒大学行政公文处理办法(节选)①

第七条 (二)发文机关标识(公文版头)应当使用发文机关全称或规范化简称。我校行政公文的发文机关标识有四种:

1."中国传媒大学文件"。用于处理关系学校全局比较重大的问题,需要上报的文件以及依照上级规定必须以中国传媒大学名义发文的事项。上报的文件格式详见附件1,校内发文格式详见附件2。

2."中国传媒大学校长办公室文件"。用于对校内各单位、部门发文,主要用于传达校行政领导议定的工作意见,宣布、安排、布置常规的综合性行政事务工作;在学校行政授权范围内,也可以学校名义对外行文。具体文件格式详见附件3。

3."中国传媒大学□□□文件"。也称为部门文件,"□□□"内容为发文部门名称。

---

① 《中国传媒大学行政公文处理办法》,http://www.docin.com/p-17735389.html。

用于发布部门职权范围内的一般性工作。部门文件不能对校外使用。该文件格式详见附件4。

4."中国传媒大学函"。用于学校向无隶属关系的有关部门或单位请求批准和答复审批事项,学校内设机构对外联系工作。其格式详见附件5。

第十六条　发文办理是指以学校和各部门名义制发公文的过程,包括草拟、审核、签发、复核、缮印、用印、登记、分发等程序。

第十七条　草拟,是发文的第一道程序,按照发文内容不同,草拟公文的主办部门不同。以学校名义发文,全校综合性文件由校长办公室负责组织有关部门草拟,单一业务性文件由业务归属部门承办;以部门名义发文,由该部门负责草拟。对于涉及多个部门职权范围的文件,主办部门应与有关部门协商草拟。

草拟公文应当做到:

(一)符合国家的法律、法规及学校的职责权限。情况确实,观点明确,表述准确,结构严谨,条理清楚,直述不曲,字词规范,标点正确,篇幅力求简短。

(二)人名、地名、数字、引文准确。引用公文应当先引标题,后引发文字号。引用外文应当注明中文含义。日期应当写明具体的年、月、日。

(三)结构层次序数,第一层为"一、",第二层为"(一)",第三层为"1",第四层为"(1)"。规章制度中依次为章、节、条、款等。

(四)拟制紧急公文,应当说明紧急的原因,并根据实际需要确定紧急程度。

(五)应当使用国标计量单位。

(六)文内使用非规范化简称,应当先用全称并注明简称。使用国际组织外文名称或其缩写形式,应当在第一次出现时注明准确的中文译名。

(七)公文中的数字,除成文日期、部分结构层次序数和在词、词组、惯用词、缩略语、具有修辞色彩语句中作为词素的数字必须使用汉字外,应当使用阿拉伯数字。

(八)草拟公文应先填写"中国传媒大学发文纸"。文稿一律采用A4纸张打印,并附电子文本。

第十八条　审核,会签。

(一)部门以学校名义制发的公文,先由本部门负责人审核,交校长办公室从内容、格式等方面进行核稿。对不符合要求的公文,校办可将文稿退回拟稿单位进行修改。

(二)凡涉及几个部门工作的校级公文,先由主办部门会同有关部门负责人审核并签署意见,再送校长办公室进行核稿。不得将意见不一致的文稿交学校领导签发。公文送交校办核稿的时间应比正式发文时间提前2天以上。

(三)部门公文,由部门负责人核稿。

第十九条　公文签发。

(一)校级公文,经校长办公室核稿后呈校长或分管副校长签发,一般本着谁主管谁负责的原则;重要的请示、报告由校长签发。签发人应签署意见、姓名和日期。

(二)部门公文,由各部门主要负责人(或委托副职)签发有效。其中重要的、涉及面广的方针、政策类问题,需送主要校领导加签。

(三)文稿一经签发,一般不准改动。如确需改动,必须重新核稿,并报原签发领导审定。

第二十条 缮印,用印,登记,分发。校长办公室负责以学校、校办名义发出的公文的缮印工作,正式公文的排版、印刷、上网工作由校办机要文印人员承担。文件印刷完毕,经校办负责人核对无误,加盖校印、存档、登记、分发。以部门名义发出的公文由该部门负责以上事务。

【例 2】

交通部公文处理办法[①]

第二十二条 发文程序:

(一)部发文程序:主办司局承办人拟稿——处室领导核稿——司局办公室核稿——司局领导人审核——办公厅文书处核稿(上报党中央、国务院的,经厅领导核稿)——部领导审阅签发——文书处登记编号——缮印——文书处封发。

(二)厅发文程序:与部发文程序基本相同,由办公厅主任或副主任签发。重要公文必要时由部领导审阅后发。

(三)司局发文程序:主办处室承办人拟稿——处室领导核稿——司局办公室核稿——司局领导人签发——会签——司局办公室编号——缮印——主办司局封发。

(四)"专用文件"发文程序:承办人拟稿——处室领导核稿——司局办公室核稿——部授权的司局领导签发——司局办公室编号——缮印——主办司局封发。

第二十三条 拟办公文应当做到:

(一)符合国家的方针、政策和法规以及部的方针、政策和有关规定。

(二)情况确实,观点明确,条理清楚,文字精练,书写工整,标点正确,篇幅力求简短。

(三)人名、地名、数字、引文准确。引用公文应当先引标题,后引发文字号。日期应当写具体的年、月、日。

(四)结构层次序数,第一层为"一",第二层为"(一)",第三层为"1.",第四层为"(1)"。

(五)必须使用国家法定计量单位。

(六)用词用字准确、规范。文内使用简称,一般应当先用全称,并注明规范简称。

(七)根据内容和行文对象,正确使用公文种类,送领导审核的文稿,应附来文和必要的相关文件。

(八)拟稿人根据实际需要,确定主、抄送单位,分别标明正文和附件印数。

---

① 《交通部公文处理办法》,http://www.people.com.cn/item/flfgk/gwyfg/1994/227014199401.html。

第二十四条 公文中的数字,除成文时间、部分结构层次序数和词、词组、惯用语、缩略语、具有修辞色彩语句中作为词素的数字必须使用汉字外,应当使用阿拉伯数码。

第二十五条 公文稿中凡有涉及其他单位的问题,主办单位应当主动与有关单位协商、会签。会签应注意以下事项:

(一)会签文稿均以会签单位领导人签字为有效。

(二)部内会签,由主办司局送转会签。有关司局如有不同意见,应当协商一致后再报部领导。如经充分协商仍不能取得一致意见,应如实报部领导。

(三)部外会签(包括会印),由主办司局指定专人承办。部外单位对会签稿有重大修改,应重新送部领导审批。

(四)部外单位送我部会签或会衔的文稿,先由主办司局提出意见,然后按部发文程序办理。

(五)上报的公文,如有关部门意见不一致,应当在文中如实反映。

第二十六条 公文送领导人签发之前,应当由文秘部门审核。审核的重点:是否需要行文,是否符合国家的法律、法规和方针、政策及部的有关规定,是否与有关部门协商、会签,文字表述、文种使用、公文格式等是否符合本办法的有关规定。

在不改变原意的情况下,核稿人可对文稿进行删节和文字加工。需对文稿进行较大修改时,应提出修改意见商经办人(主办单位)修改。

公文经部领导签发后,文书处应注意部领导对文稿内容有无修改,必要时作适当文字处理。

会签单位和核稿人应注意保持稿面的整洁。稿面不洁、字迹潦草、涂改勾画较乱的,由经办人清稿(并将原稿附后)。

第二十七条 公文签发:

部发文,一般的按部领导分工,由主管部领导签发;上报的或重要的下发公文,由部长或授权副部长签发。有的公文可由部领导授权的厅司局领导签发。

厅司局发文,由厅司局领导人签发;厅司局领导人不在时,由主管部领导授权主持厅司局工作者签发。

第二十八条 审批公文,主批人应有明确意见,并签署姓名和审批时间。其他审批人圈阅,视为同意。公文签发人对所签发的公文内容全面负责。

第二十九条 拟办、修改和签批公文,用笔用墨必须符合存档要求。不得在文稿装订线外书写。

第三十条 缮校:

(一)部机关发文,由文印室负责缮印。缮印过程中,如需修改原稿时,司局发文应与司局核稿人联系,部发文应与办公厅核稿人联系;如属重要修改,应请示原签发人同意。

(二)校对,部发文由文印室负责前二校,经办人负责三校;其他公文均由经办人负责校对。部上报的公文,付印前应经办公厅核稿人看样。

第三十一条 拟办公文,应逐步淘汰书写方式,使用计算机、四通打字机等打印在公文稿纸上。"签报"第二页可使用16开或A4型白纸,一般每页18行至20行,每行22个至25个字,排列要疏密有致。字体应为3号宋体或楷体。

第三十二条 上报的公文如不符合本办法第十五条、第十六条、第二十三条第一项、第二十五条第五项的规定,上级机关的文秘部门可退回呈报单位。

第三十三条 上级行政机关的行政公文,除绝密和注明不准翻印的以外,经下一级机关负责人或办公厅(室)主任批准,可以翻印,但应当注明翻印的机关、时间、份数和印发范围。密码电报不得翻印、复制,不得密电明复、明电密复。

第三十四条 传递秘密公文,必须采取保密措施,确保安全。利用计算机、传真机等传输秘密公文,必须采用加密装置。绝密级公文不得利用计算机、传真机传输。

第二节 收文程序与办理

收文程序属于将收到的公文信息进行加工、处理的阶段。根据《条例》规定,收文办理主要程序包括文件的签收、登记、初审、承办、传阅、催办、答复等环节。实际工作中,还包括文件分发、拟办、批办等环节。

一、签收

签收,是指收文机关或单位对收到的公文进行确认、清点、检查、签注等手续。收文人员要在发文单位随同发来的"发文通知单"或"回执单"上签字。

签收是收文程序的第一步,通常由各机关、单位秘书部门所属的收发室进行收文,称为"外收文"。然后当外收发人员签署完毕后,应该及时交给办公室人员接受,称为"内收文"。如果标明是送呈领导"亲启"的公文,则应该直接交给领导本人或者是交给领导的秘书。

签收的注意事项:
(1)清点时应逐件清点,不得遗漏。
(2)签收时应注明签收日期。

二、登记

登记,是指收文机关对收到的公文进行一定形式、内容的记录,从而便于查找、管理,也可以作为交接公文的凭据。登记的主要内容为公文的主要信息和办理情况,包括编号、原文号、来文机关、密级、紧急程度、收到时间、份数等。

公文登记可以采取登记簿式、卡片式和电脑式登记。登记簿式,即按照事先定好的流水号在簿册上依次记录的登记方式。这种形式容易保存,但内容不清楚,不方便按照内容对公文进行查找。卡片式登记,即以单独的卡片对各个公文进行记录。这种形式很灵活，可以按照发文单位进行归来，但是卡片容易散落。电脑式登记，是将公文的主要信息，如标题、发文单位在电脑中进行登记。这种方式最容易检索，是现代文秘办公的趋势。

三、初审

初审，是指收文机关对收到的公文进行审查，确定来文是否符合公文的有关要求。

根据《条例》规定，党政机关对收到的公文应当进行初审。初审的重点：是否应当由本机关办理，是否符合行文规则，文种、格式是否符合要求，涉及其他地区或者部门职权范围内的事项是否已经协商、会签，是否符合公文起草的其他要求。经初审不符合规定的公文，应当及时退回来文单位并说明理由。

四、分发

分发，是指收文机关将收到的公文发送给有关部门知晓或处理。分发文件时，需要考虑文件的紧急程度、密级和性质，根据文件的内容和部门职能以适当的方式发送给相应部门。

文件可以分为阅读件和办理件。阅读件多为信息告知的文件，如简报、抄送文件等，阅读性公文应当根据公文内容、要求和工作需要确定范围后分送。办理件是指需要部门办理的文件，一般先由秘书部门提出拟办意见，然后进行批办、承办等。

分发文件也有一定的手续。如果分发的是阅读件，分发前要附上"文件传阅单"；如果分发的是办理件，分发前要附上"收文处理单"。如果分发的是给各部门的文件，分发前要填写"文件交办单"；如果分发的是给领导直接办理的文件，分发前要填写"送领导人文件登记单"。

五、拟办

拟办，是指秘书部门对公文提出初步意见，相当于请示或者建议，供领导参考。拟办是收文中重要的环节，对公文办理起参考性作用。拟办的质量直接影响公文的最终处理效果。

拟办实际上是一项辅助决策活动，是秘书人员发挥参谋助手作用的重要途径。为了拟办更有效率，秘书人员首先要熟悉相关政策，熟悉自己部门的情况，熟悉公文办理的程序；其次要认真研究收到的公文，对问题仔细考量，经过认真调查、思考，提出细致的解决方案，方案条理清楚而又简明扼要。

拟办的意见大体上有两类：一类是对请示件的办理程序提出意见，称为"程序性拟办意见"。一类是对请示事项进行综合研究并答复来文单位的，称"办结性拟办意见"。拟办意见一般附在"文件交办单"的拟办栏中，并附上拟办人姓名以及拟办日期。

六、批办

批办,是指机关或者单位的领导针对公文提出的问题,在拟办意见的基础上,行使法定或特定职权对文件作出批示和指示。批办时,要表明对拟办意见的态度。

拟办意见只是参考性建议,而批办则是单位负责人的决策,两者的意义是不同的。批办对公文效用的实现具有决定性影响。

批办应当注意:有关领导不得越权批办公文;要严格控制批办范围;作出的批办意见必须明确。批办的意见一般附在"文件处理单"的批办栏中,并附上批办人姓名以及批办日期。

七、承办

承办,是指有关部门根据批办的意见具体办理事务,是收文办理的中心环节。公文只有经过承办才能产生切实的效用。通过承办,各方的意见才能得以落实。承办既是收文办理最后的实质性程序,又往往是发文办理程序的开始。

承办是有时效性的,因而承办部门应对收到的文件及时办理,尤其是对于紧急公文,更要设定办理时限,以免耽误事情。承办公文的方式有多种。会议协商、面谈讨论、电话沟通、实地调查指导、现场协调布置、制发公文等均可有效地应用于处置各具特点的事务,使性质、作用各不相同的公文分别得以被阅知、贯彻执行或回复,及时、有效地解决相关问题。

八、传阅

传阅,是指根据领导批示和工作需要,及时将公文送传阅对象阅知或者批示。是文书处理工作中比较重要的环节。

办理公文传阅应当随时掌握公文去向,不得漏传、误传、延误。有条件的单位可以设置传阅室,供传阅文件使用,以提高传阅的时效性。实行网上办公的单位,在确保安全的前提下,可以尝试网上传阅。

公文传阅的原则:

(1)有序原则。公文传阅,顺序很重要。公文传阅的一般程序是阅件一般先传主要领导后传主管领导,再传其他领导和有关部门。办件则应先传主管领导,这样有利于主要领导和主管领导交流信息、沟通意见,也有利于执行者按照主管领导的批示意见落实。对于紧急公文、专送公文和需要某位领导直接阅批的公文,应按照先办后传、跳跃式传阅等方法处理。秘书应在"文件处理单"上注明。

(2)及时原则。快速和及时是公文传阅的基本要求。对各类公文要分别对待,分类设夹、传阅,对急件、特急件跟踪传阅,保证公文传阅的时效性。

(3)安全原则。安全是公文传阅工作的政治性内在要求。严格按照阅文范围和领导确定的范围组织传阅;单位应当建立文件的接收、登记制度;由专人负责公文传阅工作。

九、催办

催办,是指对需要办复的公文,秘书部门根据来文内容的缓急程度和承办的时限要求,对公文承办的情况进行监督、检查,以免公文积压和丢失,导致事情的延误。催办是对公文承办工作的督促和检查,是加速公文运转,提高工作效率的重要措施。

通过催办,能够及时了解、掌握公文的办理进展情况,督促承办部门按期办结。应做到紧急公文跟踪催办,重要公文重点催办,一般公文定期催办。催办有多种形式。可以通过电话的形式,提醒承办单位;可以填写"催办单",以书面文字的形式提醒;可以举行座谈,进行催询;还可以口头进行催办,因为这种方式最为直接、有效,对于急事和重点问题的催办,多采用此种方式。

紧急公文或者重要公文应当由专人负责催办。

十、答复

答复,是指将公文的办理结果告知来文单位。收文机关应当将公文的办理结果及时答复来文单位,并根据需要告知相关单位。

【例1】

中国传媒大学行政公文处理办法(节选)[①]

第二十一条 收文办理指学校行政机关收到公文的办理过程,包括签收、登记、拟办、分送、批办、承办、催办等程序。

第二十二条 上级机关从行政角度对我校的行文,一般由校长办公室签收、启封;校长办公室负责人按公文内容确定属办件或阅件,办件对校领导签"阅示"、对承办单位签"阅办",阅件签"阅"。短文当天批阅,急件随到随批。校办文书按批办意见分别送达校领导或有关部门。

第二十三条 上级来文要求学校贯彻执行的,按校领导批办意见,根据涉及范围的大小,可采取下列方式之一传达、贯彻、执行:

(1)将原文复印或翻印送至有关部门传阅;

(2)学校发布实施意见并附原文;

(3)学校制定和发布实施细则、办法并附原文;

(4)在一定范围内召开会议传达。

第二十四条 上级政府及其部门召开会议所发的公文,除明确发给与会人员的外,参加会议的我校人员必须在会后及时将公文原件全部交校长办公室接收。学校各部门

---

① 《中国传媒大学行政公文处理办法》,http://www.docin.com/p-17733589.html。

收到的上级政府及其部门的公文,全部将公文原件交到校长办公室接收。

第二十五条 校长办公室收到各部门上报的公文,应当及时进行审核,对符合本办法的公文,校办负责人提出拟办意见并送校领导批示。

第二十六条 承办部门收到交办的公文后应当及时办理,不得延误、推诿。紧急公文应当按时限要求办理。对不属于本部门职权范围或者不宜由本部门办理的,应当及时退校长办公室并说明理由。涉及多个部门办理的公文,主办部门应当与协办部门主动协商,及时处理。

第二十七条 审批公文时,对有具体请示事项的,主批人应当明确签署意见、姓名和审批日期,其他审批人圈阅视为同意;没有请示事项的,圈阅表示已阅知。

第二十八条 送负责校长批示或者交有关部门办理的公文,校长办公室要负责催办,做到紧急公文跟踪催办,重要公文重点催办,一般公文定期催办。

【例2】

交通部公文处理办法(节选)[①]

第二十一条 收文办理应注意事项:

(一)登记包括来文机关、文号、标题、来文日期、收文编号等。一般事务性来文可视情况确定是否登记。

部及办公厅的收文,由文书处或者机要处负责签收、拆封、登记、分办;部内各司局的收文,由其办公室或综合处负责拆封、登记、分办;注明领导同志亲启件,原封登记后送领导人或其秘书签收。上下级机关送领导亲启的信函由领导本人拆阅。

(二)凡送部并需办理的公文,由办公厅根据内容和性质,提出拟办意见,分送部领导批示或送有关司局办理;主送部内各司局的公文,由其办公室或综合处分办。

(三)承办单位应按时限要求抓紧办理,不得延误、推诿。对不属于本单位职权范围或不适宜由本单位办理的,应当迅速退回交办的文秘部门并说明理由。

(四)文秘部门应当建立拟办、分办公文的检查催办制度,并负责检查催办。

第三节 文书整理与归档

一、文书整理

(一)文书整理的含义和意义

文书整理,是指将一定时期内处理完毕、具有保存价值的公文,按照一定的规律和

---

① 《交通部公文处理办法》,http://www.people.com.cn/item/flfgk/gwyfg/1994/227014199401.html。

联系进行系统整理,形成案卷的工作。

文书整理工作具有重要的意义:

1. 通过文书整理,可以很好地保护公文的完整性

通过文书整理,可以对文书进行查全补缺,检查文件是否残缺,使公文完整。此外,将零散的公文整理编辑成册,使公文不易磨损,从而保护了公文。

2. 通过文书整理,可以充分发挥公文效用

公文效用是由现行效用和历史效用共同组成的。现行效用是指公文在处理完毕之前所具有的法定效用、强制力等,而历史效用则是公文效用的沿用。文书整理后,并非将公文束之高阁,使之失去效用,相反,案卷是有其历史效用的。通过文书整理,使公文更加系统、有规律,可以更为方便地进行查找,从而进行再次利用。

3. 通过文书整理,可以为档案工作奠定基础

文书整理后形成的案卷,是公文从文件转向档案的标志。档案工作人员就是以案卷为基础开展各项业务的,没有文书整理工作,没有案卷,就没有后续的档案工作。

(二)文书整理的原则

为了适应档案管理现代化的需要,提高工作效率,文书整理应当坚持遵循公文的形成规律,保持公文之间的有机联系;区分文件的保存价值;便于保管和利用等原则。

1. 遵循公文的形成规律,保持公文之间的有机联系

公文之间是有规律可循的。这是因为公务活动本身就是有规律的。比如,同一机关的发文,来源相同;同一年度的公文,时间期间相同。总之,文书整理不能随意对文书加以组合,而要遵循公文之间的客观规律,保持公文之间的联系,在此基础上进行整理。也唯有此,才能真实地再现公务活动的过程,使公文真正成为再现公务活动的载体。

2. 便于保管和利用

文书整理的目的之一就是利用文件的历史效用。因此,在整理过程中,要秉持方便日后查找、利用的原则。为了做到这一点,首先,要选择合适组卷的方法,案卷排列也要合理。其次,每册案卷内的文件数量要适宜。文件太多,不易装订成册,也不易查找,需要分成几册;文件太少,浪费资源,应该将相关的其他文件并入。最后,重要文件和次要文件要分开。重要文件利用频率高,可以相对细分,单独装订;次要文件参考价值不大,可以较为集中。

3. 区分文件的保存价值

文书整理时,要根据文件的保存价值进行划分。具体方法有以下几种:

(1)按照文件的密级进行整理。对有密级的文件,由于不同的密级规定着文件有不同的使用范围,因而在文件整理时,不同密级的公文要区分开来,同一密级的文件可以组成同一个案卷。

(2)按照文件的保管期限进行整理。根据国家档案局2006年《机关文件材料归档范围和文书档案保管期限表》的规定，将文书材料的保管期限分为永久和定期两种。定期中再实行标时制，一般分为 30 年、10 年。区分案卷的保管期限是由案卷的价值大小决定的。

（3）按照文件的载体划分进行整理。现今社会，文件的载体形式并不局限于纸质文件，还有感光介质文件、磁介质文件和电子文件等多种形式，因而在文件整理时，不同载体的文件要分别整理。如果不同载体形式的文件存在历史联系，则可以在案卷最后的备考表中注明，从而方便查找。

（三）文书整理的方法

文书整理可以根据不同的归类要求进行划分。

1. 按照作者进行划分

所谓"作者"，即公文的发文机关。按照作者进行划分，即将同一制发机关的公文放在一起整理。这样可以清楚反映同一作者的公务活动，使利用者易于了解文件的作者来源，确定文件的重要程度和保存价值。

2. 按照时间进行划分

即将属于同一年度或同一时期的公文放在一起整理。现行各类社会组织中，公文整理一般都是按照自然或专业年度进行划分的，这样可以反映机关或单位在某一段时间内的工作状况。

3. 按照内容进行划分

即将属于同一内容特征的公文放在一起整理。通过这种方法，可以清楚了解围绕这一内容工作的开展状况。

4. 按照文种进行划分

即将属于同一文种的公文放在一起整理。通过这种方法，方便对同一文种的公文进行查找。

5. 按照地区进行划分

即将公文内容涉及同一地区的文件放在一起整理。这种方法一般多用于上级机关针对下属机关的来文、调查统计材料和某些专门文件的组合。通过这种方法，可以直观了解到同一地区工作的情况或有关该地区同一问题的处理情况。

6. 按照通讯者进行划分

即将本单位与某一单位之间就某一特定问题进行工作协商和联系而形成的来往文书集中归类整理。通过这种方法，有利于将两个单位的问复性质的文件有机组合在一起，可以充分反映工作往来的过程。

以上 6 种组卷方法，在实际工作中并非单独使用，而是组合使用。将具有共同特征的文件灵活组合，可以清楚地了解其历史关联，方便利用。

（四）文书整理的过程

文书整理并非一时完成的，它经历了平时整理、正式立卷和按时归档的过程。

1. 平时整理

平时整理，是指将公文处理完毕后，将公文归入相应的类目。公文处理完毕后，切忌将公文随处乱扔，而应认真归类，实现文件整理平日化。这样可以避免文件丢失、混乱，也方便公文利用。

2. 正式立卷

一般机关都会在年底对本年度的文件进行立卷。

立卷时，首先，要认真整理公文，进行归类，看公文收集是否齐全，分类是否科学；其次，将同一案卷内的文件，按照一定的规律和历史关联进行先后顺序的排列；再次，为这一案卷填写案卷标题，做到简明扼要，可以清楚反映该卷内容，方便日后查找；接着，填写卷内目录和备考表，卷内目录按照案卷内文件顺序和规定的格式进行填写，备考表中则需要注出本案卷的大致情况；最后，填写案卷封面并进行装订。

3. 按时归档

正式立卷结束后，需要按期将案卷向档案部门移交。

二、文书归档

文书归档，是指将办理完毕的文件经系统整理后归档案机构保存的过程。

《中华人民共和国档案法》第10条规定，"对国家规定的应当立卷归档的材料，必须按照规定，定期向本单位档案机构或者档案工作人员移交，集中管理，任何个人不得据为己有。所以，归档是文书工作不可缺少的程序"。《条例》第27条规定，"需要归档的公文及有关材料，应当根据有关档案法律法规以及机关档案管理规定，及时收集齐全、整理归档。两个以上机关联合办理的公文，原件由主办机关归档，相关机关保存复制件。机关负责人兼任其他机关职务的，在履行所兼职务过程中形成的公文，由其兼职机关归档"。同时，归档也是文书由文件转化为档案的标志，是积累档案的重要手段。

（一）归档时间

归档时间，即文书（文件）处理部门或有关业务部门将需要归档的文件向档案机构移交的时间。根据《机关档案工作业务建设规范》规定，一般在次年6月底以前移交。这样可以保持部门一个年度案卷的完整性。

（二）归档范围

根据《中华人民共和国档案法》及《中华人民共和国档案法实施办法》的规定，国家机关、社会组织及个人从事各种社会活动直接形成的对国家和社会有保存价值的各种形式的历史记录,都是档案。具体归档范围:属于国家所有的档案,由国家档案局会同国家有关部门确定具体范围;属于集体所有的、个人所有以及其他不属于国家所有的,由省、自治区、直辖市人民政府档案行政管理部门征得国家档案局同意后确定具体范围。

从内容上看,归档内容包括文书整理后形成的案卷以及具有重要价值的文件材料。

(三)归档要求

(1)归档内容齐全完整。
(2)保持文件的历史联系。
(3)要按照规定填写案卷封面。
(4)要编制完整的案卷目录。

(四)归档手续

秘书部门向档案部门移交案卷时,档案部门需要对案卷进行检查,要查看案卷的格式,即案卷目录、卷内目录填写是否正确,卷内文件的编写质量是否合格等。对合格的案卷,需要填写案卷移交清单,一式三份;对不合格的案卷,则需要退回秘书部门,重新整理。

【例】

中国传媒大学行政公文处理办法(节选)①

第二十九条　公文办理完毕后,应当根据《中华人民共和国档案法》和我校有关规定,由校长办公室统一归档与管理。个人不得保存应当归档的公文。

第三十条　联合办理的公文,校长办公室负责以学校和校办名义发出的公文原件的整理(立卷)、归档,其他部门保存复制件或其他形式的公文副本;部门文件,由主办部门负责原件的整理、归档,协办部门保存复制件或公文副本。

第三十一条　归档范围内的公文应当确定保管期限,按照有关规定定期向档案部门移交。

第三十二条　拟制、修改和签批公文,书写及所用纸张和字迹材料必须符合存档要求。

第三十三条　上级机关的公文,除绝密级和注明不准翻印的以外,经校领导或校长办公室主任批准,可以翻印。翻印时,应当注明翻印的部门、日期、份数和印发范围。公文复印件作为正式公文使用时,应当加盖复印部门证明章,视同正式公文管理。

第三十四条　部门合并时,全部公文应当随之合并管理。部门撤销时,需要归档的公文整理(立卷)后按有关规定移交档案部门。工作人员调离工作岗位时,应当将本人暂

---

① 《中国传媒大学行政公文处理办法》,http://www.docin.com/p-17735389.html。

存、借用的公文按照有关规定移交、清退。

第三十五条 销毁秘密公文应当到指定场所由二人以上监销，保证不丢失、不漏销。其中，销毁绝密公文（含密码电报）应当进行登记。密码电报的使用和管理，按照有关规定执行。

【例2】

交通部公文处理办法（节选）①

第三十五条 公文办完后，应当根据《中华人民共和国档案法》、《交通文件材料立卷归档办法》及有关规定，及时立卷、归档。个人不得保存应当归档的公文。

第三十六条 没有归档和存查价值的公文，经过鉴别和司局或处室主管领导批准，可以定期销毁。销毁秘密公文，应当进行登记，由二人监督。

【例3】

中央音乐学院文书档案归档要求及立卷整理办法②

归档要求：每年上半年至6月底前为归档时间，主要归上一年各部门形成的档案材料。

立卷整理要求：党群、行政、教辅部门及其他门类凡涉及公文档案按此要求。

一、学院党群和行政各部门均为立卷单位，每个立卷单位的文秘人员或部门为档案的立卷人，在平时应严格按上一年度文件形成规律，做好文件材料预立卷工作。

二、文书档案整理立卷步骤：

第一步：按问题设类，即按本部门文件内容所反映的问题设类。

第二步：剔除不需要的归档文件材料和重复文件。

第三步：组卷，首先要检查纸张为 A4 纸，归原件，无原件可归复印件。传真件必须复印后方可归档。已破损的文件应予修正，字迹模糊或易褪变的文件应予复制。

第四步：文件左边需要留2厘米空白以便装订时不压字，如不到2厘米需要贴边。

第五步：每卷厚度不能超过200页，案卷薄厚适度。

第六步：排列卷内文件、编写页码。

同一问题的材料，按时间顺序号；两个问题的文件，按重要程度、时间顺序排，并使用铅笔在每页右上角上编写页码（凡有文字的页面都需编页码）。

第七步：填写卷内目录和备考表。

备考表放在全卷文件材料之后，包括本卷情况说明、立卷人、检查人、立卷时间。备考表是立卷时供立卷人填写认为该卷有需要加以说明解释的情况。

---

① 《交通部公文处理办法》，http://www.people.com.cn/item/flfgk/gwyfg/1994/227014199401.html。
② 《中央音乐学院文书档案归档要求及立卷整理办法》，http://www.docin.com/p-8501204.html。

附：卷内目录表格

| 序号 | 作者 | 文件编号 | 文件标题 | 文件日期 | 所在页号 | 备注 |

第八步：拟制案卷标题，标题要求简明扼要，能达到对卷内文件加以揭示和概括作用。拟制案卷标题可采用以问题为主，结合运用时间、作者、名称等特征的方法。

注：不归档的文件材料。

上级普发供参阅、不办的文件材料；上级机关征求意见未定稿的文件；重份文件；无查考价值的事务性、临时性文件；未经讨论、领导未签发、未生效的文件；一般询问性、一般建议的群众来信；非隶属机关抄送不需办理的文件材料。

附：**文件归档登记表**

部门：

序号	文件名称内容	档案编号	受控文件编号	归档日期	交件人签名	收件人签名

第四节　公文管理

公文管理，是指对公文的公开发布、撤销、废止以及本机关所有收文、发文的存放、复制、清退等工作的科学管理，是公文处理的重要内容。具体包括由秘书人员或者专职人员对公文进行收发、审核、用印、归档和销毁等环节。在公文管理工作中，必须严格按照国家公文管理的有关规定，切实加强公文管理工作。关于公文的收发、审核、用印和归档，本章前面几节都已经介绍过，此处不再重复。以下将重点介绍公文管理原则、公文管理制度的主要环节。

一、公文管理原则

在公文形成—公文处理—公文管理的整个流程中,公文管理是行政机关日常管理工作中不可缺少的重要内容。根据《条例》规定,公文管理工作应当坚持实事求是、准确规范、精简高效、安全保密、统一管理的原则。

(一)实事求是

实事求是是公文管理的基本原则,要求在公文办理和管理过程中秉着求真务实的态度,一切从实际出发,起草和处理各种公文,解决实际问题,如实反映情况,使判断合乎实际,方法措施切实可行,避免文牍主义。

(二)准确规范

准确规范是对文书工作的质量要求,准确就是要求不出现任何差错,规范则要求文书处理的方法手段、程序手续、行为准则规范化、制度化。首先,在文书拟制过程中,要严格执行法律、法规、规章和制度,做到观点正确,格式规范,用语确切。其次,在文书办理过程中,要体现严肃、认真的工作作风,要建立健全各项文书工作的活动原则,合理设计文书工作的程序。

(三)精简高效

精简是公文管理活动的基本要求。公文是党和政府各级领导机关实施领导的重要手段,是党政机关传达贯彻党的路线、方针、政策,指导、布置和商洽工作,请示和答复问题,报告和交流情况的工具。在公文管理活动中,首先,树立精简的意识。可发可不发的公文一律不发。其次,提高公文质量。拟制公文要短一些、精一些,公文的结构要力求简化。再次,精简公文运转处理的各环节。减少不必要的层次和工作环节,合并一些环节和手续,使文件流程简捷,管理科学,操作手续简便。

由于公文具有时效性,提高文件的管理效率是公文管理的当然要求。在文书处理工作中,要加强时间观念,明确分工,强化责任。对有明确办理时限要求的公文,具体承办人员要加强文件运转的催办督办工作,以提高办事的时效性,坚决杜绝贻误事情的情况发生。

(四)安全保密

公文安全是对公文政治上、物质上的要求。首先,是公文内容的安全,特别是对于一些涉及党和国家秘密的文件,要严格按照《中华人民共和国保密法》的有关规定,建立、完善公文的拟制、办理、运转管理制度,消除和防范不安全因素。其次,是公文载体的安全。要最大限度地控制因自然和人为因素对公文的损坏,确保公文的物理安全。最后,是公文的信息安全。在计算机和网络环境中,要注意保障公文内容不被窃取、篡改或者损毁。

公文保密是党政机关公文管理的一项重要工作,是确保公文处理工作安全的重要手段。许多公文可能涉及党和国家的重大决策,涉及政治、经济、军事、科技等重要机密。公文中的密级文件资料是国家秘密的载体,如果因文件管理不当造成泄密,会对党和国家的事业造成危害和损失。

在公文处理工作中,应严格执行国家保密法律、法规和制度,做到存放、清退、销毁等环节都有章可循,手续清楚,责任明确,严防公文丢失和泄密,确保公文安全。

公文确定密级前,应当按照拟定的密级先行采取保密措施。确定密级后,应当按照所定密级严格管理。绝密级公文应当由专人管理。设立党委(党组)的县级以上单位应当建立机要保密室和机要阅文室,并按照有关保密规定配备工作人员和必要的安全保密设施设备。

公文的密级需要变更或者解除的,由原确定密级的机关或者其上级机关决定。涉密公文公开发布前应当履行解密程序。公开发布的时间、形式和渠道,由发文机关确定。

复制、汇编机密级、秘密级公文,应当符合有关规定并经本机关负责人批准。绝密级公文一般不得复制、汇编,确有工作需要的,应当经发文机关或者其上级机关批准。复制、汇编的公文视同原件管理。复制件应当加盖复制机关戳记。翻印件应当注明翻印的机关名称、日期。汇编本的密级按照编入公文的最高密级标注。

(五)统一管理

统一管理,是指在公文处理活动中各级各类工作人员要接受集中统一的领导,要遵循统一的公文处理制度。《条例》第 6 条规定,各级党政机关应当高度重视公文处理工作,加强组织领导,强化队伍建设。设立文秘部门或者由专人负责公文处理工作。

公文有序运行是党政机关履行职责的重要保障,如果对公文缺乏集中统一管理,势必造成公文运转混乱,处理效率降低,影响工作,必须建立并严格执行公文集中统一管理制度。具体要求包括:

(1)统一接收。凡寄给本机关的公文,除领导同志亲启件外,一律由文秘人员统一接收、拆封、登记和分发处理,其他部门和人员不得随意接收、处理。

(2)凡以本机关名义上报、下发的公文,无论哪个部门承办,均应送文秘部门统一登记、编号、发放,各承办部门不得自行发放。

(3)本机关接收和发出的所有文件,均由文秘部门集中保管。机关各部门承办的文件,承办完毕后必须交回,不得长期保存在各个部门,特别是不得长期保存在个人手里。只有切实做到"统一渠道,集中管理",才能使公文管理工作井井有条,运行有序。

保密公文应当严格按照保密制度的要求进行管理,绝密级公文应当由专人管理。

二、公文管理环节

公文管理主要包括公文的公开发布、撤销、废止以及复制、汇编、清退、销毁等环节。

文秘人员应当严格按照公文管理的岗位职责要求,以高度负责的精神,严肃认真地做好公文管理工作,充分发挥公文的效用。

(一)公开发布

公开发布公文,必须经发文机关批准。公文一经发布,同发文机关正式印发的公文具有同等效力。涉密公文公开发布前应当履行解密程序。公开发布的时间、形式和渠道,由发文机关确定。

(二)复制、汇编

根据工作需要,可以对非涉密文件进行复制、汇编。复制、汇编的公文视同原件管理。复制件应当加盖复制机关戳记。翻印件应当注明翻印的机关名称、日期。因工作需要确需复制、汇编涉密文件的,必须严格履行审批手续,未经批准,严禁复制、汇编。

(三)销毁

公文的销毁,是指将失去保留价值的公文进行毁灭性处理。销毁的目的是为了减少无用公文的保存,提高公文管理的效率,同时,可以保存公文中的秘密。

需要销毁的公文有的是保存价值不大,有的是无需存留的重复文件,有的是草拟的公文等。

销毁公文需要遵守一定的程序。首先,要经过秘书部门的重新鉴定,确定公文已经没有存在的价值;其次,将需要销毁的公文进行整理,核定造册;再次,上报领导和负责部门,申请批准;最后,将核准的公文进行销毁。

公文销毁的方式也很多。纸质文件可以选择粉碎、焚毁、重新制作成纸浆等,如果是电子文件,可以采取格式化和清洗磁盘的方式。同时,《条例》第35条规定:"不具备归档和保存价值的公文,经批准后可以销毁。销毁涉密公文必须严格按照有关规定履行审批登记手续,确保不丢失、不漏销。个人不得私自销毁、留存涉密公文"。

(四)清退

公文的清退,是指将处理完毕的公文退还给发文单位,这样可以保证公文的机密安全,维护公文的权威性。

需要清退的公文一般为绝密文件、有重大错误的公文、未经领导审阅的公文,以及其他机关指定清退的公文等。

清退时首先要填写"公文清理报告",一式两份;然后履行签收手续。需要清退的公文要做到单独保管,不能私自存留。

根据《条例》规定,涉密公文应当按照发文机关的要求和有关规定进行清退或者销毁。工作人员离岗离职时,所在机关应当督促其将暂存、借用的公文按照有关规定移交、清退。

(五)撤销与废止

公文的撤销与废止是公文办理的重要制度。根据《条例》规定,公文的撤销与废止,由发文机关、上级机关或者权力机关根据职权范围和有关法律法规决定。公文被撤销的,视为自始无效;公文被废止的,视为自废止之日起失效。

(六)发文立户申请

根据《条例》规定,新设立的机关应当向本级党委、政府的办公厅(室)提出发文立户申请。经审查符合条件的,列为发文单位,机关合并或者撤销时,相应进行调整。

【例】

交通部公文处理办法[①]

(1994年5月16日交通部"交办发〔1994〕453号"文发布)

第一章 总则

第一条 根据国务院办公厅《国家行政机关公文处理办法》(国办发〔1993〕81号)制定本办法。

第二条 本办法适用于交通部机关、部属行政机关公文及各省、自治区、直辖市、计划单列市交通部报部公文。

部直属及双重领导企事业单位公文处理参照本办法执行。

第三条 交通部办公厅是交通部公文处理的管理机构,主管部机关并负责指导下级行政机关的公文处理工作。

第四条 部机关厅司局及部属行政机关应设立文秘部门或者配备符合职位要求的专职干部负责公文处理工作。

第五条 公文处理必须做到及时、准确、安全、保密,并努力提高公文处理工作的效率和质量;行文要少而精,注重效用;必须严格执行国家保密法律、法规和有关保密规定,确保国家保密安全。

第六条 公文处理工作应贯彻"党政分开"的原则。

第二章 公文种类

第七条 交通部公文种类主要包括:

(一)令

适用于部依照有关法律规定发布交通法规,宣布施行重大强制性行政措施等。

---

① 《交通部公文处理办法》,http://www.people.com.cn/item/flfgk/gwyfg/1994/227014199401.html。

(二)决定

适用于对重要事项或者重大行动作出安排。

(三)指示

适用于对下级机关布置工作,阐明工作活动的指导原则和要求。

(四)公告、通告

"公告"适用于向国内外宣布重要事项或者法定事项。

"通告"适用于在一定范围内公布应当遵守或者周知的事项。

(五)通知

适用于发布行政规章;转发上级机关和不相隶属机关的公文,批转下级机关的公文;传达要求下级机关办理和有关单位需要周知或者共同执行的事项;任免和调配干部。

(六)通报

适用于表彰先进,批评错误,传达重要精神或者情况。

(七)报告

适用于向上级机关汇报工作,反映情况,提出建议,答复上级机关的询问。

(八)请示

适用于向上级机关请求指示、批准。

(九)批复

适用于答复下级机关请示事项。

(十)函

适用于不相隶属机关之间相互商洽工作、询问和答复问题;向有关主管部门请示批准等。

(十一)会议纪要

适用于记载和传达会议情况和议定事项。

第八条 部机关行政公文划分为"文件"、"专用文件"和"签报"。

(一)"文件"分为《交通部令》、《交通部文件》、《交通部函》、《交通部办公厅文件》和交通部×××司(局)文件。

(二)"专用文件"指在一定业务范围内使用、有特定版头和处理程序的公文。属须部批准的常规性审批公文,主管司局应尽量采用"专用文件"形式。目前,部"专用文件"有:《交通部任免通知》、《交通部出国人员政审批件》、《交通部出国任务通知书》、《交通部办理海员证批件》。

(三)"签报"是部机关各职能部门向直接上级请示问题或报告工作的一种形式。"签报"必须由主办单位负责人亲笔签名,不加盖印章,送主管领导人原件批回。不得同时抄送几位领导人和抄送其他单位。

第三章 公文格式

第九条 公文一般由发文机关、秘密等级、紧急程度、发文字号、签发人、标题、主送机关、正文、附件、印章、成文时间、主题词、抄送机关等部分组成。

（一）发文机关应当写全称或者规范简称；联合行文，主办机关排列在前

（二）公文密级、缓急标志要清楚。"绝密"、"机密"公文应当标明份数序号。

（三）发文字号包括机关代字、年份、序号。联合行文，可只标主办机关发文字号。

（四）上报的公文，应当在发文字号右侧注明签发人姓名。

（五）公文标题应当准确简要地概括公文的主要内容和公文种类。标题中除法律、规章名称加书名号外，一般不用标点符号。

（六）主、抄送单位如用简称，应用规范简称。抄送单位排列顺序为：国务院各部门，各省、自治区、直辖市、计划单列市人民政府及其部门，部直属单位，部内有关司局。

（七）公文如有附件（不包括被批转、报送件），应在正文之后，年月日之前，注明附件的名称和件数。

（八）公文除会议纪要外，应当加盖印章。联合上报的非法规性文件，由主办机关加盖印章。联合下发的公文，联合发文机关都应当加盖印章。

（九）成文时间，以领导人签发的日期为准；联合行文，以最后签发机关领导人签发的日期为准。

（十）部及厅、司、局公文应当标注主题词（见部公文主题词表）；上报的公文，应当按照上级机关的公文主题词表标注主题词。

第四章 行文规则

第十条 各级行政机关的行文关系，应当根据各自的隶属关系和职权范围确定。

第十一条 部在职权范围内，可向国务院各部门，各省、自治区、直辖市、计划单列市政府及交通厅（局、委、办），部直属及双重领导企事业单位行文。

第十二条 属部机关厅司局职权范围的事项，应由各厅、司、局自行发文；须部审批的事项，经部领导同意后，也可由厅、司、局发文，文中注明经部领导同意。

部机关厅、司、局之间遇有问题应当面协商，除人员任免、奖惩、调动外，原则上不互相行文。

部机关各司局不应以司局名义向国务院各部门及省、自治区、直辖市政府行文。

第十三条 具有行政管理职能的部船检局、救捞局、无线电管理委员会等，向部请示或者报告可使用签报形式，可代部起草公文稿。

部属单位受部机关有关司局委托代为拟办的公文稿，须经有关司局领导人审核签字，并按公文处理程序办理。

第十四条 地方交通部门、部直属和双重领导企事业单位要求部解决具体问题时，应按部机关职权范围，直接行文报送有关厅司局处理。

第十五条 部属下级机关和企事业单位一般不得越级请示。

第十六条 "请示"应当一文一事；一般只主送一个上级机关，如需同时送其他机关，

应当用抄送形式,但不得同时抄送下级机关。除领导直接交办的事项外,"请示"不得直接送领导者个人。

第十七条 "报告""纪要""简报"中不得夹带请示事项。

第十八条 同级政府、同级政府各部门、上级政府部门与下一级政府可以联合行文;政府及其部门与同级党委、军队机关及其部门可以联合行文;政府部门与同级人民团体和行使行政职能的事业单位也可以联合行文。

联合行文应当确有必要,单位不宜过多。

第十九条 经批准在报刊上全文发布的交通法规,应当视为正式公文依照执行,可不再行文。同时,由发文机关印制少量文本,供存档备查。

第五章 公文办理

第二十条 公文办理分为收文和发文。收文办理一般包括传递、签发、登记、分发、拟办、批办、承办、催办、立卷、归档、销毁等程序;发文办理一般包括拟稿、审核、签发、缮印、校对、用印、登记、分发、立卷、归档、销毁等程序。

第二十一条 收文办理应注意事项:

(一)登记包括来文机关、文号、标题、来文日期、收文编号等。一般事务性来文可视情况确定是否登记。

部及办公厅的收文,由文书处或者机要处负责签收、拆封、登记、分办;部内各司局的收文,由其办公室或综合处负责拆封、登记、分办;注明领导同志亲启件,原封登记后送领导人或其秘书签收。上下级机关送领导亲启的信函由领导本人拆阅。

(二)凡送部并需办理的公文,由办公厅根据内容和性质,提出拟办意见,分送部领导批示或送有关司局办理;主送部内各司局的公文,由其办公室或综合处分办。

(三)承办单位应按时限要求抓紧办理,不得延误、推诿。对不属于本单位职权范围或不适宜由本单位办理的,应当迅速退回交办的文秘部门并说明理由。

(四)文秘部门应当建立拟办、分办公文的检查催办制度,并负责检查催办。

第二十二条 发文程序:

(一)部发文程序:主办司局承办人拟稿——处室领导核稿——司局办公室核稿——司局领导人审核——办公厅文书处核稿(上报党中央、国务院的,经厅领导核稿)——部领导审阅签发——文书处登记编号——缮印——文书处封发。

(二)厅发文程序:与部发文程序基本相同,由办公厅主任或副主任签发。重要公文必要时由部领导审阅后发。

(三)司局发文程序:主办处室承办人拟稿——处室领导核稿——司局办公室核稿——司局领导人签发——会签——司局办公室编号——缮印——主办司局封发。

(四)"专用文件"发文程序:承办人拟稿——处室领导核稿——司局办公室核稿——部授权的司局领导签发——司局办公室编号——缮印——主办司局封发。

第二十三条　拟办公文应当做到：

（一）符合国家的方针、政策和法规以及部的方针、政策和有关规定。

（二）情况确实，观点明确，条理清楚，文字精练，书写工整，标点正确，篇幅力求简短。

（三）人名、地名、数字、引文准确。引用公文应当先引标题，后引发文字号。日期应当写具体的年、月、日。

（四）结构层次序数，第一层为"一"，第二层为"（一）"，第三层为"1."，第四层为"（1）"。

（五）必须使用国家法定计量单位。

（六）用词用字准确、规范。文内使用简称，一般应当先用全称，并注明规范简称。

（七）根据内容和行文对象，正确使用公文种类，送领导审核的文稿，应附来文和必要的相关文件。

（八）拟稿人根据实际需要，确定主、抄送单位，分别标明正文和附件印数。

第二十四条　公文中的数字，除成文时间、部分结构层次序数和词、词组、惯用语、缩略语、具有修辞色彩语句中作为词素的数字必须使用汉字外，应当使用阿拉伯数码。

第二十五条　公文稿中凡有涉及其他单位的问题，主办单位应当主动与有关单位协商、会签。会签应注意以下事项：

（一）会签文稿均以会签单位领导人签字为有效。

（二）部内会签，由主办司局送转会签。有关司局如有不同意见，应当协商一致后再报部领导。如经充分协商仍不能取得一致意见，应如实报部领导。

（三）部外会签（包括会印），由主办司局指定专人承办。部外单位对会签稿有重大修改，应重新送部领导审批。

（四）部外单位送我部会签或会衔的文稿，先由主办司局提出意见，然后按部发文程序办理。

（五）上报的公文，如有关部门意见不一致，应当在文中如实反映。

第二十六条　公文送领导人签发之前，应当由文秘部门审核。审核的重点：是否需要行文，是否符合国家的法律、法规和方针、政策及部的有关规定，是否与有关部门协商、会签，文字表述、文种使用、公文格式等是否符合本办法的有关规定。

在不改变原意的情况下，核稿人可对文稿进行删节和文字加工。需对文稿进行较大修改时，应提出修改意见商经办人（主办单位）修改。

公文经部领导签发后，文书处应注意部领导对文稿内容有无修改，必要时作适当文字处理。

会签单位和核稿人应注意保持稿面的整洁。稿面不洁、字迹潦草、涂改勾画较乱的，由经办人清稿（并将原稿附后）。

第二十七条　公文签发：

部发文，一般的按部领导分工，由主管部领导签发；上报的或重要的下发公文，由部长或授权副部长签发。有的公文可由部领导授权的厅司局领导签发。

厅司局发文，由厅司局领导人签发；厅司局领导人不在时，由主管部领导授权主持厅司局工作者签发。

第二十八条　审批公文，主批人应有明确意见，并签署姓名和审批时间。其他审批人圈阅，视为同意。公文签发人对所签发的公文内容全面负责。

第二十九条　拟办、修改和签批公文，用笔用墨必须符合存档要求。不得在文稿装订线外书写。

第三十条　缮校：

（一）部机关发文，由文印室负责缮印。缮印过程中，如需修改原稿时，司局发文应与司局核稿人联系，部发文应与办公厅核稿人联系；如属重要修改，应请示原签发人同意。

（二）校对，部发文由文印室负责前二校，经办人负责三校；其他公文均由经办人负责校对。部上报的公文，付印前应经办公厅核稿人看样。

第三十一条　拟办公文，应逐步淘汰书写方式，使用计算机、四通打字机等打印在公文稿纸上。"签报"第二页可使用16开或A4型白纸，一般每页18行至20行，每行22个至25个字，排列要疏密有致。字体应为3号宋体或楷体。

第三十二条　上报的公文如不符合本办法第十五条、第十六条、第二十三条第一项、第二十五条第五项的规定，上级机关的文秘部门可退回呈报单位。

第三十三条　上级行政机关的行政公文，除绝密和注明不准翻印的以外，经下一级机关负责人或办公厅（室）主任批准，可以翻印，但应当注明翻印的机关、时间、份数和印发范围。密码电报不得翻印、复制，不得密电明复、明电密复。

第三十四条　传递秘密公文，必须采取保密措施，确保安全。利用计算机、传真机等传输秘密公文，必须采用加密装置。绝密级公文不得利用计算机、传真机传输。

第六章　公文立卷、归档和销毁

第三十五条　公文办完后，应当根据《中华人民共和国档案法》、《交通文件材料立卷归档办法》及有关规定，及时立卷、归档。个人不得保存应当归档的公文。

第三十六条　没有归档和存查价值的公文，经过鉴别和司局或处室主管领导批准，可以定期销毁。销毁秘密公文，应当进行登记，由二人监销。

第七章　附　则

第三十七条　交通法规方面的公文，依照《交通法规制定程序规定》（部1992年第38号令）处理。

第三十八条　本办法由部办公厅负责解释。

第三十九条　本办法自1994年6月1日起施行。部及办公厅其他有关公文处理的规定，凡与本办法不一致的，以本办法为准。

附：文件和资料销毁清单

NCFC/FM/A0—004

序号	文件编号	文件名称	页数	所属部门	归档日期	销毁时间	备 注

制表： 审核： 销毁人： 审批： 监销人：

本章思考题

1. 简要说明发文程序的具体步骤。
2. 简要说明如何拟办公文。
3. 简要说明收文办理的主要环节。
4. 简要说明文书整理的步骤。
5. 简要说明公文管理原则的具体内容。

案例分析

小李在国家机关某办公室担任文职。一日，领导临时通知小李，草拟关于会同财务部和后勤部核查相关账目的通知并发送各个部门。情急之下,小李自己撰写了公文,立刻发送。不久,财务部和后勤部的负责人打电话给小李的领导,说明通知的时间和他们的办公时间冲突,并质疑办公室为何不协商后再发通知。小李因此受到领导的批评。

根据上述案例,请回答:
1. 小李犯了什么样的错误?
2. 草拟公文时应当如何与相关部门会商?
3. 如果你是小李,在时间不充裕的情况下,该如何处理这项公文写作工作?

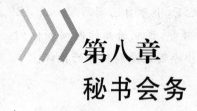

第八章
秘书会务

本章导语

会议的组织工作是秘书部门一项经常性的基本工作。能否办好会议,达到会议预定目的,对保证单位工作正常运转具有非常重要的意义。秘书工作人员在会议组织工作中处于非常重要的地位。作为会议的组织者与服务者,秘书人员应熟悉会务工作的程序,掌握会议组织与服务工作的方法、技巧,并通过不断实践,积累经验,掌握规律,提高办会水平。

本章关键词

会务工作;会议的准备;会议的召开;会议的结束

第一节 会议工作概述

一、会议与会务

(一)会议的含义

会议起源于原始社会晚期的部落民主议事制度。《尚书·周官》记载:"议事以制,政乃不迷。"

《现代汉语词典》对"会议"的解释是:有组织有领导地商议事情的集会。美国《韦氏新大学词典》关于"会议"的解释是:会议是一种会晤的行为或过程。可见,会议是一种围绕特定目标进行,以口头发言或书面交流为主要方式,有组织、有计划、有目的的商议、讨论的活动,否则不能称之为"会议"。

(二)会务的含义

"会务"是会议事务、服务工作的简称。会务工作主要包括会前准备和策划、会间组织和服务、会议善后和落实工作三个部分。会务工作贯穿会议全程,是实现会议既定目标和完成会议任务的根本保证。会务工作主要由秘书人员承担。

二、会议的要素

会议的要素,即会议的组成要素。会议的基本要素主要包括会议名称、会议人员、会议议题、会议时间、会议地点、会议方式、会议结果、会议经费。会议作为在人类社会生存和发展中发挥重要作用的一种社会活动方式,具备一些必备的要素。只有具备了构成会议的上述八大要素,集体活动或者聚会才能构成会议。也只有明确了构成会议的基本要素,才便于从整体上把握整个会议的工作,以利于会议的顺利进行。

(一)会议名称

重要的会议往往都有确定的名称,这是向外部提供关于会议主要信息的引领性标题。会议名称一般包含会议的内容、性质、参加对象和主办单位,以及会议的时间、届次、地点、范围和规模等。根据会议的要求,一次具体会议的名称没必要将上述项目全部包括,可以进行适当删减。如"2012年祥瑞集团年度交流座谈会"显示了会议的时间、单位、性质。"青少年状况与发展论坛"只显示了内容、性质。"中国移动集团安徽有限公司2011年工作会议暨三届一次职工代表大会"则显示了单位、时间、届次、范围、规模、性质、参加对象等。

会议名称必须用确切、规范的文字表达,应与会议的内容相符,它既用于会议的通知,使与会者心中有数,做好准备,又用于会议的宣传,扩大会议的影响。大中型会议通常将会议名称做成横幅大标语,作为会议的标志,置于会场主席台的上方或天幕上。会标必须用全称,不能随意省略,以免语意不顺或文理不通,造成误会。

(二)会议人员

会议人员是指参与会议整个过程的人员,主要包括会议主持者、会议参加者以及会议辅助人员。

1. 会议主持者

主要是指主要策划、组织会议的人员,包括主办者、承办者、支持单位、赞助单位和协办单位等。

2. 会议参加者

即参加会议的对象,这是会议的主体,包括正式成员、列席人员、特邀人员和旁听人员。与会者的数量是决定会议规模的主要因素,一般来说,与会者的人数越多,会议的规模就越大。

3. 会议辅助人员

包括会议秘书人员和会议服务人员等。他们的职责是负责会议的文字工作和其他事务性工作。他们虽然不是会议的正式参加者,没有发言权和表决权,但他们是会务工作的主体,他们的工作效率和质量直接影响会议的效果。

(三)会议议题

会议议题是指根据会议目标确定并通过会议讨论或解决的具体问题,这是会议活动的前提。

议题的主要作用是准确、具体地体现会议目标,引导和制约会议的发言。会议的议题应尽可能集中,不宜过多、过于分散,尤其不宜把一些不相干的问题放在同一会议上讨论研究,否则会分散与会者的注意力,不利于问题的解决。

(四)会议时间

会议时间包括通知开会的时间和会议开始的时间、结束的时间,以及每项议程的时间。

(五)会议地点

会议地点是指会议的举办地,也可具体指举行会议活动的场所。为了使会议取得预期效果,会议地点的选择应根据会议的性质和规模综合考虑,如会场的大小,交通情况、环境与设备是否合适等因素。重要会议在选择会议地点时,还要考虑政治影响力和经济效益等方面。

(六)会议形式

会议形式是指为了提高会议效率、实现会议目标而采取的具体形式或手段,如现场办公会、座谈会、协商会、电话会议等。随着科学技术的不断发展,许多企业的会议已采用视频、有线电视及卫星通讯等方式,以节约会议时间和费用,免除舟车劳顿之苦,提高会议效率。

(七)会议结果

会议结果即会议结束时实现目标的情况,包括会议形成的结论、具体议题的解决办法、确定的承办部门以及具体的落实步骤等,通常可以以会议决议、合同、条约、协定和声明等文件的形式体现。

三、会议的种类

会议作为人们从事社会活动和各项工作的一种重要手段和方法,应用十分广泛。依据不同标准,可以将会议分为不同类型。下面介绍几种常用的分类方法。

(一)按会议规模划分

会议的规模主要是指参加会议人数的多少。依据这一标准,可将会议划分为以下几种类型：

1. 小型会议

指少则几人、多则几十人参加的会议（但往往不少于3人）。如各种办公会议、例行工作会议、座谈会等。一般安排在工作现场或小型会议室召开。

2. 中型会议

指百人至数百人参加的会议，如节日慰问会、经验交流会、学术交流会等。根据与会人数，可安排在会议厅或礼堂召开。

3. 大型会议

指千人乃至数千人参加的会议，如体育比赛、博览会、交易会、人民代表大会等。可在会堂、剧场、会议中心召开。

4. 特大型会议

指人数在万人以上的会议，如大型节日集会、大型联欢会、宣判大会等。可在体育场和露天广场进行。

（二）按会议内容划分

1. 综合性会议

指一次要讨论和研究多方面问题的会议。如各级人民代表大会和政府常务会议、工作总结会议等。

2. 专题性会议

指一次只集中解决某一方面的问题，讨论研究某一方面的工作或事情的会议。其会议议题具有单一性或专题性，如专题讨论会、经验交流会等。

（三）按会议性质划分

1. 决策性会议

指拥有立法权或决策权的领导机关或领导层为了制定和颁布法律、法规、政策或就某些重大问题进行商讨、表决而召开的会议。如各级党代会、人代会，领导办公会议、常务会议，董事会议等。

2. 非决策性会议

指不产生需要贯彻执行的政策、法律、法规的会议。除决策性会议以外，各种会议都可以称为"非决策性会议"。

（四）按会议所跨地域的范围划分

会议所跨地域范围一方面是指会议的内容涉及的地区范围，另一方面是指与会者来自不同的地区或国家。可分为：

1. 国际性会议

指会议的内容涉及不同国家和地区，与会者来自不同国家和地区的会议，如联合国代表大会、亚太经济合作组织领导人会议等。

2. 全国性会议

指会议的内容涉及全国性问题,参加会议的人来自全国各地的会议,如全国人民代表大会。

3. 区域性会议

指与会者来自一个国家的同一区域或代表同一区域内若干组织的会议,如市人民代表大会等。

(五)按照会议召开的时间划分

1. 定期会议

指按照一定的时间间隔或一定的循环周期固定召开的会议,也可以称为"例会"。如办公例会、定期召开的学术交流会、经验交流会等。

2. 不定期会议

指根据组织开展工作的需要,随时要召开的会议,如抗灾紧急会议、工作布置会议、研讨会等。

四、会议的作用

不同类型的会议具有不同的作用,会议的作用主要表现在以下几个方面:

(一)发扬民主,提供决策依据

会议从产生开始,它的基本作用就是发扬民主。现代社会各级各类组织的重要决策活动往往都是集体决策,集思广益、各尽其言。发扬民主的会议活动成为集体决策的最佳选择。通过会议作出决定,体现了集体决策的原则,保证了决策的民主化、科学化,是集体领导原则得以实现的重要手段。

(二)组织协调,推动工作开展

领导决策的实施、各项工作的开展,往往会涉及多个部门。为保证决策的顺利实施,需要通过会议来传达精神、统一部署、统一行动。通过会议,人们统一认识、协调关系、解决问题,推动工作有序开展。

(三)加强交流,互通信息

通过举行会议,各级组织机构之间可以做到上传下达、左右联系、信息交流、情报互通,会议能够促进了解,加强合作,做好工作。

(四)宣传教育,联络感情

各级领导通过会议传达上级指示、总结单位工作、表彰先进、教育群众、提高认识、联络感情、更好地完成工作任务。

会议虽然已经成为各级领导机关、企事业单位的重要工作方法之一,但使用不当也会产生消极作用,主要表现在:内容过多、时间过长、规模过大的会议势必造成时间、精力、经济上的浪费,滋长吃喝玩乐等不正之风。因此,我们应正视会议的负面作用,加强会议管理,提高会议质量。

第二节 会议的准备

会议能否取得成功,很大程度上取决于会议的准备工作做得是否充分。秘书工作人员必须以高度的责任心做好会议的各项准备工作。

一、拟制会议计划

(一)确定会议名称和时间等基本要素

根据会议预期的目的和目标,确定会议的名称、议题、与会人员、时间、地点等基本要素。

(二)成立会务工作机构

大中型会议的筹备和服务工作不可能靠一两个人完成,这就需要组建会议筹备和服务机构。会务工作机构要分工明确、互相协调,一般包括以下几个小组:

1. 秘书组

负责拟写、准备会议通知、会议方案等各种会议文件和资料,做好会议记录,编写会议简报和会议纪要等。

2. 会务组

负责会务组织、会场布置、会议接待、生活服务、交通疏导和医疗服务等会议的组织、协调工作。

3. 宣传组

负责会议的宣传报道、录音录像、照相服务,制定会标、会徽、宣传标语、专栏,负责对外宣传活动。

4. 财务组

负责会议经费的统筹使用和收费、付账等财务工作。

5. 保卫组

负责会议安全保卫工作的检查落实,包括执勤、消防,以及会议的人身、财务和信息的安全工作。

（三）拟制会议的议题、议程和日程

1. 会议议题

会议议题是会议所要讨论、报告的主要内容，会议开始之前要确定会议的议题，并将议题及时通知与会人员，便于与会者提前做好相应的准备。

科学合理地决定会议议题是保证会议质量的重要因素之一，议题的确定应当遵循必须清晰、有限的原则，切忌会议议题繁多、空泛、模糊，做到会议主题明确、目的单纯，实现会议的目标。

2. 会议议程

(1)会议议程及编制原则。会议议程是为完成议题，按照一定的原则和顺序编排已确定的议题，并以文字的形式确定下来的大致安排。会议议程拟订得合理与否直接关系会议能否顺利实现预定目标，取得预期效果，也关系能否高效率地召开会议。

拟制会议议程是秘书人员的任务，通常由秘书拟写议程草稿。秘书应根据议题的内在联系、主次和先后排列顺序，用序号将其清晰地表达出来，领导审定后，会前发给与会者。会议议程一旦确定，不得随意改动。

编制会议议程主要遵循两个原则，即分清轻重缓急和明确时间的原则。

(2)结构和制作方法。会议议程往往由标题、题注、正文、落款、制定日期五个部分构成。

标题：由会议全称加议程二字组成。

题注：法定性会议应当在标题下说明会议通过的日期、会议名称。一般的会议议程可以没有题注。如"第十一届全国人民代表大会第五次会议议程 2012 年 3 月 4 日第十一届全国人民代表大会第五次会议预备会议通过"。

正文：包括时间、内容、责任者（责任人、主持人）、会议地点、方式等内容，能够简要说明每次议题和活动的顺序，并冠以序号，清晰地表达出来。

落款：议程应当标明制定机构的名称，由会议通过的议程不用落款。

制定日期：制定的具体日期，会议通过的议程不用标明。

【例】

清华管理全球论坛议程

2012 年 10 月 22 日

主持人：

白重恩：清华经管学院弗里曼讲席教授，副院长

08:30～09:00 签到

09:00～10:20 开幕式

09:00～09:05 清华经管学院院长钱颖一教授致欢迎辞

09:05~09:15 清华大学校长陈吉宁教授致辞
09:15~09:20 清华经管学院院长钱颖一教授介绍主题演讲嘉宾
09:20~10:20 主题演讲
演讲人：斯蒂芬·施瓦茨曼，百仕通集团联合创始人，董事长兼首席执行

10:20~11:50　论坛一：世界经济增长的新动力
主持人：
胡舒立：财新传媒总发行人兼总编辑、中山大学传播与设计学院院长
嘉宾：
庞约翰爵士：斯特拉塔公司董事长、沃达丰集团前董事长、汇丰控股前董事长
约翰·布朗勋爵：英国BP集团前首席执行官
亨利·德·卡斯特：安盛集团董事长兼总裁
威廉·福特：美国泛大西洋投资集团首席执行官
克里斯多夫·高尔文：哈里森街资本公司主席、首席执行官兼联合创始人
李稻葵：清华经管学院弗里曼讲席教授、清华大学中国与世界经济研究中心主任

13:00~14:45　论坛二：跨国管理和国际团队的崛起
主持人：
杨斌：清华经管学院教授、党委书记
嘉宾：
莫里斯·格林伯格：美国史带集团公司董事长兼首席执行官、AIG前董事长兼首席执行官
艾文·雅各布：高通公司创始人、董事长兼荣退首席执行官
出井伸之：Quantum Leaps创始人、首席执行官兼代表董事，索尼集团前董事长兼首席执行官
李泽楷：电讯盈科有限公司主席
柳传志：联想控股有限公司董事长、联想集团(Lenovo)创始人、名誉董事长
魏家福：中国远洋运输(集团)总公司董事长、党组书记

15:00~17:00　论坛三：全球实业格局的重构
主持人：
陈伟鸿，CCTV2《对话》节目主持人
嘉宾：
鲍达民：麦肯锡公司董事长兼全球总裁
李荣融：国务院国有资产监督管理委员会前主任
大卫·施密特雷恩：麻省理工学院斯隆管理学院院长
约翰·桑顿：清华经管学院顾问委员会主席、华盛顿布鲁金斯研究院理事会主席、

巴里克黄金公司联席董事长
　　杨敏德：益达集团主席

(资料来源：http://www.sina.com.cn)

3. 会议日程

会议日程是结合会议议程，对会议期间规定的各项活动作具体的时间安排，它不仅细化围绕会议议题的全部活动，还包括会议过程中的其他活动，如考察、参观、娱乐等。以保证会议中的所有活动能够有条不紊地进行，一般情况下会前发给与会者。

会议日程的格式。会议日程的要素包括时间、地点、内容、参加人员、主持人等，多以表格的形式出现，如有说明，可附于表后。会议日程的编制须遵循科学合理、简明清晰的原则。

【例】

博鳌亚洲论坛2010年年会会议日程（节选）

会议议题：亚洲可持续发展的现实选择
会议时间：2010年4月9日至11日
会议地点：海南 博鳌

时间	4月9日（星期五）
07:00～22:00	注册
	海口美兰机场
07:00～14:00	博鳌亚洲论坛2010年年会"新财富杯"高尔夫邀请赛
	博鳌亚洲论坛高尔夫球会
14:00～14:30	上海通用汽车博鳌亚洲论坛官方指定用车交车仪式
	国际会议中心南门广场
15:00～16:00	博鳌亚洲论坛2010年年会暨博鳌亚洲论坛2009年度报告新闻发布会实录
	索菲特酒店一层东方演艺厅
15:30～17:30	青年领袖圆桌会议 实录
	国际会议中心一层东屿宴会大厅A
	主席：韩国国会议员洪政旭 腾讯总裁刘炽平
15:30～17:30	跨国公司中国区总裁圆桌会议：《绿中有金》——绿色增长时代的企业经营战略与实践
	国际会议中心一层孔雀1（仅限受邀代表）
	主持人：德勤会计师事务所中国首席执行官卢伯卿
18:00～20:00	沃尔沃环球帆船赛主题酒会
	索菲特酒店休闲吧——万泉游泳池畔

续表

19:00~20:30	自助晚餐
	索菲特酒店亚细亚餐厅、怡景西餐厅、聚贤阁中餐厅
20:30~21:30	FMG鸡尾酒会(凭请柬)
	索菲特酒店中餐厅外露台
20:30~22:00	长城桑干酒庄特供品鉴会
	国际会议中心一层孔雀1
20:45~22:15	博鳌资本论坛:经济转型中的资本市场定位 实录
	索菲特酒店一层东方演艺厅
	对中国正在进行的经济转型来说,创业板的创立是令人鼓舞的消息。创新精神和技术突破的财富效应,是中国资本市场向投资者和企业家发出的明确信号。在亚洲经济转型过程中,资本市场能够发挥什么作用?有哪些国际经验可资借鉴?可预见的将来,还有哪些进一步完善的机制和举措?
	主持人:《第一财经日报》总编辑秦朔 讨论嘉宾:美国前财长保尔森 中国证券业监督委员会主席尚福林 台湾证券交易所董事长薛琦 富达国际总裁 Anthony Bolton 美银美林中国区行政总裁兼投资银行业务中国区总裁刘二飞
21:30~23:30	美银美林博鳌爵士酒会
	索菲特酒店二层相聚廊大堂吧

(资料来源:http://finance.qq.com/zt/2010/boaoforum9th/richeng.htm)

(四)安排会议生活

安排会议生活主要包括预定交通工具,安排食宿,联系和安排参观、考察、访问活动,以及确定医疗和保卫人员、安排文娱活动等。以上安排,秘书人员需严格按照会议议程和日程进行。秘书人员必须提前预订、会前确认,并掌握各联系人的联络方式以便随时联系。如果会议期间日程临时变动,秘书人员要及时做好会议生活的各项协调工作。

(五)编制会议经费预算

任何会议都会消耗一定的人力、物力、财力,编制会议经费预算是秘书在会议前期准备工作中的一项重要工作,必须考虑会议的规模、时间、内容等因素,本着节约的原则,最好能够提出筹措会议经费的方法和渠道,并报领导审批。

1.会议经费的构成

(1)交通费:包括与会人员往返的差旅费、接送费,会议各种接待、参观考察等所需的交通费用。若与会人员的差旅费由自己承担,则不必列入预算,但要注明。

(2)会议场所费用:主要包括会议场地租金、会议设备租赁、会议室布置等费用。

场地费:指租借会场的费用。包括会场内基本设备的使用、停车场的费用等。

设备费:包括购买或租借会议所需的各种视听设备、通信设备、印刷设备等的费用,如电脑、投影仪、多媒体设备等。如果是租赁设备,还应对设备的参数提出要求,以保证会议能够正常进行。

会场布置费:包括制作会标、会徽、标语,购买或租借彩旗、拱门、花卉等的费用。

(3)食宿茶水费用:食宿费如果由主办方承担,则需列入会议经费预算,茶水费是指会议的茶水、饮料、果点、联谊酒会等费用支出。

(4)文具资料费用:包括制作各类会议文件资料、证件的费用,宣传费用及相应的文具费用。

(5)人工费用:包括支付给与会人员和工作人员的报酬或补贴,如支付给专家学者讲课或演讲的费用、临时借用人员的酬金等。

(6)休闲娱乐费用:如果会议安排了参观游览、文娱晚会、联欢会等休闲活动,还要预算参观考察游览的门票、演出或包场的费用。

(7)预算外支出:指会议过程中一些临时性安排产生的费用,如勤杂、司仪、临时采购、临时司乘、临时医疗保健、向导等。这些临时产生的费用很难计划,在预算时通常按类别笼统计算,不再细分。

2. 会议经费预算的原则

(1)科学合理,节约办会。会议经费的预算应严格遵循节俭办会的原则,根据实际需求,科学合理地分配各项开支。

(2)总量控制,确保重点。每一次会议的经费都有一定的限度,所有开支都必须控制在适度的范围之内,不能无限制地增加;所有支出都应当控制在适度的范围之内,不得突破总量。在实行总量控制的前提下,当经费不足时,要确保重点,把有限的经费确实用在刀刃上。

(3)精打细算,留有余地。对会议的每一项支出都要严格审核,力求达到实际开支与预算经费平衡,尽可能节省经费。但也要充分考虑会议期间可能出现的、一些不可预测的经费开支,预算时应适当留有余地。

3. 会议经费的筹措渠道

(1)行政事业经费划拨。人大、党政机关、政协等机关及企事业单位召开的会议,一般从行政事业经费中支出。

(2)主办者分担。会议由几个单位共同主办的,可以通过协商分担费用。

(3)与会者分担。与会者个人或所在单位全部承担或部分承担个人费用,主要包括交通费、食宿费等。

(4)社会赞助。通过有效的会议公关活动,从社会各界获得多方资金赞助。

(5)无形资产转让。一些意义重大、影响深远的会议,本身就是一种巨大的无形资产,具有很高的潜在价值,如会议的名称冠名权、会徽、吉祥物等。可以在法律允许的范围内通过转让会议无形资产的方式为会议活动筹得可观的资金。

二、制发会议通知

会议通知是向与会人员传递召开会议信息的载体,是会前会议组织者同与会者之间沟通的重要方式。制发会议通知是会前准备的重要环节。制发会议通知首先要弄清楚会议的时间、地点、会议的主要内容、与会人员等要素,秘书草拟的会议通知必须经过主管领导的审批同意后,才能发出。

（一）会议通知的种类与方式

会议通知的类型多种多样,每一种通知的形式各有特点,可以根据会议的性质、规模、时间缓急和保密要求选择适当的方式,必要时可以同时使用两种以上的方法,以保证会议通知的有效。

1. 按通知的形式可以分为口头通知、书面通知和电子邮件

口头通知：这种方式最突出的优点是方便、快捷和及时,如当面通知、电话通知等,但缺点是容易遗忘。

书面通知：是一种传统的方式,尽管需要写作、分发、邮寄,手续繁多,时间较慢,但严肃庄重,具有备忘的作用,适合大型的、重要的会议。

电子邮件：信息时代的产物,它快捷、准确、低成本,而且内容清楚,具有备忘的作用,是目前采用较多的会议通知的方式,但受网络、设备等条件的限制。

2. 按通知的性质可以分为预备性通知和正式通知

预备性通知的作用是请与会者事先做好参会准备,凡需要事先征求与会者意见,或者需要事先提交论文、报告等材料,或者需要确定与会资格的会议,应当先发预备性通知。待会议的议程、时间、地点及参会资格正式确定后,再发正式通知。

3. 按通知的名称可以分为会议通知、邀请信、请柬和海报

会议通知：一般用于研究工作、进行决策的会议。

邀请信：一般用于横向的会议,具有礼节性,发送对象是不受本机关职权制约的单位或个人,如召开学术性会议。

请柬：主要用于举行仪式类活动,发送对象一般都是上级领导、社会人士、兄弟单位等,多使用书面语言,措辞恭敬雅致,如开幕式、签字仪式、竣工仪式等。

海报：一种公开性的会议通知形式,采用招贴的方式,用于可以自由参加的学术性报告、体育比赛等。

（二）会议通知的格式

1. 标题

(1)主办单位名称＋会议名称＋通知。这种结构应用最多,一般用于正式的、重要的会议。

(2)只写"会议通知"或"通知"。这种结构一般用于事务性或例行性会议。

2. 通知对象

通知对象如果是单位,写单位名称,可以写特称,如某某公司;也可以写统称,如各直属院校。通知对象如果是个人,一般直接写与会者姓名,最好注明工作单位和部门,防止重名现象。

3. 正文

一般包括以下内容:

(1)会议的目的、名称和主题。可以列出会议的具体议题或讨论大纲,报告会应当写明报告者的姓名、身份和报告内容。

(2)会议的时间。包括报到时间、开始时间和结束时间。

(3)会议的地点。包括报到地点、开会地点、住宿地点,应写明地名、路名、门牌号码、楼号、房间号码和会场名称,必要时附上交通简图,标明地理方位及抵达的交通路线等。

(4)参加对象。如果通知对象是单位,应当在正文中说明会议参加人员的具体职务、级别,以及参加会议的性质(出席和列席等)、参加会议的人数。

(5)其他事项。包括会议参加的费用、报名方式和截止日期、有关论文撰写和提交的要求、联络信息等。

4. 落款与日期

写明主办单位的全称,并注明发出通知的日期。

5. 回执

许多国内会议在发送会议通知或邀请信时会附一回执,主要内容包括姓名、性别、年龄、职务、职称和预订回程票的具体要求等项目,然后寄回,主要表明是否参加会议,以便做好接站与住宿等的安排工作。

(三)会议通知的发出

1. 确定会议通知的发送对象

要注意参加会议者的职务和级别,以及参加会议的总人数。

2. 会议通知的发送方式

可以根据与会者的要求和实际情况,采用挂号邮寄、特快专递、传真、电子邮件等方式。

3. 注意事项

(1)参加会议的名单要在领导确认之后,方可发出。

(2)书面通知的地址、邮编、收件人单位、姓名要填写清晰正确,不要错装、漏装,在信封上注明"会议通知"的字样。

(3)落实发送的回复环节,可以通过电话、口头咨询、邮件等方式。

(4)把握会议通知发出的时间,应以让与会者在接到通知后能够从容做好赴会准备,并能准时到达会议场所为宜。

【例】

关于组织参加第九届国际水利先进技术(产品)推介会的通知

水技推〔2012〕15号

部直属各单位,各省、自治区、直辖市水利(水务)厅(局),各计划单列市水利(水务)局,新疆生产建设兵团水利局,各有关单位:

在水利部国际合作与科技司、水利部"948"项目管理办公室的指导下,自2003年开始,国际水利先进技术(产品)推介会已连续举办八届,对推动国内外先进适用技术及产品应用于我国水利建设中发挥了重要作用,为我国水利科学研究、规划设计、工程建设与管理人员及时了解掌握国内外水利技术动态提供了重要的窗口,不少参会推介技术(产品)得到了水利部相关科技计划的支持。推介会的规模逐年扩大,影响日益深远。

为深入贯彻《中共中央 国务院关于加快水利改革发展的决定》及中央水利工作会议有关精神,做好今后一段时期国外水利先进技术引进与国内水利实用技术推广工作,为部相关水利科技计划项目立项做好技术储备,经研究,我中心定于2012年4月20日在北京组织召开"第九届国际水利先进技术(产品)推介会"。请各单位组织相关技术、管理人员参会。现将有关事项通知如下:

一、会议时间和地点

会议时间:2012年4月20日上午8:30开始,会期一天。

报到时间:2012年4月19日全天,4月20日8:00~8:30。

会议地点:中国科技会堂(北京市海淀区复兴路3号)。

二、会议内容和形式

1. 采用专场报告、现场交流、图片展览、书面交流、网站展示、会刊推介等多种方式推介先进适用技术(产品)。截止到3月底,已有来自国内外的150多项技术通过了组委会的审查,参会推介。

2. 邀请水利行业有关领域知名专家作专题报告,分析介绍今后一段时间我国水利科技发展形势、近期水利工作和重点工程。

3. 邀请专家现场评议推介技术(产品),会后发布《第九届国际水利先进技术(产品)推介会推荐引进技术(产品)名录》,以供国内有关单位引进和推广应用先进技术(产品)参考。

4. 发布《2011年度水利先进实用技术重点推广指导目录》并颁发推广证书。

5. 开展现场技术交流、需求调查等活动。

三、其他

1. 欢迎各流域机构,各省、自治区、直辖市水利(水务)厅(局)组团观摩推介会。

2. 请近几年拟引进国际水利先进技术(产品)的单位,尽快与引进技术(产品)厂商联系,欢迎携技术(产品)参会推介。

3. 会议不收取参会代表会议费。会议为会议代表免费提供当天用餐,参会代表住宿费自理。

4. 有关推介会事项,请及时关注以下网站:

中国水利科技推广网(www.cwsts.com)

中国水利国际合作与科技网(www.chinawater.net.cn)。

四、联系方式

水利部科技推广中心

陈×× 010-63205470 13161322468

曾×× 010-63205479 13910154400

惠×× 010-63205490 18310783203

传真:010-63205467

电子邮件:tjh@mwr.gov.cn

二○一二年三月二十一日

附件　　　　第九届国际水利先进技术(产品)推介会参会回执

姓　名	性　别	单位名称	职务/职称	电　话	手　机	E-mail	传　真
预订房间数量	共　　间(其中:标准间　　间 / 套房　　间)							
备　注							

请参会人员于4月17日前将此回执通过E-mail或传真发送到大会组委会,以便大会组委会协助参会人员预订住房,费用参会人员自理。

(资料来源:http://www.mwr.gov.cn/slzx/tzgg/hytz/201204/t20120406_318153.html)

三、准备会议资料与物品

会议资料和物品的准备是会议筹备工作的一项重要内容,是会议能否取得成功的重要因素之一。秘书人员会前应该精心准备,会议资料主要包括来宾资料、会务资料和沟通资料等;会议物品主要包括会议期间使用的各种证件、标牌,以及会议必需的设备和用品。

(一)准备会议资料

会议资料可以分为来宾资料、会务资料和沟通资料三种类型,秘书人员应提前做好充分准备,按时分发。

1. 来宾资料

指的是来宾报到时分发的资料,主要包括:会议文件资料(如会议重要的讲话稿等)、会议手册(会议议程、会议日程表、会议须知等)分组名单、文具(笔记本、笔等)、代表证、房卡、餐券等,装入统一的资料袋中,参会人员报到时一并交与。

2. 会务资料

主要包括:接站一览表、住宿安排表、用餐分组表、会议讨论分组表、会议乘车分组表、订票登记表、会务组成员通讯录等。

3. 沟通资料

主要包括:会议宣传资料、会议参考文件、与会议相关的协议书、合同等其他相关资料。

(二)准备会议物品和设施

会务组人员在准备会议资料的同时,还要准备会议所需要的物品和设施。

1. 会议证件

会议证件是会议组织者统一制作并发给参加会议的代表、嘉宾及工作人员在会议期间佩戴的证件,表明与会议直接有关的人员的身份、权利和义务。包括代表证、列席证、旁听证、来宾证、记者证、工作证、随从证、保安证等。制发会议证件应视具体条件而定,不可只追求一种模式。如有些大型会议也可以采用普通入场券性质的证件。

会议证件有以下四个作用:第一,与会者、工作人员等的身份证明;第二,有利于会议秩序的维持;第三,控制会议人员出入;第四,便于统计与会人数。

2. 会议指示标识

指在会场和相关会议活动区域摆放或者设置的标志物,如各种指示牌,接待处的标志,休息室、饮水处、洗手间等标志。

(1)指示牌。大中型会议应制作标志牌或指示牌,便于参会人员顺利找到相关区域或地点。

(2)路线图或区域平面图。

(3)名签或台签。在主席台、办事地点摆放名签或台签,以表明人员的身份或办事机构的名称。

3. 会议设备和用品

会议必备的设备和用品应当在会议筹备过程中提前准备好,以免影响会议进程。

(1)常用设备:如电脑、打印机、扫描仪、传真机、复印机、麦克风、投影机、摄像机、录音机、同声翻译系统、通信设备、安全设备等。

(2)常用物品:如茶水、茶杯、纸巾、纸张夹、裁纸刀、剪刀、胶带纸、订书机、双面胶、固体胶、回形针、大头针、白板、白板笔、便笺、信封、铅笔、钢笔等。

(3)其他:根据会议性质的不同,可能还会使用以下设备和物品,如投票箱、国歌或国际歌的伴奏带、旗帜、鲜花、花篮、仪仗队、颁奖的奖品与证书等。

4. 准备会议物品和设备的要求

(1)根据会议经费预算,注意实用性,量力而行。所备物品应当经济实用,严禁奢华,避免浪费。

(2)制定计划。工作人员应根据会议议程、日程与预算制定详细的有关物品和设备的采购和使用计划。所需物品和设备的清单,包括名称、型号和数量,物品和设备的来源(如租借、调用和采购等)以及所需的费用。会议物品和设备的使用计划应作为会议预案的附件,报请会议的领导机构审定。

(3)落实专人负责。会议物品的购买可以由会议负责机构或人员购置,也可列清单交由公司规定的部门购置,必要时应配备一定数量的技术人员,进行设备的调试、保养和及时维修。

(4)精打细算,确保重点。学会精打细算,必需的开支优先考虑,纪念品、奖品等附属支出,可以适当压缩。

四、会议现场的布置

会议现场的布置是会议顺利开展的前提和基础,也是会议筹备工作中的一项重要工作。会议现场的布置包括对会场布局、主席台的设置、座次的安排以及为烘托或渲染会议气氛所做的会场装饰等。

(一)会场布局

1. 一般性的会议

会场布局有多种样式,应当根据会议的规模、性质、主题等来选择和安排。

(1)相对式。主要特征是主席台和代表席采用上下面对面的方式,突出主席台的地位。整个会场气氛显得严肃和庄重。但这种布局容易给主席台上的发言人造成一种心理压力,需要会前做好充分的准备。相对式的布局场面开阔,会议气氛较为严肃。

相对式的会场布局适用于召开大中型的报告会、总结表彰大会和各种代表大会等。

相对式可以分为剧院式与课桌式。

(2)全围式。主要特征是不设主席台,参加会议的领导、主持人和其他与会者围坐一起。这种布局容易形成融洽和谐的气氛,体现平等和相互尊重的精神。与会者可以不拘形式,畅所欲言,充分交流思想,沟通感情,同时也利于会议主持者细致观察每位与会者的表情、动向,以便及时准确地把握会议进程,从而保证会议取得成效。

全围式的会场布局适用于召开小型会议、座谈会、协商会议等。

全围式可以分为圆形、椭圆形、长方形、多边形等。

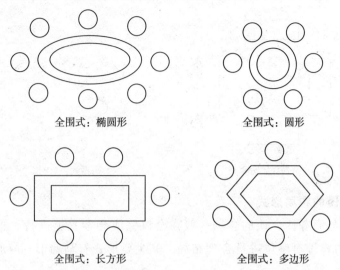

全围式：椭圆形　　　　全围式：圆形

全围式：长方形　　　　全围式：多边形

(3)半围式。主要特征是在主席台的正面和侧面安排代表席。形成半围的形状，既突出主席台的地位，又可以使参加会议的人坐得比较紧凑，彼此面对面，容易消除拘束感，增加融洽的气氛。

半围式的会场布局适用于中小型工作会议、座谈会、研讨会等。

半围式可以分为 U 字形、T 字形、半圆形、多边形。

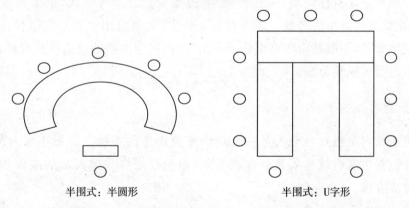

半围式：半圆形　　　　半围式：U字形

(4)分散式。主要特征是，将会场座位分散为由若干个会议桌构成的格局，每一个会议桌形成一个谈话交流中心，根据一定的规则安排与会者就座。其中，领导人和会议主席就座的桌席称为"主桌"。这种座位格局既突出主桌的地位和作用，又为与会者提供了多个交流、谈话的中心，使会议气氛更为轻松和谐。

分散式布置适用于召开规模较大的联欢会、茶话会、团拜会等。

分散式可以分为圆桌形、方桌形、V字形。

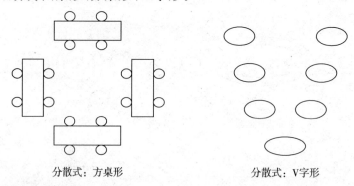

分散式：方桌形　　　　　　　分散式：V字形

2. 会见与会谈的布局形式

礼节性会见与商务性会谈的会场一般在会议室或会客室里进行。根据会见或会谈的人数、身份及内容等对座位进行合理布局。其主要形式有马蹄形、并列式（圆形、方形、长方形）。

(1)马蹄形。一般来讲，会见、会谈的人数少时，多选择马蹄形，即不用会议桌而用沙发，主宾各坐一边，对称而坐，习惯上按国际通行的右为上，把主宾安排在主人的右边就座，主人在左就座。

(2)并列式。如果会见、会谈的人数较多，需要摆放会议桌，可采用并列式，将双方的座位安排为面对面地对称而坐，可选择圆形、方形或长方形等形式，但事先应画出座位摆放图，并在桌上放置座位名签。如果对方是外宾，名签应用主宾双方语种标示。圆形或方形的座位布置，一般是由多桌组合而成的"空心式"，中空处应适当放置些花木，其高度以不妨碍与会人视线为准。

（二）会场座次排列

会场座次排列是指对与会人员在会场内座位次序的安排。设有主席台的会议，其座次排列既包括主席台就坐人员的座次排列，也包括场内其他人员的座次排列。会场座次排列应该合理，符合惯例。

1. 主席台座次排列

(1)国内会议主席台座次排列。由于主席台就坐的人员多是领导人和贵宾，因此，秘书人员必须认真对待。主席台人员座次排列一般应按照台上就坐者职务的高低排列，通常的做法是，若主席台上就坐的人数为奇数，以职务高者居中，然后依先左后右、一左一右（以面向主席台为准）向两边顺序排开，即名单上的第二位领导人坐在第一位领导人的左侧，第三位领导人则在右侧就坐，依次类推；若主席台上就坐的人数为偶数，则以主席台的中间为基点，第一位领导人坐在基点的左侧，第二位领导人坐在基点的右侧，即第二位领导人坐在第一位领导人的右侧，其余依次类推。

主持人的座次也应当根据职务进行排列，不必排在主席台第一排的最侧边。如果是报告会、联席会，一般采取报告人、主办单位负责人或联席的各单位负责人相间排列的方法。

重大会议主席台的座次排列名单一般由秘书部门负责人亲自安排，并送给领导审定。有的会议，领导人对座次问题有专门关照，则应按领导的意见办。

(2)国际会议主席台的座次排列。一般为主办方身份最高的出席者居中，其他来宾按照身份高低先右后左向两边排开，与国内会议先左后右的排列方法正好相反。

(3)讲台。各种重要的代表大会、报告会等会设置专门的讲台，有助于突出报告人的地位，显示报告的重要性，也体现出会议气氛的庄严和隆重。一般情况下，讲台只设一个，可设在中央，也可设在主席台的右侧（以主席台的朝向为准）。设在中央的，位置应低于主席台，以免报告人挡住主席台上与会者的视线。较大的会场也可在主席台的两侧设置讲台，以方便代表上台发言。一些辩论会、记者招待会等可不设主席台，只设讲台。

2.会场内其他人员座次排列

并非所有的会议都需要对会场内其他人员的座次进行排列，但如果是中型以上较严肃的工作会议、报告会议或代表会议，一般要对座次进行适当排列，以便对号入座。排列座次有多种方法，应根据会议的不同要求选择合适的排列方法：

(1)横排法。横排法是指按照参加会议人员的名单以其姓氏（名称）笔画或汉语拼音字母为序，从左到右横向依次排列座次的方法。国际性会议往往按与会国家英文字母的第一个字母顺序排列。应注意先排出会议的正式代表或成员，后排出列席代表或成员。

(2)竖排法。竖排法是按照各代表团或各单位成员的既定次序或姓氏笔画从前到后纵向依次排列座次的方法。选择这种方法也应注意将正式代表或成员排在前面，职务高者排在前面，列席成员、职务低者排在后面。

(3)左右排列法。左右排列法是把参会的代表团、小组、单位的坐席安排成纵向的列，以会场的中心为基点，将排名在前的排在中间位置，向左右两边交错扩展排列座次的方法。选择这种方法时应注意人数，如代表团或单位的成员人数为单数，排在第一位的成员应居中；若代表团或单位的成员人数是偶数，那么排在第一、二位的成员应居中，以保持两边人数的均衡。

3.座次标识

座次标识是指标明会议成员座次的名签、指示牌或表格。座次一旦确定，要选择好标识座次的方法。座次标识的方法主要有三种，可选取一种，也可结合使用。

(1)在主席台或会议桌上摆放名签。

(2)在与会人员出席证上注明座次,如某排某号。

(3)印制座次图表。可以在与会成员入场之前每人发一份座次图表。主席台座次图表一般可贴在休息室,秘书人员可以提醒各位领导注意,与会人员第一次入场时,会议工作人员应作适当的引导。

(三)会场环境布置

1. 会场的装饰

会场的装饰是指根据会议的性质,选择使用旗帜、花卉、灯饰、工艺品等进行摆放以及适当的背景色调、悬挂突出会议主题的装点物等。会场的装饰包括主席台的装饰、会场背景的装饰和色调的选择。会场的装饰要讲求艺术性,注意实用、美观、得体。

(1)主席台的装饰。设有主席台的会场,是整个会场的中心,是装饰的重点。一般应在主席台上方悬挂会标,会标可以制作成红色的横幅,用美术字标名会议的名称。还可以根据需要在主席台背景处(天幕)悬挂会徽或红旗以及其他艺术造型等,主席台前或台下可摆放花卉。

(2)会场背景的装饰。会议背景的装饰除主席台的装饰之外,主要是指会场四周和会场门口的装饰,这些地方可悬挂横幅标语、宣传画、广告和彩色气球等,还可摆放鲜花等装饰物。一些礼节性的会见可多摆些鲜花,还可在会客室四周墙壁上悬挂几幅名人字画及有特色的工艺品等作为点缀,这样更能增添会场典雅的气氛。

(3)色调的选择。色调在这里主要是指会场内色彩的搭配与整体基调,包括主席台、天幕、台布、场内桌椅及其装饰物等。应当选择与会议内容相协调的色调,这样可以给与会者一定的视觉刺激,并对其心理产生积极的影响。

一般来说,红色、粉色、黄色和橙色等色调亮丽明快,可以表现出热烈、辉煌、喜庆的气氛,使人感到兴奋,比较适合于表彰、庆典性会议。蓝色、绿色、米黄、紫色等色调庄重典雅,给人以严肃端正之感,适合于一般的工作会议或严肃庄重的工作会议。

2. 会场氛围布置

会议的氛围直接影响会议参与者的情绪和精神状态,从而影响会议的效果。营造良好的会场氛围,是秘书人员创造力和想象力的重要表现。包括以下几个部分:

(1)会标。将会议的全称以醒目的标语形式悬挂于主席台前上方,即为会标。会标能体现会议的庄严性,激发与会者的积极参与感。

(2)会徽。指能体现或象征会议精神的图案标志,一般悬挂于会场前上方中央位置。会徽可以是组织已确定的会徽,如党徽、国徽、团徽、警徽等,也可以是向社会公开征集的会徽。

(3)灯光。要注意灯光亮度,一般主席台上的灯光要比台下代表席的灯光亮。

(4)旗帜。重要的会议宜在会场内外插一些旗帜以烘托气氛。另外,简洁明快的标语口号能振奋与会者精神,强化会议议题。

(5)花卉。适当的花卉能给人清新活泼之感。对花卉的选择,可以根据不同的花卉所表示的不同感情色彩,也可根据会议的种类和内容而定。

总之,会场的装饰、会场氛围布置应与会议的主题吻合,色调、花卉、灯光、旗帜等格调更应和谐一致。如日常工作会议可以将窗帘、四壁布置成冷色或中色,摆放棕榈等绿色植物,以减轻与会者的疲劳,绿色植物还能净化空气。座谈会等一般性质的会议,要布置成柔和轻松的色调,可摆放月季、扶桑等观赏性花卉和米兰、茉莉等赏香型花卉,以增加和谐团结的气氛。庆祝、庆典大会的会场可以利用红色等暖色调,还可以悬挂旗帜、会标会徽,摆放鲜花,以渲染热烈喜庆的气氛。

第三节　会议的召开

会议准备工作就绪之后,就是会议的召开阶段。在此阶段,接站、报到、签到、引导与会务安排是会议召开阶段的重要内容。秘书人员应提前做好准备,提前了解交通、住宿服务等相关信息。做好接站、签到和会务安排工作是保证会议高效有序进行的前提,也是考评秘书工作人员工作绩效的重要环节,因此,秘书人员必须加以重视。

一、会议的接站与报到工作

(一)会议接站

会议接站是跨地区、全国性及国际性会议活动接待工作的第一环节,对于大中型会议,参会的人数较多,秘书要充分重视此项工作并做好相应的准备,具体步骤如下:

1. 确定迎接规格

重要领导或外宾来参加会议,要事先确定迎接规格,主办方应当按有关规定派有一定身份的人士前往机场、车站、码头迎接。

2. 做好接站准备

对于参会人数较多的会议,为了保证接站工作顺利完成,主要做好以下工作:

(1)成立接待小组。专门成立相应的接待小组,有专人负责,形成统一的指挥调度系统。

(2)完善接站信息。秘书人员应根据与会代表的回执,在与会者到达之前预先了解其所乘的车、船、飞机的车次、班次抵达的准确时间,将其编制成一目了然的表格,拟定"会议代表接站安排表",注明与会代表姓名、单位、职务、车次(航班)、到达时间、随行人数、接站司机和车号、接站工作人员、联系方式等。

(3)接站工具。准备好车辆、接站安排表、醒目的接站条幅或接站牌等物品,上面要标明"×××会议接待处",个别接站的,上书"欢迎×××先生(女士)",接站人员应佩戴工作证或胸卡。

3. 接站工作

接站时要注意以下几个方面：

（1）应主动迎接提前到达的客人，并能够提前到达车站、机场或码头，在出口处比较醒目的地方高举接站牌迎接客人的到来。

（2）接到客人后，应首先核实客人身份，以免接错人。确认客人身份后，指引或带领客人上车。

（3）服务周到，礼貌待客，主动帮助客人搬行李，与客人相处时可以选择适当的话题进行交流。

（4）服饰穿着要整齐大方，体现公司的形象，不可过于随意。

4. 乘车返回

秘书人员乘车时一定要分清座次的"尊卑"，并坐在自己适当的位置。

一般情况下，双排五座轿车，如果主人亲自驾驶，座位的尊卑顺序依次应该是：副驾驶座、后排右座、后排左座、后排中座；由专职司机驾驶时，座位的尊卑顺序依次应当是：后排右座、后排左座、后排中座、副驾驶座。三排七座轿车，如果主人亲自驾驶，座位的尊卑顺序依次应当是副驾驶座、后排右座、后排左座、后排中座、中排右座、中排左座；由专职司机驾驶时，座位的尊卑顺序依次应当是：后排右座、后排左座、后排中座、中排右座、中排左座、副驾驶座。

乘车返回时，秘书人员除了要安排好客人的座位，在车上还应与客人寒暄，不能冷落了来宾。

（二）会议报到

会议报到是针对需要集中住宿的大中型会议而言，与会者从自己的工作单位或驻地到达指定的开会地点时所办理的登记注册手续。报到是会议的秘书部门掌握与会人员准确到会情况并实施组织的重要一环。

与会者报到时，秘书工作人员要做好以下工作：

（1）查验证件，确认与会者的参会资格。

（2）在确认报道人员身份后，请与会者在登记表上填写个人姓名、性别、年龄、单位、职务、联系地址和电话等相关信息。

（3）统一接收与会者随身带来的需要在会上分发的材料，经审查后再统一分发。

（4）分发会议文件、证件和文件袋等会议物品。重要文件必须履行签收手续，保密和需要清退的会议文件还要发给与会者文件清退目录，请其妥善保存，会后退回。如果会议要赠送礼品，一般是由会务组将礼品装入资料袋，同资料一起发放。

（5）预收会务费、食宿费和资料费等费用，并当场开具收据。

（6）安排与会者住宿。

（三）会议签到

参加会议的人员进入会场时一般都要签到。会议签到的目的一方面是为了及时、准确地统计到会人数，便于安排会议工作；另一方面是为了保证会议的安全，防止闲杂人等入内。有些会议只有达到一定人数才能召开，否则会议通过的决议无效，如党代会、董事会等。因此，会议签到是会议召开的重要内容之一。

1. 会议签到的方法

会议签到常用的方法有四种，采用何种方法签到，应根据会议的性质、类型和规模等选择。

（1）秘书点名。在预先准备好的会议花名册上，由秘书人员画上规定的记号表示与会者到会情况，这种方法适用于小型会议和工作例会。

（2）簿式签到。指与会人员在签到簿上签上自己的姓名、单位、职务等内容，以示到会。簿式签到的方式简便易行，亲自签名还有一定的纪念意义，但容易在会场门口形成拥堵现象。因此，它比较适合于小型会议、纪念性会议和邀请性会议。

（3）证卡签到。与会人员在预先发给他们的签证卡（一般印有会议名称、日期、座次号和编号等）上签上自己的姓名，然后上交即可，多用于大中型会议签到。

（4）电子签到。与会人员事先领取磁卡出席证，在进会场时插入专用签到机，与此相连的电脑终端可以显示出签到人的姓名等信息，会议结束后能立即统计出出席人数和缺席人数。这种方法适用于参加人数较多的大中型会议。

2. 会议签到的要求

（1）认真准备。会前要将有关签到的文具、表格及相关设备准备好。

（2）有序组织。要事先安排好签到处，并安排有关人员等候。如果在签到的同时发放文件资料，要提前做好准备，以免与会人员等候。签到的组织工作要有条不紊地进行。

（3）及时统计。组织会议签到时，要以最快的速度统计出到会人员和缺席人数，并在会议召开之前报告大会主席或会议主持人，以便会议组织者决定会议是否按时召开。

（4）准确无误。签到的结果必须以准确的数字来体现，既不允许人数不符，也不允许出现模糊字眼（如"大概"、"左右"等），要求精准。

（四）会议引导

会议引导是指会议活动期间会务工作人员为与会者指引会场、座次、展区、餐厅和住宿房间等，以及指示与会者问询的路线、方向和具体位置等工作。

引导工作贯穿于整个会议期间，每一位会务工作人员都应当履行为与会者引导的义务。在大型或重要会议报到及入场时，应当派专门人员负责引导。负责引导的工作人员要统一着装，熟悉会场的布局以及各种配套设施的情况。大型会议活动的引导人员还要了解本地的交通、旅游和购物等情况，以备与会者随时咨询。国际性会议的引导人员还应具备外语会话能力，以便为外国友人提供服务。

二、会议期间的文字工作

会议期间,秘书有大量的文字工作要做,主要包括会议记录、会议纪要、会议简报与宣传报道等。

(一)会议记录

在会议进行的过程中,由专门的记录人员把会议的组织情况和具体内容如实记录下来就形成了会议记录。会议记录是编发会议纪要、会议简报与宣传报道的基础性材料。

1. 会议记录的格式

会议记录一般分为两部分:一部分是会议的组织情况,主要内容有会议名称、时间、地点、主持人、出席人数、列席和缺席人数、主持人、记录人等情况;另一部分是会议记录的主体部分,即会议的内容,要求写明会议的发言情况、决议和问题,是会议记录的核心组成部分。其中,会议的发言情况:一种是详细记录,尽量原话实录,用于比较重要的会议或比较重要的发言;另一种是摘要性记录,只记录发言的要点和中心内容,多用于一般性会议。

2. 会议记录的特点

(1)真实性。会议记录要求忠于事实,不能夹杂记录者的个人情感,更不允许有意增删发言内容。会议记录一般不对外发表,如需发表,应征得领导同意。

(2)资料性。会议记录是研究、编发、查找会议情况的重要原始资料,应长期保存。

(3)完整性。会议记录对会议的时间、地点、出席人员、主持人、议程等基本情况,对领导讲话、与会者的发言、讨论和争议、形成的决议和决定等内容,都要记录下来。

3. 会议记录的要求

会议记录人员要有高度的责任心、严肃认真的态度和良好的文字功底,会议记录要求准确、真实、完整、清晰。具体要求如下:

(1)速度要求。快速是对记录的基本要求。

(2)真实性要求。纪实性是会议记录的重要特征,确保真实是对记录稿的必然要求。真实性的具体含义是:准确——不添加,不遗漏,依事而记;清楚——首先是书写要清楚,其次是记录要有条理,要点突出。

(3)客观详细。详细记录会议的时间、地点、主持人、出席和缺席人数以及会议的发言、过程(如休息、临时中断等)、会议结果等要素和内容,不能夹杂记录者个人情感,更不允许有意增删发言内容。

4. 会议记录的重点

会议记录不是对会议内容逐字记录,而应该要点突出。会议记录应突出的重点:

(1)会议中心议题以及围绕中心议题展开的有关活动。

(2)会议讨论、争论的焦点及各方的主要见解。

(3)权威人士或代表人物的言论。

(4)会议开始时的定调性言论和结束前的总结性言论。

(5)会议已议决的或议而未决的事项。

(6)对会议产生较大影响的其他言论或活动。

如有必要可以借助录音设备对会议内容进行录音,这样在会后整理记录时才有充分的依据。但要注意,录音设备的使用一定要得到会议组织者的允许,录音过程一定要做好保密工作,防止泄密。

(二)会议纪要

会议纪要是根据会议的主旨用准确而精练的语言综合记述其要点的书面材料。它是在会议记录的基础上分析、综合、提炼而成,是用来概括反映会议精神和会议成果的文件。并不是所有的会议都会产生会议纪要,大型会议都有正式文件和决议,不需要形成会议纪要,而中型以下的会议、日常工作性会议和一些协调性会议则需要撰写会议纪要。

会议纪要有两个目的:一是作为传达贯彻会议精神的依据让与会者带回去;二是上报,使上级主管部门和有关单位了解会议的情况或予以转发。

1. 会议纪要的内容

主要包括两个方面内容:

(1)会议情况的简述。包括会议召开的依据、目的、时间、地点、参加会议的人员、会议讨论的问题以及会议的成果等。

(2)对会议主要精神的阐发。这是会议纪要的主体内容。

2. 会议纪要的特点

(1)综合性。会议纪要是在对会议各种材料、与会人员的发言以及会议简报等进行综合分析和概括提炼的基础上形成的,具有整理和提要的特点。

(2)指导性。包含两层含义:一是会议本身的权威性;二是会议纪要集中反映了会议的主要精神和决定事项。会议纪要一经下发,将对有关单位和人员产生约束力,起着类似于指示、决定或决议等指挥性公文的作用。会议纪要还可以作为与会同志向单位领导汇报、向群众传达的文字依据。

(3)备考性。有的会议纪要主要用来向上汇报或向下通报情况,必要时可作查阅之用。

3. 会议纪要的写作要求

(1)记实。要实事求是,忠于会议实际。为此,必须以会议记录为依据。对与会者的发言可以进行概括、归纳、提炼,绝不能增添或篡改内容。

(2)记要。抓住重点,对会议的中心议题和围绕议题所作的决定进行概括,去粗取精,集中归纳最有说服力的典型案例,引用最精彩的情节和语言,突出重点,条理清楚,使人一目了然。

(三)会议简报

会议简报是指在会议期间为反映会议进行情况,包括与会人员在讨论中提出的意见、建议及会议的决定事项而编写的简明报告。会议简报是会议的交流性和指导性文件,又称"会议动态"、"会议简讯"、"情况反映"、"情况交流"、"内部参考"等,要求及时、准确编写。编写的会议简报需经领导审定后才可发稿。

1. 会议简报的特点和编写要求

编写会议简报的基本要求可以用四个字概括:快、新、实、短。

"快"。指报到迅速及时,即编写会议简报需要抢时间,不拖拉,一般要求当天的情况当天整理当天发出。

"新"。内容新颖,即编写简报要提出新情况、新问题和新经验并反映在文字上,注意标题要醒目、吸引人。

"实"。是简报的本质特征,即简报所反映的情况和问题要真实、准确,不能随意夸大或缩小。

"短"。即简短,会议简报应开门见山、内容集中、篇幅短小、直接叙事,一语中的,尽可能一事一议,少作综合报道。

2. 会议简报的写法

会议简报一般由会议的秘书处编写。规模较大、时间较长的会议常常需要编发多期简报,以起到及时交流情况的作用。小型会议一般是一会一期简报,会议结束后,只发一期较为全面的总结性情况反映。会议简报通常由报头、报身(正文)、报尾三部分构成。见下图。

会议简报结构图

密级		
	××会议简报 (第　　期)	
×××××编		××年×月×日
按语:××。		
××××××××××(标题)		
导语:×××。		
主体:×××。		
结尾:×××××××××××。		
送:××××　　×××		共印××份

(1)报头。包括名称、期号、印制单位和日期等内容。

简报名称：一般使用套红印刷的大号字体。秘密等级写在左上角，也有的写"内部文件"或"内部资料，注意保存"等字样。

期号：写在名称下一行，居中，用圆括号括上。

制发单位和印发日期：写在期号之下，两者写在同一行，前者居左，后者居右。

报头内容下面用一道横线将报头与正文部分隔开。

(2)报身(正文)。即简报所刊登的一篇或数篇文章。

(3)报尾。在简报的最后一页下方，用一条横线将之与报身隔开，横线下同一行，左侧写明发送范围，右侧写明印刷份数。

(四)宣传报道

根据会议的性质和目的，如果需要将会议的内容或精神对外宣传，秘书在会前就应与新闻媒体取得联系，邀请他们到会报道，及时将会议的精神宣传出去。

会议宣传报道应注意以下几条原则：

(1)会议宣传报道的内容必须实事求是，与会议基本内容相吻合，以达到宣传会议精神的目的。

(2)掌握会议信息的保密度，对会议内容中涉及的机密问题，应严守保密原则，不能在宣传报道中泄密。

(3)积极配合新闻媒体的采访和报道，为媒体人员提供简单的会议材料，尽量为媒体人员的活动提供方便。

(4)宣传报道中的重要观点和提法，必须经过领导审定，以免出现差错。

(5)秘书要随时注意收集外界舆论和新闻媒体对会议的报道，为领导提供参考。

三、会议期间的生活服务工作

作为一名出色的秘书，在组织一次会议活动的过程中，要在会前做好充足的准备工作，在会议进行的当天仍要细心做好每一项具体工作的安排。

(一)检查会议准备情况

主要包括检查设备安全工作情况，如桌椅是否足够、烟灰缸、水杯和会标、花卉的准备等细节。

(二)会场的安全保卫与保密工作

对外会议尤其是一些大中型会议，需要确保参会人员的人身和财产安全，做好保卫工作。另外，还要做好会议的保密工作。会议期间，一方面应有相应的值班制度和要求；

另一方面要对保密文件的分发、收回以及会议内容的保密制定一套严格的程序与制度，并严格依照执行。

（三）会议交通服务

一方面指对会议需要使用的车辆进行科学合理的调配，另一方面指为与会人员及时订购返程票。

1. 会议交通管理

会议车辆的合理调配使用直接关系会议人员的集体活动、会议组织的工作需要、特殊用车的批准使用，否则可能会耽误会议的正常活动。秘书人员应当合理调度，拟定会议用车的制度，加强对驾驶人员的培训和管理，保证会议按计划顺利进行。

2. 订购返程票

与会人员是否需要订购回程票，会务组可在会议通知的回执中列明，也可在会议签到时列明，并进行统计、确认，收费后帮其订票。

（四）打印并分发会议代表通讯录

会务人员根据会议签到表制作详细的通讯录，向与会人员确认后，复印或印制成册发给与会代表。

（五）拍摄

组织拍摄集体照及活动照片、录像等，会议在开幕式后，以及会见、会谈后，要合影留念。举办会议单位的秘书要事先安排好摄影人员。合影时，由主人居中，主宾位于主人右边，第二位宾客位于主人左边，其他主方和客方人员可相间排列，可站立多排，但不管几排，每排两端者应是主方人员。

如果拍摄会议集体照，要将会议的主题体现在照片上，即把会标等标志作为背景，以便留念和宣传之用。

（六）会议餐饮服务

餐饮服务是会议不可缺少的重要组成部分。会议组织者在策划用餐形式时，无论是自助餐还是大型宴会，首先要保证与会者的身体健康和会议的顺利进行，其次要考虑会议的预算，防止铺张浪费。

（七）会议期间的旅游、娱乐与陪同工作

1. 会议期间的旅游服务

任何一个成功的会议都需要有休闲活动的安排。一方面使会议有张有弛，促进会

议成功;另一方面为与会者增加沟通的机会,加强交流。与会者常把旅游会议所在地当作参加会议的目的之一,这就要求秘书人员提供必要的服务。

(1)提供当地旅游信息。包括历史名胜、风景点、文化事件、健身运动场及购物中心等信息。

(2)统一安排一次或两次当地的旅游活动。把旅游的时间表和会议的时间表有机结合,以便做到劳逸结合。

旅游费用一般应在会议前就做好安排,并进行预算,计算在会务费或其他会议收费中。按计划支出,并向与会者说明哪些是统一安排由会务组开支,哪些是自费项目由个人承担。

2. 会议期间的娱乐服务

会议期间为了丰富与会者的文化生活及调节与会者情绪,可以开展一些娱乐活动,如观看文艺表演、组织舞会、茶话会或文艺晚会等。会议期间的娱乐活动一般作为固定日程安排在会议日程表中,通常放在下午或晚上。

3. 会议期间的陪同服务

陪同是一种常见的交往礼仪。在接待过程中,来宾外出演讲、观摩、游览、购物和就餐以及参加各种事先安排的活动,由一定身份的主方人员出面陪同,是主人对客人尊重和热情友好的体现。

陪同工作的主要内容如下:

(1)了解客人出行的意图、方式、线路、目的地和日程安排,做好车辆和人员的调配。

(2)通知有关方面做好各项接待准备,必要时进行事先检查。

(3)对陪同过程中可能会出现的问题进行分析预测,制定相应的预案,保证客人的人身和财产安全。

四、会议中的突发事件处理

突发事件可以广义地理解为突然发生的事情,会议突发事件是指会议过程中发生的、无法预料的、难以应付的、必须采取非常规方法来处理的事件。

1. 突发事件的特点

突发事件的特点:第一,突发性;第二,危害的严重性;第三,变化发展的不确定性;第四,处理的紧迫性;第五,广泛深入的影响性。

2. 突发事件的类型

(1)紧急医疗。紧急医疗事件可能会在会议中的任何时间发生,主要视与会者的平均年龄、活动安排情况而定。有些与会者因为饮食和环境的改变、饮酒、睡眠不足、疲劳等情况,容易受伤或生病,如户外活动会造成可能的意外伤害,以及肠胃、心脏疾病、中风等突发性疾病。

(2) 卫生问题。包括饮食卫生和环境卫生两方面。在会议地点和餐饮的选择、安排上，要尽量考虑这两个方面的问题，以免产生不良影响。

(3) 火灾。会议的主办方最好能够印制防火手册，人手一份，告知遇到火灾的逃生技能、饭店遇火灾逃生的步骤和方法，做到有备无患。

(4) 盗窃。会议的组织者不仅要做好会议的安全保卫工作，最好还用书面的方式告知与会者在外出购物、旅游等活动中注意安全，增强防盗意识，尽量减少到人多复杂的地方去的次数，或寄存贵重物品。

3. 处理突发事件的基本要求

(1) 做好预案。会议开始之前，做好会议突发事件的预案，尽量做到料事在先。

(2) 及时赶赴现场协调处理突发事件，详细了解并及时报告上级。

(3) 妥善处理善后工作。事件处理结束后，写出事件处理经过，报告领导审阅后存档。

(4) 处理突发事件时，要冷静、果断、稳妥、细致。

第四节　会议的结束

一次会议是否取得成功，除会前的充分准备、会中精心安排之外，会议的善后工作也十分重要。会议结束并不意味着秘书会务工作全部完成，秘书还有许多事项需要完成和落实，主要包括以下几个方面：

一、引导、送别会议代表

1. 引导与会人员安全离场

会议结束以后，秘书人员负责引导与会人员安全有序地离开会场。通常情况下，主席台上的领导先行离场后，其他与会人员再离场。大型会议还应注意在散会后引导车辆迅速、有序地离场。

2. 送别会议代表

会议结束后，秘书人员应提前对与会者的返程情况进行摸底和登记，主要做好以下三个方面工作：

(1) 进行会议费用的结算。会议结束后，主办方应协助与会代表对会务费用、住宿费等进行结算，并提供相关发票。

(2) 发送回程票。秘书人员把会前根据与会代表要求提前预订的回程票发送到订票者手中，并请其在领取单上签字。

(3) 送别。提前安排合适的人员和足够的车辆送站，在欢送与会人员时，应提醒客人携带好个人物品，不要有遗漏。如果客人身份尊贵，还需要安排有关领导或专人为与会者送行。对于个别需要暂留的与会者,要妥善安排好他们的食宿。

二、会场的善后工作

会场的善后工作主要包括做好清理会场、归还会议所借物品等工作。若是内部会议,会场的善后工作较为简单。如果是外借会场,则需要做好与对方结算租赁费用、清理会场、归还所借用物品等工作。

(一)清理会场

会议结束后要注意清理会场,撤去会场上布置的会标、鲜花、宣传品等,把会议上使用的电脑、投影仪、幕布、席卡等物品收拾好。如果发现会场里有遗失物品,要妥善保管,积极寻找并联系失主。

除此之外,会议结束后,会有大量的废弃纸张,其中不乏会议的相关资料、草拟的文件或者一些报表等,秘书人员要注意收集、辨别,或回收,或销毁,及时处理,避免泄密等情况的出现。

(二)归还所借用物品

会议结束后,要及时归还从公司内部其他部门或其他单位借用的相关物品,归还前要检查是否完好,如有损坏,应按约赔偿。

三、会议经费结算

会议结束后,会议的主办者要对整个会议的经费使用情况,即对会议的开支费用进行结算,这是会议工作的重要组成部分。

1. 会议期间发生的费用

广义的会议成本包括时间成本、金钱成本和机会成本。我们所说的会议期间发生的费用主要指狭义的会议成本,即除时间成本、机会成本之外的直接的会议经费支出。主要包括以下几个方面:会议资料费、会议的场地租赁费用、会场布置的费用、会议设备租借费用、会议交通参观费用、会议的食宿费、会议宣传费用、会议培训费、纪念品购置费、会议通讯费用等其他相关费用。

2. 会议经费结算的方法

(1)收款。会议经费的开支主要有两种方式:一种是由会议主办方承担全部会议费用,与会人员不需要支付任何费用;另一种是需要与会人员向主办方支付一部分费用,如住宿费、培训费、资料费、餐饮费等。主办方向与会者收取相关费用时应注意以下问题:一是应当在会议通知中详细写明收费的项目、标准和方法;二是写明与会人员可以采用的费用支取方式(转账、现金、支票、信用卡等);三是开具发票时应与财务部门做好相关的协调工作,确定收费开票的程序,避免出现差错。

(2)付款。会议结束后,主办方应对会议发生的费用进行汇总、统计,将应当支付的费用根据协定或相关规定支付给对方。

四、整理会议文件

(一)整理分发会议记录

会议结束后,秘书要将完成的会议记录送给会议主持人审查、定稿,经会议主持人修改确认后,按规定发送给相关人员。分发会议记录时,要以从上到下的准则发送,并保存其副本。

分发到各部门后,要督促其学习会议精神并反馈信息,使领导部门及时了解会议布置的工作落实情况。

(二)形成大会决议、简报或纪要

根据会议主题、议题及会议记录,形成大会决议、简报或纪要,根据规定,发送至相关人员。

(三)写总结向上级汇报会议情况

将会议自筹备到结束的情况写成书面材料,向上级汇报。

(四)将会议材料收集齐全、汇编会议文件,并分类、归档

将会议筹备到结束的所有文件、材料包括文字材料、重要照片、录音录像和论文集等收集齐全,分类整理归档,以备查考。

五、会议总结与评估

为了总结会议工作的经验,进一步提高会议工作的质量,不断改进会议的服务质量,会议结束后秘书工作人员应及对会议工作进行总结与评估。

(一)会议工作总结基本要求

一些重要会议或大型会议结束后,一方面要积累经验、肯定成绩、表彰先进;另一方面要发现问题、找出不足、分析原因,以利于今后把会议工作做得更好。由会议领导人或秘书人员组织全体会议工作人员对整个会议的组织与服务工作进行全面总结,并撰写会议总结,交给有关领导审阅后,作为大会的文件材料,一并整理归档。

(1)会议工作总结要根据岗位责任制和工作任务书的内容,逐条对照检查。第一,检

查会议目标的实现情况；第二，检查各个小组的分工执行情况；第三，将员工自我总结和集体总结相结合。

（2）要切实回顾和检查会议工作中好的方面和存在的问题，实事求是，认真总结，不断探索办会规律。

（3）总结要将客观标准和主观标准相结合。客观标准包括人员的出勤率、满意率、会议成果等。

（4）会议总结要一分为二，以总结经验、激励为主。

一般会议结束后，还应慰问会议工作人员，表彰会议工作中的有功人员。

（二）会议效果的评估工作

要做好会议的总结工作，应当首先对会议的效果进行评估。一般说来，会议评估的程序如下：

1. 确定会议评估对象

主要包括对会议总体管理工作、会议主持人和会议工作人员的评估三个方面。

2. 确定会议评估因素

（1）会议管理工作评估涵盖会议工作的各个方面，包括会议目标、会议方案、会议时间、与会者范围、会场情况、食宿安排、会议经费安排、会议文件资料、会议其他活动等内容。秘书人员应当根据会议的性质和类型确定评估问题的内容。

（2）会议主持人评估。主要侧重于主持人的主持能力、知识、修养、业务水平、工作作风、会议进程的控制能力、引导会议决议形成的能力及处理会议突发状况的能力。秘书人员可以请与会者填写事先设计好的评估表格，然后再汇总整理。

（3）会议工作人员评估。主要侧重于对工作人员的行为表现、工作态度、业务水平和工作效果等方面的评估。

3. 设计表格、收集数据

根据会议评估的对象和因素，设计表格时应注意问题的相关性、表格的长度、提问的方式、填写的难易程度、分析数据的方式等。

4. 分析数据、得出结论

秘书工作人员根据会议的性质、类型和分析的目的，去获取数据并分析研究，得出结论，以形成分析报告。注意采用科学的数据分析方式，数据量较大时，最好采用计算机分析数据，并要把所得出的会议评估结论用浅显易懂、生动形象的方式整理并展示出来，如柱形图、饼形图、散点式图等。

【例】

××公司会议管理工作评估表

项目		评估效果			
		好(4分)	较好(3分)	一般(2分)	差(1分)
会议目标	会议主题和与会人员相关性				
	会议主题是否清楚				
	议题选择是否得当				
	议题数量是否合适				
会场情况	会场大小是否合适				
	会场座位的安排是否合理				
	会场设备、物品配备是否合适				
	会场周边环境是否合适				
会议住宿餐饮、娱乐安排	会议住宿				
	会议就餐				
	会议茶水				
	会议娱乐安排				
会议费用情况	餐饮住宿费用				
	考察参观费用				
	资料费用				
会议文件	文件准备是否齐全				
	文件资料下发是否及时				
合计					

(三)会议总结的撰写

在编写会议总结时,应将会议评估数据和分析结果写到总结中去,并将形成的会议效果分析报告交领导审核,形成备忘录。会议总结包括以下几个部分:

1. 会议简介

包括会议名称、会议时间和地点、会议规模、与会人员人数、参加会议的上级领导人、会议的主持人,还包括会议召开的背景、此次会议的议题以及会议的预期效果等。

2. 会议工作要点

包括会务组工作人员名单、会议工作安排、针对本次会议的特点分析会议关键要素、本次会议要关注的几项工作等。

3. 会议评估数据和分析结果

4. 问题分析

从会议满意度调查结果分析整个会务工作,找出本次会议存在的问题、会务组工作的不足之处、归纳日后的改进意见。

5. 经验总结

归纳本次会议工作有哪些值得借鉴的成功之处。

会议工作总结在写作时要坚持实事求是的原则,杜绝弄虚作假。选材时要详略得当,重点突出,有新颖的材料、新鲜的角度,最好能够写出独到的见解。

▋本章思考题

1. 某公司要举行一次大约100人参加的业务拓展会议,在总经理办公室,秘书小李向马总汇报了会务筹备工作情况后,马总向小李布置了下一步工作:"小李,三天后与会代表就要陆续来了,你抓紧时间布置一下会议现场。争取早一点把方案拿出来,并说说你的落实步骤,有什么做不了主的直接向我汇报。"小李说:"好的,我会尽快落实的,马总。"

问题:小李该怎么布置会场呢?

2. 马总:"小李,与会代表从今天起就陆续到达,接站、报到、签到与会场安排等相关事项,你去负责一下,有困难及时向我汇报。"小李:"好的,我会尽快落实。"

问题:小李该怎么去落实各项工作呢?

3. 辉煌公司邀请全国客户到安徽合肥参加公司的洽谈订货会。秘书小王负责安排与会人员的返程,小王想先解决容易预订的近处车票,再慢慢解决哈尔滨等远地难以解决的车票预订,而且她还想当然地认为,只要为大家尽可能预订火车票就可以了。结果,部分代表因不能及时拿到返程车票、机票而对主办方十分不满,有些代表拿到票后,又要求更换车票或退票,结果大家不欢而散,会议效果大打折扣。

问题:秘书小王的安排是否妥当?如果你是秘书小王,你将如何安排?

4. 小张是公司的秘书,马上要到6月底了,每个季度末公司都要召开一次全国20多家分公司经理的工作会议,讨论市场销售中存在的问题,交换竞争对手的情况,制定新的销售策略。会议的食宿一般都安排在公司附近的鸿雁宾馆,开会则放在公司的会议室召开,会期一般是两天。总经理让秘书小张做好会议的筹备工作。

要求:请帮小张制作一份会议筹备工作的方案。

▋案例分析

飞扬公司准备在本市的汇金大厦召开新产品订货会。参加会议的有本单位、外单位的人员。会上要放映资料电影,进行产品操作演示,而公司没有放映机,租借放映机的任务交给了总经理秘书刘小姐。会议的召开时间为上午10点整,而资料放映的时间是10点15分。刘小姐打电话给租赁公司,要求租赁公司在上午9点30分必须准时把放映机送到汇金大厦的会议厅。

会议开幕前,飞扬公司的秘书们正在紧张地做着准备工作,刘小姐一看表,呀,已经

9点50分了,放映机还没有送到。刘小姐马上打电话去问,对方回答机器已经送出,眼看各地来宾已陆续进场,刘小姐心急如焚。

根据上述案例,请回答:

1. 如果你是刘小姐,对接下去可能发生的各种情况应该如何处理?

2. 假如放映机在10点10分仍未送到,你将马上向总经理报告还是擅自决定调整会议议程?

3. 向总经理报告后,你还应该做些什么?

4. 你认为大会前各项准备工作,包括各种设施和物品应提前多少时间安排妥当?

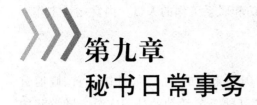

第九章
秘书日常事务

本章导语

　　秘书工作,是指秘书人员为完成辅助领导工作和机关工作而从事的实践活动。秘书人员,除为领导想办法、出主意、提预案,进行辅助决策、协助管理等参谋性工作之外,还要承担大量的日常事务。这些日常事务包括接待工作、信访工作、通讯与信息工作、印章管理与值班工作、随从与保密工作等。做好这些工作,对减轻领导工作负担,提高工作效率,有着重要意义。

本章关键词

　　日常事务;接待工作;信访工作;通讯;信息工作;印章管理;值班工作;保密工作

第一节　接待工作

　　接待工作,就是迎送、招待和服务因公务活动而来的各类客人。在各单位之间信息、技术、资金、文化交流与合作日益频繁的现代社会,视察、参观、学习、业务洽谈的人次与日俱增,作为东道主就有了接待任务。中高级机关和大型单位通常设有专门的接待部门负责此项工作,基层机关和中小型单位的接待工作就落在秘书身上。

　　秘书人员做好接待工作,要树立强烈的机遇意识、责任意识,把接待工作作为一项政治任务来完成;要树立每一个人都代表单位形象,每一个人的一言一行都是单位文化展示的思想意识,保证高质量地完成每一次接待任务。因为接待部门是单位的一个窗口,外界通过这个窗口来了解你单位的工作,评价你单位工作的优劣。

一、接待工作的类型与对象

　　秘书接待工作的类型与对象非常广泛。根据不同标准,可以划分为不同种类。

(一)按来访者国别分,可以分为内宾接待和外宾接待

1. 内宾接待

　　内宾接待,即指接待国内各地来访的客人,包括来自上级机关、下级单位和其他有关组织的领导、代表团、访问团、考察团或个别来访和联系工作的人员。内宾接待工作一般由各级机关的秘书部门负责。

2. 外宾接待

外宾接待,是指接待到我国从事外事活动的国外来访的客人,如外国元首、政府首脑、重要外宾,来我国参加商务、学术活动、讲学及其他公务活动的外国人员。随着我国对外开放的进一步扩大,外事接待工作会越来越多,秘书人员必须熟悉这方面的工作内容。

(二)按来访者组织关系分

按来访者组织关系分,可以分为上级来访的接待、同级来访的接待和下级来访的接待、群众来访的接待。

1. 上级来访的接待

上级来访的接待,是指接待本单位的主管部门领导和人员,包括本机关所隶属的上级主管部门、间接上级领导机关的领导和人员。

2. 同级来访的接待

同级来访的接待,是指接待与本单位有业务往来的同级的兄弟单位或其他非领导性、指导性业务来访单位的领导和人员。

3. 下级来访的接待

下级来访的接待,是指本单位所辖下级部门领导和人员的业务来访。

4. 群众来访的接待

群众来访的接待,是指本系统、本地区、本部门群众的事务来访。

(三)按事先有无约定分

按事先有无约定分,可以分为有约接待和无约接待。

1. 有约接待

有约接待,指事先已经约定的接待工作。

2. 无约接待

无约接待,指事先无约定、临时来访的接待工作。

二、接待工作的基本原则与要求

(一)诚恳热情,礼貌相待

热情友好的接待工作,会使来访者产生一种温暖、愉快的感觉。诚恳热情的态度是人际交往成功的起点,更是待客之道的要点。秘书对于来访者,不管其是上级机关还是下级单位,也不管其身份、资历、来意如何,都应一视同仁、平等相待、诚恳热情、不亢不卑、落落大方。坚决杜绝"门难进、脸难看、话难听、事难办"的官僚衙门作风,以自己的努力树立本单位的良好形象。

讲究礼仪。就是要体现出彬彬有礼、豁达大度、善解人意、灵活机智等风度气质。在仪表方面,要面容清洁、衣着得体、和蔼可亲;在举止方面,要稳重端庄、风度自然、从容大方;在语言方面,要声音适度、语气温和、礼貌文雅,充分体现出秘书人员的礼仪素养。

(二)细致周到,乐于助人

一次接待活动往往涉及许多部门和人员,内容具体、细微、繁多、复杂,涉及衣、食、住、行和人、财、物、时等方方面面。若是涉外接待,还需要事先研究两国有关的礼仪文化、风俗习惯和有关政策规定。这就要求秘书人员要开动脑筋,综合考虑,把接待工作做得细致入微、有条不紊、面面俱到、善始善终,使来宾有"宾至如归"的感觉。

秘书接待人员要时刻记住:接待工作无小事。必须有认真、严谨的态度和细致、周到的作风,才能成功地完成接待任务。

要处处为来宾着想,时时关注来宾的需要,为来宾作出周到的安排,让其感到方便和满意。

(三)俭省节约,按章办事

接待工作在某种意义上是一项消费活动,需要人力、物力、财力的投入。秘书人员要厉行节约、精打细算、勤俭务实,不搞形式主义,不摆阔气、讲排场,应尽可能少花钱多办事。在这方面,许多机关单位和公司企业都制定有接待方面的规章制度,秘书人员必须严格遵照执行。例如,不得擅自提高接待标准;重要问题要随时请示汇报;对职责范围以外的事项不可随意表态;不准向客人索要礼品,对方主动赠送,应婉言谢绝,无法谢绝,要及时汇报,由组织处理;要根据不同国家、地区、民族的风俗习惯区别接待来访者。

(四)内外有别,保守秘密

内外有别,是指在接待中,要注意系统内与系统外、党内与党外、国内与国外来宾的区别。在迎来送往的过程中,注意言谈举止的分寸,既热情友好、尊重对方、文明礼貌,又严格按照有关政策和规定办事,内外有别,严守纪律,保守秘密。

(五)对口接待,分工负责

根据宾客的身份及接待目的、要求、内容,要统一标准,对等、对口接待,分工负责,力求从简,不搞层层陪同。即采取"哪个部门邀请的客人,哪个部门接待"、"哪个部门主办或承接的会议,哪个部门接待"的办法。主办方负责牵头,有关单位配合,通力合作做好接待工作。

(六)节省时间,讲求实效

在接待来宾时,既要注意节省对方的时间,也要注意节省领导的时间,还要注意节省自己的时间。在来访者找领导时,要注意该引见的引见、该挡驾的挡驾、该解围的解围,从而节省时间,提高效率。

三、接待工作的意义

主要体现在以下几个方面:

(一)有利于扩大交流与合作,塑造本单位的良好形象

接待工作是机关、企事业单位与外界发生联系的方式之一。得体的接待工作可以使交往双方建立信任、获得友谊、化解矛盾、消除误会,可以创造出坦诚的合作气氛,对于吸引投资、扩大合作、树立良好的单位形象具有重要意义。因此,接待工作是单位看似被动、实则主动的一种广义的公关行为,是一种无形的公关活动。

热情、礼貌、耐心、细致的接待,不仅能给来访者"宾至如归"的感觉,还会使其在享受服务时感到轻松舒畅。感受到接待单位认真严谨的工作作风和蓬勃向上的精神风貌后,来访者会有口皆碑,广为宣传。久而久之,就会形成单位的一种形象品牌。

(二)有利于牵线搭桥,架起合作的桥梁

成功的接待,能够增加交往双方的相互理解、信任和友谊,促进进一步交往与合作。成功的接待工作,不仅会给上级领导和来宾留下深刻印象,而且无形中会为单位带来社会效益和经济效益。为此,要及时做好来宾反馈信息的收集和处理工作,不断优化接待流程,力求达到接待效益的最大化。

(三)有利于互通信息,沟通思想

在接待工作中,通过与来访者面对面的交流、沟通,可以了解来访者的意图,就彼此关心的问题达成共识,达到有效沟通思想,以找到解决问题的途径和办法。即使不为解决具体的问题,经常互访,交流信息,沟通思想,也会为双方合作奠定良好的基础。

四、秘书接待工作程序

(一)准备接待

1. 接待环境准备

接待工作一般是在会客室(办公室)中进行。接待环境准备包括硬环境和软环境两方面的准备。

2. 接待工作的心理准备

秘书接待工作心理准备的核心要素是"诚心",只有站在对方立场,有一颗真诚的心,在接待工作中将心比心,才能展现出优雅感人的礼仪,才能让各方访客都有"宾至如归""如沐春风"之感。

3. 接待工作的信息准备

接待工作的信息准备包括两个方面:

(1)来宾的基本情况。包括来宾人数、身份(如职务、级别、职称)、性别、来意、要求、日期、往返交通工具的班次与具体时间、内容和日程的要求等。

(2)接待材料的准备。对于重要的接待活动,秘书部门必须制定方案,秘书人员要协助领导准备相关材料。

第一,接待方案是接待工作的依据。凡事预则立,不预则废。秘书从上司处接受接待任务后,应及时了解总体情况,制定切实可行的接待方案,报领导批准后施行。接待方案是接待工作的依据,应包括接待方针、接待规格、接待日程安排和接待经费预算等内容。

第二,需要准备的有关文字材料一般包括汇报材料、发言材料、参考材料、欢迎词、祝酒词、答谢词、协议书、会议纪要等。

(二)组织接待

1. 安排来宾的接、住、食、行

秘书在预定时间到车站、码头、机场迎接客人,将客人迎接至宾馆,按照来宾人员的身份、人数、性别安排住宿,确定食宿的标准和进餐的时间、地点与方式。

2. 看望来宾

按照与对方约定的时间,安排本单位的领导来宾馆看望客人,以示欢迎、问候和敬重。

3. 安排会见和宴请

按照大体对等的原则,安排适当的负责人员正式会见来宾或进行适当宴请。秘书事先要安排好会见的地点和陪同人员,并向领导介绍来宾的情况。宴请时,要注意安排好座次、仪式和讲话等。

4. 实施活动日程

根据计划及双方商定的日程,通知相关部门做好相应准备,协助领导及来宾参观访问,直接承担某些活动和辅助工作。

5. 礼貌送客

包括为来宾预定返程车票、船票、机票,协助来宾结算食宿费用,安排车辆送站以及有关领导人与客人话别送行等。

（三）接待工作总结

接待工作结束后，一般应作书面总结，并整理存档备查。

五、秘书接待工作礼节

从客人踏进办公室到客人离开办公室，接待人员都是代表本单位的，是主人。他们经常是客人第一个见到的人，也是最后一个告别的人，接待客人的态度和接待效果如何，往往会对本单位或本公司的形象产生重要影响，关系客人对己方的印象和态度。成功的接待首先体现在接待的规范上。接待规范的基本要求是热情大方、彬彬有礼、不亢不卑、落落大方。

秘书接待工作有三个阶段：迎客、待客、送客。每个阶段都有特定的接待规范和接待礼仪。

1. 迎客礼仪

迎来送往，是接待活动中最基本的形式和重要环节，是表达主人情谊、体现主人礼貌素养的重要方面。迎客是接待的第一个环节，是给客人留下良好第一印象的重要环节，它为下一步深入接触打下基础。迎接客人要有周密的部署，应注意以下事项：

（1）对前来访问、洽谈业务或参加会议、办理事务的外国、外地客人，应先了解对方到达的地点、车次、航班，以按接待规格确定人员前去迎接。若由于某种原因，相应身份的主人不能前往，前去迎接的人应向客人作出礼貌的解释。

接待规格是指根据来访者的身份确定的接待人的规格。接待规格是从主陪人的角度而言的，它主要有三种：

第一，高规格接待。是指主要陪同人员比主要来宾的职位高的接待。高规格接待表明对被接待一方的重视和友好。

第二，对等接待。是指职位相当的接待。这是最常用的接待规格。

第三，低规格接待。是指主要陪同人员比主要来宾的职位低的接待。这种接待规格常用于基层单位，如某部领导到下属企业视察，企业最高领导的职位也不会高于部领导，这就属于低规格接待。此时，必须由下属企业的负责人亲自迎接。

迎接时间。一般来说，接待准备工作应于客人到达前15分钟就绪。主人到车站、机场迎接客人，应提前到达，恭候客人的到来，绝不能迟到让客人久等。客人看到有人来迎接，肯定会感到非常高兴。若迎接来迟，必定会给客人留下不好印象，事后无论怎样解释，都难以消除这种失职和不守信誉的印象。对外国国家元首、政府首脑和军方领导人来访，通常要安排盛大的欢迎仪式。

若迎候地点人声嘈杂、人员甚多，或与客人素未谋面，一定要事先了解他的外貌特征，最好举个小牌子来迎接。

（2）接到客人后，应首先问候"一路辛苦了"，或说"欢迎您来我们公司"等。然后向对方作自我介绍。如果有名片,可送与对方。

要注意送名片的礼仪:

①递送名片。通常有五个方面的礼仪要注意:

第一,要有备而至。参加重要的人际交往活动之前,应当有意识准备好自己的名片,并且将其置于易于取拿之处,以备不时之需。最为得体的做法,是将名片装入专用的名片盒(夹、包等)之内,然后将其放入自己的上衣口袋或随身携带的包、袋中。

第二,要讲究时机。一般来说,递送名片多见于初次见面,进行自我介绍之后。将自己的名片递送给对方,除希望对方对自己有所了解之外,还包含对对方表示重视、希望结交对方、与对方保持联络之意。把自己的名片递送给熟人,仅限于本人单位、地址或联络方式发生变更之后。

第三,要考虑顺序。交换名片时,合乎礼仪的顺序:一是两人交换名片时,应当遵守"尊者居后"的规则,即地位低者先向地位高者递送名片。二是一人将自己的名片递送给多人时,要么由尊而卑依次而行,要么由近而远依次递送。

第四,要毕恭毕敬。名片应双手呈递,态度恭恭敬敬。具体来讲,应注意五点:一是应当起身站立;二是应当主动走近对方;三是应当用双手或右手递上名片;四是递上名片时应当使之处于本人胸部的位置;五是应当将名片正面面对对方。

第五,语言提示。将自己的名片递送给别人时,一言不发是极不礼貌的。递上名片时,可以说:"请多关照"、"请多指教"或者"希望以后保持联系"等。

②接受名片。亦有相应的礼仪规范:

第一,要认真接受。表现出自己的认真友好之意。有五点需要注意:一是要起身站立;二是要迎向对方;三是要以双手或右手接捧,要以不低于胸部的位置收下;四是恭敬接过收到胸前,并认真拜读;五是眼睛要注视名片,认真看对方的身份、姓名,也可轻轻地读名片上的内容。

第二,要口头道谢。在接受对方名片时,应当口头向对方致谢,或者告之对方"非常荣幸"。

第三,要专心通读。接过名片后,务必要牢记"接受名片,一定要看,通读一遍"这12个字。这样做,有三个好处:一是可以表示对对方的重视;二是可以及时了解对方的基本情况;三是可以当面请教不清楚的地方。如果不认识或者不会念对方的姓名,应毫不迟疑且有礼貌地向对方请教:"真是抱歉,请问您贵姓,大名怎么称呼?"若碍于情面,迟迟不敢发问,导致念错,反而会让对方见怪,或使对方不高兴。

第四,要妥为保存。在通读名片之后,应将其放入名片盒、上衣口袋随身携带的包、袋或者桌子的抽屉之中。

第五,要有来有往。别人递上名片之后,应将自己的名片递送给对方。若无名片,应直言相告。

③索取名片。根据交换名片的礼仪,索取他人的名片,大体有如下三种常规的方法:

第一,主动递上本人的名片。一般会有来有往。

第二,向对方建议互换名片。假如担心上一种方法不管用,不妨直接告诉对方"能否与您交换一下名片?"通常不会遭到拒绝。

第三,询问对方。采用暗示方法"今后怎样向您请教或联系"等。

(3)主人应提前为客人备好交通工具和安排好住宿,帮客人办理好一切手续并将客人领进房间,同时向客人介绍住处的服务、设施,将活动的计划、日程安排交给客人,并把准备好的地图或旅游图、名胜古迹等介绍材料送给客人。

(4)将客人送到驻地后,主人不要立即离去,应陪客人稍作停留,热情交谈。谈话内容要让客人感到满意,比如客人参与活动的背景资料、当地风土人情、有特点的自然景观、特产、物价等。考虑到客人一路旅途劳累,主人不宜久留,要让客人早些休息。分手时将下次联系的时间、地点、方式等告诉客人。

2. 待客礼仪

接待客人时,要主动取过客人的伞、帽子、外套,放在衣帽架上,并说"帮您挂在这儿"。接待人员不要背对访客,而要以正面退走方式退出会客室,关上门。接待客人要注意以下几点:

(1)客人要找的负责人不在时,要明确告诉对方负责人到何处去了,以及何时回本单位。请客人留下电话、地址,明确表示是由客人再次来单位,还是我方负责人到对方单位去。

(2)客人到来时,我方负责人由于种种原因不能马上接见,要向客人说明等待理由与等待时间。若客人愿意等待,应向客人提供饮料、杂志、报纸等读物。

(3)接待人员应该掌握正确的引导、入座、接见的规范要求。

客人到达后,应先将其请至贵宾室奉茶及休息,然后立即通报主管、负责人准备接见。此时,要注意在领导与客人见面之前,接待人员应先将客人的基本资料、相貌特征和来访目的向领导报告,以便双方见面时能迅速进入状态。引导客人进入领导办公室之后,秘书应作简单介绍,并礼貌退出。

秘书在引导客人时,一般应该走在客人左前方数步;进出门时,秘书应主动为客人开门;走旋转门时,不要与客人同走一扇。

在走廊的引导方法:接待人员在客人二三步之前,配合步调,让客人走在内侧。

在楼梯的引导方法:当引客人上楼时,应让客人走在前面,下楼时,客人走在后面,确保客人安全。

在电梯的引导方法:无人服务的电梯先进后出,有人服务的电梯,是后进后出。

要请客人坐上位,上位一般是指离入口处较远的位子,客人坐在主人的右侧。在座位中,一般长沙发留给客人。

(4)诚心诚意奉茶。人们习惯以茶水招待客人,在招待贵客时,茶具要特别讲究,倒茶有许多规矩,递茶也有许多讲究:

茶具要清洁,茶水一般以大半杯为宜,递茶时顺便说声"请用茶"。递茶一般是先宾后主,递茶的时机,应是在客人就座后而未开始谈论工作之前。

(5)参观、访问中的介绍。带着客户参观单位时,不必将每个走过你们身边的人都介绍给客户认识。如果在宾主见面时,恰好有与之相关的人站在附近,可以简单地介绍一下彼此;或是你正带客户参观各部门时,可以决定是否将有关人员介绍给他,这根据是否准备向客人介绍该部门情况而定。

接待来宾时,不论是自我介绍或帮人介绍,应简明扼要,只要说清姓名、公司(单位)名称、头衔三点即可。

3. 送客礼仪

送别客人应考虑周全,大体按迎客的规格来确定送客的规格,主要迎候人员应参加送别活动。送行人员可前往客人住处,陪同客人一同前往机场或车站,亦可直接前往机场、车站恭候客人。秘书人员在送客时应注意:

(1)起立相送。客人打算离去时,秘书人员要起身相送,但一定要等客人起身后,自己再站起来,否则会有撵客之嫌。

(2)握手告别。要将客人送至门外,在与客人握手话别时,不要忘了由来客先伸手才对。

(3)说"下次再来"、"请走好"、"再见"等。

(4)目送离去。一般应将客人送至门外,若送至电梯口,应为客人叫电梯,陪客人等候,握别后目送客人下楼或乘电梯离去。若是尊贵的客人,则一定要将客人送至小车旁,看着客人坐好、车子开出后,方可离去。这里要遵循"右为上,左为下;后为上,前为下"的原则,请客人入座轿车的右后座位。但当客人已随意坐好,就不要再烦劳人家起身重坐。除非上司要求,送客不必太远。客人离去后,秘书人员应将接待结果记录在约会簿上。

至此,才算完成一个完整的接待过程。

4. 接待礼仪的注意事项

一是迎接宾客进行宾主介绍时,一般由礼宾人员或迎候方人员中身份最高者,率先将己方迎候人员按一定顺序一一介绍给客人,然后再由客人中身份最高者,将客人按一定顺序一一介绍给主人。若是早已相识,则不必介绍,双方直接行见面礼即可。

二是送别时可在贵宾室与宾客稍述友谊,或举行专门的欢送仪式。宾客临行前,送行人员应按一定顺序同宾客一一握手话别。飞机起飞或轮船、火车开动之后,送行人员应向宾客挥手致意,直至飞机或车、船在视野中消失,送行人员才可离去。

三是在机场迎送宾客时,一般以送玫瑰、兰花、紫罗兰为好,颜色不拘,可扎成花束、花环、花篮,也可以送女士以花篮,花环一般送给男士。花束或花篮也可送至宾客下榻的旅馆。

第二节 信访工作

一、信访与信访工作的构成要素

信访,是指公民、法人或者其他组织采用书信、电子邮件、传真、电话、走访等形式,向各级人民政府、县级以上人民政府工作部门反映情况,提出建议、意见或者投诉、请求,依法由有关行政机关处理的活动。它是信访工作的前提和基础,决定了信访工作的存在。

信访工作,是指各级领导机关依照政策法规受理信访事项,调整信访关系的全部活动。包括直接或间接地处理信访问题,综合反映信访信息,以及围绕处理信访问题和综合信访信息而进行的协调管理工作。

信访工作由以下五个要素构成:

(一)信访人

采用书信、电子邮件、传真、电话、走访等形式反映情况,提出建议、意见或者投诉请求的公民、法人或者其他组织,称为信访人。信访人是信访活动的发起者,也是信访工作的对象和基础。

(二)信访受理者

信访受理者是指在职权范围内受理信访人提出的信访事项的行政机关和社会组织。信访受理者是信访工作的主体,也是决定信访工作成效的关键因素。信访受理者可以是党政军领导机关,也可以是企事业单位和社会团体,还可以是报社、电台、电视台等新闻舆论机构。

(三)信访事项

社会成员通过信访渠道反映的所有问题,统称为信访事项。信访事项一般有三类:申诉求决类、检举控告类和意见建议类。信访事项是信访工作的焦点,信访工作都是围绕受理和办理信访事项而进行的。

(四)信访工作方式

信访工作方式即信访受理者在处理信访问题时,依照一定的原则、程序所采取的各种形式和方法。对不同的信访问题,必须采取不同的处理方式,才能做到对症下药、药到病除。人们经过长期实践认识到,信访工作最基本的方式是分别处理、综合反映。

(五)信访工作效果

信访工作效果即信访受理者受理和办理信访事项的效率和结果。新修订的《信访工作条例》规定:"信访事项应当自受理之日起 60 日内办结。情况复杂的,经本行政机关负责人批准,可以适当延长办理期限,但延长期限不得超过 30 日,并告知信访人延期理由。"这些规定都是为了提高信访工作效果。

二、信访工作的任务

根据 1982 年 2 月 21 日至 28 日第三次全国信访工作会议召开时审议修改的《党政机关信访工作暂行条例(草案)》,各级党政机关信访部门的基本任务有以下四个方面:

(1)受理本地区、本系统和上级领导机关交办的来信来访问题。

(2)定期综合研究人民来信的情况和问题,及时向有关党政领导机关反映,并提出解决的方案。

(3)向有关地区、部门和单位交办来信来访的问题,并有责任督促、检查,直到解决为止。

(4)协助党政领导机关检查本地区、本系统的信访工作,发现问题、解决问题,系统组织交流。

三、信访工作的作用

(一)参政议政的作用

信访是人民群众参政议政的重要方式之一。人民群众关心国家大事,关心党的方针政策,关心社会、经济、文化、教育、风气等方面的发展。他们有权通过信访的形式向各级党政机关、企事业单位提意见、提建议,各级党政机关、企事业单位应高度重视,认真参考和采纳,从而作为修订政策、改进工作的依据之一。

(二)民主监督的作用

在社会主义制度下,人民群众享有广泛的民主权利。他们有权参与国家管理,有权监督党和国家各级领导的施政行为。信访工作就是保证人民群众行使民主监督权利的重要形式之一。近几年查处的许多领导干部贪污受贿的大案、要案,绝大多数是通过信访渠道检举揭发出来的。这说明信访渠道在实施民主监督、加强党风廉政建设方面,具有其他渠道不可替代的作用。做好信访工作,有利于保证信访人的民主权利、消除社会腐败现象、加强党风廉政建设。

(三)化解矛盾的作用

信访是社会矛盾的客观反映。在社会主义条件下,人民群众的根本利益是一致的,人民内部没有根本的利害冲突。但是,由于主客观方面的原因,人民内部仍然存在大量的矛盾。特别是在改革开放、发展社会主义市场预经济的新形势下,有些矛盾表现得更加突出。信访工作的基本任务之一就是帮助人民群众排忧解难,调解各种矛盾和纠纷,消除不安定的因素,促进社会的安定团结,为建立和谐社会创造条件。

（四）信息反馈作用

信息是领导进行科学决策的基础和依据。信访工作则是为领导提供信息的一条重要渠道。信访工作者由于面向群众,广泛接触群众,经常倾听群众的意见、建议,这一工作性质决定信访工作处于收集信息的有利位置。党和政府的各项方针、政策、指示、决定科学与否,实施是否顺利,群众很快就能将之反映到信访部门。所以信访工作具有收集来自群众的各种信息,随时为决策层提供、反馈有参考价值的信息,辅助领导进一步做好工作的重要作用。

（五）联系群众的作用

信访工作是各级领导和机关联系群众的重要渠道。尽管领导联系群众的方式多种多样。但信访工作则是领导联系群众的重要方式之一。首先,这种联系比较直接。凡是需要并原意通过信访形式向领导反映情况和问题、提出意见建议的人,都可以直接通过书面或口头形式,同任何一级领导人对话。这也是领导机关直接了解群众情绪、倾听群众呼声、掌握群众思想脉搏的最简便的形式。其次,这种联系比较广泛。一切公民、法人和其他组织,都可以通过信访渠道同领导机关和领导人发生联系;一切社会问题,大到党和国家的方针政策,小到群众的生活琐事,都可以作为信访事项反映给领导机关及其负责人。再次,这种联系比较经常。它不受时间和空间的限制,无论在任何时候、任何情况下,人民群众都可以通过信访向领导机关及其负责人反映问题。当然,信访人在履行信访权利的同时,还必须承担一定的义务,要在信访法规允许的范围内活动。

（六）宣传教育的作用

信访工作,往往要对来访者讲述党和政府的有关方针、政策和国家的有关法律法规,这对来访者无疑会起到积极的宣传教育作用。处理好每一起来信来访事件,既体现了党和政府对人民群众的重视和关怀,提高了党和政府在人民群众中的地位,又积极宣传了党和政府的方针、政策,意义重大。

四、信访工作的原则

《信访工作条例》规定:信访工作应当在各级人民政府领导下,坚持调查研究、实事求是,属地管理、分级负责,谁主管、谁负责,依法、及时、就地解决问题和疏导教育相结合的原则。

（一）坚持调查研究、实事求是的原则

处理信访问题必须以事实为依据,弄清事实真相是正确处理信访问题的前提和基础。一般说来,信访人是抱着真诚的态度如实反映情况的。但是,由于种种复杂的原因,部分人反映的情况可能不实、不准、不全面,个别别有用心的人甚至会在来信来访中捏造事实,诬陷他人。或用匿名方式反映,情况错综复杂。所以,只有坚持调查研究、实事求是的原则,才能弄清事实真相,作出正确结论和处理决定。否则,很可能会使好人蒙冤、坏人高兴、正义得不到伸张、歪风得不到制止。

(二)坚持属地管理、分级负责的原则

新修订的《信访工作条例》将多年来实行的"分级负责、归口办理"的信访工作原则修改为"属地管理、分级负责",强调信访事项属地管理的优先原则,明确了地方各级政府在处理跨地信访和越级信访时的主导作用。无论是"条"和"块",还是"条""块"交叉的信访事件,所在地政府都应承担起管理职责,尽快明确办理部门并督促解决。信访工作属地管理原则是指信访事项的属地管理。只有这样,才有利于及时、有效地化解跨地或越级信访产生的矛盾。

(三)坚持以政策法规为准绳的原则

解决信访人所反映的问题,必须以党和国家的政策、法规和法律为准绳,这是信访工作必须遵循的又一重要原则。这是因为党和国家的政策、法律,集中体现了广大人民群众的意志,代表了他们的根本利益。所以我们对信访人所反映的各种问题和要求,必须按照有关政策和法律、法规去认识和处理,绝不允许超越政策、法律和法规的范围去随意处理。可以说,是否执行政策、依法办事,是衡量信访工作做得好坏的一个重要标志。

(四)就地解决问题的原则

就地解决问题,是指在基层单位解决大量信访问题。群众来信来访的问题大量发生在基层,只有在基层才能解决。就地解决问题好处很多:方便群众,减少其奔波;可以减少越级上访,减轻领导机关负担;有利于改进领导作风,密切党群、干群关系;有利于及时消除不安定因素,把问题解决在萌芽状态。

(五)解决实际问题与思想教育疏导相结合的原则

群众来信来访所反映的问题,既有实际问题,也有思想问题,二者往往混合在一起。这就要求我们在信访工作中,必须贯彻解决实际问题与思想教育疏导相结合的原则。既要按照有关政策规定解决好他们的实际问题,满足他们的正当要求,又要把思想教育疏导贯穿始终,采用民主的方法、说理的方法、批评与自我批评的方法,对信访人进行耐心的说服教育,帮助他们提高认识,解开思想疙瘩,放弃过高要求,终止信访活动。解决实际问题和思想教育疏导二者不可偏废。否则,就会出现"金钱堵口"或"空洞就教"两种错误倾向。

五、信访工作程序与要求

（一）来信处理的程序和要求

1. 及时拆封

当日来信,当日启封,加盖收信章。

2. 仔细阅信

秘书对来信要仔细阅读,了解来信内容,并对信访问题的真伪、信访要求是否合理作出判断。阅信后,应对来信进行登记。

3. 准确转信

转信就是受理机关按照分级负责、归口办理的原则,将来信转交有关单位和部门处理。可采用统转、单转、函转、分转、抄转的方式将来信转交有关部门处理。

4. 及时报信

报信就是秘书部门将重要的、紧急的信件,及时直接报送主管领导者阅批。秘书向领导及时直接报信,可以使一些重要的信访问题得到及时处理。

5. 及时查信

及时查信指秘书根据领导指示直接调查某些信件所反映的问题,并直接向领导者汇报和秘书部门检查督促有关单位、部门对交办信件的处理情况。

6. 及时复信

复信就是给写信人回复,告知其来信的处理(承办或转递)情况。

7. 整理归档

即根据性质将来信分类整理,定期归档,建立信访档案。

（二）来访接待的程序

1. 接访

接待时要态度热情,以礼相待,让来访者受到尊重。

2. 登记

填写《来访登记表》。

3. 交谈

这是接待来访的关键。交谈中,秘书人员要态度谦和,头脑清醒,情绪镇定。按照"一听、二记、三问、四看、五分析"的程序进行。

4. 处理

处理就是针对来访人反映的问题,按照有关政策法规和工作原则进行处置。一般可采取:一当面答复;二电话联系;三出具便函;四立案交办;五直接查办;六引见领导。

5. 回访

回访的重点,应放在问题已得到恰当解决而本人想不通的信访人身上,以便有针对性地做好疏通、引导工作。

第三节 通讯与信息工作

一、通讯工作

通讯工作,是指公务电话的处理、邮件的收发、公务信件的往来处理等工作。

(一)电话事务处理

秘书每天都要接、打无数的电话,电话是秘书最重要的通讯手段之一。

1. 打电话

(1)打电话前的准备工作。打电话之前,秘书应做好准备工作,这对于提高打电话的效率和质量有很大帮助。需要准备的内容主要包括:

首先,了解对方的身份。如果是初次通话的人,应该确切了解对方的职务或身份,这样不致因称呼弄错,让对方尴尬。

其次,备好要用到的文件、资料或数据,以便快速、准确地进行电话的交谈。

最后,在记事本上逐一列出要谈的事情。这样可以帮助自己从容顺利地完成通话而不致有什么遗漏。

(2)电话振铃等待。

(3)及时自报家门。在对方接听电话后,秘书应该及时向对方问好并通报自己,让对方了解自己的姓名、职务及通话目的。

(4)重要内容请对方重复。如果电话中涉及重要内容,如通知中时间、地点、人员等,为保险起见,应请对方重复,以确保无误。

2. 接电话

(1)及时拿起电话。按照国际惯例,正常情况下电话铃声响三声之内,秘书应及时拿起电话接听。

(2)通报问候。秘书拿起电话后,应主动向对方通报自己的单位、姓名及身份。有些人习惯一上来就查问对方是谁,这是失礼的行为。

(3)电话记录。工作通话往往涉及一些重要事情,秘书不能完全依赖自己的记忆力,要做好电话记录工作。

电话记录的内容包括来电单位、来电人姓名、职务、对方电话号码、通话原因(即事项)、对方通知所涉及的时间、地点、要求等。实际上,许多单位已将电话记录格式化了,只需填写项目即可。

(4)通话内容处理。如果是接听打给领导的电话,一定要问清对方的身份和目的,这样可以替领导过滤掉一部分不必要接听的电话,从而避免对领导工作的干扰,节约领导的时间。

(二)信件、邮件管理处理方法

秘书每天都要收到一些邮件、信件、报纸、杂志、印刷品、包裹等,也可能每天要寄出一些信函或包裹。收收发发看起来简单,但要做得干净利索,不出差错,除细心与熟练之外,也需要掌握一定的方法。

1. 分类

邮件收进后,第一步工作就是根据其性质将其大体分为以下几类:

(1)电报、特快专递、航空信等急件。

(2)政府部门或上级公司文件。

(3)业务往来公函。

(4)写明上司亲启的信函。

(5)汇票、汇款单。

(6)包裹、印刷品。

(7)报纸、杂志。

(8)同事的私人信件。

信件分类后,按其轻重缓急分别处理。

2. 拆封

上司亲启的信函和同事的私人信件,秘书不可拆开,应原封不动送交本人。机密文件一般有领导指定专人负责,没有授权秘书不得拆开。其他邮件均需拆去封皮,折封皮时,要注意保持原件的完好、整洁,不要有破损。

3. 登记

除私人信件外,其他公文、公函、汇票、包裹、杂志等均需分别登记,以便管理。登记时应写明编号、收到日期、发出日期、发出单位、收阅人或部门、邮件种类、处理办法、办理日期等。

4. 分送

上司亲启件应立即呈送,归部门办理的文件信函要及时送交各部门,同事的私人信件可放入指定的信袋、信箱、顺便送交,报纸、杂志则按规定分送。

5. 阅办

秘书阅看信件、信函应仔细、认真。重点部分可用红笔画出,以提醒上司注意。还应为上司处理信件提供依据,如注明参阅某日来信、某某文件等。内容复杂的长信应作摘要,也可提出拟办意见供领导参考。

6. 复信

秘书应按照领导的批示写回信,或是受权按常规自行复信。复信的内容应针对来信的要求,或是回答问题,或是提供来信人所需资料,或是联系事项,应尽可能给予来信人确切、满意的答复。如果不能解决,也要说明理由,或提示解决问题的其他途径或办法。复信的文句应简明扼要,注意礼貌,不必添枝加叶,也不能虚言塞责。信件的书写或打印格式要正确并准确无误。

7. 查对

(1)信笺上收信人姓名、地址、邮编是否正确。
(2)签名或用印是否正确。
(3)信封上邮件标记是否正确(急件、机密等)。
(4)附件是否齐全等。

8. 寄发

二、信息工作

(一)信息与信息工作概念

1. 信息的概念

信息,是指人们对客观事物的特征及其运行状态、发展规律的表述和传递,是一切能被人感觉器官和大脑所反映的关于外界事物及其变化的消息,是人们所能接受的一切指令。它具有客观性、时效性、传递性、共享性、浓缩性的特点。对于秘书来说,常以收集资料、研究政策、反映情况、提供咨询、草拟公文等形式处理信息,协助领导决策。

2. 信息工作的概念

信息工作,是指收集、整理、传递、利用和存贮信息的一系列实践活动。包括三项主要内容:一是信息的搜集,即按照确定的渠道和程序,采用科学的方法和手段,把分散无序的信息资料集中起来;二是信息的整理加工,即对现有的信息资料进行综合处理,使其符合人们的需要,具有使用价值;三是信息的提供,即将整理加工后的信息及时提供给领导、机关各部门和有关机构使用,以发挥信息共享的作用。

(二)信息工作在秘书工作中的地位和作用

1. 信息工作是秘书部门的重要职能

秘书部门的地位、性质和作用决定了信息工作是秘书工作的一项重要内容。
信息是领导决策的基础和依据,是帮助领导实现科学管理的先决条件,是沟通领导与各方面的纽带,是秘书人员发挥参谋助手作用的基础。

2. 信息工作是秘书部门辅助决策的主要手段

领导决策的全过程由四个步骤构成,即明确决策目标、拟定决策方案、评估和选择方案、决策方案付诸实施。在决策的全过程中,秘书的工作可以概括为收集信息、加工信息、输出信息和反馈信息。及时向决策层提供准确、完整、有参考价值的信息,是秘书辅助决策的主要方式。

3. 信息工作是秘书工作的重要基础

秘书工作的主要内容——办文、办会、办事,都必须以信息工作为依托。

4. 信息工作有利于开创秘书工作的新局面

为了更好地进行决策,必须健全信息网络体系,切实做好信息工作。

(1)办公室工作以信息工作为轴心,实行一条龙作业。不仅信息人员直接参与信息工作,收发、文书、印务、内务、机要、档案、保密等人员也要介入。这就是环环相扣的文书工作,大大加快了信息的运转速度。

(2)随着信息网络、媒体质量的提高和作用的发挥,许多文件被取代,许多会议被精简,有力地克服了文牍主义。

(3)随着办公自动化水平的提高,一些重要情况的通报和上级指示精神的传达,通过现代信息渠道当时、当天即可完成,秘书部门的工作效率由此得到大大提高。

可见,高质量的信息工作对秘书工作新局面的开创起了有力的推动作用。

(三)信息工作程序和内容

在现代秘书工作流程中,信息工作有收集—加工—传递—贮存—反馈—检索—开发利用等流程。

1. 信息收集

信息收集,就是通过观察、调查、征集、侦查、追踪等手段和方法有针对性地获取原始信息。这是信息工作的第一个环节,直接关系信息的加工、整理、分析研究和开发利用。秘书收集信息时,首先要明确信息服务的对象和目的。

2. 信息加工

信息加工,就是对某一类别的信息或一定时间的信息,从总体上进行系统的归纳整理、分析研究和综合处理,形成比较系统、价值更大的信息。信息加工是保证信息质量的关键环节。信息工作的关键,就是对信息进行加工。现代决策者必须重视信息加工,以提高信息工作的质量。

3. 信息传递

信息传递,就是把加工后的信息,通过各种传播途径提供给接受者和使用者。传递使信息收集、加工成为有效劳动。一般而言,信息传递的速度越快,范围越广,信息的利用率就越高。

4. 信息贮存

信息贮存,即将加工后的信息以文字、图像等形式,借助计算机等媒介记录、贮存、保管起来,以供查考、利用。

5. 信息反馈

信息反馈,是指将输出信息作用的结果返送回来,并对信息的再输出产生影响,起到控制和调节作用。它是一项复杂而又细致的工作,既有纵向反馈,也有横向反馈,既有正反馈,也有负反馈。不同的反馈形式,对于及时掌握各单位贯彻执行领导决策的情况,了解工作进程中出现的新情况、新问题、新经验,具有十分重要的意义。

6. 信息检索

信息检索,就是为已储存的信息建立数据库,明确查找的途径、方法和来源,以便迅速而又准确地提取需要的信息。信息检索分为手工检索和计算机检索两大类。手工检索,就是将信息制成纸质"文摘"、"索引"、"目录"等形式,供检索利用;计算机检索,又称电脑检索,可由本机关、本单位秘书编排存贮,自存自检,也可进入互联网络,与其他机构、单位交换信息或信息共享。

7. 信息开发利用

信息工作的全部意义在于充分地利用信息。秘书要为领导决策提供适用的信息,提高信息的利用率;领导要重视来自于实践的信息,更新观念。

第四节　印章管理与值班工作

一、印章管理

（一）印章和印章管理的含义

第一,印章是各级各类组织对外联系的标志以及行使职权的凭证。
第二,印章管理是对印章刻制、启用、保管、使用等情况进行管理。

（二）印章的使用和管理

印章是机关或组织职权的象征,应当按照规定使用和慎重保管。

1. 印章的作用
（1）标志作用。机关或领导人的印章都是一种职责权力的标志。
（2）法律作用。公文只有加盖印章才能产生法定权威效用,任何公文信函若没有印章,就不能代表机关,也就无法生效。
（3）辨伪作用。通过印章可以鉴别各种伪造凭证。文件上如果没有印章,当然就是伪造;如果有印章,也可以通过对印章式样、字体、图案等进行鉴别,辨明真伪。

2. 印章的种类
（1）按质料分,印章有铜印、钢印、木印、塑料印、胶皮印、万次印等。
（2）按性质分,印章有单位印章、部门印章、领导人印章（含签名印章）,还有业务专用章,例如:密封章、收发文章、财务专用章、资料专用章、物资专用章、图书馆藏书章以及一些业务人员的工作用章等。

3. 印章的启用

印章的刻制必须由本机关、本部门申请,经上级主管机关批准到公安部门办理手续后,再到指定的刻字单位刻制。私刻公章是违法行为。

印章的启用,必须经过上级机关批准并正式行文。关于启用印章的通知应包括正文、印模和启用日期。

4. 印章的保管使用

印章应有可靠的专人保管,并遵循保密原则,将其存放在保险箱或加锁的抽屉里。领导一般指定秘书人员保管和钤盖公章。

秘书人员使用印章之前,必须经过领导批准,并作登记。凡不符合用印手续的,秘书人员有权拒绝受理。未经领导批准,秘书人员不得擅自用印,不能把放置印章的抽屉、保险箱的钥匙交给他人代开代取,不能委托他人用印,更不能以印谋私,违者要受纪律处分甚至法律制裁。

二、值班工作

值班和值班工作,是秘书部门经常性的工作任务之一。机关、企事业单位在 8 小时正常工作之外和节假日,还会有一些信息传递、业务往来,也可能会遇到一些突发事件。因此,这些机构和部门一般都设置了值班工作。一般由办公厅(室)负责安排本单位的值班表。

(一)值班工作的组织形式

值班工作依其工作性质和规模大小有所不同。

1. 专职性值班

大中型机关、企事业单位和一些具有特殊性质的工作单位,一般设有专职值班室和值班人员,实行 24 小时值班。

这种专职性值班的工作内容就是负责值班,不涉及其他事物。在某些高级领导机关或特殊工作单位则设立总值班室,直属秘书长或办公厅主任领导,其地位与同机关内的办公室或秘书处相等,是独立的职能机构。

2. 轮流性值班

大多数中小机关、企事业单位不设立专职值班室,实行 24 小时值班,在 8 小时工作之外和节假日期间,由秘书人员和其他行政工作人员轮流值班。

3. 电话值班

近年来,许多领导机关为转变工作作风,密切与社会公众之间的联系,设置了各种热线电话,有秘书人员值班进行接听、记录、汇报和协助处理。

（二）值班工作任务

1. 通讯联络

值班期间，值班人员主要负责接收和传递各种邮件、公文，并按照文书工作处理程序和要求进行处理。要接听、记录、处理电话事宜，保证本单位与其他单位之间信息畅通。

2. 公务接待和咨询

遇到来访的业务人员或客人，值班的秘书人员应按照正常的接待要求和礼仪做好相关的接待工作，并妥善回答客人的咨询，尽量满足客人的要求。对于外地来访客人应提供联系食宿、预订车票等服务。

3. 处理紧急问题和突发事件

当遇到紧急公文或紧急情况，如发生自然灾害、事故或突发事件时，值班人员应做好传达信息、沟通协调、灵活处理等工作。

4. 承办领导临时交办的事项

如迎送突然到访的客人，下发临时性会议通知、更改既定计划、紧急联络有关人员、检查某项工作等。

（三）值班工作制度

1. 岗位责任制度

必须遵守制度，按时到岗。在值班期间必须坚守岗位，尽职尽责，做到"人不离机（电话机）"。如果遇特殊情况需要离岗，应提前向主管负责同志请假，以便安排临时接替人。值班人员如果迟到，上一班的工作人员应坚守岗位，不得擅离职守。

2. 值班记录制度

主要是指对《值班日志》的填写。《值班日志》是值班工作的原始记录，其内容包括：值班时间、人员，发生的事项，处理有关问题时领导的指示及处理结果，需要交代给下一班工作人员处理的待办事宜等。

3. 交接班制度

在值班中，上一班工作人员应把值班情况、办毕事项、待办事项，按照《值班日志》的记载，逐项交代给下一班人员，以避免工作脱节。

4. 请示报告制度

除常规工作可自行处理外，重要问题均应立即向领导请示汇报，并按照领导的指示办理，不能越俎代庖、擅自处理。

5. 安全保密制度

值班人员应与本单位保卫人员密切配合，共同做好安全保卫工作。收到机密文件及机密事宜，必须按照保密要求处理。《值班日志》《值班报告》应按规定妥善保管，无关人员不得随意翻阅。

第五节 随从与保密工作

一、随从工作

随从工作,主要是跟随领导到异地视察、调研、开会和参观等服务性工作。它包括外出之前的准备、外出期间的安排和外出后的总结等工作。简而言之,即做好领导者出差期间的服务工作。做好随从工作,可以保障领导外出期间工作的顺利进行,减轻领导异地生活的负担。

秘书在领导出差时,要负责为领导办理以下相关事务性工作:

(一)出差前做好各项准备工作

为领导做出差准备,一定要细心周到。秘书在为领导草拟出差日程时,一定要弄清楚出差的目的,然后围绕目的,制定出行计划。

秘书制定的出行计划须经领导同意后方能实施。秘书一定要注意与对方的工作人员沟通,把活动的时间、地点约好,安排好行程。日程表安排好以后,要多复印几份,给领导和留在家的负责人各送一份。安排日程的时候,在时间上一定要留有余地,既不要过于匆忙,也不要过于闲暇。

(二)预订车、船、机票

如果出国,要提前办好护照和签证,并提前预订好车票、船票、机票。

(三)安排住宿

领导出差,一定要事先预订旅馆,可根据领导者个人爱好和习惯来决定。

(四)准备好携带的物品

领导出差要随身携带哪些东西,秘书一定要替领导想好。要准备好必须携带的文件资料和物品,包括相关资料、合同、文具、手提电脑以及旅行支票(信用卡或现金)等。

(五)与上司一起出差时做好旅行服务

秘书人员陪同领导出差时,应全权负责事务性工作,如办理登机、入住手续、与当地有关部门进行联络、照顾行李、联系交通、安排食宿,以及照应好领导的生活、身体和人身安全等。

(六)做好出差后的总结工作

撰写异地视察、调研、开会、参观情况总结,以便向在家的领导汇报或通报、交流。

二、保密工作

保密是秘书的一项重要职责。由于秘书人员经常接触本单位各类机密,并掌管大量机密文件,所以秘书人员要以高度的责任心和使命感做好机要保密工作,维护本单位乃至国家的根本利益。

(一)秘密和保密工作的含义

秘密,就是指个人、单位或国家在一定时间和范围内,为保护自身利益和安全,需要加以隐蔽、保护、限制、不让外界知晓的事项的总称。

保密工作,是指个人、单位或国家出于某种需要,把不能让外界知道的秘密事项限定在一定时空范围,不使其外泄而采取的各种措施、所开展的各项工作。简单地说,为达到保守秘密的目的所进行的一系列工作就叫保密工作。

(二)秘密的范围

1. 国家秘密的范围

根据《中华人民共和国保守国家秘密法》的规定,关系国家安全和利益的秘密事项就是所谓国家秘密的范围。包括:

(1)国家事务重大决策中的秘密事项。
(2)国防建设和武装力量中的秘密事项。
(3)外交和外事活动中的秘密事项以及对外承担保密任务的事项。
(4)国民经济和社会发展中的秘密事项。
(5)科学技术中的秘密事项。
(6)维护国家安全活动和追捕刑事犯罪中的秘密事项。
(7)其他经国家保密部门确定为应当保守的国家秘密事项。

2. 秘书人员职业秘密的范围

主要包括:

(1)公文秘密,即具有机密内容的文件、信件、电报和资料。
(2)决策秘密,即领导者在实施指挥、管理的过程中不宜为外人所知的行动目标和行动方案。
(3)商业秘密,商务往来中的秘密事项。
(4)会议秘密,即内部会议的日期、议题、议程、文件、记录、录音材料等。
(5)信访秘密,即信访者的检举、控告材料,领导者的批示,信访案件的查处材料等。
(6)领导秘密,即领导的主要日常安排、重要活动、个人隐私等。

(三)秘密的等级

划分秘密等级,有利于对不同等级的秘密文件采取相应的保密措施,也有利于执行保密纪律。《中华人民共和国保守国家秘密法》将国家秘密划分为三类：

1. 绝密

这是最重要的国家秘密，泄露出去会使国家的安全和利益遭受特别严重的损害。国家秘密的最重要部分包括国家的政治、军事、经济方面的核心秘密，科学技术的重大发明创造，我国独有的传统工艺、技术诀窍等。

2. 机密

凡涉及国家政治、军事、经济、科学技术等方面的重要秘密，均属机密。

3. 秘密

这是国家的一般秘密，凡在一定程度上反映国家政治、经济、军事、科技等方面的秘密，均属秘密。

（四）保密的内容和任务

1. 文件保密

文件是国家、单位秘密的一种存在形式，是保密工作的主要内容之一。秘书人员对秘密文件的制发、阅读、传递、复印、保存、销毁都应遵循有关的保密规定。

2. 会议保密

会议保密就是对于涉密的内部会议和保密程度较高的会议，必须认真做好安全防范措施，对与会人员进行保密教育，规定保密纪律。要求与会人员不得对外泄露会议的日期、地点、议题、议程和会议内容。

3. 通讯保密

通讯保密就是对现代化的有线和无线电通讯及其设备进行保密。要求对通讯密码、密码机及密码电报绝对保密；坚持电报"密电密复"、"明电明复"，不用文件转发密电，不用明电传送秘密；传送秘密必须使用加密电话和传真；对引进的外国通讯设备必须经过严格检测，才可安装使用等。

4. 电脑保密

电脑保密就是对存有秘密信息的计算机进行加密，以防秘密被盗。

5. 涉外秘密

涉外秘密就是在出国访问、接待外宾时，注意保密，防止秘密外泄。

（五）保密纪律和责任

1. 保密纪律

(1)不该说的机密，绝对不说。

(2)不该问的机密，绝对不问。

(3)不该看的机密，绝对不看。

(4)不该记录的机密，绝对不记。

(5)不在非保密本上记录机密。
(6)不在私人通讯中涉及秘密。
(7)不在公共场所和家属、子女、亲友面前谈论机密。
(8)不在不利于保密的地方存放机密文件和资料。
(9)不在普通电话、明码电报、普通邮局传达机密事项。
(10)不携带机密材料游览、参观、探亲、访友和出入公共场所。

2. 保密责任

(1)纪律处分。违反保密规定,会受到警告、记过、降级、撤职,甚至开除公职的处分。

(2)法律责任。《中华人民共和国保密法》规定,凡违反该法规定,故意或者过失泄露国家秘密,情节严重的应依法追究刑事责任。其构成犯罪的类型:危害国家安全罪、侵犯知识产权罪、渎职罪、军人违反职责罪等。

本章思考题

1. 接待工作应遵循哪些原则和要求?
2. 做好信访工作具有哪些重要作用?
3. 如何做好信息的搜集、加工、存贮和利用工作?
4. 如何做好值班工作?
5. 秘书工作者应该遵守哪些保密纪律?

案例分析

宁波镇海 PX 项目引发群体上访 当地政府发布说明

人民网宁波10月24日电 今天凌晨,宁波镇海区人民政府办公室网络发言人发布《关于镇海炼化一体化项目有关情况的说明》,对备受关注的镇海炼化扩建工程及有关情况进行说明。该项目选址宁波石化经济技术开发区内,总投资估算约558.73亿元,占地面积约422公顷,年产1500万吨炼油、120万吨乙烯。按照环保部门的要求,执行最严格的排放标准,采用先进的清洁生产工艺和技术,对工艺产品方案和主体装置组成进行优化,其中环保总投入约36亿元。

关于由此项目引发附近村民群体上访事件,通稿披露,该区区委、区政府高度重视,与村民代表广泛沟通,并作出了相关书面答复。另外,该区将在生态带内保留改造20个村民集居点,在城市规划建设用地及备用地上建设16个集中居住区,以安置该项目涉及拆迁的村民。目前,已累计投入资金64亿元,先后启动13个集中居住区和10个村民集居点,总建筑面积达200.3万平方米,已建成154.7万平方米,安置农户9800多户。

镇海炼化年产1500万吨炼油、120万吨乙烯扩建工程(简称"炼化一体化项目"),主要由炼油工程、乙烯工程和公用辅助设施三部分组成。炼化一体化项目是由国家化工产业振兴计划所确立的国家生产力布局重点战略项目。项目建设对国家海洋经济发展战略的实施和区域经济的发展具有重要意义。炼化一体化项目按照环保部和省、市、区环保部门的要求,执行最严格的排放标准,采用先进的清洁生产工艺和技术,对工艺产品方案和主体装置组成进行优化,其中环保总投入约36亿元。目前该项目已完成部分前期工作,下一步还将进行环境影响评价、能源评审等相关报批程序,环评阶段项目的相关信息将在媒体公示公告,充分听取和吸纳群众对项目建设的意见、建议。

从10月初开始,陆续有部分村民就该项目落户后的相关环保及村庄搬迁问题到区政府信访。10月22日,湾塘等村近200名村民以居住点距离化工企业过近为由,集体到区政府上访,要求尽早将村庄拆迁纳入新农村改造计划。此前,区政府以不同方式约访村民,几次就国家环保部的有关规定作出说明。但是,部分村民情绪激动,甚至围堵城区的一个交通路口,一定程度上影响了本已紧张的路面交通秩序。经劝导,村民全部散去。

针对上述情况,镇海区委、区政府高度重视,迅速部署,主要做了以下三个方面工作:

一、在此过程中,区委、区政府积极与村民代表广泛沟通,倾听群众呼声,并作出了相关书面答复,积极创造条件解决群众提出的相关问题。同时,呼吁村民和网民理性表达诉求,既能实事求是反映民意,又要有利于维护社会和谐稳定大局。对于极少数别有用心造谣煽动、有违法行为、组织违法活动者,将依法惩处。

二、针对村民的愿望和诉求,区政府已多次与村民沟通,抓紧优化完善村庄布局规划,以宜居宜业为主线,调整"2016"工程的推进方向与建设时序,促进群众生活品质提升。"2016"工程,即在生态带内保留改造20个村民集居点,在城市规划建设用地及备用地上建设16个集中居住区,这是镇海区推进全域城市化的重大举措,也是优化区域村庄布局结构、建设幸福美丽新家园的重要抓手。目前,全区累计投入资金64亿元,先后启动13个集中居住区和10个村民集居点,总建筑面积达200.3万平方米,已建成154.7万平方米,安置农户9800多户。

三、加大环境整治力度,提升生态环境质量。区委、区政府把生态环境整治和创建生态文明示范区列为实施"六大战略"和建设"六个示范区"之首,下一步将继续在优化规划、严把项目引进关、推进环境整治、加强环保执法、推进森林城市建设等方面加大投入和工作力度。

根据上述案例,请回答:

1.试指出本案例的信访构成因素。

2.试分析当地党委和政府是如何做好这次信访工作的?

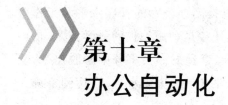

第十章 办公自动化

本章导语

办公自动化是随着科技、经济和社会的发展应运而生的一种综合性很强的技术。目前,办公自动化已广泛应用于各级各类办公活动中。熟练掌握办公自动化技术是秘书工作的必备技能之一。本章从办公自动化的定义、特点、作用、功能、发展历程、系统安全和发展趋势等方面对办公自动化进行概述,并着重介绍常用的办公自动化设备和相关技术。

本章关键词

办公自动化;办公设备;办公自动化技术

第一节 办公自动化概述

一、办公自动化的定义

办公自动化(Office Automation,简称 OA)是伴随管理水平的不断提高和科学技术的不断进步、适应形势发展需要而产生的一种综合性很强的新技术。到目前为止,国内外学者对办公自动化有多种定义和解释。20 世纪 70 年代美国麻省理工学院教授 M. C. Zisman 将办公自动化定义为:"办公自动化是将计算机技术、通信技术、系统科学和行为科学应用于传统的数据处理技术所难以处理的、数量庞大且结构不明确的,包括非数值型信息的办公事务处理的一项综合技术。"[1]我国专家学者在国务院电子工业振兴办公室主持召开的全国第一次办公自动化规划研讨会上将办公自动化定义为:"办公自动化是利用先进的科学技术,不断使人的一部分办公业务活动物化于人以外的各种设备中,并由这些设备与办公人员构成服务于某种目的的人机信息处理系统。"[2]

一般认为,办公自动化是指具有先进管理理念的人,在管理活动中运用科学的管理

---

[1] 李岚:《办公自动化技术与应用》,北京:人民邮电出版社,2010 年,第 3 页。
[2] 岳凯华:《秘书学概论》,长沙:湖南大学出版社,2005 年,第 402 页。

方法和使用现代化的办公系统,充分利用信息资源,以提高办公室的管理水平和工作效率,求取更好经济效益的技术。① 换句话说,它的基本任务是利用先进的科学技术,借助各种办公软件、硬件设备和计算机网络,把人们从复杂、繁琐的办公事务中解脱出来,从而提高处理办公业务的工作效率和工作质量,提高管理水平和决策水平,以达到资源共享的目的。

办公自动化与办公室自动化是有差别的,办公室自动化是指一个或几个办公室在某些事务处理上实现了自动化,如文字编排、资料检索等办公事务,是狭义的办公自动化。可以说,办公室自动化是办公自动化的基础。

二、办公自动化的主要特点

(1)办公自动化是一种综合性技术,它涉及计算机、通信、管理、秘书等多个领域。其诞生之初就是在办公业务量急剧增加的背景下,为了有效提高工作效率而迅速发展起来的一种综合多学科知识和多种技术的新技术。

(2)办公自动化是一个完整的人机交互信息处理系统,它主要面向办公室,着重解决人与办公设备的交互问题。因此,它涉及人、机、信息三个方面的内容,信息是被加工的对象;机是加工信息的工具和手段;人是加工过程的设计者和指挥者。

(3)办公自动化具有一体化的特点。"一体化"具有两个方面的含义:一是将文字、数据、语音和图像等多种信息统一到一个平台上进行信息分析和处理;二是能够将不同种类的办公设备(如打印机、复印机、传真机等)通过计算机和网络连成一体,相互通信,协调工作。在不同的办公环境中,建立起能够进行信息综合处理的一体化办公软、硬件环境。

(4)办公自动化具有智能性的特点。智能性是办公自动化的内在要求。办公自动化是由具有智能性的办公设备组成,目的就是辅助人们完成智能性劳动,将人们从简单重复的劳动中解放出来。随着人工智能和相关技术的发展,办公自动化越来越趋向于智能化,更多地帮助人们完成复杂的工作。

(5)办公自动化具有开放性的特点。办公自动化不是一个孤立、闭塞的办公系统,而是一个能通过计算机、网络、相关设备与外界进行广泛信息传递、交换的办公系统。办公室人员既可以利用网络及时接收信息,也可以利用网络及时发布信息,实现信息资源的双向互动,提高工作效率。

三、办公自动化的作用

(一)办公自动化有利于提高工作效率和提升工作质量

在办公自动化应用之前,各部门、各单位的通知、公告都是通过口头或书面的形式

---

① 陈合宜:《秘书学》,广州:暨南大学出版社,2010年,第274页。

传递的，不仅效率低下，而且容易出现某些脱节，造成不应有的延误。采用办公自动化系统后，文件的传递、公文的流转以及信息的反馈不再受人为因素的干扰，而且人们可以在任何地方、任何时候登陆系统查阅文件并作出及时反馈，而不再受地域和时间限制，极大地提高了工作效率和准确程度。

在办公自动化系统中，大部分办公业务都可以借助系统流程进行处理，这样就让人们更加注重对工作质量的思考，从而大大提升了工作水平。以往，由于秘书人员的水平和素质参差不齐，各种规章制度不够健全完善，经常出现上下不对口、左右不协调的现象，造成重复劳动。既浪费时间精力，又降低工作质量。现在，在办公自动化系统下，各种工作都需按照一定规程和模版进行，容易达到规范化和标准化要求，从而保证了工作质量。

（二）办公自动化有利于节约办公经费

办公自动化系统本身就是无纸化操作，秘书发送文件给领导、领导反馈意见、秘书修改文件等都是通过计算机完成的，只需在定稿的时候打印一次即可。无需像以往一样，从初稿到定稿，多次打印。再如，以前发布文件需要打印多份发送给相关部门，现在只需在办公系统中发布电子版即可。这样就大大减少了纸张的消耗和印刷的成本，节约了大量的办公经费。

（三）办公自动化有利于整合信息资源和促进政务信息公开

受客观条件的限制，传统方式的信息发布和交流速度不仅较为缓慢，而且信息之间缺乏及时互动，信息资源难以有效整合和综合利用，而办公自动化系统使所有信息都可以在系统中自由、广泛的传播，是一个有效进行信息发布和交流的场所，信息和信息之间可以及时有效互动，有利于信息之间的相互融合。另外，办公自动化系统客观上创造了一个相对公平的环境，任何进入系统的人都可以平等地浏览政务信息，不再受条件和环境的制约，有利于政务信息的公开。

（四）办公自动化有利于提高秘书的工作能力和业务素质

信息时代的秘书必须具备很强的获取知识的能力。办公自动化系统是一个开放的系统，提供了丰富的知识和信息，这为秘书及时获取知识提供了一条新途径。通过这条途径，秘书不断更新自身的知识结构，提高自身的创新能力和应变能力。

四、办公自动化的基本功能

（一）文字处理功能

文字处理功能是指能够运用计算机完成文字处理工作的功能，这是现代办公自动化系统最基本的功能之一。它包括文字的录入、修改、编辑、存储、打印、排版等，其核心是能正确、熟练地使用文字处理软件。目前，常用的文字处理软件有 Word 和 WPS。

（二）数据处理功能

从应用的角度看，数据处理功能是指在办公室环境下，利用数据库软件对大量的数据进行分类、查询、检索、计算、汇总等处理。它不仅包括数据的存储和管理，还包括对办公中所需数据的整合。目前，常用的数据库软件有 Access、SQL Server 和 Oracle。

（三）通信功能

通信功能不仅包括利用办公自动化系统与外界进行文件传真和电子邮件的收发，还包括系统内部各部门之间的即时通信，它是真正实现系统内部各部门之间协同工作的关键功能。

（四）文件处理功能

文件处理功能是指对文件进行的各种处理，如文件的输入、文件的存储、文件的传输和文件的管理等。

（五）日程管理功能

日程管理功能用于帮助办公人员合理安排各项工作日程和有关事项，如工作进程管理、会议管理、通知管理、业务报批管理等。

（六）信息检索功能

信息检索功能是指对系统内的文件进行各种条件下的检索和查询，找出满足需要的信息，以提高信息利用的效率。

五、国内外办公自动化的发展历程

（一）办公自动化的发展背景

办公活动是伴随人类生产活动的发展而发展的。随着社会生产力的发展和科技的进步，人类的办公活动也经历了三次变革：从农业时代的"老三件"（纸、笔和算盘），发展到 19 世纪末 20 世纪初的"老三机"（打字机、电话机和电传机），再到 20 世纪中期的"新三机"（复印机、传真机和微缩设备）。

20 世纪 60 年代以后，以信息技术、生物技术、新材料技术和新能源技术为标志的第三次科技浪潮，推动了生产和社会的快速发展。各类办公信息、科技信息、经济信息和社会信息已经达到难以处理和存储的"爆炸"状态，"老三件"、"老三机"、"新三机"已不能适应信息时代办公的需要;传统的主要依靠人工方式对各类信息进行处理、传送和输出的方法十分低效,远远不能满足信息时代对办公活动的要求;同时,计算机技术的出现和广泛应用,为缓解办公效率低下和信息爆炸之间的矛盾提供了一条出路。为此,各国都大力发展办公自动化技术,将计算机技术、通信技术、系统科学和管理科学等应用于办公自动化之中,大力提升了办公自动化水平。

(二)美、法等国办公自动化的发展历程

办公自动化起源于 20 世纪 50 年代的美国,最初只是具有电子数据处理的簿记功能,经过近 60 年的发展,办公自动化技术得到了飞速提升,许多著名的计算机软硬件公司都跻身这一巨大市场。尤其是 20 世纪 90 年代以来,办公自动化在世界主要发达国家都得到了蓬勃发展。如美国、法国和俄罗斯,一直走在办公自动化发展的前列。

美国作为最早提出和研究办公自动化系统的国家,其办公自动化的发展过程可以概括为单机—联网—综合应用三个阶段。

1. 1977 年以前为办公自动化发展的第一阶段

此阶段仅仅是使用单一设备完成单项数据处理,如使用文字处理机、复印机、传真机、专用交换机等设备帮助解决一般事务。严格地说,此阶段还谈不上是真正的办公自动化,只能说是采用成熟技术和电子设备对传统办公设备进行改造,提高工作效率。这个阶段是办公自动化发展的基础阶段。

2. 1977 年至 1982 年为办公自动化发展的第二阶段

此阶段开始出现一些具有综合处理能力的办公设备和以信息处理为主要对象的办公自动化系统。计算机开始在办公室中广泛使用,并能组建成网络,实现信息处理的网络化。如卡特政府于 1978 年下令筹建的白宫办公业务信息系统就是一个具有 1000 多个终端的局域网,旨在提高办公室日常事务处理效率和信息处理能力。这一时期,美国一些大型企业如 IBM、XEROX、AT&T 公司等,先后斥巨资从事办公自动化系统和设备的研发,加速了办公自动化技术和设备的发展。同时,随着数据库技术和网络技术的发展,出现了能将计算机、传真机、打印机和其他办公自动化设备连成网络,并进行信息采集、处理和保存的信息综合处理系统。这个阶段办公自动化系统日趋成熟,彻底改进了早期办公自动化系统存在的不足,使办公自动化系统向信息管理级和辅助决策级方向发展。

3. 1983 年至今为办公自动化发展的第三阶段,即办公自动化的成熟和发展阶段

此阶段的特点是办公自动化系统除具备一般事务处理和信息处理的能力之外,还增加了辅助决策的能力,更加趋向以网络为中心,以非结构数据的信息流(或工作流)为主要存储和处理对象的发展阶段,办公环境也趋于综合化和一体化。其核心是知识发现和知识管理,即组织信息和挖掘潜在信息的能力,为领导者提供辅助决策支持。

除美国外,其他国家也非常重视办公自动化的发展。法国建立的基于分布式的办

公自动化系统具有很高的技术水平,该系统在设计过程中强调办公自动化的一体化及用户界面的良好性,采用多功能工作站作为人机接口,并把电话、声音输入、日志、电子邮件和文件管理集于统一的人机界面上。前苏联至1980年为止建成的各级办公自动化系统多达5631个,形成了30万人的信息处理队伍。[①]

(三)我国办公自动化的发展历程

我国办公自动化发展的显著特点是起步晚、发展快。20世纪70年代之后办公自动化技术才传入我国,20世纪80年代开始受到真正重视,经过30多年的发展,已从最初的单机应用的辅助办公产品,发展到今天以信息技术和智能技术为依托的面向实际应用的现代办公系统,这个过程大致也经历了三个阶段:

1. 1985年之前,是我国办公自动化的准备阶段

这一阶段是在摸索中学习和掌握办公自动化技术,完成办公方式转变的阶段。在这一阶段,办公自动化技术的特点表现为孤立地处理信息。办公自动化所取得的成绩主要体现在解决了汉字的输入输出问题、汉化微型计算机软硬件系统和部分应用软件以及制定了相应的规划,并在办公过程中普遍使用了现代办公设备,如传真机、打字机和复印机等。

2. 1985年至1990年,是我国办公自动化的发展阶段

这一阶段进行了办公自动化系统的试点开发和技术骨干的培养。如国务院组织开发的"政务办公自动化系统"、汉字处理系统以及1986年成立的办公自动化专业专家组,统筹管理我国发展各类办公自动化设备和办公自动化系统。这一阶段办公自动化的主要标志是在办公过程中普遍使用计算机和打印机,能通过计算机和打印机进行文字处理、表格处理、文字排版和人、财、物的信息管理。

3. 1990年至今,是我国办公自动化的成熟和普及阶段

这一阶段,在不少行业,如银行、保险、邮政等,逐步建立了全国性的办公自动化系统网络。通过网络,实现文件共享、打印共享和知识共享;建立了集信息处理、业务流程和知识管理于一体的办公自动化应用系统。例如,通过银行业的办公自动化系统,人们可以享受通存通兑、转账、异地取款、持卡购物和网络预订等服务。

六、办公自动化系统的层次结构

根据办公自动化在办公管理中的作用,可将办公自动化系统从低到高分为三个层次,即事务型办公系统、管理型办公系统和辅助决策型办公系统,[②]其功能和对象各不相同。

---

① 林学华:《办公自动化》,合肥:合肥工业大学出版社,2005年,第3页。
② 胡小强:《办公自动化设备》,北京:北京邮电大学出版社,2006年,第3页。

（一）事务型办公系统

事务型办公系统通常是帮助办公室人员完成机构内各办公室的基本事务活动。每个办公部门都有大量的事务性工作，主要包括信息的收集、加工、存储和查询，如文字处理、文档处理、电子报表、数据汇总、报表合成、分类归档、信息检索、草拟文件、发送通知、打印文本等。这些工作往往工作量较大、劳动重复。为了有效减轻工作负担、提高工作效率，可以把上述繁琐的事务交由办公自动化系统来处理。这种仅完成事务处理功能的办公自动化系统便称为事务型办公系统，简称 EDP。

这类系统构成比较简单，一般只需若干台计算机和打印机、复印机等基本的办公设备即可完成。

（二）管理型办公系统

管理型办公系统是在事务型办公系统的基础上，添加支持业务管理活动的办公系统。它着眼于对信息流通的控制和管理，是一个既能对信息进行收集、传送、存储、处理、分析、判断和反馈的系统，又能在信息资源库中找出有用信息，并产生良好效益的系统，简称 MIS。

它通常由计算机系统、信息管理软件和网络通信设备组成。通过交换机、路由器等通信设备将计算机连接起来，利用信息管理软件进行通信和合作，收集、比较、筛选、分析并判断信息。

（三）辅助决策型办公系统

辅助决策型办公系统主要面向领导者或高层管理人员，是在上述系统的基础上，添加辅助决策系统的高级办公系统。它着眼于提高战略决策支持的有效性，增强协同办公能力，强化决策的一致性，帮助领导者或高层管理人员作出决策。该系统能够根据大量原始信息，建立分析数据、预测发展、判断利弊的计算机模型，提出各种可供领导参考的优选方案，是一种高层次的智能型办公系统，简称 DSS。

随着数据仓库和聚类分析技术的发展，辅助决策型办公系统将逐步走向实用阶段。

七、办公自动化的发展趋势

现代的办公自动化系统早已不是先前的事务型系统，而是能够对信息进行有效整理、分析、判断的智能型系统。随着知识时代的来临，人们对信息质量的要求越来越高，如何有效地管理和挖掘知识、对知识进行再加工是现代办公自动化系统关注的焦点。知识管理是以发现知识、传递知识和利用知识为目的的系统工程，它可以帮助人们解决知识的共享和再利用问题，可以在恰当的时间给人们传递正确的知识，帮助人们采取合适的行动，避免工作的重复和错误。因此，可以说，知识是未来办公自动化管理的核心，知识管理是未来办公自动化技术发展的趋势。①

八、办公自动化系统的安全

办公自动化是利用现代信息技术和手段实现的以实现无纸化、自动化和智能化为目的的办公现代化。因此,办公自动化系统也面临信息化、网络化技术所共有的问题——安全性问题。在办公自动化系统建设的初期,人们着重对系统业务功能的关注,对信息系统的安全性缺乏足够重视,所以,当办公自动化系统整体工作流程日趋成熟的时候,办公自动化系统安全性问题就凸显在人们面前。

影响办公自动化系统安全的因素很多,归纳起来主要包括系统本身的漏洞、病毒攻击和人为因素等。系统在设计过程中,由于忽略对安全问题的考虑,或是开发人员为了调试程序和远程维护的方便给软件留有"后门",就会造成系统本身的缺陷,而它们一旦为外人所知,造成的后果将不堪设想。病毒攻击也是网络时代常见的安全问题之一,网络上的病毒日新月异,病毒与反病毒始终是矛盾关系,如果不及时对系统进行病毒入侵检测,就容易给病毒以可乘之机,危害系统安全。人为因素是指人们在使用系统的过程中,有可能进行错误删除操作、输入错误的信息或是将自己的密码与他人共享等,这些操作都可能对系统安全造成严重的威胁。

因此,在享受办公自动化系统给我们带来便利的同时,也需要注意系统的安全保护。具体可以分为以下几个方面:

(1)保护办公自动化系统硬件实体的安全,采用物理防护手段,阻止非法入侵者接近系统。

(2)保护办公自动化系统软件的安全,包括软件的存储安全、使用安全和运行安全等方面。

(3)保护办公自动化系统中信息的安全,包括防止信息被复制、篡改和窃取。

(4)注意病毒的防范和反病毒软件的安装,及时更新病毒库。

(5)在使用办公自动化系统时,应注意备份数据,防止人为原因或其他原因造成损失。

第二节 办公自动化设备

办公自动化的实现需要办公自动化设备的支持,离开了这些设备,办公自动化就成了空中楼阁。办公自动化设备种类繁多,从大的方面可以划分为计算机设备、通信设备、办公设备和其他相关设备。具体来说,计算机设备分为服务器、工作站、计算机、文字处理机和联机外部设备;通信设备分为通信控制设备、通信传输设备、通信网络设备和用户终端设备;办公设备分为信息生成设备、信息存储设备、信息传输设备和复印印刷设

---

① 吴静:《试论办公自动化的发展趋势及策略》,《信息与电脑》,2012年第1期。

备;其他相关设备包括不间断电源、碎纸机、考勤机和装订机等相关辅助设备。每一小类又可以细分为若干类。①

作为办公室秘书人员,熟练使用各类常见的办公自动化设备是应当具备的工作能力之一,正确使用办公自动化设备有助于节省大量时间,提高工作效率。下面介绍几种办公活动中必不可少的基础设备:

一、计算机

计算机作为20世纪重要的科技发明之一,已经成为人们日常工作、学习不可或缺的重要的现代化电子设备。由于其具有运算速度快、计算精度高、运算能力强的特点,可以帮助秘书快速完成一些简单的工作,让秘书从大量重复性劳动中解放出来,是大幅度提高办公室工作效率的重要设备之一。同时,随着其性能的不断提升和功能的不断完善,计算机逐渐成为办公自动化设备中的基础设备,其他设备的接入和使用都以其为中心展开。

目前,日常工作中使用的计算机一般是小型或微型计算机,主要包括硬件和软件两个组成部分。硬件由CPU、主板、存储器、鼠标、键盘和显示器等相关设备组成;软件分为系统软件和应用软件两部分。系统软件负责管理计算机系统中各种独立的硬件,使它们可以协调工作,如常用的Windows操作系统;应用软件是为了某种特定的用途而被开发的软件,如常用的Office办公软件。

除此之外,要想发挥计算机强大的功用,还必须接入其他相关设备,如打印机、扫描仪、投影仪、数码相机、数码摄像机、刻录机等一系列硬件设备,这样才能组成一套完整的计算机系统,才能有效地发挥计算机在办公自动化中的作用。

在使用计算机过程中,应注意以下几个方面问题:

(1)计算机应放置在清洁、干燥和通风的地方,避免阳光直射到计算机,注意防静电、防灰尘和散热,不能让键盘、鼠标等设备进水。

(2)不要频繁开关机。暂时不用时,可以让计算机进入屏幕保护状态或休眠状态。

(3)不要在计算机正使用时搬动机箱,不要让计算机受到剧烈震动,也不要在开机状态下带电拔插非即插即用设备。

(4)严格遵循计算机的开关机顺序。一般来讲,开机时应先开启外设后开主机,关机时要先关闭主机再关闭外设。

(5)定期对重要数据进行备份和整理,防止因为硬盘的频繁使用、病毒或误操作造成数据的丢失。同时,也要对磁盘进行整理,及时清理垃圾文件,以免垃圾文件占用过多的磁盘空间和资源,给正常的使用和管理带来不便。

(6)预防计算机病毒,安装防病毒软件并定期升级,养成定时查毒、杀毒的习惯。

---

① 陈合宜:《秘书学》,广州:暨南大学出版社,2010年,第285页。

二、电话机

电话机是利用电流进行声音转换而使两地互通信息的通信设备,主要由发话器、受话器和线路三部分组成。作为通信工具,电话早已普遍应用于办公活动中。随着信息技术的发展,电话不仅具有通话功能,还具有呼叫等待、三方通话、逾忙回叫、自动答录、电话转接、呼出限制等功能。

在使用电话的过程中,应注意以下事项:

(1)不要随便玩弄电话、乱拨号盘。

(2)在使用电话时,不要用力拍压按键、按钮。

(3)话筒线不要打结、扭绞。

(4)不要随便移动电话机位置。

三、传真机

传真机是现代图像通信设备的重要组成部分。伴随通信技术和网络技术的发展,传真通信日趋系统化、网络化和智能化,传统的传真机逐渐被电子网络传真所代替。传真机的应用范围也越来越广泛。

传真机的工作原理比较简单,即发送方传真机扫描需发送的文件并将其转化为一系列黑白点信息,该信息再转化并调制为声频信号通过电话线进行传送;接收方传真机"听到"信号后,进行相反的操作,将相应的信息打印出来,这样,接收方即可获得与发送方原稿完全相同的文件副本。

使用传真机时应注意以下几个问题:

(1)除待传送的文稿外,不要在传真机上放置任何其他东西。

(2)不要在传真机发送、接收或复印时打开传真机的机盖。

(3)在打开机盖取出机内东西之前,一定要拔掉交流电源的插头。

四、打印机

打印机是计算机常用的输出设备之一,用途在于将计算机处理结果打印在相关介质上。目前,办公室中常用的打印机有针式打印机、喷墨打印机和激光打印机。

(一)针式打印机

用打印针和色带以机械冲击的方式在纸张上印字的打印机可称为针式打印机。它是由单片机、精密机械和电路构成的机电一体化设备。虽然有很多种,但其基本结构大同小异,可分为打印机械装置、控制与驱动电路两大部分。

针式打印机具有结构简单、技术成熟、性价比高和耗材费用低的特点。

(二)喷墨打印机

喷墨打印机具有体积小、操作简便、打印噪音小的特点。

(三)激光打印机

激光打印机始于20世纪80年代末的激光照排技术,它是将激光扫描技术和电子照相技术相结合的打印输出设备。

较其他打印设备,激光打印机有打印速度快、成像质量高等特点,但也存在使用成本相对较高的问题。

为了使打印机保持良好的工作状态,日常使用过程中,我们不仅要注意养成良好的使用习惯,还需定期检查和清洁打印机。主要包括以下几个方面:

(1)打印机应安放在合适的位置,保持打印机及周围环境的清洁,远离灰尘多、易接触液体的地方,同时,避免放在有阳光直射或有强磁场的位置。

(2)不要在打印机上堆放重物,这样会造成对打印机机械部分的损害,同时,禁止在进、出纸口上放置任何东西,以免阻碍纸张的正常进出。

(3)打印数量过多时,应分批打印,勿让打印机连续工作时间太长,以免造成打印机过热或严重磨损。

(4)打印机长时间不用时,应把电源插头从电源插座中拔出。

五、复印机

复印机是一种能够将文件资料快速准确、完整清晰进行复制的设备,它的出现极大地便利人们在办公、科研、生产和生活方面的活动,已成为办公机构提高工作效率的重要办公设备之一,其使用范围日益广泛。

复印机品种型号有很多,结构功能也各有差异。我们通常所说的复印机是指静电复印机,它是一种利用静电技术进行文件复制的设备,一般都具有复印、打印、扫描和网络接入功能。

(一)复印功能

复印功能是复印机的核心功能。现在的复印机不仅可以存储复印内容,还可以根据用户需求,进行缩放复印、海报复印、名片复印、组合复印等,帮助用户实现多种实用的文件复印。

(二)打印功能

打印功能虽然是复印机的延展功能,但其完全可以被当作打印机来使用,在打印速度、打印质量和纸张处理能力等方面与打印机完全一致,甚至在打印负荷和单页打印成本方面要优于普通打印机。

（三）扫描功能

扫描功能同样也是复印机的延展功能，相较于普通的扫描仪，复印机的扫描功能更加面向文档扫描，不片面追求扫描分辨率和色深，但扫描普通文档中的文字和图片没有问题。

（四）网络接入功能

目前使用的复印机一般都具有网络接入功能，能够与其他办公自动化设备、办公系统相连接，成为办公信息化系统的重要组成部分。

在使用复印机过程中，应按规范操作并注意以下几个问题：

(1)在使用复印机之前，要对复印机进行合理预热以保持复印机内干燥，这有助于延长复印机使用寿命。若复印机长时间没有复印任务，应当关掉复印机电源以节省能耗。复印零碎文件时，应该将文件积累起来，达到一定数量后一次性复印，避免因频繁启动预热而对复印机的光学元件带来损害。

(2)保持复印机玻璃台清洁无划痕，否则会影响复印质量。如有斑迹，应使用柔软物品擦除。

(3)在添加复印纸的时候要放置正确，要使用平整的高质量的复印纸，纸盘内的纸不能超过复印机所允许放置的厚度。如果使用的纸张不标准或者过厚，就容易出现一次进多纸、不进纸或卡纸的现象，严重的话会损坏进纸装置。

(4)每次使用复印机后，一定要及时洗手、洗脸，以清除残余粉尘。

六、扫描仪

扫描仪作为重要的输入设备，可以将各种文字、图形、图片快速地输入到计算机中，逐步成为常用的办公自动化设备之一。它是利用光电技术和数字图像处理技术，以扫描方式将图形或图像信息转换为数字信号的设备。常用的扫描仪种类包括平板式扫描仪、馈纸式扫描仪、滚筒式扫描仪、笔式扫描仪、便携式扫描仪、胶片扫描仪和底片扫描仪等。目前，扫描设备所附带的扫描软件能将扫描后的图像进行光学字符识别（Optical Character Recognition，简称OCR），转化成所需要的文本，是一种快捷、省力的文字输入方式。

在使用扫描仪的过程中应注意以下问题：

（一）注意保护好光学部件

扫描仪在扫描图像的过程中，首先通过一个叫作光电转换器的部件把模拟信号转换成数字信号，然后再送入计算机中。这个光电转换装置非常精致，极易受损，其中的光学镜头和反射镜头的位置对扫描质量有很大影响，因此，在扫描仪工作过程中，不要随便改动这些光学装置的位置,同时尽量避免让扫描仪震动或倾斜。

(二)注意保持扫描仪清洁

扫描仪是一种比较精致的设备,扫描仪中的玻璃平板以及反光镜片、镜头如果落上灰尘或者其他杂质,扫描仪的反射光线就会变弱,从而影响图片的扫描质量。因此,一定要在无尘或者灰尘尽量少的环境下使用扫描仪,当扫描仪使用完毕后,要用防尘罩把扫描仪遮盖起来,以防止更多灰尘的侵袭。若长时间不使用,还要定期对其进行清洁。

(三)使用扫描仪时,不要将扫描仪的分辨率设置过高

一般地,扫描普通文稿选择300DPI即可。过高的分辨率可能降低识别率,这是因为过高的分辨率能更清晰地识别细节,也更容易识别出印刷文稿的瑕疵、缺陷,导致识别率的下降。

七、光盘刻录机

光盘刻录机是重要的数据备份设备,是将数据从硬盘、U盘或其他存储设备中转移到光盘上的装置。目前,光盘刻录机主要分为CD-R和CD-RW两种。CD-R光盘刻录机只能刻录CD-R光盘;CD-RW光盘刻录机既可以刻录CD-R光盘也可以刻录CD-RW光盘。其基本原理是利用半导体激光器产生的激光束照射在刻录光盘的有机染料层上,将有机染料层融化形成永久性的凹凸不平的形态或使有机染料层产生结晶与非结晶的可恢复的相位变化,从而记录二进制的数字信息。

在使用和保养光盘刻录机时应注意以下问题:

(1)做好刻录机的防尘工作。在刻录机工作过程中,灰尘很容易被吸附到高速旋转的盘片上,并在刻录时产生烧结现象,使光盘上留下划痕。因此,尽量不要将弹出的光驱托盘滞留在外时间过长,以免灰尘大量进入。

(2)刻录机在刻录时,会产生很高的热量,一定要在刻录机周围留有充足空间,便于散热。同时,应避免刻录机长时间工作,以延缓刻录机激光头的老化。

(3)刻录机在工作时应平稳放置,避免移动或晃动。

(4)刻录机应做到刻录专用,若有其他需要,如读盘、安装软件或播放碟片等,应使用其他光驱来实现。

八、数码相机

数码相机是现代办公条件下使用最广泛的设备,是一种重要的图像采集设备。它避免了传统相机在图像采集过程中的繁琐程序。

数码相机和传统相机不同,在日常使用和保养时应注意以下问题:

(1)不要将数码相机直接对向阳光,以免损害相机的图像传感器件。

(2)避免数码相机和油、气、水、灰等物质接触,防止损害相机相关器件。

(3)不要使用刺激性清洁剂和有机溶剂擦拭镜头,防止损坏镜头表面的镀膜,如需清洁镜头表面,可以使用吹气球或软毛刷去除灰尘。

(4)数码相机对温度有严格的要求,不要在过寒或过热的环境下进行拍摄。

(5)数码相机是属于光电一体化的精密设备,在平时使用和保养时,应注意远离强磁场和电场,否则容易导致某些部件功能的不正常。

第三节　常用的办公自动化技术

办公自动化设备为办公自动化的实现提供了硬件支持,但仅拥有这些设备是远远不够的。因为办公自动化的本质是由办公自动化设备和掌握先进技术的人构成的以提高办公效率和质量为目的的人机信息处理系统。办公自动化不仅需要办公自动化硬件设备,更需要相关技术的支持,才能达到人机交互的目的。从广义上讲,办公自动化所需要的不仅包括计算机技术、通信技术和信息技术,还应包括系统科学、行为科学中的知识。

作为办公室秘书人员,掌握常用的办公自动化技术,熟练运用与秘书工作相关的软件也是应当具备的工作能力之一。下面从秘书工作的实际出发,以办公室日常事务处理为依据,介绍几种常用的办公自动化技术:

一、文字处理技术

文字处理是办公自动化所应具备的基本功能之一,也是秘书最基本的工作。主要包括文字的录入、修改、编辑等。经过几十年的发展,文字处理方式有了很大的变化,从20世纪80年代初期DOS界面下一个简单的文本编辑器到20世纪90年代中后期"所见即所得"的文字编排方式,再到如今能够支持表格、图文混排的文字处理方式,文字处理技术日趋成熟,取得了突飞猛进的发展。毫不夸张地说,现在所有的文字处理工作都可以交由计算机来完成。

(一)文字处理软件

文字处理软件有很多种,如国外MicroPro公司最早研制的WordStar、Lotus公司的WordPro、Corel公司的WordPerfect、Microsoft公司的Word和国内香港金山公司推出的WPS、无锡永中公司的Word。以使用范围最广的Microsoft公司的Word为例,介绍文字处理软件应具有的主要功能:

1. 文档管理功能

这是文字处理软件的基本功能。它不仅能够以"所见即所得"的方式对文字和段落进行录入、修改、排版、保存、撤销和恢复等简单操作,还能对整篇文档进行添加页眉、页脚和页号的操作,尤其是对长文档而言,它能依据用户需要将文档分为若干小节,分别进行设置和排版。同时,它还添加很多文档管理的实用功能,如视图功能、目录功能、字数统计功能、拼音和语法检测功能、文档模板功能、信息检索功能等。

2. 文档编辑功能

文档编辑功能是一个能让用户按照自己的需求方便地对文档进行编辑的强大功能。它不仅包括对文字和段落内容的修改,还包括对文字和段落格式的设置。例如,用户可以按照需求对文字的字体、字形、字号和颜色进行设置,可以对字符与字符之间的间距进行修改,任意缩放比例,甚至还可以设置一些特殊的文字显示效果,如加粗、加斜、加下划线、空心、阴影等;对于段落而言,可以设置段落的对齐方式、缩进级别、段落行距、段前和段后间距、中文板式等。

3. 多媒体混排功能

多媒体混排功能可以让用户在文字处理软件中添加和编辑图形、图像、声音、动画、视频和其他一些多媒体信息,让文档显得不再单调,满足当今社会对信息的展示要求。例如,用户可以在文档的任意位置插入图像、声音和视频,并按照要求以合适的方式编排在文字周围。

4. 制表功能

制表功能是文字处理软件的另一大特色。过去在计算机中绘制表格是一件非常麻烦的事情,尤其是在文档中添加表格。现在用户可以非常方便地以交互式的方式动态地添加表格,设置表格的行、列数,并编辑表格内容和表格格式。

（二）汉字输入法

众所周知,世界上第一台计算机诞生于美国,计算机键盘上的 26 个字母键对应着 26 个英文字母,所以,对于英文而言,不存在输入法的问题。但是,中国的汉字字数有几万个之多,如何将这些汉字和 26 个字母键对应起来,方便地实现汉字的输入和输出一直是困扰和制约我国计算机普及和利用的大问题。直到 20 世纪 90 年代左右,这个问题才得到较好解决,相继出现了五笔输入法、拼音输入法、郑码输入法、王码输入法等。汉字输入问题的解决,大大提高了汉字输入的效率和计算机使用的普及率,降低了利用计算机的门槛,对提高办公室文字处理效率有着重要意义。

目前,常用的汉字输入法有拼音输入法和五笔字型输入法两种。拼音输入法以汉语拼音为汉字输入的编码方式,因简单易学、方便易用的特点深受大多数人喜爱,但其效率较低,不适合专业秘书人员使用;五笔输入法采用拆分汉字的方式进行编码,将汉字拆分为字根,字根对应键盘上的字母从而实现汉字输入。它具有录入准确率高、速度快的优点,广泛应用于专业文字编辑领域。

二、数据处理技术

数据处理是指利用计算机及数据库技术对数据进行收集、加工、存储、传播等一系列活动的组合,现在泛指非科技工程领域对任何形式的数据资料进行的计算、管理和操作。办公室的中心任务就是处理信息,而最大量的信息就是数据信息。因此,数据处理质量的高低直接关系办公室工作质量的优劣。

目前,常用的数据处理软件有微软公司的 Excel 软件、Access 数据库、SQL Server 数据库和甲骨文公司的 Oracle 数据库。它们的功能、作用和地位各不相同,在不同场合有着各自的应用。

（一）Microsoft Excel 软件

Microsoft Excel 与 Microsoft Word 一样,是微软公司 Office 办公软件的组件之一,是微软公司为 Windows 和 Macintosh 操作系统而编写、运行的一种试算表软件。它具有强大的数据处理、统计分析和辅助决策的功能,已广泛应用于管理、统计、金融等众多行业。它的最大特点是以工作表的方式管理和处理数据,允许用户自行创建公式或函数并设置条件分析数据,也允许用户编辑宏操作完成数据统计,并以直观的图形方式显示结果。Excel 虽然不是数据库软件,但它与大多数数据库软件有良好的兼容性,能够非常容易进行数据的导入和导出,满足各种需要。

（二）Access 数据库

Access 数据库也是微软公司 Office 办公软件的组件之一,它是桌面级数据库,主要面向数据不复杂、应用规模较小的场合。它以其操作简单、直观性强、易使用的特性,在办公室和小型企业等有着非常广泛的应用。Access 的用途主要体现在两个方面：一是用来进行数据分析。利用 Access 的查询功能,可以方便地进行各类数据的平均、汇总统计。比如,在统计、分析万条或十几万条数据的时候,Access 的速度非常快且操作方便,能够大大提高工作效率和工作能力,这一点是 Excel 无法比拟的。二是用来进行软件开发。使用 Access 开发软件最大的优点就是易学易用,非计算机专业的人员也容易掌握,能够低成本地满足办公室管理的需要,通过软件来规范业务流程,落实管理制度。

（三）SQL Server 数据库

SQL Server 数据库是基于服务器端的关系型数据库,在功能和管理上比 Access 数据库强大很多。在处理海量数据时,不仅效率高,而且处理灵活,可扩展性很强,广泛应用于大型企事业单位的数据处理。由于采用结构化标准查询语言和图形化用户界面,SQL Server 数据库对数据的操作和管理更加容易、直观,方便与不同数据库进行数据的交换。

（四）Oracle 数据库

Oracle 数据库是目前功能最强大、使用最广泛的高性能数据库。它能在所有主流平台上运行,完全支持所有的工业标准,一般用于对数据完整性、安全性要求较高的场合,在兼容性、可移植性、可联结性和开放性等方面有着优良特性。但它对硬件的要求很高，资金投入较大。

三、多媒体处理技术

当今社会早已不是单一的文本阅读时代，而是包括声音、图像、图形、视频等媒体在内的多种媒体共同作用的信息时代。多媒体处理技术是集声、文、图和像等多种信息于一体的综合处理应用技术。因此，掌握简单的多媒体处理技术也是秘书必备的工作能力之一。多媒体处理技术主要包括图像处理技术、音频处理技术和视频处理技术等几个方面。

（一）图像处理技术

图像处理技术是自20世纪90年代以后逐步发展起来的技术，主要包括图像数字化、图像增强和复原、图像编码、图像重建、计算机图形学等几个重要方面。

（1）图像数字化是指通过采样和量化方式，将模拟图像变成便于计算机处理的数字图像，为图像的后续处理做好准备，是图像处理的基础和关键。

（2）图像增强和复原是指增强图像中的有用信息，去除和削弱图像中的无用信息和噪声，使图像变得清晰或转化为更加合适的处理形式。

（3）图像编码是指在满足一定图像质量的条件下，对图像进行量化处理，用数字编码的形式压缩图像大小，以达到简化图像的目的，便于图像的存储和传输。

（4）图像重建是指采用空间内插的方法对离散的数字影像阵列重建原始连续图像的过程，它是一种无损检测技术，广泛应用于对物体内部结构图像的检测和观察。

（5）计算机图形学是一种使用数学算法将二维或三维图形转化为计算机栅格形式的科学。换句话说，计算机图形学主要研究如何在计算机中表示图形以及利用计算机进行图形的计算、处理和显示。

目前，常用的图像处理软件有Photoshop和Illustrator两种图像处理软件，其功能不尽相同。简单地说，Photoshop和Illustrator两种图像处理软件都能完成图像修复、编辑、合成等操作，但是Photoshop软件偏重于对位图图像的处理，而Illustrator软件偏重于对矢量图的处理。

（二）音、视频处理技术

音、视频处理技术主要包括音、视频的采集、转化和编辑。一般来说，音、视频采集、转化和编辑主要通过专业设备和软件来进行。高质量的音、视频采集需要高质量的硬件设备和专业人员，采集的结果具体采用哪种格式要依据实际需求而定，如采用无损压缩格式的APE、AVI和有损压缩格式的MP3、WMV。

常用的音、视频处理软件有Premiere、After Effects等。

四、计算机网络技术

现代社会是一个信息和通信都十分发达的社会,计算机网络既是信息传播的重要途径,又是信息获取的重要源泉。对于现代人类而言,没有计算机网络的世界是一个很难想象的世界。因此,掌握必要的计算机网络知识,熟练使用计算机网络技术,不仅是现代秘书工作的重要方面,也是现代人类生存的必要手段。从实用角度来说,计算机网络技术主要包括局域网的组建、因特网的使用和电子邮件的收发等。

（一）局域网的组建

局域网,顾名思义,是指在某一区域内由多台计算机连接成的局域性网络,它广泛应用于企、事业单位办公室内部,以满足在较小地理范围内实现资源共享和信息交流、提高资源利用率和信息安全性的需要。局域网的种类很多,常见的有对等网、客户机/服务器网络和无盘工作站网络三种,涉及的网络连接设备主要有网卡、网线、集线器、交换机、网桥和路由器等。用户可以按照不同需要,组建合适的局域网络。

1. 对等网

对等网是非结构化的网络,对等网中的每一台设备既是客户机又是服务器,它们之间没有层次之分,是对等关系。对等网主要适用于小型办公室环境,它没有服务器,尽管许多管理功能不能实现,但可以满足办公室人员之间信息传递和交换的需要。

2. 客户机/服务器网络

客户机/服务器网络将网络中的计算机划分为服务器和客户机,引入层次管理结构,可以提供强大的信息服务功能,如 FTP 功能、E-Mail 功能和 WWW 功能等。主要应用于大中型事业单位。

3. 无盘工作站网络

无盘工作站网络是一种没有硬盘,完全依赖服务器进行工作的网络。它能实现客户机/服务器网络的所有功能,因为工作站没有硬盘驱动器,每台工作站都需要服务器启动,所以对服务器、工作站和网络组建有着较高要求。一般用于对安全系数要求较高的单位。

（二）因特网的使用

因特网是现代通信技术与计算机技术结合的产物,它的基本功能可概括为网络通信与交流、信息发布和获取、文件传输和远程登录四个方面。目前,因特网的使用主要包括浏览和搜索信息、即时通信、文件传输和远程登录等方面。

1. 浏览和搜索信息

因特网上有着丰富的信息资源,借助浏览器和搜索引擎可以方便地获取各种信息。目前,常用的浏览器和有影响力的搜索引擎有十几种之多,功能有强有弱,它们大多为免费或共享软件,可以在因特网上免费获得。常用的浏览器有 IE 浏览器、Netscape 浏览器、Firefox 浏览器等；有影响力的搜索引擎有百度、谷歌、雅虎搜索引擎以及各大门户网站各具特色的搜索引擎等。

2. 即时通信

以腾讯 QQ、微软 MSN 等为代表的一批交互式通讯工具的出现，让即时通信逐步成为因特网通信服务的重要内容之一。其主要功能包括信息的即时传递、文件的传输和资料的共享等。

3. 文件传输

文件传输即 FTP，是指网络中的计算机共享资源、利用资源的一种方式。因特网建立之初，就把开放性当作它的出发点和标志。接入网络的计算机将大量信息以公开的文件形式存放到服务器中，允许用户免费使用。这些公用的免费资源种类繁多，从普通的文本文件到多媒体文件，从大型的 Internet 软件包到小型的应用软件，应有尽有。充分利用这些资源，我们能大大扩展信息来源和提高工作效率。

FTP 这种异地、异种网络计算机间的实时联机服务，几乎可以传送任何类型的文件，如文本文件、二进制文件、图形文件、图像文件、声音文件、数据压缩文件等。

4. 远程登录

远程登录是通过计算机网络与网络上另一远程计算机取得"联系"，并能像使用本地计算机一样进行操作。利用远程登录技术，可以方便地享用远程计算机的硬件资源、软件资源和其他相关设备；方便地进行异地远程办公，使办公场所不再受地点约束，从而大大提高工作效率。

（三）电子邮件的收发

电子邮件的收发为网络用户之间发送和接收信息提供了一种快捷、廉价的现代化通信手段，在信息交流和传递中发挥着重要作用。电子邮件的收发离不开邮件服务器的支持，它的作用与日常生活中的邮局相似，一方面负责接收用户发送来的邮件，并根据收件人地址发送到对方的邮件服务器中；另一方面负责接收由其他邮件服务器发送来的邮件，并根据收件人地址分发到相应的电子邮箱中。有了邮件服务器的支持，要进行电子邮件的收发，还必须拥有电子邮箱。电子邮箱是由提供电子邮件服务的机构为用户建立的。目前，用户可以在网易、雅虎、新浪、搜狐等大型门户网站免费申请注册，注册成功后，用户会得到一个邮箱地址，利用这个邮箱地址，用户就可以在网络上与其他用户进行通信。

▋本章思考题

1. 简述办公自动化及其特点。
2. 简述国内外办公自动化的发展历程。
3. 浅谈如何保护办公自动化系统的安全。

4. 简述办公自动化包含的主要设备及这些设备在使用过程中应注意的问题。

5. 浅谈在办公活动中应掌握哪些常用的办公自动化技术。

案例分析

不经意的泄密——互联网陷阱

张城是某市某局的副局长,专门负责该市安全保卫等工作,其内容大多涉密且密级较高。张城很清楚自己的责任。因此,在执笔起草《某市××年××工作安排意见》时十分谨慎。为更好地完成任务,使文件内容全面翔实,张城多次上网搜寻资料,并在计算机上修改文稿。在网上查找资料时,不少网站提示只有注册成会员并发表文章才有资格查看全文。不得已,张城只好挑了几篇不带密级的文章粘贴上去。由于对计算机操作不熟练,张城反复发送了好几次才成功。完成文稿修改后,张城再也没有浏览该网站资料,没想到,张城在操作过程中,误发送了《某市××年××工作安排意见》的初稿。几个月后,直到保密局及相关部门找到张城,他才知道可能是因为自己对电脑操作不当犯下了大错。在悔恨交加作出深刻检讨的同时,张城也受到了相应处分。

问题:请问张城为什么会无意泄密?案例中的"互联网陷阱"是指什么?应该从案例中吸取什么样教训?①

---

① 杨锋:《秘书工作案例与分析》,广州:暨南大学出版社,2010年,第140页。

第十一章 调查研究

■ **本章导语**

调查研究是秘书辅助领导实施管理决策,发挥参谋助手作用,获取第一手信息材料最直接可靠的基本工作方法。调查研究是秘书部门重要的业务活动,也是秘书的重要职责之一。本章通过对秘书调查研究的意义和作用、特点和内容、程序和方法的论述,重点介绍了秘书在调查研究准备阶段、实施阶段、研究阶段和结论报告阶段应当注意的问题以及调查研究的方法。

■ **本章关键词**

秘书;调查;研究

第一节 调查研究的意义和作用

所谓调查研究,就是有目的、有计划地通过一定途径,采用科学方法,对客观事物进行观察了解,收集各种信息材料并对其进行科学研究分析,从而获取对客观事物规律性认识的一种社会活动过程。

调查研究包括调查和研究两个方面。所谓调查,是指通过各种途径,采取多种方法,有针对性地了解事物的客观真实情况;所谓研究,是指对调查材料进行科学分析,去伪存真,获取对客观事物本质和规律的认识。调查是为了掌握事实,没有调查就谈不上研究;研究是为了从事实中发现事物的本质和规律并找出解决问题的办法。调查是研究的前提和基础,研究是调查的发展和深化。

一、调查研究的意义

调查研究是做好秘书工作的基础,当好参谋助手的各项工作均离不开调查研究。调查研究是发挥秘书参谋助手的基本途径。要辅助领导决策就必须及时向领导提供准确、全面的情况和建设性意见,为领导在某方面决策和管理工作提供准确的信息和第一手材料,保证领导能够正确决策和指导工作。因此,调查研究必须紧紧围绕领导决策来开展。调查研究是秘书向群众学习,向社会学习,向领导学习,认识世界,改造世界,提升能力的好方法。调查研究是秘书人员的基本功,秘书人员无论发挥参谋助手作用,还是处理日常事务性工作,都离不开调查研究。

(一)调查研究是秘书人员解决实际工作问题的有效途径

调查研究是秘书人员的基本工作方法之一。秘书人员在具体工作中常常会遇到一些难以判断、不能立即解决的问题,这就需要通过调查研究来解决。只有把调查研究活动贯穿整个工作过程,准确、及时、充分掌握第一手信息资料,把真正有价值的经验总结出来,才能在工作中作出正确判断,制定出周密翔实的计划,增强工作的预见性和针对性,不断提高工作效率,为领导决策提供可靠的依据。毛泽东同志曾说过:"我的经验历来如此,凡是忧愁没有办法的时候,就去调查研究,一经调查研究,办法就出来了,问题就解决了。"秘书人员在随从领导视察、考察或检查工作时,亲身参与调查研究等,面对面地了解情况和商讨问题,把所见所闻、所听所感及时记录收集,把大量零散的材料经过去粗取精、去伪存真,加以系统化、条理化,及时向领导提供信息服务,使领导作出准确判断。

(二)调查研究是秘书人员发挥参谋助手作用的基础

秘书人员的调查研究活动主要围绕领导的工作思路展开。领导在决策和思考解决问题的办法时,需要秘书提供准确、全面、客观的信息,作为制定对策的依据。秘书人员应针对领导的思路积极组织开展调查研究,从不同视角出发,采用多种科学方法考察了解客观情况,主动为领导提出有参考价值的建议和预案,并为领导的决策意向及管理行为提出补充、修正、完善的意见。秘书在发挥参谋职能作用的过程中,既要从整体上进行参谋辅助,也要从局部环节、具体事务上拾遗补缺;既要注重发挥对解决重大问题的参谋作用,又要注意在处理日常事务中主动建言献策。秘书在调查研究和提供信息的过程中,要从各方面反馈信息中敏锐地发觉偏差、遗漏或失误,及时查找材料并加以研究分析,进行调整补充优化,拟订供领导选择的可行性方案。秘书在领导确定决策方案后,还应继续使之臻于完备。秘书人员发挥参谋作用分为两种:一是领导指定任务,划定调查研究的范围,给予较充裕时间让秘书思考准备、谋划参谋等,这是秘书被动的参谋活动;二是秘书在工作中发现急需解决的问题或领导工作中的疏忽、漏洞,可能造成重大损失而积极提出的建议意见、应急办法、补救措施等,这是秘书主动的参谋活动。不论是哪种参谋活动,秘书的调查研究都要与领导者的决策思考保持密切联系,为辅助、促进、优化领导的决策思考服务;都要从领导决策需要出发,协助领导运筹策划、献计献策,为领导提供客观真实的信息,为决策提供可靠依据。

(三)调查研究可以提升秘书人员综合素质和能力

调查研究是一项复杂的工作,需要秘书人员具备较强的综合能力。秘书人员作调查研究,可以全面了解和掌握基层情况、市场动向,可以为领导提出切实可行的建议,帮助领导准确判断、科学决策,调查研究是提升秘书人员能力的有效方法。进行调查研究需要秘书人员有较强的观察能力、听知能力、判断能力、语言表达能力、分析综合能力、人际交往能力、应急能力及解决实际问题能力等,调查研究最终以调研报告或总结等形式出现,还需要秘书人员有较强的文字功底和写作能力。在社会发展的新形势下,新情况、新问题层出不穷,秘书每天都要面临许多新问题,这对其综合素质能力的要求也越来越高,开展调查研究是秘书向群众学习、向社会学习、向领导学习,认识世界并改造世界,提升能力的必经之路。因此,秘书人员要勤于学习,掌握调查研究的各种方法,不断提高自身能力。

二、调查研究的作用

调查研究是秘书人员的重要职责,调查研究的作用一般包括以下几个方面:

(一)调查研究是秘书获取信息和了解情况的重要手段

秘书人员的各项工作,无论是收集传递信息、起草各种文稿、综合反映情况、辅助领导决策、督促检查事项,或是安排一次会议、处理一封群众来信等,都离不开调查研究。不进行调查研究,信息就失去来源,信息真实性难以得到保证,秘书工作将寸步难行。可以说,调查研究贯穿于秘书工作的全过程,它是秘书的基础性工作,也是对领导科学决策最具价值的工作。秘书只有深入实际,到第一线去调查研究,了解和掌握真实情况,并对情况进行实事求是的分析和论证,真正做到有依据——对实际的情况了如指掌、有分析——对采取的措施全面论证、有建议——采取相应的对策和办法,才能开拓思路,创新思维,提高工作效率,避免走弯路和减少工作失误,最终为领导宏观决策提供准确可靠的信息。

(二)调查研究是秘书辅助领导科学决策的重要环节

领导决策是否正确,关键在于能否实事求是,坚持从实际出发,使主观认识和客观实际相一致。秘书人员要辅助领导作出符合实际的决策,首先必须了解情况,除采用听汇报、看材料等间接形式外,还要采用实地调查这一直接形式。秘书人员通过深入基层调查研究,掌握第一手材料,经科学分析,了解客观事物的本质和事物相互间的各种联系,才能辅助领导正确决策。领导作出决策后,秘书人员还要注意,在政策执行过程中,常会出现决策与客观情况不协调、不适应的状况,这同样需要秘书人员通过调查研究继续获取新信息,并及时将信息反馈给领导,作为领导修订、完善决策的重要依据。此外,秘书人员还负有辅助领导预测的责任。预测是建立在调查研究基础之上的,没有深入的调查研究就谈不上科学的预测,离开科学预测的决策,是盲目和滞后的。领导进行决策,处处离不开秘书人员的调查研究,秘书调研是秘书辅助领导决策、当好参谋助手的关键环节和首要前提。

(三)调查研究是秘书发挥桥梁和纽带作用的有效方式

调查研究的过程就是下情上达、上情下达的过程,群众是领导开展工作的基础,秘书要从"密切党群关系"的角度出发,促进领导与群众更加紧密地结合,充分发挥其桥梁和纽带作用,更有效地辅助领导工作。秘书人员通过调查研究,有利于促进领导与群众间的信息交流和沟通,优化领导与群众之间的关系。秘书要坚持"从群众中来,到群众中去"的原则,正确理解和把握领导活动的基本规律、基本思路,协助领导提高工作的科学性、客观性和有效性,使领导决策更符合群众的根本利益和基本要求,有效克服认识深度和广度上的局限性和片面性,增强创新能力,不断提高参谋水平,取得良好的实践效果。秘书人员只有不断加强调查研究工作,从群众实际出发,才能使工作作风得到切实改进,更好地发挥领导与群众之间的桥梁、纽带作用。

(四)调查研究是提高秘书工作能力的必要途径

秘书人员的个人成长,工作能力的提高,需要通过两条途径:一是努力学习理论和专业知识;二是积极参加社会实践活动。调查研究就是重要的社会实践活动,秘书人员通过调查研究,可加深对党和国家各项方针政策的理解,对实践过程中遇到的种种社会现象,加以分析,逐步提高辨别是非能力、交际能力和自我完善能力等。对于那些刚刚担任秘书工作的人员来说,进行调查研究是提高工作能力、提升综合素质、做好秘书工作的必经之路。秘书在调查研究实践中可以发现许多新情况、新趋势和新问题,对它们进行总结思考形成自己的意见,一定程度上可促进秘书提高素质,增长才干。通过在基层的实践和锻炼,了解民情民意,增强为人民服务的使命感和责任感,强化实事求是的工作作风,学习广大群众的经验、智慧,提高自身素质,可有效促进秘书进行创新思维,激发秘书的创新活力,在辅助领导决策中取得创造性成果。秘书通过调查研究,可以向群众学习、向社会学习、向领导学习,提高思想认识水平,改进工作作风,使自己的观察能力、思维能力、应变能力、交往能力、判断能力、分析能力、语言表达能力、写作能力等得到不断提高。

第二节 调查研究的特点和内容

调查研究是秘书最常用的工作方法,也是秘书的重要职能之一。秘书调查研究有其自身特点,这与其他部门、行业的调查研究是有区别的。

一、调查研究的特点

(一)目的明确和针对性强

秘书人员进行调查研究一般要从领导工作需求出发,按需开展。调查研究应有明确的目的,秘书不能盲目行动。作为调查研究的直接实践者,秘书人员必须准确、深刻地领会领导意图,根据领导确定的目的开展调查研究,明确目标,做好充分准备,积极开展调查研究,为领导决策提供切实可行、针对性强的调查资料和报告。

（二）内容广泛和手段多样

秘书工作是一项综合性非常强的工作,这就决定秘书人员进行的调查研究内容也非常广泛,涉及政治、经济、科技、文化、群众生活等方面,调查研究就是要依据领导的意图进行专项调查,这其中包括政策性调研、基本情况调研、突发事件调研、市场调研、专业调研、舆论热点调研等。调查研究的手段包括调查研究所采用的所有方法。根据调查对象和调查问题的不同,调查研究所采取的方式和方法也各不相同。

（三）调查任务的突击性和临时性

秘书人员经常会接到工作计划以外的任务,这些任务具有突击性、临时性的特点。因此,需要快速组织人员进行调查研究。在时间紧、任务重的情况下如何拿出解决问题的方案,这就要求秘书部门精心策划,尽快组织人员深入实地调查研究,了解情况并提出解决问题的相应措施,迅速把调查研究的结果报告领导,使领导能及时采取相应措施。

（四）调查的客观性和研究的科学性

调查研究的任务是探求客观事物的本质和规律,也就是要对事物作出全面的、完整的、辩证的、符合客观实际的认识,并通过实践加以检验。秘书人员在调查研究过程中,以尊重客观事实为原则,采取各种方式方法,广泛全面收集信息材料,注重调查材料收集的客观性要求,即材料真实可靠,能准确反映被调查对象的一般情况。研究是采用多种科学的方法,将收集材料汇总并加工整理、综合分析,得出调研成果。秘书人员须把握三个关键：一是秘书要有科学的头脑,坚持马克思列宁主义的立场、观点和方法,坚持唯物辩证法,坚持实事求是的科学精神；二是对待调查研究工作态度要严谨,对待工作要有严格的要求、严密的组织、严肃的态度和严明的纪律；三是调查研究的手段须科学化,秘书运用智慧进行有计划的调查,并对调查搜集到的大量资料进行综合、比较、归纳,从而为领导提供客观、真实的第一手材料,并为领导决策提供对策建议。

（五）与信息工作紧密结合

调查研究是秘书人员的基本工作,不等于说秘书人员每天需要花大量时间直接去实地进行调查研究。他们可以利用秘书部门作为综合部门的优势,通过查阅各类文件、各部门调研材料、历史文献等,了解各方面情况,这是一种间接的调查研究,也是一种与信息工作紧密结合的调查研究。调研与信息是相互影响、密切关联的,信息是调研的前提,没有大量信息的获取、综合整理,就很难得出调研结果。因此,秘书人员要根据领导的工作安排和指示,有目的地从互联网、局域网及群众来访来信中获取各种有价值的信息,抓住其中的重要问题进行综合分析,组织力量集中时间进行调查研究。

二、调查研究的内容

秘书部门因其综合性、辅助性的特点,调查研究的内容十分广泛。根据秘书人员所属行业、部门工作性质的不同,调查研究的内容也各不相同。秘书的调查研究内容大体分为以下五类:

（一）围绕领导的中心工作进行调查研究

秘书部门的一切工作都是围绕领导中心工作展开的,因此秘书人员也必须围绕领导中心工作中的重点问题展开调查研究,这既是秘书部门调查研究的指导思想,也是其主要内容。秘书人员要为领导决策提供服务,想领导之所想,急领导之所急,紧紧围绕各个时期的中心工作,抓住领导关心的重大问题开展调查研究工作。

（二）对各项政策、制度进行调查研究

政府的各项政策、制度涉及社会各个方面,一个具体政策措施的出台,往往会导致许多群体的利益发生改变,引起社会各方面连锁反应。由于事物的复杂性和多样性,在执行政策过程中,还会出现未曾预料的情况和问题。这就需要秘书人员及时到有关部门或基层调查研究,了解政策的受益群体和损害群体、政策的执行情况、出现的阻力、政策实施的结果、收到的预期效果等问题,并及时将信息反馈给领导,作为他们修订、完善决策的重要依据,进一步增强决策的前瞻性、科学性和可操作性。

（三）为起草文件进行调查研究

按照领导指示起草各种文件、文稿,是秘书人员的常规工作。撰写文件、文稿,必须注意以下几点:一是应与上级部门的政策规定一致。在不违背上级政策的前提下,根据实际情况灵活变通。二是必须与同级部门制定的政策规定相衔接,不能前后矛盾。三是必须具有可行性并能付诸实施。而要做到这几点,更是离不开调查研究。因为只有通过调查研究,才能真正了解上下级和同级部门发布文件、执行文件的全面情况,才谈得上从实际工作中发现问题、找出解决问题的办法,使撰写的文件、文稿有的放矢,真正实用、管用。

（四）针对突发性、苗头性、倾向性问题进行调查研究

秘书人员经常受领导委派或跟随领导,在系统和单位内部或到其他有关部门、基层调查一些突发性事件或带有苗头性、倾向性的问题。这些问题涉及政治、经济、文化、生产、技术等各方面,牵涉复杂的群体和个人。秘书人员对此类事件的调查必须谨慎,把握

事件的关键环节和矛盾的焦点,尽快查明事实真相及原因,明确责任、反馈领导,便于领导及时处理解决。如果秘书人员在工作中发现苗头性、倾向性问题,在着手进行这方面调查时,要讲究原则、熟悉政策;要思维敏捷、行动迅速;还要客观公正、实事求是。

(五)对领导遗漏的问题进行调查研究

此类问题的调查,又称拾遗补缺调查,包括以下几种情况:一是处于几个职能部门的交叉临界点的问题;二是几个职能部门都管但只管其中一部分的问题;三是群众反应很大但没有明确归哪个部门管的问题;四是虽有明确分管部门,但分管部门长期拖而不决的问题。对这些"几不管"的问题,秘书部门要主动向领导建言献策,积极组织力量调查,并将情况及时反馈领导,对遗漏问题及时妥善处理。

第三节 调查研究的程序和方法

无论是党政机关还是国有企事业、私营民营、外企单位的秘书部门,都会开展大量的调查研究工作。一般来说,可以把调查研究的程序分为准备阶段、实施阶段、研究阶段和结论报告阶段。此外,调查研究过程中还必须科学运用多种调查研究的方法,才能达到调查研究的目的。

一、调查研究的程序

(一)准备阶段

调查前的准备工作至关重要。如果准备不充分,考虑不周到,调查过程中就可能会遇到波折,出现差错。因此做好调查准备工作,精心设计很有必要,准备阶段大体包括以下几项工作:

1. 确定调查研究的课题

确定调研课题是搞好调查研究的前提。调研课题的来源主要有领导提出的课题、集体商讨的课题和调查者自选的课题。无论谁来确定课题,都应当认真研究,反复推敲,注意选题要准,调研结果要有价值和意义。调研课题的选择须注意以下几方面:一是把领导决策需要作为调研选题的方向,精选调研课题,明确研究方向。要及时学习并准确理解社会发展中的重大决策及本单位、本部门的重要工作部署和重要会议精神,避免在原则理论方向上出现失误、遗漏。二是从客观实际出发,找准主要矛盾,力求确立揭示事物本质的调研课题。课题的选择决定调查研究的价值,要在了解社情民意中把握主要矛盾。

2. 收集掌握相关资料

调查研究之前应有一个学习过程,即对被调查对象作初步研究。这一环节主要包括学习有关文件,查阅有关资料。学习中央及上级领导机关的法律法规、政策文件,切实了解、掌握与调研内容有关的理论、政策,以此来指导整个调查研究工作。另外,调查人员还应该广泛搜集与这次调查相关的资料,对调查对象的基本情况作一些了解,做到心中有数。调研前的资料准备包括以下几方面:一是掌握调查对象的基本情况;二是了解调查对象的行业知识、专业知识及背景资料;三是深入研究课题,借鉴前人经验,发现问题,突破创新。

3. 制定调查研究实施方案

在对课题充分了解的基础上,调研计划的好坏决定整个调查研究的质量。调研之前写好具体的实施方案,可以避免操作的盲目性,掌握行动主动权,制定计划时还应考虑突发情况,如在调研中遇到阻力、干扰,都应有应急预案。调研计划的内容是对调研全过程分步骤、分阶段的细化描述。调研方案的内容主要包括:明确调查目的、选定调查对象、确定调查方法、拟定调查内容、明确组织分工、安排调查时间和地点、物资准备和后勤保障等。

(1)明确调查目的。调研目的是为了解决实际问题,所以调研的任务必须围绕对调查结果各种信息资料的研究分析、判断,来确定调研的目的。首先,秘书部门应主动提出意见和建议;其次,在领导确定调研目的和任务后,秘书部门应认真领会、把握关键,以便贯彻执行。

(2)选定调查对象。根据目的、任务和内容划定调查范围,选好调查对象。调查对象要选准,范围要适度,如调查哪些地区、哪几个单位,重点调查单位、一般调查单位及需要被调查的个人等,逐一列明。调查时注意调查对象的稳定性和连续性,以便在今后需要补充材料或考察其变化发展时,方便查找、联系。

(3)确定调查方法。任何调查,都必须使用一定的方法,无论采用何种调查方法,目的都是为了广泛地收集材料。只有根据调查任务和对象的实际情况,采用科学的调查方法,才能获得真实和准确的材料,保证调查结果的客观性和科学性。调查方法很多:从调查类型来看,有普遍调查、重点调查、统计调查、专题调查、典型调查、抽样调查等;从调查形式来看,有采访调查、开会调查、实地调查、问卷调查等。这些方法和形式都不是孤立的,每一种调查方法都可以和其他方法结合使用。

(4)拟定调查内容。根据调查课题和目的任务,拟定调查内容。调查内容要紧密围绕领导的中心工作,围绕群众日常工作中所关心的反应强烈的热点、难点、焦点问题开展调查,了解问题的症结所在,努力解决问题,切实维护广大人民群众的合法权益,促进社会和谐发展。

(5)明确组织分工。为了保证调查的顺利进行,应明确组织领导、人员分工和工作制度等。组织领导必须以文件形式呈现,人员分工必须明确,可以有针对性的根据调查人员的自身特点和工作特长,分派不同任务,协同做好调研工作。如召集调查研究人员会议,向参与调研人员交代任务、明确分工、统一认识和统一调查口径,适当组织调研人员培训学习有关政策文件及了解被调查对象的相关业务、背景知识。

(6)安排调查时间和地点。初步确定调查的时间、地点以及具体实施步骤,详细提出调查所需要注意的事项,对于范围较大的调查项目,还应详细规定进行调查的时间点、统一表式、口径和复查要求等。

(7)物资准备和后勤保障。调研项目,尤其是大型的调研项目,需要一定的经费,所以在调研前就应根据实际需求提出经费的预算计划,并交领导审核批准。制定调查经费预算计划是保障调研顺利完成的基础,所以必须考虑在先,周密完备做好后勤保障工作。

(二)实施阶段

实施阶段是调查研究过程中最重要阶段。这一阶段的主要任务:根据调研实施方案,深入实际调查研究,做好资料收集工作。秘书人员调查的方法多种多样,如文献调查法、实地观察法、访谈调查法、问卷调查法、实验调查法等。秘书人员必须全面掌握、灵活运用,才能获得高质量的调查研究资料,取得好的调研成果。实施阶段的工作主要有以下几个方面:

1. 拟定调查提纲

调查提纲是调查研究的基本思路,调查提纲的拟定可以起到提纲挈领、纲举目张的作用。重大的调研活动可以分成几个小组、几个阶段进行,调查过程中可能会遇到若干被调查对象,对不同的调查对象分类区别,拟定有针对性、可行性的调查提纲很有必要。一般来说,按照提纲展开调查就会有条不紊、忙而不乱,当然也要注意根据实际情况在调查过程中对提纲作必要的修改、调整和补充。

2. 收集调查资料

调查研究实施阶段的中心任务是广泛收集信息资料,收集材料数量的多少、质量的高低,反映调查的深度和广度,决定调查的效果。秘书人员要采用科学的方法,多渠道广泛搜集能够反映调查对象真实情况的包括文字、实物、声像等各种资料,注重数据资料的客观性、真实性。在调查收集时须注意材料的广泛性和重点性、材料的质量和数量、直接材料和间接材料的整合等方面。同时,还要对调查资料进行严格的质量检查和初步整理,以便及时发现有遗漏的问题并予以补查。此外,材料的整理也将为调查材料的最后汇总、分析研究奠定基础。

(三)研究阶段

研究阶段是秘书人员对调查所获得的大量资料进行分析、归纳、概括或联系、比较、推断,从中找出问题的实质和规律。调研的过程,实质上是将调查所获得的材料"去粗取精、去伪存真"的过程。毛泽东同志说过:"大量的调查研究可以发现问题、提出问题,但不能解决问题。解决问题还需要做系统周密的调查和研究工作。"这就是分析的过程。我们要把资料进行一些理论分析,要采取正确的方法,如归纳和演绎、分析和综合、比较

和分类、定量和定性等,这一阶段的工作主要分两步进行:

1. 整理汇总材料

经过调查收集的各种材料,多数情况下是不系统、不全面的。如果不将调查材料汇总集中,就不能全面、真实地反映调查的情况,也无法对调查对象进行全面深入的研究,因此,整理汇总材料工作十分必要。整理汇总材料就是把调查到的各类数据材料集中,并进行加工整理,使获得的资料整齐有序,为下一步的研究工作顺利进行奠定基础。这一环节一般需要经过核对、分类、挑选等步骤。材料的加工整理是科学研究重要的辅助工作,通常采用核对资料、选择论据、分类编号、归纳综合等办法进行。

(1)核对资料。从材料来源、完整性、准确性、客观性等角度进行核实、查对,以保证基本事实材料的充足、可靠、完备。鉴别筛选是对材料进行真伪鉴别和价值评估的工作,剔除无价值的资料。通过核对资料,对材料的准确性与可靠性作出全面评价。

(2)选择论据。根据调研课题,结合手中资料,将所需要的论据材料选择出来。挑选的主要目的是确定事实资料对研究的价值。在分类的基础上,挑选有代表性或典型性的资料,淘汰价值不高的资料。挑选时要注意四个原则,即材料的真实客观性、材料的有效性、材料的代表性和抽样选取的正确性。

(3)分类编号。分类是指根据调研课题的需要,把获得的事实材料根据特点分门别类地加以归类。对材料进行分类,目的是便于研究。秘书人员参与一些大型的调查项目,材料纷繁复杂、门类众多。如果不作分类,那么研究工作也将无从入手。要想做到合理分类,那就必须从材料的基本构成出发,按照一定的标准进行分类。材料不是很多,构成情况单一的,可以按一级分类;如果材料很多,构成情况又复杂多样,则可以按二级或三级分类,整理中必须遵循一定规则,将每份材料都归入适当的某一级某一项中。分类过程中如果发现材料归类不合理,可及时调整。材料分类后进行登记编号,以便查找使用。

(4)归纳综合。归纳综合就是把分析过的对象或现象系统化的一种思维方法。通过综合,对调查对象的认识,也就从分散到集中、从个别到一般、从微观到宏观,从而做到对调查对象基本属性和变化的整体把握。综合分析时要注意进行必要的纵向、横向比较,归纳综合是基础,提炼概括是深化。提炼要精当,概括须全面。秘书人员如果缺乏较强的综合分析能力,就不可能实现概括的深化、研究的升华。要在理论与实践相结合的基础上对调查材料进行整合加工,谋求新发现,形成新认识。

2. 研究分析材料

调查所得的信息资料经过整理后,就进入研究分析阶段。研究时要注意运用科学方法,兼顾资料的全面性和重点性。研究分析材料就是"去粗取精、去伪存真"的过程,这一阶段有这样几项工作:

(1)研究材料。"研究"是对调查所获得的材料,以辩证唯物主义的认识论和方法论为指导,进行科学分析与综合,从而找出事物发展的规律,用以指导人们改造客观世界的活动。

(2)分析材料。"分析"就是把一个事物、一种现象、一个概念分成较简单的组成部分,找出这些部分的本质属性和彼此之间关系的一种思维方法,这是人们认识事物的一种最常见方法。分析的要求是"一准二深":"准",就是要从调查材料的实际出发抓准问题;"深",就是要由表及里、由浅入深地把分析不断向前推进,从而揭示事物的性质、特点、作用、事物之间的内在联系以及其中的变化规律。只有做到"准"和"深",分析才算是到位,也才能取得较好的效果。调查的材料再丰富,如果不能作准确、深入的分析,那么材料的价值就得不到充分利用,调查的目的也就很难实现。①

(四)结论报告阶段

结论报告是调查研究的最终目的,是秘书人员在整个调研过程中综合分析得出的结论。调研的目的,在于总结工作经验、找出存在问题及原因、研究改进措施,为领导决策提供依据。因此调研报告撰写的好坏直接影响领导的判断,调研报告必须全面、真实、客观。

1. 总结调研成果

调查研究成果一般有两种表现形式,即调查研究报告和调查研究总结。调查研究成果不可长篇大论、面面俱到,而要围绕领导的关注点和阶段性重点展开,务求短小精悍、切中要害,易于操作,要将相关精神与工作实际结合起来,使调查研究真正发挥为领导决策服务的作用。

(1)调查研究报告。调查研究报告是将调查研究的结果写成书面报告,是秘书人员对调查材料的分析、综合及提出的意见、建议。有的调查研究报告作为文件或附件,有的调查研究报告列为简报的主要内容,而有的调查研究报告则发表在专业报纸杂志期刊上,成为大众共享的信息资源。

(2)调查研究总结。调查研究总结是秘书对所组织的调研工作的总结。调查研究总结一般不对外公开,作为领导决策和处理问题的重要依据,仅供领导参阅使用。例如,调查研究人员工作表现的总结、调查研究工作成绩与不足的总结等。通过总结,吸取经验,总结教训,特别要注意总结改进调查研究工作的方法,为今后更好地进行调查研究奠定基础。

2. 撰写调查研究报告

撰写调查研究报告务必及时,并且要条理清楚,主题突出,观点鲜明,言之有据。要广泛征求群众意见,使解决问题的建议具有可操作性。调查研究报告的撰写是整个调研工作的成果总结,凝聚所有调研人员的心血。一份好的调研报告是对前期调查研究的再次回顾,在撰写中可能会发现许多在调查中没有显现的问题。这样一个思考过程

---

① 司徒允昌、陈家桢、张相平编著:《秘书学教程》,上海:上海人民出版社,2009年,第251页。

既是对调研报告的深化,也是对秘书人员工作能力的全面提升。所以,在撰写过程中,秘书人员应当保持对信息的灵敏度,善于思考和总结,力求写出高质量的调研报告,为领导提供决策参考。调查研究报告一般由以下几方面内容组成:

(1)调查研究的背景与概况。主要介绍我们是在何种背景下去开展调查研究工作的。

(2)调查研究的目的及简要的工作经过。只有把调查研究的简要工作过程逐一说明清楚,调查研究报告才能做到思路清晰、井井有条。

(3)主要事实和分析问题的各种依据。把调查研究过程中收集到的信息材料按一定顺序呈现出来,并描述现状,再从表面现象入手进行深入分析研究,从表象中提取本质的东西。

(4)调查人员对问题的基本认识。通过调查研究和综合分析,使秘书人员的主观认识和客观实际相一致,有较高的参考价值。

(5)解决问题的方案设想或建议。一篇调查研究报告的主要价值就在于最后的对策建议部分,要有实实在在有针对性的改进措施。

二、调查研究的方法

调查研究工作是秘书的诸多工作之一,秘书很少有专门的时间单一地做调查研究工作,常常是在开展其他工作的同时,获取调查信息。所以,秘书开展调查研究工作所采用方法,既要与调查目的紧密结合,又要兼顾其他工作。根据不同调查研究任务的需要,调查研究实施阶段所采用方法也不一样,秘书人员要根据被调查对象的不同情况,分别采取灵活多样的调查研究方法。

(一)调查的方法

一般来说,秘书人员通常采用以下几种调查方法:

1. 个别访问

个别访问是指由调查者对调查对象进行单独访谈、了解事实情况的一种调查方法。个别访问的对象通常具有典型性和特殊性。访问的关键是选准访问对象并拟好访问提纲,选择单一调查对象进行访问、了解情况,要选好访问地点并注意谈话的态度和语气。访问调查的过程,是访问者与被访问者互动的过程,由于它是访问者与被访问者的双向活动,访问者需要做好访谈前的各项准备工作,熟练地掌握和运用各种访问技巧,并有效控制整个访谈过程。访问调查法适用于各种调查对象。通过与访问对象的交流与讨论,可以了解更深层次的社会问题。访问调查的质量大多取决于访问者的素质、被访问者的态度和回答问题的能力。

2. 集体访谈

集体访谈是用召开座谈会的形式来进行调查。根据调查工作的需要,选择若干调查对象,组织目的明确的访谈。要开好座谈会,秘书人员须注意以下几个步骤:首先是确定适当的访谈方法,制定访谈提纲;其次是确定合适的调查群体,并将调查主题事先通知调查对象;再次是确定好访谈的具体时间、地点;最后是做好访谈的记录工作。集体访谈须注意把握四个关键点:一是秘书人员须先拟定好调查提纲,座谈必须围绕调查主题,紧密结合实际问题,深入展开讨论;二是参加座谈对象人数的控制,少则三五个,多则十来个;三是座谈对象的选择要有代表性,能从问题的不同方面和不同角度恰当、准确地反映客观情况;四是秘书人员要组织充分、谦虚谨慎、善于引导,使会议紧凑切题,取得良好的效果。

3. 实地观察

实地观察是调查者亲临现场,亲自感受现实情况的方法,这是获得第一手材料的最可靠来源,简便易行。有参与式和非参与式两种,前者是深入一个单位实地观察,以获取真实的第一手材料;后者是在被调查对象没有察觉情况下的观察,非参与观察是静态的,只能了解某一片段。缺点是对于一些突发事件,只能在事后做非参与观察。它是观察者有目的、有计划地运用自己的感觉器官或借助科学的仪器,直接了解当时正在发生的、处于自然状态的社会现象的方法。

4. 文献调查

文献调查是通过搜集、查询、翻阅现成的档案资料和有关信息,了解掌握调查对象的背景和现实情况,获取与调查课题有关的信息的调查方法。文献调查法可以超越时空条件的限制,所获得的信息一般比口头信息真实准确,比直接调查方法简单方便,花费少、效率高。其局限性是所获得的信息滞后于现实,不够具体、生动。但文献调查所获得的材料只能作为调查的先导参考,不能作为结论。因此,文献调查法一般只能作为社会调查的先导,要真正了解社会,还须深入实际进行直接调查。

5. 问卷调查

问卷调查就是调查者把需要了解的情况设计成不同类型的问题并组成问卷,通过事先设计好的问题来获取有关信息和资料的一种方法。调查者以书面形式给出一系列与所要调查有关的问题,让被调查者作出回答,通过对问题答案的回收、整理、分析,获取有关信息。调查目的是问卷调查的出发点,它决定调查对象的选择、调查范围的确定、调查内容的设计、调查结果的分析。因此,在进行问卷调查时,首先应该明确调查目的。问卷调查分为封闭式问卷和开放式问卷两种形式。封闭式问卷用数字或者符号表示答案,方便计算机统计,但是答案有限定,无法调查特殊的情况;开放式问卷便于答卷人各抒己见,答案丰富、具体,有共性、也有个性,但是无法用计算机统计,只能由人工阅卷。

6. 统计调查

统计调查是指按照一定的调查目的和要求,搜集调查对象的原始资料和统计数据,并通过对统计数据的研究分析得出对事物基本情况的客观认识。统计调查方法按组织方式分成五种,其中统计报表和普遍调查属于全面调查,抽样调查、重点调查和典型调查属于非全面调查。

(1)统计报表。统计报表制度是我国统计调查方法体系中的一种重要组织方式。它是根据国家规定,按统一的表格形式、指标内容、报送时间,自上而下逐级提供统计资料的统计报告制度。统计报表制度具有统一性、时效性、全面性、可靠性的特点,可以满足各级管理层的需要。

(2)普遍调查。普遍调查是专门组织的一次性全面调查。普遍调查一般是调查属于一定时间点上的社会经济现象的总量,主要是对总体对象中每个具体单位逐一进行调查,用于规模较大的基本情况调查,普遍调查涉及面广、指标多、工作量大、时间性强,普遍调查得来的资料全面、客观、精确,但缺乏生动性、具体性。

(3)抽样调查。抽样调查是一种非全面调查。它是按照随机原则从总体中抽取部分单位作为样本进行观察,并用观察结果推断总体数量特征的一种调查方式。可以说它是典型调查与重点调查的放大,是普遍调查的缩小,介于两者之间兼有两者的优点,在现代社会中使用最为普遍。与其他非全面调查相比,抽样调查具有如下特点:一是按照随机原则抽取调查单位;二是以推断总体为目的,而且能够对推断结果的可靠性作出说明。

(4)重点调查。重点调查是一种非全面调查。它是对调查对象总体中部分起主要作用或决定性作用的单位作调查,再将其结果推广至其他一般单位。它与典型调查的最大区别在于:典型是人为选择的,而重点是客观存在的。重点调查的特点是省时、省力,能反映总体情况。能否开展重点调查是由调查任务和调查对象的特点决定的。当调查任务只要求掌握基本情况,而且调查对象中又确实存在重点单位时,方可实施。

(5)典型调查。典型调查是一种非全面调查。它是根据调查目的,在对研究对象进行全面分析的基础上,从总体或不同类型的对象中有意识地选择个别有代表性的单位进行深入细致调查的一种调查方法。典型调查可以弥补其他调查方法的不足,因为它的对象少,便于集中、深入地调查,得来的材料生动具体。在有些情况下,可用典型调查验证全面调查数字的真实性。典型调查有人为的主观因素,一旦选错对象便可能前功尽弃。

7. 个案调查

就是对个别对象进行调查,有明显的针对性,但个案调查又不局限于当地、当事人本身,常常涉及历史背景、社会环境及其他因素,因此调查时应多加注意,不能就事论事。

8. 专家咨询和论证

专家咨询和论证就是召集有关方面的专家、学者对重大的决策或专门的技术性问题进行咨询和论证。咨询会或论证会是一种特殊的调查座谈会,具有专业研究性和探讨性的特点,需要有畅所欲言的氛围和比较充分的时间。参加论证的专家应力求多样化,既要有技术专家,也要有管理专家。[①]

---

① 杨树森编著:《秘书学概论教程》,合肥:安徽大学出版社,2008年,第158页。

（二）研究的方法

研究的方法主要是指对收集的客观材料进行思维加工后产生的理性认识的方法。秘书人员研究材料的方法多样，研究方法本身也处于相互影响、相互结合、相互转化的动态过程中，它包括归纳和演绎、比较和分类、分析和综合、定量研究和定性研究、系统研究等，下面介绍秘书在研究中常用的几种方法：

1. 归纳和演绎

归纳是人们从同类中若干个别或特殊的客观事物推论概括出普遍的、一般性原理的思维方法。归纳法有完全归纳法和不完全归纳法两种形式。完全归纳法，是指人们观测和判断出某一类客观事物中的每个对象都具有某种属性，从而推断出该类客观事物具有该种属性；不完全归纳法，是指人们经过观测某类客观事物中的一部分具体对象具有某种属性，从而推理出该类客观事物具有该种属性。不完全归纳法又可以分为简单枚举法、科学归纳法和典型事例法。简单枚举法是一种初步的简单的归纳推理，它的可靠性，完全建立在枚举事例的数量上。当枚举事例的数量不断增大时，其可靠性也有所增加。科学归纳法是根据对于某类事物中部分对象与其属性之间的必然联系，推理出该类事物的全部对象具有该属性的推理方法。典型事例法是根据对某一类事物中典型事例的分析，概括上升为关于这一类事物一般性结论的推理方法。典型归纳推理所运用的典型事例虽然是少数、个别的，但它却反映了事物的本质。典型事例法和简单枚举法不同，它所根据的事例不在于多，而在于其代表性、典型性。典型事例法可以看作是科学归纳法的一种特殊表现形式。

演绎是从普遍性结论或一般性事理推导出个别性结论的论证方法，也就是普遍性的前提下推导出特殊性结论的方法。在演绎论证中，普遍性结论是依据，而个别性结论是论点。演绎推理的主要形式是三段论，即大前提、小前提和结论。大前提是一般事理，小前提是论证的个别事物，结论就是论点。用演绎法进行论证，必须符合演绎推理的形式。演绎法存在以下特点：一是演绎法的前提的一般性知识和结论的个别性知识之间具有必然联系，结论蕴含在前提中，没超出前提范围；二是演绎法的结论是否正确，既取决于作为出发点的一般性知识是否正确地反映客观事物的本质，又取决于前提和结论是否正确地反映事物之间的联系；三是演绎法的思维运动方向是由一般到个别，由抽象到具体，即演绎的前提是一般性知识，是抽象性的，而它的结论却是个别性知识，是具体的。

归纳和演绎是两种基本的逻辑推理方法。演绎推理与归纳推理相反，它反映了论据与论点之间由一般到个别的逻辑关系。归纳虽然能概括出同类事物的共性，但不能区分本质属性和非本质属性，不能摒弃片面性和表面性，所得出的结论还不是充分可靠的，因此，归纳必须靠演绎来补充和修正。归纳和演绎是相互联系、密不可分的，归纳是演绎的基础，演绎为归纳提供理论依据，指明归纳的目的和方向。

2. 比较和分类

比较是把两个或两个以上既同类又有不同之处的事物放在一起比较、分析，进一步认识其本质和特点的研究方法。比较研究是认识事物最基本的方法。比较有横向比较和纵向比较两种基本类型。横向比较，是将研究对象与其他同类对象进行比较，它是对空间上同时并存的事物的既定形态进行的比较；纵向比较是将研究对象现在的情况同研究对象过去的情况进行比较，它是在时间上对同一事物在不同时期的形态进行比较，从而认识事物的发展变化，揭示事物的发展规律。此外，还有对比比较和综合比较。对比比较是一种简单的比较，可以采取主要以时间为线索的纵向比较，也可以采取主要以空间为线索的横向比较。综合比较是简单比较的汇总，是更系统化的比较研究。

分类是根据事物的相同点和相异点，将它们区分为不同种类，从而认识事物共同本质的思维方法。分类可以把复杂的事物按一定标准系统化、条理化，揭示出事物的内在结构和关系，为进一步的研究做好准备。分类方法和比较方法有密切的联系。在认识事物时，总是先进行比较，识别它们的共同点和差异点，然后分类研究。

3. 分析和综合

分析是把整体分解为部分，把复杂的事物分解为简单的事物，再分别加以研究的一种思维方法。分析的任务是从事物或现象的总体中分出构成该事物的部分、要素和属性，使事物的各种属性和本质清晰地呈现在人们面前。分析方法在认识中的作用：一是把复杂的事物简单化，为进一步研究提供便利条件；二是对事物的认识易于深化，便于揭示事物的本质和规律。分析的方法也有局限性，由于它着眼于局部的研究，可能将人的思维限制在狭隘的领域里，把本来互相联系的东西暂时割裂开来，也容易造成孤立、片面地看问题的情况。

综合就是在思想中把对象的各个部分、各个方面和各种因素联结起来考虑的一种思维方法。综合方法在认识中的作用：一是它能全面、本质、深刻地揭示事物自身及一事物和另一事物的联系，使人们对各种事物有一个全面的正确认识；二是综合优于分析，它恢复并把握了事物本来的联系，克服了分析的局限性，通过综合把分析得出的分散资料理论化、系统化，从而揭示事物在分割状态下不宜显现出来的特性。分析和综合互相渗透，彼此衔接，是对立和统一的关系。

4. 定量分析和定性分析

定量分析是指对一个研究对象所包含成分的数量关系或所具备性质间的数量关系进行分析；也可以从数量上对几个对象的某些性质、特征、相互关系进行分析比较，研究的结果也用"数量"加以描述。它可以使人们对研究对象的认识进一步深化和精确化，以便厘清关系，把握本质，揭示规律。定量分析具有严密的逻辑性和可靠性的特点。

定性分析就是对研究对象进行"质"的方面的分析。具体地说，是运用归纳与演绎、分析与综合、抽象与概括等方法，对获得的各种材料进行加工，去粗取精、去伪存真、由此及彼、由表及里，从而达到认识事物本质、揭示内在规律乃至有所创新的过程。定性分析是一种最基本、最重要的分析过程。

定性分析是定量分析的前提,没有定性的定量是一种盲目的、毫无价值的定量,定量分析又能使定性分析更加科学、准确,它可以促使定性分析得出广泛而深入的结论。

5. 系统研究

系统研究是按照系统分析的原则和要求,将调研对象作为一个整体加以研究,探究其结构、功能、层次等要素及其相互关系、变化规律的一种研究方法。这种研究方法,不仅考虑将调研对象作为一个系统,还要将其放到一个更大的背景中,把它视为一个更大系统的子系统,在事物的互相影响与制约关系中认识分析调研对象的性质和作用。系统研究方法须注意以下几点:一是研究材料须全面充实;二是整体分析研究材料;三是综合考案调查对象的外部环境;四是研究材料坚持有序性原则。

▎本章思考题

1. 秘书调查研究的含义是什么?秘书调查研究的意义有哪些?
2. 试述秘书调查研究有哪些特点?
3. 调查的方法有哪些,有何具体要求?
4. 秘书如何进行调查研究准备工作?其中包括哪几个环节?
5. 秘书在调查研究实施阶段和研究阶段要进行哪些具体工作?
6. 研究的方法主要有哪几种?

▎案例分析

一条龙办公服务

某市发展第三产业,促进社会主义市场经济繁荣的方案发布后,群众热情很高。可是,办起的第三产业数量和规模却很不理想,市长派王秘书带着这个问题进行专题调查。王秘书在调查中发现有不少想办第三产业的个人和单位,不知从何着手;少数人过五关斩六将,费了九牛二虎之力,才取得营业执照。有的群众说:"市里把我们的热情烧起来了,可各部门还是按部就班,卡得很紧,事情验证难办啊!"有的说:"这样搞法,最多只有几个小鱼小虾蹦几下,难以出现龙腾虎跃的局面……"还有的群众建议:"要是有关部门像学雷锋那样全心全意,提供一条龙服务,就好了。"

经过认真分析,王秘书认为,出现这种情况主要是环节过多,办公地点分散和个别部门的不正之风牵制的,集中办公是解决问题的关键。于是,他把调查情况向市长作了汇报,并提出了"一条龙服务"集中办公的建议。市长办公会在当天就作出决定,组织、执法、经济监督、经济综合、工商、税务等部门,实行联合"办公一条龙服务",制定了"高效、优质、方便、廉洁"的工作原则,把有关部门、单位和岗位集中起来,联合办公,连续作业开展系列服务。采取这种措施后,群众和企业过去需要十几天还难办成的手续,现在只要几十分钟就办完了。不用请客送礼也照样能把事情办好,效率提高了。全市有了数十条这样的"一条龙服务"长龙,第三产业如雨后春笋般地发展起来。

市长感慨地说:"这才叫龙腾虎跃啊!"

(材料来源:郑典宜主编:《秘书基础与实务》,成都:电子科技大学出版社,2006年。)

根据上述案例,请回答:

1.根据案例材料,谈谈秘书人员在调查研究过程中,是如何做到及时发现问题、分析论证问题和妥善解决问题的。

2.结合案例,谈谈秘书人员调查研究工作有何重要性。

第十二章 协调工作

本章导语

秘书工作的本质特征是围绕领导活动的需求和目标而开展的辅助性工作。新时期,我国秘书工作在围绕党的基本路线,搞好"三个服务"的同时,工作方式出现了"四个转变",即从偏重办文办事转变为既办文办事,又出谋献策;从收发传递信息转变为综合处理信息;从单纯凭经验办事转变为实行科学化管理;从被动服务转变为力争主动服务。

随着秘书工作方式的变化,协调工作成为秘书的重要职能之一。特别是随着社会主义市场经济的迅猛发展,秘书工作的内涵和外延都在不断发生深刻变化,秘书的协调职能,直接影响着机关工作的质量和效率,成为当前秘书工作的一项重要任务。

本章关键词

秘书;协调;协调工作

第一节 协调工作的作用

一、协调的概念

协调,《现代汉语词典》的解释是"使配合得适当",[①]主要是指协商、沟通、调和、调解、调节等。从管理学角度看,协调是指管理者从系统整体利益出发,运用各种手段,正确妥善地处理系统之间、人们之间的各种关系,为实现系统目标而共同奋斗的一种管理职能。

具体到秘书工作,秘书协调就是指在秘书职责范围内,或在领导的授权下,调整和改善组织之间、工作之间、人际关系之间的关系,促使各项活动趋向同步化与和谐化,以实现共同目标的过程。

---

① 中国社会科学院语言研究所词典编辑室编:《现代汉语词典》,北京:商务印书馆,2006年,第1505页。

二、协调工作的作用

在改革开放和建设中国特色社会主义的进程中,各级领导机关越来越需要秘书工作人员能够充分发挥参谋助手作用,辅助领导决策,推动决策执行,这就要求秘书人员不仅要具有某方面的专才,还要具有随机应变的通才能力。在权衡变通中,协调能力是秘书工作者必须具有的基本能力之一。这也是由秘书工作部门的性质、作用和活动特点所决定的。

首先,秘书工作的性质决定秘书工作涉及各行各业,接触面广,综合性强。上至领导机关,下至基层单位,哪个单位都少不了秘书工作人员,哪个部门的工作成果中都渗透着秘书工作人员的辛勤劳动。秘书工作者必须能够协调方方面面,否则就无法有序完成相应的工作任务。

其次,秘书工作人员活动的核心是为领导服务,做好辅助性工作。因需要承办各项具体的事务,秘书工作人员必须接近和熟悉其上下级的服务对象。不仅要接近和熟悉某一领导,而且要熟悉领导集团的每个成员;要熟悉领导者的生活习惯、兴趣爱好、工作方式、决策过程;还要熟悉本部门各工作人员的情况,以便协调各项工作。有时领导者认为某些事情不需自己办理或不便自己办理,便交给秘书去办。例如,一些文件批示后的执行,对决策方案征求意见,对重要讲话讨论意见的收集。有时领导者之间因某些事情意见不一致,为避免当面谈话出现尴尬,只得由双方秘书代替上司交换意见。

因此,秘书的协调工作在秘书工作中具有重要作用。

第一,协调是保证认识统一、步调一致、政令畅通的需要。在改革开放和建设社会主义现代化进程中,各种新情况、新矛盾、新问题不断出现,社会各阶层和广大群众的思想空前活跃,社会分工越来越细,每个部门、每个单位所处位置和利益关系不同,在理解和贯彻领导决策时,难免会出现一些认识上的分歧和行动上的不一致,这就需要通过协调来统一大家思想,协调各方行动,以保证决策的贯彻和政令的畅通。比如城市创建活动,涉及城区的各个单位、各个行业、每个家庭和每一个人,对少数单位、少数个人来说,甚至直接影响其自身利益。如××省××市 2006 年拆除违章建筑时,就牵涉一些群体的切身利益。当时,有些人认为,这不符合老百姓的心愿,不切合××市的实际。为了协调大家的行动、统一市民的认识,市委市政府领导带头分片包干,市直单位和社区负责人以及工作人员上街入户做协调工作。最后,大拆违取得了明显成效,成为推动××市发展的重要力量。可以说,在拆违过程中,协调处理的矛盾之多,难度之大,牵涉面之广,都是前所未有的。但成效也是显著的,城市变美了,环境变优了,人们对城市发展的认识提高了。①

---

① 常德市委办公室:《做好协调工作发挥参谋作用》,常德政府网,2012 年 10 月 19 日。

第二,协调是领导工作的延伸,是领导摆脱繁琐事务,集中精力谋大事、抓大事的需要。领导机关日常事务千头万绪,各方面的问题、矛盾较多,如接待群众上访、筹办各类会议和组织各项活动等,如果事无巨细都集中由领导解决,既不可能,也没必要。秘书部门的参谋、助手作用和"不管部"性质,决定了领导在需要做协调工作时,首先会找秘书部门或秘书人员协助进行,有时甚至会授权秘书出面主持或参与协调大部分过程。由于秘书部门一般不管理具体的专业业务,而又全面掌握各方面情况,是一个综合部门。它代表的是领导整体的利益而不是某个局部的利益,也自然成为最适合协助领导做好综合协调的部门。

第三,协调工作是秘书部门的重要职责,体现了秘书的基本素质和能力。秘书部门通常处于各种利害关系和政策矛盾的交汇点。在一个地区或单位内外,如果发生了需要协调的问题,一般都得由这些地区与单位的领导出面解决,但秘书部门首先须将有关问题的信息,包括问题产生的原因、背景,解决问题的方针、办法,进行协调的方法、步骤等收集起来,进行研究,反映给领导,供领导参考。

同时,秘书部门所做的各项工作中,也包含大量需要协调才能完成的事情。诸如办事、办文、办会,都可能遇到各部门认识与步调的不一致、利害与矛盾的干扰等,尤其在深化改革、扩大开放和加快经济发展过程中,既需要一个安定团结的社会环境,需要通过协调工作去正确处理人民内部矛盾,又需要认真听取和采纳下级与群众的意见、建议。应围绕领导决策,加大为决策服务的秘书协调工作。秘书部门根据"三服务"的宗旨,做好综合协调特别是政策性问题的协调,是突出发挥参谋助手作用的必然要求。

第四,协调是沟通感情、增强合力、密切党群干群关系、改进机关工作作风的需要。各级机关办公室处于沟通上下、联系左右的枢纽地位,是保持机关正常运转的"桥梁"和"纽带"。通过各级机关办公室的有效协调可以促进各部门之间、上下之间的了解,建立一种和谐有序的关系,从而变分歧为共识,化消极为积极,增强组织的凝聚力和向心力,促进整体功能的发挥。

秘书工作者要做好协调工作就必须加强自身的素质,提高自身的政治素质和业务素质。一是知识水平与实际能力的协调。秘书工作者不仅应该具有一定的文化基础知识和专业知识,而且应该具有现代管理科学、决策科学、社会科学、领导科学等软科学知识。但是秘书工作者不可能样样精通、事事懂行,这就要求秘书工作者能把所掌握的知识与实际工作相结合,发挥自己知识和能力的最佳效能。二是思维能力的协调。人有形象思维和逻辑思维,秘书工作者在实际工作中必须协调好自身的逻辑思维、形象思维能力,以有利于随机应变地适应各项工作,并能创造性地搞好本职工作。三是行为和性格的协调。秘书工作者在机关工作中要接触各种各样的人,而每个人都有自己的性格特征,这就要求秘书工作者必须具有与不同性格的人打交道的能力。

第二节 协调工作的特点和内容

一、协调工作的特点

很多时候秘书是受领导指派,或在自己职权范围内开展协调工作的。协调工作是与秘书的参谋助手职能密切相关的,因此具有以下几个突出特点:

第一,全局性。秘书协调是经领导授权,在秘书部门的职责范围内进行的。因此,秘书必须了解和把握领导协调的特点,努力做到从全局出发,尽可能站在领导的高度考虑问题。要按本层次的职权范围办事,讲究协调的科学性,认真细致地做好协调前的各项准备工作,如调查走访、研究政策、讲究方式、选择最佳时机等。注意依法协调、公正协调和讲究协调艺术,完善协调事项的贯彻执行和督促检查手段,使协调事项得以兑现。要加强预见性,超前、及时协调,减少"马后炮",被动中力争主动。

第二,辅助性。秘书协调既然是辅助领导协调,在大问题上应严格按领导所定的目标、要求进行,加强请示报告,遵守秘书纪律,不擅自做主,不掺杂私心杂念。在政治观点上要站在领导的立场上,以领导的意见为统领和出发点,努力使协调的事情向这个方向发展,在此基础上取得行为的一致,否则就是失败的协调。需要强调的是,秘书在协调中必须坚决维护领导的权威和尊严,树立、捍卫领导和领导机关的威信,这是秘书协调工作的基本立场和原则,也是秘书必须严格遵守的政治纪律。在有关重要的方针政策性问题的协调须由领导亲自出面的,秘书要做好信息综合、沟通联系、事务准备和有关文字工作等,并及时"参谋提醒"领导考虑不周的事情。在协调自己职责范围内的事务时,则应积极主动,大胆负责,为领导分忧解难,使领导把精力解放出来去抓大事。

第三,统筹性。秘书工作涉及方方面面,秘书要与各种社会成员打交道。如果秘书所服务的领导有广泛的爱好或大量社交活动,秘书在安排领导活动时,更会增加许多协调的工作量。秘书要想辅助领导把所有问题都协调好,实际上是不可能的。因此,必须明确重点,并充分依靠和调动其他部门的智慧与力量,统筹安排,形成合力,共同做好协调工作。一些有专门机构负责的问题,诸如经济计划的协调、组织人事的协调、财务预算的协调等,则应当主要是调动有关部门的积极性,提出方案,适当配合。

第四,艺术性。秘书没有决策的权力,但要辅助领导决策;秘书不是领导,但要随时提醒领导,因此,秘书的协调工作具有很强的艺术性。秘书在没有决策权力的情况下,要做到使领导满意,使相关人员满意,其困难程度可想而知。因此,秘书协调的艺术性要求非常高,这是优秀秘书应有的禀赋。不同的问题、对象、时间、场合,有不同的协调方法,协调不可能是一种模式。协调艺术是多学科知识与经验的综合运用,它同协调者的理论、政治、文化修养都有关系,需要通过学习与实践去培养。周恩来总理就是秘书学习的好榜样,他在外交事务中提出的"求同存异"原则,就是外务协调的典范。①

二、协调工作的内容

不同学者对秘书的协调工作有不同分类,就协调工作的性质而言,总体上协调工作可以分为两大类型:一类是管理协调,一类是冲突协调。②

(一)管理协调

管理协调是指运用各种管理手段,对本系统的各部门进行协调。管理本身就具有协调职能,它将计划、组织、指挥等管理手段与人、财、物、信息等管理要素结合成整体,以实现有效管理的目标。管理协调大体上有以下几种方式:目标计划的协调、执行措施的协调、工作安排的协调、督促检查的协调、运转节奏的协调等。

1. 目标计划的协调

目标计划的协调要求:一是长期、中期和近期的目标计划一致;二是组织的目标计划与客观环境的发展要求、变化规律一致;三是个人的愿望、要求与组织的目标计划、局部的目标计划、整体的目标计划一致等。秘书目标计划的协调,首先要求在制定目标计划之前开展深入全面的调查研究,预测组织长期和中期发展的趋势,准确了解组织现状,理顺个人与组织、局部和整体、组织与环境之间的关系。其次在草拟过程中要征求多方意见,集思广益,反复修改,使之趋于完善。经领导决策确立的目标计划,秘书在执行过程中还要加强信息反馈,随时发现可能出现的问题,协助领导采取协调措施。作为综合办公机构的秘书部门,还要做好横向的各职能部门之间、纵向的不同系统不同层次之间目标计划的协调,使各方面的目标计划,成为一个横向配套、纵向贯通、环环紧扣的有机整体,以维护组织的协调运转。秘书目标计划的协调工作,体现在辅助决策的全过程中,是秘书发挥参谋作用的重要途径。

2. 执行措施的协调

领导决策之后,各职能系统之间、各执行环节之间在措施、步调上是否协调一致,直接影响决策的执行效果,甚至影响决策目标的实现,秘书在决策执行过程中,要做好以下几方面的执行协调工作:

(1)全面收集执行反馈信息,分析整体运转状况,发现失调趋势和潜在因素,配合领导,立即进行协调。

(2)加强检查督促工作,促使各执行系统按组织决策的目标和方案,协调运转。

(3)加强调查研究,深入实际,了解实情,协助领导者解决执行中各子系统遇到的实际困难和问题,保持整体运转的协调。

---

① 《秘书工作中的协调艺术初探》,太仓人才网,2012 年 7 月 9 日。
② 王千弓、徐中玉等:《秘书实用手册》,上海:华东师范大学出版社,2011 年。

(4)加强信息沟通,使各执行系统动态地把握组织运转的整体状况,自觉调整自身的执行措施,使之与组织的整体运转保持和谐统一。

3. 工作安排的协调

管理组织的工作安排,是实现管理的具体步骤。秘书部门在参与制定和执行工作安排时,需要发挥协调作用。一是要使本单位安排与系统安排、全面安排相协调,与所属各管理层次的工作安排相协调,互相衔接、互相照应,若发现脱节或空缺,必须约请各方协商,予以调整。二是注意执行中的调整和修正。要避免局部调整影响到其他有关方面,必要时作出相应变更;更要避免局部调整可能引起的混乱。三是要及时收集计划执行的反馈,若发现执行偏差或计划本身的失误,应及时向领导反映,并提出协调的具体方案。

4. 督促检查的协调

在督促检查过程中,对妨碍决策实施和工作进展的各类相关因素的失调、矛盾和问题,通过协商和调整,加以克服,使各相关方面能够互相配合,共同努力,协调完成任务,实现共同目标。秘书人员在督促检查中进行协调,一是要及时发现问题,进行沟通,化解矛盾,消除分歧;二是深入调查,了解矛盾突出、关系很僵、久拖不解的老大难问题的症结,请示领导,通过组织措施,予以解决;三是发现有关方面确有实际困难但仅靠自身力量很难解决的问题,应客观地向上级汇报,并建议组织给予必要的支持和帮助,以使组织协调运转。

5. 运转节奏的协调

运转节奏的协调,是指组织整体的运转节奏符合客观环境条件发展变化的要求和组织各子系统、各层次的运转节奏,动态地保持和谐统一。在组织运转协调中,秘书要做好以下几项工作:

(1)注重收集、处理、分析社会环境发展变化的动态信息,协助领导摸准时代的脉搏和社会发展的趋势。

(2)全面收集和分析反馈信息,把握组织各子系统、各层次的运转节奏,综合分析运转的整体状况,协助领导掌握组织运转的态势。

(3)一旦某个系统、某个层次的运转节奏与整体运转失调,秘书部门应协助领导查明原因,并提出协调的建议方案,领导作出协调决定之后秘书部门通过办文、办会、督促检查等,确保协调决定贯彻落实。组织运转节奏的协调是一个动态的、连续不断的过程,秘书部门协助领导不断进行运转节奏的协调,就能保持组织适应社会需要,整体协调发展。

(二)冲突协调

冲突存在于一切组织之中。一个健康的组织必须要有适度的冲突,它是矛盾运动的一种表现形式,也是组织具有活力的表现。冲突协调就是努力避免密度和力度过大,减少冲突,处理好冲突,使组织平稳、健康发展。冲突协调大体分为两种类型:由于职权分配或运用不当形成的事权冲突;由于分配问题而形成的利益冲突。

1. 事权冲突协调

秘书应根据事权冲突的不同情况作出相应协调:若是由职权分配不当造成的失调,应及时向领导汇报,由领导进行调整和协调;若是由用权不当引起的失调,应提供文件依据,约请各方进行协调;若是由职责重叠、权力交叉造成的新问题,可约请相关方面会商协调,也可请领导主持共同解决,或进行仲裁协调。在事权中,秘书不能做仲裁的主角,但能起到沟通、疏导的作用。

2. 利益冲突协调

利益冲突包括局部与整体之间、局部与局部之间、个人与组织之间、组织与组织之间出现某一方面或某个阶段利益的冲突,其产生的原因有分配体制方面、利益分配者方面和有关关系发展变化方面等多种因素。秘书协助领导进行利益冲突协调,一是要把握信息动态,加强调查研究,发现潜在的引发利益冲突的因素,为领导协调提供信息依据和参考方案;二是在草拟决策和工作措施时,充分考虑各方面的利益关系;三是发生利益冲突后,协助领导进行有关各方根本利益一致性的宣传,引导各方从大局着眼,防止冲突激化;四是以现行法规政策为依据,实事求是地协助领导制定协调利益关系的方案,促进冲突的化解。

但就秘书协调的工作对象而言,秘书协调工作又包括以下几种类型:①

第一,与主管领导的协调。这是指秘书与主要服务对象之间的工作联系和沟通。秘书要及时向领导报告工作,请求对某一问题的指示,以便明确自己的工作目标和处理问题时应把握的尺度。领导也要把自己的意图向秘书交代清楚,以便秘书更好地开展工作,有些特殊问题还要特别交代和提醒,以让秘书重视。秘书也应将自己的一些想法向领导汇报,征询领导的意见或请求领导帮助,以达到与领导行为上的一致。

第二,与主管领导之外的其他领导的协调。有一些行政职能交叉的工作,由多个领导分管,需要多个领导协商解决。这是一项比较复杂的工作,违背程序会被人挑理,而完全按程序走又很可能会误事。

第三,机关内部的协调。秘书的很多工作要依靠其他部门工作人员的配合才能完成,这是机关内部职能分工的需要,这些工作的完成情况与秘书的人格魅力、工作精神、协调艺术等有关。如果秘书能做到主动协调而且协调得当,工作效果就好,反之,工作起来往往会不顺畅。

第四,与基层单位的协调。基层单位是领导的管理对象,也是秘书的服务对象。秘书要把领导的意见传达给基层单位,针对他们的不满要做好说服解释工作,争取他们的理解和支持;对他们不合理的要求和不正确的意见要进行帮助教育,使他们放弃自己的想法,执行领导的正确意见,与领导保持行动目标的一致。

---

① 郎一轮:《秘书协调工作的艺术性》,《秘书》,2004年第2期。

第五，与基层群众的协调。基层群众来找秘书一般有三种情况：一种是找领导办个人事情，这要看事情的重要程度和可能程度，能办的可以帮助协调办理，不能办的要用合理的理由解释说明；一种是上访告状，这往往要转到有关部门去处理；还有一种是咨询问题，秘书应认真对待，除需要保密的机要情况外，要给来访者一个满意答复。如果是自己不熟悉的问题，则要将来访者介绍给有关部门。

第三节　协调工作的程序、方法和艺术

凡需协调的事情，虽难易不同，大小不一，但都需协调各方，使各方达成共识。因此，协调过程中，秘书必须审时度势、权衡利弊，全面稳妥地处置，这样才会对各方面工作起到促进作用。

一、协调工作的原则

从办公室自身的工作特点和规律看，协调应坚持以下几方面原则：

1. 从属原则

从属原则是指各级机关办公室秘书在协调工作中要始终把自己定位在从属的位置上。办公室的地位和性质决定了办公室协调工作的从属性特点。办公室秘书为领导当参谋、搞服务，实际上是协助领导做好协调工作。协调过程中，秘书必须摆正位置，做到既主动，又不越权越位。在领导确定协调事项后，不等不靠，充分发挥主观能动性，在职权范围内积极主动地做好协调工作，尽量将协调工作完成在相应层次上，最大限度地减少上级领导直接出面充当协调者的次数。确需领导出面协调的，要事先做好准备，提出解决的预案和建议。在协调过程中，要严格按领导意图办事，对于自己把握不准的问题要多请示、多汇报，不要随意表态，不可自作主张。①

2. 全局原则

在日常工作中，往往会发生局部利益与整体利益相矛盾的现象。局部利益服从整体利益是协调工作的重要原则。有许多事情从局部利益来看是适宜的，而且有一定道理，但从整体和长远考虑，却需要局部作出一定牺牲。因此，在协调过程中，秘书要保持清醒头脑，坚持从总体目标出发，说服有关方面从全局着眼、从长远着想，把各方面意见统一到全局观念、统一到人民群众的根本利益上来，否则，很难实现真正意义上的统一和协调。

3. 服务原则

把服务寓于协调的全过程，是协调工作的鲜明特点。一是要认真负责，不要事不关己，敷衍了事；二是要谦虚谨慎，不能居高临下、盛气凌人，要态度诚恳，与人为善，形成和

---

① 张勇：《掌握协调艺术　提高工作效率》，《秘书》，1998年第11期。

别人协商共事的气氛;三是要热情周到,认真听取协调对象的意见和呼声,能答复的及时予以答复,不能答复的要请示领导,然后进行处理。

4. 平等原则

平等原则是指秘书在协调中始终要平等待人,以协商的态度进行对话。协调工作实际上就是协商解决问题。秘书工作人员协助领导参与协商工作,不是布置工作,与协调对象之间不是领导和被领导的关系。因此,在协调过程中要立足于一个"商"字,始终以平等协商的态度进行对话,要以平等的地位同各方商量和沟通,切忌靠简单的、行政命令的方式去解决问题。在各方面意见难以达成一致时,还应当认真做好思想工作,努力协调各方,达成共识。①

总之,协调工作是一项政治性和政策性都很强的工作。做好协调工作,需要我们有良好的政治素质和思想修养,有把握全局的综合素质和较强的判断能力,有良好的性格和和谐的人际关系,还要有吃苦耐劳的奉献精神。这就要求我们根据不断发展变化的新形势、新任务、新情况,不断探索,努力提高自身的政治素质和协调工作能力。

二、秘书的协调程序

根据协调对象的不同,秘书的协调程序与方法也是多样的。

(一)对上关系的协调

对上关系协调是指组织对其上级领导人和领导部门的协调。② 这种协调往往通过正确贯彻上级的政策、指示,全面领会领导意图,使局部利益与整体利益保持高度一致,不折不扣地完成上级下达的工作计划和工作布置,并及时汇报执行情况等来实现。秘书要在上级与本单位间做好沟通工作,既要促进本单位正确、及时地贯彻落实领导的意图,又要促进上级及时、全面地了解本单位的实际情况,从而促进本单位与上级保持一致、协调运转。主要有以下程序和方法:

1. 及时发现问题

发现问题是解决问题的关键。秘书是领导的近身助手和参谋,在本部门和上级的关系中处于重要位置。一旦出现某些不能协调的情况,秘书应能从文书往来和领导的言谈话语中敏锐发现。发现问题后,要及时向领导汇报,并积极采取相应的协调措施。

2. 解决问题的方法

与其他关系相比,和上级领导部门的关系具有一定的特殊性,解决的方法没有公式化的程序,而要视情况、问题性质和大小而采取相应办法。大体上说,可采用以下几种方法:

---

① 孔令学:《协调工作的基本原则和方法》,《秘书之友》,1991年第11期。
② 王千弓、徐中玉等:《秘书实用手册》,上海:华东师范大学出版社,2011年。

(1)自查。自查就是检查本部门是否全面领会了上级领导的意图,是否贯彻了上级部门的政策精神,局部利益是否服从了整体利益,是否在各方面与上级领导保持了一致,是否完成了上级布置的各项工作等。

(2)整改。一般而言,如果本部门的工作符合上级部门的要求,得到领导的肯定、认同,就不会产生不和谐现象。但如果在自查中发现有与上级要求不一致的地方,那就应该加以整顿、改进。

(3)积极请示。在贯彻执行上级工作要求时,会遇到各种不同情况。对于这些情况,上级在布置工作时未必能考虑得尽善尽美。遇此情况,下级部门不宜擅自决定,而应多请示,请领导对难以解决的问题予以定夺,以便把工作做好。

(4)主动汇报。将本部门的工作安排和进展情况、所遇到的问题等主动向上级部门汇报。一方面能使上级全面了解本部门的实际情况,以便作出正确判断和适当决策;另一方面也体现了下级对上级领导部门的充分尊重。

在这一过程中,必须注意:

第一,维护领导的威信和形象。秘书人员维护领导的威信,主要是从工作角度出发,即使秘书本人因此受些误解和委屈,也要泰然处之。首先,在工作中,只能为领导补台,不可拆台。秘书人员一定要尊敬领导,积极配合领导工作。当领导在工作中有某些疏漏和不足时,要积极采取补救措施,消除影响。其次,要注意维护领导的尊严。秘书人员给领导提意见和建议时一定要注意场合。

第二,维护领导层内部的团结。维护本单位领导层的团结,事关本单位内部的稳定和有效运转,这是每个秘书人员义不容辞的责任。秘书人员作为领导的参谋和助手,经常活动于领导成员之间,并在领导层和下属机构之间起着沟通信息、处理信息的作用,因而掌握的情况比较多,也比较深入。秘书人员反映情况、转达意见时要讲究方式方法,不利于团结的话、闲话、气话不能说。发现领导之间有误会,应寻找适当的机会帮助澄清、化解,切不可从中拨弄是非,将问题复杂化。秘书请示或汇报工作,应严格按领导成员职责分工进行,有分管领导就找分管领导,不能越级请示。涉及全局的问题,要请主要领导人裁定,并通报其他领导成员。

(二)对下关系的协调

对下关系协调是指上级机关在实施过程中,充分考虑下级的实际情况,倾听下级的意见和要求,科学地制定决策,并有效地将组织决策意图贯彻到下级各执行单位,使之自觉协调运转,积极地为实现组织目标努力工作。

就秘书工作而言,运用对下关系协调的方法进行协调应注意以下几方面:

(1)要在领导形成决策之前,深入基层调查研究,征求各方面意见和建议,使决策建立在全面了解情况、充分代表群众根本利益的基础上。

(2)在决策执行中,若发现决策方案的疏漏或偏差,发现执行单位的实际困难,应及时传递给领导者,使领导者作及时必要的调整。当下级单位对领导决策意图尚未全面理解时,秘书有责任向其宣传领导意图,提高其执行决策的主动性和积极性。

(3)在决策执行告一段落的考核评估和总结表彰工作中,秘书部门一方面要对下级单位的自我检查和总结给予必要帮助,另一方面要协助领导以工作计划为依据,制定切实可行、具体明确的考核标准和评估办法。在对下关系的协调事务中,秘书既要参与决策全过程的协调工作,又要在自身的工作事务中全面深入观察、分析和解决问题,避免失调现象,化解矛盾,保持与下级关系的协调。

(4)对下关系协调的方法。

第一,面商协调法。对不涉及多方,或者虽涉及多方但不宜或不必以会议方式协调的问题,可以用面商的形式。面商方式比较灵活,可根据不同需要灵活处理。可以是代表组织意见的正式谈话,也可以是个人之间的谈心和交流。

第二,商榷式协调法。协调者以平等的身份、商量的态度、探讨的口气发表自己的意见,征求对方的看法,共同寻求解决问题的最佳办法,达到协调的目的。在重大问题尚未决策前,上下级之间、平行级之间、部门之间,为了达成某种协议,可以采用此种方法协调。

第三,建议式协调法。指协调者以平等的身份、建议的态度、谦逊的语言,将自己的意见转告给对方,提请对方选择采用,以达到协调的目的。而不是要求对方去做什么,更不是指示别人做什么和怎么做。平行关系、无隶属关系的单位之间及上级机关某部门与下级单位之间,往往采用建议式协调。这种协调不具有强制性和约束力,但具有一定的影响力,有助于解决问题。

对下关系协调必须注意严守本分、不擅权越位。这是因为秘书部门不是独立的,只是领导层的辅助机构,处理、协调问题的时候,只能依据领导的决定、决议和批示的精神办理,而不能代替领导拍板。秘书人员虽然辅助领导研究各种问题,但只有发言权,无表决权。秘书部门提出解决问题的预案,只有经过领导研究决定后,才能生效。总而言之,一定要在领导授权的范围内行事,多请示,多报告,不擅作主张。不能打着领导的旗号,越俎代庖,更不能利欲熏心,以权谋私。

(三)上下双方关系的协调

上下双方关系协调是指对本部门的上级与本部门的下级进行协调。协调的目标是理顺上下关系,使得上下思想、行动保持一致。进行此类协调工作的秘书处于中间环节,作用大、责任重。

1. 对政策变化后的协调步骤

凡已经形成的决策或上下知晓的动议,突然因情况有变需要撤销,准备形成新的处理方案,就要求秘书对上下双方进行工作关系的协调。一要使上下对新情况认识一致;二要上下对撤销原动议表示认同;三要对处理问题的新方案反复讨论,使得上下均满意。上下级机关的秘书部门在沟通、联络、交换意见、草拟方案等方面起着不可低估的作用。通过协调可避免下级对上级产生"政策多变"的看法,避免上级对下级产生"不尊重领导"的看法。

2. 上下关系协调工作的一般程序

一般来说,其工作全过程可以分解为若干步骤,循因求果,步步推进:

(1)找准问题。这是协调工作的开始:一要找,即秘书人员要主动深入实际,深入群众,通过调查,发现需要协调解决的矛盾;二要准,即找准那些必须通过协调才能解决的问题,然后报请领导同意,请领导直接出面协调,或受领导之托行使协调之责。

(2)拟订方案。通过对协调课题的分析论证,提出切实可行的协调工作方案,包括协调的时间、地点、参与人员、拟采用的协调工作方法、所要达到的目标等,并尽可能设计出几套方案,陈述其利弊,请领导定夺。正确的工作方案可避免走弯路,但工作方案很难做到尽善尽美,只能在协调工作实施过程中不断修正。

(3)实施协调。实施协调工作方案,既要坚持原则性,又要有灵活性,瞄准协调目标,随机应变。对协调过程中出现的新情况、新问题要及时向领导反映汇报,以便得到领导的支持。

(四)秘书与领导关系的协调

领导是秘书工作服务的主要对象,正确有效地协调与领导的关系,使二者工作和谐、默契和相互信任,这对秘书发挥其职能作用,有着关键性影响。

秘书与领导关系协调的步骤:

1. 检查自身

秘书要协调与领导的关系,首先要从检查自身做起。在政治意识、思想品质、业务素质上,都要严格要求自己。特别是在为领导和领导部门服务方面,应不断对照有关要求,看是否做到尽职尽责,以及是否能准确理解、把握领导的意思,在工作中是否贯彻好领导意图、是否圆满完成了领导交办的各项工作等。只有发现不足,才能提高进步。

2. 提高素质

秘书必须不断加强服务意识、服从意识、参谋意识、全局意识;必须摆正自己的位置,处理好对领导的依从性和独立性的关系,不断提高业务素质,提高观察感知能力、分析综合能力、语言文字运用能力、组织社交能力。只有素质提高了,才能不断改进工作,更好地为领导服务,当好助手和参谋,使自己的工作日有所长、月有所进,得到领导的肯定与认可。

3. 主动交流

秘书人员应尊重领导、体谅领导,与领导进行各方面交流,以便加强沟通,逐步建立起秘书与领导的新型和谐关系,即工作上领导与被领导、辅助与被辅助的关系,政治上、人格上的平等关系,生活上、道义上的友爱关系。

在协调与领导的关系时,秘书应注意以下几方面:

(1)要善于总结领导的活动规律,正确领会领导的意图,积极主动、及时周全地为领导服务。

(2)不折不扣地完成领导交办的事务,做到忠诚可靠,不假借领导的权威谋私,也不向领导献媚讨好。

(3)维护领导的权威,不背后议论,若发现领导工作中的失误和疏漏,当面坦诚地提出自己的建议和看法,做领导的诤友。

(4)设身处地体谅领导,受到批评要虚心,受到误解不埋怨,找适当的机会向领导解释。

(五)秘书与本单位员工关系的协调

协调好员工与单位的关系,使群众对单位有一种向心力、凝聚力和归属感,这就是群众关系协调的努力方向和目标。①

1. 一般步骤

员工是组织的基石,做好群众工作是秘书工作的重要内容。除用组织会议、制发文件统一群众的思想和行动外,秘书人员还应做好以下工作:一是深入调查研究,发现不和谐因素和失调现象,应努力协调各方并及时向领导汇报,尽快解决。二是在草拟决策方案、法规制度时,要全面考虑,避免出现疏漏,在群众中造成矛盾和纠纷。三是当群众中发生某种利益冲突时,一方面要协助领导,帮助群众,让群众理解根本利益的一致;另一方面要及时向领导汇报,建议领导采取必要的措施。四是当一项改革措施出台,群众认识出现差异时,秘书人员更要加强宣传,避免认识上的差异造成群众中的矛盾和纠纷。五是对群众中存在的一些一时难以解决的矛盾,一方面要缓解矛盾。另一方面要请示领导,创造条件逐步解决。

2. 常用的方法

(1)理论灌输法。协调工作不能以势压人,只能晓之以理,以理服人。要用大道理管小道理,用真理来统一思想和行动。

(2)权威利用法。这是当有关各方固执己见、互不让步,进而可能影响领导层决定事项的贯彻落实之时,不得已采取的方法。通过富有权威的领导出面干预,或由领导集体表态,而达到思想的统一和步调的一致。

(3)感情激励法。协调方法种类很多,以攻心之法为上。最能感动人心的,莫过于一片人间真情和一颗赤诚之心,晓之以理,还要动之以情。人是有感情的,一番肺腑之言或困境中的一次鼎力相助,往往能起到联络感情、化解矛盾的作用。人与人之间如此,部门之间、单位之间也如此。

---

① 王千弓、徐中玉等:《秘书实用手册》,上海:华东师范大学出版社,2011年。

(六)几种协调的艺术

作为秘书,要高度重视协调工作,认真研究协调艺术,掌握协调的规律和方法,真正成为领导放心、机关信赖的"协调通"。①

1. 大事要"硬"协调

大事是对全局起决定作用的中心工作,是主要矛盾在单位建设中的表现和反映。为此,在进行协调时,秘书要力争做到以下三点:首先,要认真贯彻落实上级的"硬杠杠"。在大事的协调处理上,上级的路线、方针和政策是协调时不可逾越的红线。对于上级的路线、方针和政策,秘书只有做到烂熟于心,才能在协调时认真执行这些硬性规定,准确无误地落实好上级的相关指示。其次,要弘扬不屈不挠的"硬骨头"精神。坚持按照规章制度办事,并不意味着所有问题都会迎刃而解。在协调工作中,秘书经常会遇到一些意想不到的情况。此时,秘书一定要坚定立场,维护规章制度的权威性,切不可屈从于人为压力,做出违背原则的事。再次,要保持敢想敢干的"硬脾气"。在大事的协调过程中,秘书不仅要善于发现机构设置、职责分工、政策法规等方面的弊端,还要敢于向上级领导提出合理化建议,改革不合理的机构,修订不完善的政策法规,堵塞不该有的漏洞。总之,秘书要从维护全局利益出发,抓好大事的"硬"协调工作,以实现单位的高效、一致、和谐。

2. 急事要"热"协调

急事的最大特征就是突发性和时效性强,要求处置果断、快速、准确、稳妥,符合客观实际和上级意图。秘书在协调这类事情时,首先要把握好"火候"。秘书代表的是上级领导和机关,在协调一些突发性事件时,不能越俎代庖,轻易干预下级单位的独立自主权。要督促他们及时上报事态发展的趋势,综合方方面面的情况,实时向上级领导请示报告,确定介入的最佳时机。其次,要善于趁热打铁。一旦开始协调,秘书就要积极联系相关单位和个人,统一协调各方思想。当各方都表现出服从协调的热情和意向时,要抓住有利时机,紧锣密鼓,协调一致地完成任务。同时,要及时吸取协调中的经验做法,形成相关的工作预案。再次,要随时保持与领导的热线联系。领导总揽全局,说话有深度、有力度,对协调工作的开展会起到很大作用。所以,秘书要及时向上级领导汇报事件的进展情况,认真听取他们的指示意见,寻求他们在各方面的支持。总之,秘书在用"热加工"的方法处理突发性事件时,要因人、因事、因时而异,快速准确地达到协调目的。

3. 难事要"软"协调

在协调过程中,下级单位和领导的不配合是一件让人头痛的事情。遇到这种情况,秘书要从全局利益出发,采取正确的协调方法。首先,要维护团结,进行软包装。事情发生后,秘书要利用各种场合,维护事发单位和相关人员的形象,缩减影响范围,防止事态进一

---

① 王怀志、李吉鹏:《略论秘书的协调艺术》,《办公室业务》,2008年第4期。

步扩大。同时,要在领导面前为其进行相应"包装",以免丧失下一步协调的主动性。其次,要放下架子,进行软沟通。出现这些难事,可能是秘书在协调时没有掌握好分寸,造成协调对象不买账,并以"这不是我们的职责范围"等来搪塞。此时,秘书要从尊重对方的角度出发,放下架子,加强沟通,争取得到对方的谅解和支持,共同把事情做好。再次,要冷静应对,进行软处理。在协调过程中,个别单位和个人可能有阳奉阴违、出工不出力的现象。面对这种情况,秘书要适当拖一拖、放一放,酝酿一段时间再处理,切不可因小事影响了大局。总之,当难事发生时,秘书一定要"软硬兼施"地协调好各方面的关系,为全局工作的顺利开展创造充足条件。

4. 小事要"暗"协调

机关工作中有些事情虽小,但协调处理不好也会牵动大局、影响大局。对于这些比较琐碎、不宜公开协调的事情,秘书人员应采取"暗"协调的方式处理。首先,要穿针引线,暗中化解。机关同事之间发生摩擦是很正常的事情,而且当事人都不想把事情闹僵,影响自己的成长和进步。在进行协调时,秘书要当好地下交通员,暗中进行积极说和,疏通存在的隔阂,促使双方握手言和,"一笑泯恩仇"。其次,要设身处地,暗中帮助。秘书经常与司机、打字员等打交道,对他们的个人情况,特别是家庭等方面的问题,比较了解。协调时,要注意保守他们的秘密,在思想上积极引导,在物质上提供力所能及的帮助。必要时,可联系相关单位和个人,共同解决他们的问题,消除潜在隐患。最后,要遵循原则,暗中通融。秘书身份特殊,经常会有一些基层单位的同志请求给予关照。对待这些问题,秘书不能断然拒绝,而要在原则允许、不损害他人利益的范围内,积极主动地出主意想办法,最大限度地满足他们的要求。总之,在现实工作中,秘书要正确运用"暗"协调的工作方法,处理好方方面面关系。

5. 特事要"冷"协调

作为秘书,工作上的特事是指领导的特意吩咐、同事的特殊情况和自己的特别遭遇。在协调处理时,一定要用"冷处理"的方法来应对。首先,要冷静应对领导的特意吩咐。这些事情,有的公私兼顾,有的纯粹是领导个人的私事;有些可以去办,有些因涉及原则问题不能办。但作为下属,不办又不好,因而要冷静处理。但违背原则的事情,秘书应委婉提醒领导不能办,不能因为担心遭到领导的冷遇,姑息迁就,投其所好。其次,要冷静面对同事的特殊情况。工作中的热点、难点等敏感问题可能会损害一部分同事的切身利益。当这些人来诉苦、抱怨时,秘书不能火上浇油,激化矛盾。正确的方法是认真倾听,以静制动,待对方情绪稳定后,再"泼冷水",耐心进行调解。再次,要冷静处理自己的特别遭遇。因自身利益的得与失,秘书受到别人的"特别关注"是很正常的。此时,秘书不能得意忘形,也不能灰心丧气,要保持冷静,一如既往投入到本职工作中。总之,秘书在运用"冷"协调时,必须学会控制自己的情绪,以"宰相肚里能撑船"、"无故加之而不怒"的宽广胸怀,沉着冷静地处理他人和自身问题。

本章思考题

1. 秘书应怎样对待失调状态和失调倾向？
2. 举例说明秘书坚持政策原则并不排斥协调的灵活性。
3. 为什么说秘书既要熟悉和研究领导机关、领导者协调工作的内容，又不应该也不可能包揽全部沟通协调工作？

案例分析

某公司总经理去外地出差期间，公司的一件重要事项急需三位副总经理协商解决。但在商量时，三位副总经理出现了严重的意见分歧，这可使谭秘书苦恼万分。会后，好心的谭秘书又分别向三位领导请示，三人仍各持己见，每位副总经理都要求谭秘书传话给其他两位，听话的谭秘书均如此照办，但事情最终未办成。

总经理回来后，再次召集开会，三位副总经理的情绪更坏，隔阂更深，而且都表示自己的原话或说话的真正意思不是传话的那样，是谭秘书在传话时加进了自己的意思，使原意走了样。这样一来，谭秘书真是"猪八戒照镜子——里外不是人"。

（资料来源：孙荣等编著：《秘书工作案例》，上海：复旦大学出版社，2005年，第87～88页。）

根据上述案例，请回答：

1. 三位副总经理的隔阂是如何形成的？
2. 秘书遇到此类情况时，应如何正确处理？
3. 在同一问题上，领导人之间意见不统一，或相互推诿时，秘书应该怎么办？

第十三章 督促检查

本章导语

督促检查是秘书部门一项重要的经常性工作,是领导在组织中赋予秘书的重要职能,本章重点阐述了秘书督促检查的作用,介绍了督促检查工作的特点和主要内容以及督促检查工作的程序和方法,旨在帮助学习者理解和掌握秘书督促检查工作的有关内容,在实际工作中做好督促检查工作。

本章关键词

督促;检查;特点;程序;方法

第一节 督促检查的作用

一、督促检查的含义

督促检查,简称为督查,是指为保证预定目标的实现,秘书和秘书部门根据决策、工作部署等的贯彻执行情况,对本机关所辖各单位的职能部门进行的督促、检查工作。督促检查要求相关部门不仅要搞好督促,而且要抓好检查,使二者结合起来。督查是针对某项决策落实而言的,没有决策就没有督查,督查是为决策落实服务的,是推动决策落实的实践活动,目的是确保决策目标的实现。

一般来说,督查工作可分为广义和狭义两种,广义的督查工作是指上级机关对所属下级单位或部门贯彻上级决策和执行任务的情况进行督促、检查,从而发现问题,促使下级单位按期保质保量地完成工作任务;狭义的督查工作是指秘书或秘书部门根据党和政府的路线、方针、政策的贯彻落实情况,各项重大工作部署的执行情况以及各级领导同志批示、交办事项的办理情况对相关单位进行督促、检查办理落实的过程。我们所说的督查工作主要指后者,但也包括前者的内容,二者是难以截然分开的。[①]

---

① 欧阳周、陶琪:《现代秘书学——原理与实践》,长沙:中南大学出版社,2007年,第199~200页。

督查是领导者的重要工作内容和职责之一,也是领导者推进工作最常用的工作方法和有效手段。决策不是一次就能完成的,而是需要在实践中不断加以完善的。事物是不断发展和变化的,对于每一项具体决策而言,都需要反馈、适时纠正偏差和完善。任何一项正确的决策,都来源于实践,又要回到实践中去,受实践的检验并不断完善。通过积极开展有效的督促检查,一方面可以及时了解决策执行中的情况,加强指导,保证决策的落实;另一方面也可以了解决策接受实践检验的情况,总结经验,纠正偏差。

二、督查在秘书工作中的作用

(一)秘书与督查工作

1. 督查工作是领导机关赋予秘书人员的一项重要职责

督查工作是在领导授权下进行的,在秘书活动中,督查工作就是秘书部门或秘书协助领导,对看到、听到、查到的一些无人过问或解决不了的重大问题,自上而下地进行督促检查,使之得到有效办理和落实。在推进决策贯彻、落实的过程中,由于种种原因,领导者很难对每项决策贯彻落实的情况了然于胸。因此,在领导的授权下进行督促检查已经成为秘书工作的重要组成部分。江泽民同志曾指出:"我们各级领导机关长期以来存在的一个比较薄弱的环节,就是布置多、检查少,或者说得更严重一些,就是有布置、无检查。我们应该下定决心改变这种状况,做到布置一项工作就要把它落到实处,抓一件是一件。我看办公厅应该发挥这样的促使检查作用。如果这样,我们机关的效率就会高得多。"可见,秘书和秘书部门的督查工作,是领导赋予秘书和秘书部门的职责,是一种领导授权的行为,是一种辅助性、服务性的工作。①

督查工作是秘书部门的一项重要工作,在我国有着优良传统。自有秘书活动以来,督查工作就与秘书活动融为一体。在旧中国,督查是秘书工作的一项重要任务,秘书是督查工作严格的执行者。新中国成立以来,党和国家领导人都十分重视督查工作,并制定了一系列相关制度。早在1951年,政务院就明确把"检查和督促政府决议执行情况"列为各级政府机关秘书部门负责人的工作任务之一。1985年全国秘书长、办公厅主任座谈会明确提出:查办工作是秘书部门的一项重要改革,是秘书工作的一项重要内容,是秘书人员发挥参谋助手作用的重要手段,也是改变工作作风、提高工作效率、保证工作质量的重要措施。1990年1月,中共中央办公厅召开全国省、区、市党委秘书长座谈会,会议决定在原来工作的基础上,根据新形势、新任务的需要,加强对党的重大决策和重要工作部署贯彻、落实的督促检查,不断开拓新的工作领域,并且从组织上、制度上加以完善,使之走上规范化、制度化的轨道。1999年2月6日中共中央办公厅发布了《关

---

① 江泽民:《在省、自治区、直辖市党委秘书长座谈会上的讲话》(1990年1月8日),《秘书室工作文萃》,北京:中国大百科全书出版社,1992年,第9页。

于进一步加强督促检查工作的意见》(中办发[1999]6号),对新时期督查工作的任务、作用、职能、程序、队伍建设、领导重视等方面作出具体规定。2008年10月27日国务院办公厅发布了《关于进一步加强督促检查切实抓好工作落实的意见》(国办发[2008]120号),提出要高度重视督查工作,明确督查工作的任务和重点,建立健全督查工作制度,改进督查工作方式、方法。这两份文件的颁布及落实有力地推动了督促检查工作的进一步完善。

2. 秘书在督查工作中的角色定位

督查工作作为秘书部门的一项重要职能,是新时期秘书工作发展、秘书部门发挥参谋助手作用的一个重要方面,是秘书部门从被动服务变为力争主动服务的一个有效手段。督查行为是一种领导行为,具有特殊的管理属性,秘书虽有督查职能,但这一职位特定的职责权限要求秘书在督查活动过程中,应明确自己的角色定位。

(1)督查开始阶段——"代办人"。一项重要决策作出后,秘书通常受领导指派而承担督查任务,因此,秘书须按照决策人的意图、根据决策者的查办意见开展工作。

(2)督查进行阶段——"协调员"。督查活动开始后,秘书在不违背决策意图和督办意见的前提下,可在职权范围内,因地制宜、实事求是、自主地对实施过程进行指导。对于无法解决的问题,可向领导汇报,或直接与有关部门沟通协调,从而达到决策最终实施的目的。

(3)督查后期阶段——"智谋士"。这一过程的督查活动突出体现了秘书的参谋职能。督查后期,秘书依据督查工作的目标和要求,对督查结果进行科学分析,自主提出进一步改进、完善决策的具体建议及开展下一步督查工作的建设性意见,提交督查报告,呈送领导审定。①

(二)督查工作的作用

督查在秘书工作中占有十分重要的地位,在推动决策执行、矫正工作偏差、提高工作效率、克服官僚主义方面起着举足轻重的作用。

1. 有利于政令畅通,促进决策的落实

任何政策最终都要落实为改造客观世界的实践活动,政策必须经过实施才能显示其现实功用。然而决策的实施需要一个过程,这个过程往往不是一帆风顺的。在政策的执行过程中,常会出现各种问题,由于这些问题的存在,往往导致在执行决策过程中出现偏差,发生执行轨迹偏离决策目标的现象。这些问题可能是政策制定时先天存在的,也可能是由政策执行准备不充分所致,如,执行层对决策理解不透彻、执行不力,因而发生无意识偏离;执行层顾及某些局部得失或小团体利益,因而发生有意识偏离。通过督查,能及时发现决策在执行过程中偏离目标的情况并及时纠正,从而保证决策的顺利实施。

---

① 杨峰:《秘书实务》,北京:中国人民大学出版社,2011年,第175页。

2. 有利于克服官僚主义、形式主义，提高工作效率和执行力

督查，从根本上讲是对各级领导干部工作作风的监督和检查。在行政管理过程中，受运行体制、机构设置、分工情况等的制约，往往会出现办事拖沓、行动迟缓的问题；或职责不清，相互推诿；或议而不决，决而不行；或敷衍塞责，办事效率低等。这种种现象的出现，除客观因素外，官僚主义作风是一个重要因素。通过督查，促使执行部门加快办事节奏，克服形式主义、文牍主义和"顶、推、拖"的弊病，使领导机关和领导干部把时间和精力用到深入基层、调查研究、解决问题、多做好事实事上，促进工作落实。同时，督查工作对领导机关和领导干部本身也是一种约束，能促使领导同志切实改进作风，更加自觉地带头执行决策，落实分管工作，进而带动整个机关形成一种务实、求实的良好风气。而良好工作作风的形成，对于加强各级政府的执行力，促进执行部门加快办事节奏、保障工作质量、提高工作效率方面都能起到积极作用。

3. 有利于信息反馈，进一步完善决策

根据辩证唯物主义观点，决策的制定是决策者对客观事物规律的认识。领导的决策虽然来自客观实际，但在具体落实时，却不可能百分之百符合实际。因为决策必然带有领导者的主观期望，另外，作决策前后主客观情况可能有变化，所以在实施决策过程中，往往会出现一些误差。对失误的决策，越机械地督促落实，其造成的损失和危害就越大。

督查工作是政策执行的后续工作，也是政策执行情况的信息反馈。在实际工作中，一项政策下达后，由于工作条件和执行对象不同，政策执行的进程也不尽相同。这就要求督查人员根据实际情况开展督促检查工作，调查研究，了解情况，发现和研究执行过程中遇到的新问题、新情况，获取信息，并且把这些信息加工整理，反馈给领导。让领导及时掌握决策执行情况，发现决策与客观现实之间的距离，发现决策的不足之处、可能出现的对目标的偏离。验证决策是否正确、评估决策与实际是否相符，以便及时采取切实有效的措施，并对决策加以调整、补充，从而使决策不断完善。

4. 有利于秘书部门加强自身建设，充分发挥参谋、助手作用

秘书部门参谋作用的正式提出，是在1985年1月中央召开的全国秘书工作会议上。这次会议正式提出秘书部门应发挥四个作用，即参谋作用、助手作用、提供信息作用、协调作用，首次明确强调了秘书部门的参谋作用。1990年1月，中央再次召开全国秘书工作会议，指出当前要特别强调秘书部门发挥好几个作用：一是参谋助手作用，二是督促检查作用，三是协调综合作用。通过两次会议我们注意到，中央特别强调秘书和秘书部门的参谋作用。

秘书部门是领导机关和领导的参谋助手，直接承办领导交办的各项工作，在确保机关、单位工作正常运转方面发挥着重要作用。督查工作是领导赋予秘书和秘书部门的一项重要职责，也是确保决策得以贯彻执行的重要措施。对决策贯彻落实情况进行督

查的主体是各级领导,秘书和秘书部门是为领导的督查工作提供服务的,他们及时将了解到的情况向领导汇报,提出建议供领导参考,对领导进行及时提醒,按照领导指示处理问题,强化工作规范和工作监督。这样不仅会促进领导工作绩效的提升,而且可使秘书和秘书部门变被动为主动,化消极为积极,通过督查实践的锻炼,其自身思想修养、政策水平、工作作风和实际能力不断提高,自身建设不断加强。①

三、督促检查工作的特点

秘书部门的督查工作,不同于纪检、监察部门的督查,它是领导机关赋予秘书部门的重要职责,是一项围绕领导活动需要而开展的辅助性、服务性工作。具体来说,秘书部门的督查工作具有下述特点:

(一)政策性

督查是一项推动决策落实的工作。领导者和领导机关作出的决策,是党和国家路线、方针、政策的具体化。当前,党委和行政机关的领导批办的事项都是事关科学发展、和谐发展,事关人民群众切身利益,事关大局稳定和矛盾化解的一些重点、难点和热点问题。如农村义务教育经费保障、土地矛盾纠纷、基层组织建设、农业补贴政策、环境保护与污染减排、劳动就业、医疗保障等诸多方面。这些问题涉及党和国家的方针、政策,因此,对它们的处理政策性非常强。

这就要求督查人员必须具备较高的政策水平,熟悉党和国家的方针、政策,具有丰富的政策知识。在督促检查过程中,能把握政策标准,深入了解实际情况,做好政策落实的调查处理工作,在查办和审核、反馈时把好政策关,严格按照党的方针、政策办事。特别是对于某些矛盾积累时间较长、牵扯部门较多、掣肘因素复杂、直接涉及群众利益、办理难度较大、方方面面都高度关注的事项的查办,若政策把握不到位、不正确,就会造成政策落实不了、群众不满意的不良后果。

(二)权威性

1999年2月,中央办公厅在下发的《中共中央办公厅关于进一步加强督促检查工作的意见》中指出:"开展督促检查是一个重要的领导环节和领导方法。"明确督查工作是领导工作的重要组成部分,这表明督查工作从其产生就与权威性紧密相连。督查工作的权威性既是客观存在,也是有效开展工作的需要。对执行部门有很强的约束力,执行部门必须认真接受督查并按要求报告情况。督查工作如果没有这种权威,那么就很难进行,也就不可能收到应有的效果。

秘书和秘书部门"受命于上"而"行权于下",他们是根据领导机关的指示、代表领导

---

① 欧阳周、陶琪:《现代秘书学——原理与实践》,长沙:中南大学出版社,2007年,第203页。

机关或领导进行督查的,在办理一些具体事项时,领导往往赋予秘书和秘书部门较大的权力,秘书和秘书部门不仅可代表领导机关及其领导成员,了解和检查所属下级单位的工作,还可列席有关督查工作的会议,阅读密级较高的文件,对督查的问题提出看法,对具体的问题提出处理建议等。因而,秘书和秘书部门的督查工作对执行单位具有一定的约束力。执行单位对此不能推诿,更不能顶着不办。

(三)间接性

秘书部门开展督查工作,必须经过领导机关或领导批准,根据领导机关的指示精神办理。其原则是"领导同志负责,秘书人员协助",秘书人员发挥的是间接性辅助作用。对于领导机关批准督查的事项,主要由有关下级单位具体办理,秘书人员做得更多的是沟通协调。秘书部门通常并不直接参与办案和处理问题,更不能代替下级单位和职能部门工作,只是协助领导做好交办、催办、调查和整理材料、上报结果等工作,督促下级单位和职能部门承办、落实。查办者虽然有时需要进行深入调查,但对于出现的问题仍不能直接去处理,而是在了解真相后催促有关承办部门去处理。对于领导机关发出的限期完成交办事项的指令顶着不办或不报告情况的人,可建议有关部门予以处分。

(四)层次性

秘书部门按照相应的管理层次来开展督查工作。督查工作也是依层次进行的,一般实行分级负责制,一级查一级,不搞越级督查。但各层次机关的督查工作范围和要求并不一样,督查工作的面上宽下窄,越往下面越详细越具体。同时,被督查的机关和单位有义务接受上级的督查,有责任向上级反映督查工作所要了解的一切情况、提供需要的相关资料。

温家宝同志指出:"督促检查工作是办公厅根据中央和中央领导的指示进行的,是领导授权进行的工作,要严格工作制度和工作程序。比如,要健全分级责任制度,哪些事项由哪一部门、哪一级负责督促检查,要分清责任,既不能推诿扯皮、无人负责,也不要越权。中央办公厅要充分依靠和尊重地方和部门,涉及地方和部门的工作,首先要由有关地方和部门进行督促检查,中办要做好情况汇总。中央办公厅进行督促检查工作,以了解情况为主,不直接处理问题,不代替地方和部门的工作。"[①]秘书和秘书部门必须严格按照管理层次来开展督查工作。

(五)综合性

督查工作的内容和范围,决定了它是综合性很强的工作。督查工作涉及的单位和

[①] 温家宝:《切实改进作风,进一步做好办公厅工作——在省、自治区、直辖市党委秘书长座谈会上的发言》(1990年1月8日),《秘书工作文萃》,北京:中国大百科全书出版社,1992年,第18页。

部门多,内容丰富,覆盖面很广。有时一项重大决策涉及一个地区的方方面面。有的决策甚至涉及所属地区的所有部门。督查工作的落实涉及的层次多、部门多、内容多,需要督查的范围广,因而,督查工作具有很强的综合性。

从工作关系上看,督查工作涉及上下左右、方方面面,有的工作落实难度较大,需要沟通协调的事很多;有的办理周期长,需要连续不断地进行督查,不仅要发现问题、反映问题,还要向领导提出处理问题或完善决策的意见、建议。从工作方式上看,督查工作有一套自己的工作程序和工作方式、方法,如对一项重大决策的督查,还需要与有关职能部门联合进行。

同时,秘书部门是综合性的办事机构,秘书部门的督查工作通常是协助领导开展的,而领导机关工作范围广、综合性强,凡是所管辖范围内发生的事,只要是领导认为需要督查的,秘书部门都要督办。这也决定了秘书部门的督查工作具有广泛性、综合性的特点。

(六)时效性

时效性,既是督查工作的特点,也是对督查工作的要求。领导机关、领导的决策往往是针对当时的某种倾向或某个问题作出的,因此,决策的落实也具有很强的时效性。一个好的决策,如果不在规定时限内落实,就会贻误时机,失去决策价值,甚至出现问题。各级党政机关或领导在某项决策付诸实施后,往往希望尽快知道其进展情况,以及需要采取什么措施,以应对其在贯彻执行过程中出现的问题和困难。这些都要求秘书和秘书部门及时督促有关地区和部门按时限要求落实并反馈情况,即秘书和秘书部门要讲究效率。

第二节 督促检查工作的内容、程序和方法

一、督促检查工作的任务和范围

督查工作是秘书部门一项重要的经常性工作。

(一)督促检查工作的任务

总体上看,督查工作的任务有四个方面:

(1)上级领导机关的决策和重要工作部署下达后,对贯彻、落实情况的督促、检查和信息反馈。

(2)对应办理的文件和会议决定事项,进行催办和落实。

(3)对需要查办的问题,请有关地区和部门查清解决。

(4)对领导交办的其他事项进行督促办理。

（二）督促检查工作的范围

督促检查工作的范围大体包括以下几个方面：
(1)上级领导机关的重大决策、重大工作部署的贯彻落实。
(2)本级领导机关的重大决策、重大工作部署的贯彻落实。
(3)上级领导指示查办的事项。
(4)上级领导机关和有关部门交办的督查事项。
(5)本级领导批示查办的事项。
(6)秘书部门在日常工作中发现、并经领导批准的重要事项。
(7)秘书部门从报刊资料或其他渠道了解到、需要查办的重要问题。
(8)领导临时交办的事项。

二、督促检查工作的内容

决策的制定与部署完成后，更重要的工作在于决策的执行。作为决策执行中的一种推动力，督查工作的目的是为了推动中央和政府政策、各级领导决策的贯彻落实，因此，督查工作内容广泛。需要指出的是，各级各地的督查工作内容有着明显差别。一般而言，督查工作的内容主要有以下几方面：[1]

（一）决策督查

决策督查，就是对领导机关确定的决策的贯彻实施、落实情况进行督促检查，这是决策有效贯彻、实施的关键和保证。决策督查作为督查工作最重要的组成部分，担负着推动重大决策落实的重任。决策督查开展得如何，不仅关系督查工作的水平和质量，而且影响领导的权威和工作成效。

决策督查主要包括以下两个方面：

一是督促检查会议决议的贯彻落实情况。通过会议形式制定决策或研究实施决策的措施和办法，是我国党政机关最基本、最常用的工作方式。如党代表大会、党委全委会、党委常委会等形成的决定和决议，都是大政方针、重大决策和重要工作部署。其中有对中长期工作的安排和规划，也有对一个时期阶段性工作的计划和部署，还有对一些重要的具体事项作出的决定。二是督促检查文件的贯彻落实情况。中共中央、国务院，以及各级党委、政府通常以文件形式发布重大决策和重要工作部署的，这些重大决策和重要工作部署对全局工作具有指导性作用，是开展工作和督促检查的依据。确保这些重大决策和重要工作部署的落实，是督查工作的重中之重。不同层级的督查主体，其文件督查的范围不同。

---

[1] 何智蕴：《管理文秘——理论与实践》，北京：科学出版社，2007年，第190页。

决策督查的重点由决策本身的性质和特点决定。一般而言,社会作用越重大的决策,贯彻实施的难度就越大,发生偏差的可能性也就越大。与人们切身利益越相关的决策,在实施中越易疲怠,因而越易变味和走样。①

(二)专项查办

专项查办,就是协助领导对某些具体问题查处解决。具体来说,是指对某一项具体工作或问题进行督查。一般而言,问题、对象越复杂的决策,受到制约的因素越多,就越不容易按照预期目的与计划贯彻实施。具体工作有:

(1)根据领导的批示和要求,将领导批示、交办的事项,转交有关地区或部门办理并督促其抓紧核查、落实,称为"领导批示查办件"。

(2)把看到、听到、查到的而又无人过问的带有典型性的问题经领导同意后,通知有关地区或部门进行查办,催促落实,称为"主动查办件"。无论是"领导批示查办件"还是"主动查办件",都需要及时报告结果,做到"件件有着落,事事有回音",务必一查到底。

专项查办具有专一性,即一事一督,一事一查,一事一办。专项查办工作是领导机关、领导交给专职督查机构或秘书、秘书部门一项经常的、连续不断的工作。查办事件所反映的问题,往往是热点难点问题,是应该或必须解决的问题。专项查办工作是一项时效性、政策性、指令性很强的工作。

决策督查与专项查办既有联系又有区别。所谓联系,主要是指决策督查与专项查办都是政治性、政策性很强,促进领导决策落实的重要工作。专项查办必须紧紧围绕党的方针、政策来开展。许多专项查处的问题,亦是决策贯彻中出现的问题。决策督查与专项查办目的是一致的,都是为了推动、促进党的各项方针、政策真正落到实处。决策督查与专项查办是相互联系、相辅相成、相互促进的关系。

所谓区别,主要体现在以下几个方面:

第一,决策督查的内容是上级和本级领导机关的决策,督查的主体是领导者,秘书和秘书部门起协助作用;督查的客体是下级领导者,只有各级领导真正重视督查工作,督查工作才能取得实效。而专项查办中的领导批示查办件往往是某个领导者的个人决断,督查的客体是被查办的对象,督查部门根据领导者的要求加以处理。

第二,决策督查需要检查落实的事项,往往都是涉及全局性的重大问题,内容多,涉及面广。专项查办要处理的大多是一些具体或局部的问题,内容比较单一,往往是一事一办。

第三,决策督查要检查落实的问题,多是宏观决策,需要各个层次、各个部门配合,才能全面贯彻落实。专项查办所处理的是具体事项,内容比较单一,有的只涉及一两个或几个部门。

---

① 杨兴林:《论决策督查》,《决策艺术》,2001年第10期。

第四,决策督查需要落实的问题,一般周期较长,有的决策需要反复、连续地进行督促检查才能完成。而专项查办所处理的事项,对时限要求比较强,办结时间要短。

第五,决策督查在决策的具体落实中,需要对具体情况进行综合分析、归纳抽象,提炼出带规律性经验,找到普遍性问题,再提出解决问题的意见和建议,推动决策的进一步落实。而专项查办的内容比较单一具体,目标十分明确,针对性强,比较容易操作。①

(三)督查调研

督查调研是根据党的方针、政策以及领导机关的重大决策、工作部署的贯彻落实情况,把督促检查的工作方法同调查研究的工作方法有机结合起来的一种督查方法,是督查工作的一项重要内容。督查调研不仅对决策落实情况进行调查研究,及时把实际情况反馈给领导,而且是对决策执行单位的一种实地检查,起着推动决策落实的作用。督查调研既强调在督促检查中重视开展调查研究,又重视在调查研究过程中运用督促检查的手段。

督查调研的类型通常有以下几种:一是综合督查调研,是指围绕领导机关的重大决策和重要工作部署,适时组织力量调查研究,从总体上了解决策落实的进展情况。二是专题督查调研,是指对领导机关的决策和部署选择某一项或某一个重要方面开展的督查调研活动。三是专项查办调研,是指围绕上级领导机关和领导同志重要批示的贯彻落实而进行的调研活动。四是经验性督查调研,是指发现和总结在决策落实过程中涌现出的先进典型的调研活动。这类调研主要是对有借鉴意义的典型经验加以总结推广,用以指导决策的进一步贯彻落实。五是问题性督查调研,是指在决策落实过程中,对出现的带有普遍性、倾向性和政策性问题进行的督查调研活动。其中,既包括执行决策中出现的工作性问题,也包括决策自身在实施中暴露出来的问题。②

督查调研的方法通常有以下几种:一是召开座谈会。这是比较常见的一种调查方法。它能在有限的时间内捕捉到更多的信息。可以组织与会人员对调研的问题进行讨论,深化认识。召开座谈会之前,要事先物色好与会人员,根据调研目的出好题目,通知与会人员做好准备,以便讨论时紧扣议题发言。二是个别交谈。即找执行者、当事人或干部群众个别交谈。这种调查方法可以是正式的个别汇报、介绍情况,也可以是不拘形式的随便交谈。这种方法的好处在于可以深入了解情况,个别交谈比较容易获得真实的情况。三是现场考察。这是一种亲眼目睹、亲身经历决策落实情况的调研方法。亲自参加决策落实的实践活动,能掌握决策落实情况的第一手材料,所获得的调研资料比较可靠。这种考察可以由所在地区或单位的同志陪同,必要时也可以亲自到现场督查。督查调研的根本目的和落脚点都是为了解决问题,推动决策的落实。它既要总结经验,探

---

① 毛林坤:《督促检查工作》,北京:高等教育出版社,1994年,第63~64页。
② 向嘉:《督查工作和党政执行力研究》,《重庆工学院学报》,2008年第4期。

索规律,指导工作,解决问题,又不能只限于一般的调查研究,因此督查人员在督查调研的方法上要拓宽思路,不断创新督查调研的工作方法。①

(四)督查协调

督查协调是指对决策落实的过程进行协调,它也是督查工作的内容之一。督查协调主要是指紧紧围绕中心工作,对重大决策与重要工作部署,积极有效地开展督促检查工作,及时发现落实中的困难,妥善解决问题,最大限度地调动各方面的积极性。在共同的目标下,做到步调一致、齐心协力地完成共同担负的实施决策的任务。

所谓协调,就是调节矛盾,消除分歧,排除各种障碍,使得双方或多方关系达到和谐统一。各种社会关系的协调,需要通过人的行为来进行,而协调目标的实现则主要靠领导。领导层协调,主要是进行某种决策的协调。而秘书和秘书部门的督查协调,不同于领导层的协调,它是服务于领导的决策,受领导指派去进行协调的。

督查协调的范围很广泛。根据协调的对象来划分,主要有上下级协调、左右协调、内外协调。上下级协调就是指协调好领导、上级和下级的关系。只有把领导、上级的意图和文件精神向基层讲清楚,并及时把基层的意见和要求向领导、上级反映,才能使上下齐心协力,步调一致,为实现既定目标努力。左右协调是指协调好同级各职能部门的关系,就某一问题统一认识,紧密配合,互相支持。内外协调是指协调好本单位、本部门与外单位等的关系,为督查工作创造良好的外部环境。

根据督查协调的内容来划分,可分为关系协调和业务协调。关系协调就是协调好上下、左右、内外关系,化解矛盾,协同努力。这些关系并不是一个抽象的概念,它渗透在各项具体的业务活动中。因此,关系协调具体化就是业务协调。协调的目的,就是保证上下、左右、内外关系的和谐统一,从而同心同德、步调一致、齐心协力地完成共同担负的实施决策的任务。

三、督促检查的程序

督查工作是一项组织性、程序性很强的工作。而要确保督查工作高效有序运转,就需实现督查工作程序的规范化,建立一套规范化、制度化和科学化的工作程序,从立案到结案归档各个环节,都要有章可循,环环衔接,使督查工作成效显著。应按以下程序来开展督查工作。

(一)立项

立项是对督办内容进行筛选的过程。工作中需要办理的事项很多,督查人员要分清轻重缓急,对于比较重大、比较严重、久拖不决或无人过问的问题,要优先立项督查。

---

① 毛林坤:《督促检查工作》,北京:高等教育出版社,1994年,第72页。

立项的基本要求是坚持可操作性原则,即要把握领导意图,把比较抽象的任务变成具体明确的指标,使督查事项具体化。一般先由秘书部门提出拟办意见,待领导批准后,进行立项登记。对于重大事项和需较多单位共同承办的事项,在提出拟办意见前,先征求有关单位的意见。立项的内容包括:督查内容、交办时间、承办单位、办理要求、完成时限以及领导批示等有关材料。督查立项后,督查人员要及时通知承办单位办理。

1. 立项

把需要查处的问题,列为领导批示查办件;对督查部门从有关材料中挑选出的查办问题,在报请领导审批同意后,列为主动查办件。

2. 拟办

根据立项要求提出拟办意见。主要包括几个要件:一是提出预查内容和事项的要点;二是提出办理形式,即明确转办、协办或自办;三是提出交办方式,即通过发通知、电话告知、承办人面谈等,交办方式要依情而定;四是提出要求,即明确办结时限、办理的责任目标。根据查办事项的性质分别给承办单位提出"阅处"、"调查"、"查处"以及"情况望告"、"结果望告"等要求。秘书部门提出拟办意见,待领导批准后,进行登记。

督办事项审批表

拟督办事项	
拟办意见	
督查室主任意见	
政府办副主任意见	
政府办主任意见	
备 注	

督查立项登记单

编号：　　　　　　　　　　　　　　　　年　　月　　日

交办单位		交办日期	
交办内容			
领导批示			
承办单位		承办日期	
办理结果			
备 注			

3. 通知

如果是书面通知,一般应附上领导批示复印件或有关材料的复印件,原件由交办单位留存备查。如果是几个单位协办的,查办通知要送主管部门,抄送有关协办单位。

督查通知

_____（单位）:

根据领导批示,现将_____问题的事项一并转去,请抓紧办理查处,并将结果于×月×日前报市政府办公室督查室。

　　　　　　　　　　　　　　　　　　　　　　××市政府办公室
　　　　　　　　　　　　　　　　　　　　　　　　年　　月　　日

联系人:_____
联系电话:_____
传真:_____

（二）办理

办理有三种形式:转办、协办和自办。

转办是指将需办理事项转交承办单位办理,主要方式有:发文要求承办单位办理、将领导批示复印件转发承办单位、电话督查或派人到承办单位督办。交办事项并不是件件、事事都由督查人员亲自办理,很大一部分是转交各有关职能部门、单位或下属人员具体承办。在这种情况下,督查人员的职责是负责催办、督查与检查,有的还需协助承办单位或承办人员办理落实。凡属转办的事项一般应有正式的转办通知单,并注明交办事项、交办意见要求,以及办结回告的时限等。

协办主要是指交办事项需几个单位共同办理的,秘书部门要协助承办单位进行工作,做好协调沟通工作。

自办是指由秘书部门直接承办的事项。这些事项通常是一些重要而紧迫,且不宜由其他部门办理的事项。这类事项多是领导个别口头交办、单独交办的,往往带有一定的保密性质。或者是领导者个人需要办理的某些一般事项,由于领导事务多,顾及不过来,或者是不宜出面等,就委托某个督查人员去协助办理。

督查人员在承办这类交办事项时,一是要积极认真去办;二是要按领导要求去办;三是要按有关规定政策去办,切不可给领导帮"倒忙";四是遵守办事纪律、不辜负领导的信任,不应让他人知道的绝不可外传,办完了只给交办领导者回告即可。①

---

① 司徒允昌、陈家桢、张相平:《秘书学教程》(修订本),上海:上海人民出版社,2009年,第275~276页。

【例】

关于印发《家电下乡政策实施情况督促检查工作方案》的通知

家电下乡部际联席会议文件 2009 年第 1 号

各省、自治区、直辖市、计划单列市、新疆生产建设兵团财政、商务、工业和信息化、发展改革、宣传、农业、环保、供销、税务、工商、质监主管部门：

为进一步推动地方开展好家电下乡工作，家电下乡部际联席会议各成员单位将于 2009 年 10 月下旬组织开展家电下乡政策实施情况的督促检查。现将《家电下乡政策实施情况督促检查工作方案》印发给你们，请届时配合做好督查工作。

附件：家电下乡政策实施情况督促检查工作方案

家电下乡部际联席会议
二〇〇九年十月十日

附件：

家电下乡政策实施情况督促检查工作方案

一、督查目的

通过对各省份(含自治区、直辖市、计划单列市、新疆生产建设兵团，下同)家电下乡政策实施情况的督促检查，进一步推动各地政府和有关部门、企业认真贯彻落实国务院、家电下乡部际联席会议及相关部门做好关于家电下乡政策实施工作的部署，充分发挥这项政策在当前扩大消费、促进生产和惠农强农方面的效果。

二、督查重点

(一)政策依据

国务院办公厅《关于搞活流通扩大消费有关问题的意见》(国办发〔2008〕134号)、财政部商务部《关于印发家电下乡推广工作方案的通知》(财建〔2008〕680号)、财政部商务部工业和信息化部《关于全国推广家电下乡工作的通知》(财建〔2008〕862号)、财政部等11个部委《关于印发家电下乡操作细则的通知》(财建〔2009〕155号)、财政部等11个部委《关于开展2009年家电下乡宣传月活动的通知》(财建明电〔2009〕9号)、商务部等9个部委《关于开展打击借"家电下乡"等名义制售假劣产品专项整治的通知》(商秩发〔2009〕382号)、财政部《关于进一步改进家电下乡补贴资金审核兑付工作的通知》(财建〔2009〕458号)、工业和信息化部《关于做好家电下乡工作的通知》(工信部电子〔2009〕80号)、质检总局《关于加强家电下乡产品质量监督工作的通知》(国质检执函〔2009〕53号)、工商总局《关于深入开展"家电下乡"、"汽车摩托车下乡"市场专项整治工作的通知》(工商明电〔2009〕27号)、国家税务总局《关于配合做好家电下乡工作的通知》(国税函〔2009〕276号)。

(二)督查内容

主要督促检查各地工作组织部署情况、家电下乡产品销售情况、补贴资金兑付情况、保障政策落实情况。具体有以下几个方面：

1. 家电下乡工作组织部署情况。主要包括家电下乡组织协调机制的建立情况、部门分工协作情况、家电下乡工作制度建设情况、家电下乡宣传月等宣传工作开展情况及农民认知情况等。

2. 家电下乡销售网点管理及产品销售、售后服务情况。主要包括家电下乡产品销售数量增长情况、家电下乡产品质量与价格情况、家电下乡产品售后服务情况、家电下乡销售网点备案情况、销售信息登记情况、开具发票情况，以及地方有关部门开展产销衔接、市场监管、产品质量检查、产品和服务投诉处理等方面情况。

3. 家电下乡补贴资金兑付情况。主要包括本地区家电下乡补贴资金兑付具体操作办法是否便捷、财政补贴资金审核兑付进度是否高效、如何采取有效措施防止骗补行为确保资金安全等。

4. 保障政策落实情况。地方配套资金落实情况、工作经费保障情况、销售网点定额补贴落实情况、对建立完善家电下乡网络奖励政策落实情况等。

三、督查组的组成和督查地区

联席会议成员单位分别牵头组成督查组，以全国家电下乡部际联席会议督查组名义开展工作。组长由牵头单位部级领导担任，参与部门派司处级干部参加，每组5人左右。督查地区为补贴兑付率排名靠后的省份且百户购买率偏低的省份。具体分组情况另行通知。

四、督查方式

每个组督查2~3个省份。督查组要听取省份家电下乡联席会议（或领导小组）的汇报，深入县市、乡村，了解基层工作组织部署情况，抽查销售网点产品销售及登记等情况，抽查乡镇财政所兑付农民补贴情况，了解保障政策落实情况，听取各地有关部门、企业和农民的意见、建议。督查工作结束后，督查组要同省份家电下乡联席会议（或领导小组）交换意见，并针对发现的问题提出解决的措施和办法。

五、时间安排

2009年10月15~30日，各督查组分赴有关省份开展督查工作。具体时间由牵头单位与参与单位协商确定后，提前5天通知全国家电下乡部际联席会议办公室，由全国家电下乡部际联席会议办公室通知相关省份做好接待等工作。

六、情况反馈

督查工作结束后，各督查组于2009年11月10日前将督查了解的情况、发现的问题、意见和建议，以及与督查省份交换意见的书面材料一并提交家电下乡部际联席会议办公室。家电下乡部际联席会议办公室于11月底前形成书面汇总报告，会签各成员单位后报国务院。督查组交换意见的书面材料作为年终评比的参考依据之一。

七、组织协调

督查活动由家电下乡部际联席会议牵头组织，具体协调和联系工作由家电下乡部际联席会议办公室承担。①

---

① 《家电下乡政策实施情况督促检查工作方案》，2009年10月10日，http://law.baidu.com/pages/chinalawinfo/12/21/26f3b8ddffb5189e2ac67f3f6c18716e_0.html，2012年10月10日。

(三)催办

秘书部门要经常了解并掌握督办事项的办理过程,督办通知发出后,必须注意突出重点,抓紧催办,分清轻重缓急,一抓到底,做到件件有着落、事事有交代。切实做到急件跟踪催办,要件重点催办,一般件定期催办。催办的方式一般有:书面催办(发催办单或催办通知)、口头催办(电话催办)、亲自派人催办。应根据实际情况,选择使用不同的方式。一般性问题,可以定期向承办部门发催办单或催办通知,督促其抓紧办理,并将催办结果报送交办部门。紧急事项,应及时打电话催办,通过了解办理情况,促其如期完成查办任务。一些长期拖而未决的案件,要及时派人或亲自去催办。对屡经催办仍未能按时办结,且承办单位不能说明原因的督查事项,秘书部门要及时向领导报告并提交处理意见书,必要时进行通报。

督查事项催办单

_____(单位):
关于_____问题的办理查处情况和结果,请务必于×月×日前报市政府办公室督查室。 　　　　　　　　　　　　　　　　　　　　_____市政府办公室 　　　　　　　　　　　　　　　　　　　　　　　　年　　月　　日
联 系 人:_____ 联系电话:_____ 传　　真:_____
办理结果: 　　　　　　　　　　　　　　　　　　　　　　　　主办单位负责人 　　　　　　　　　　　　　　　　　　　　　　　　年　　月　　日

(四)情况审查

情况审查是整个督查工作的中心环节。承办单位完成承办事项后,应及时向督办部门反馈办理结果。督办部门要认真审核,严格把关,对不符合要求的要退回承办单位重新处理。如果是由机关、单位督查的项目,督查的实质是对决策贯彻落实情况的审查。周恩来总理曾经指出:"必须组织对于执行这种决定的情形之审查:1.不根据允诺,而看工作结果;2.不根据室内纸上计划,而看实地情形是否做了或是否敷衍;3.不看形式,而看内容和实际是否做了或是敷衍;4.不仅由上而下,还要由下而上地审查;5.要经常地有系统地审查;6.要有领导者自己参加。"[①]周总理提出的审查六原则对我们今天的督查工

---

　　① 潘健:《抓住三个环节,推动决策落实》,《秘书工作文萃》,北京:中国大百科全书出版社,1992年,第217页。

作仍然具有指导意义。

而对于交办的督查项目，承办单位或承办人在审查办理结果时要坚持"四看"：看事实是否准确无误、看处理是否符合有关政策、看问题是否得到解决落实、看行文是否规范。审理的方法，既要对照有关政策规定，必要时又要找相关单位证实，或到现场查看验证。对于处理不妥的，应加强改进或重办。

（五）结果反馈

督办结果要及时向交办领导反馈。需要反馈给上级单位和有关部门的督办结果，上报前必须经本单位主要领导审核。对于一些较重要的督查事项，督查人员不能满足于简单的反馈，而要对相关问题进行深入思考和分析研究，提出意见和建议，为领导决策服务。

一项具体的督查工作完成后，督查人员对决策督查的情况要进行评估，并向领导及时反馈。评估必须以全面掌握情况为前提，要对收集的情况进行分析，形成有建设性的报告。所反映的情况要客观，所作出的判断要恰当，所提出的建议要有针对性。

反馈督查结果的具体做法有三种：一是要对上级机关交办的事项写出专题报告，正式行文上报；二是对涉及面广、内容比较重要的督查项目可编写简报，印送有关领导和部门；三是对领导批示的项目，用"领导同志批示件办理情况"，并附上原批示件和必要的材料，直接报送给原批示的领导。同时，还要注意分析综合检查催办的结果，针对发现的新问题或带有倾向性、普遍性的问题，向领导提出建议。

（六）归档

每一项督查工作，特别是对重大案件的督查，在结案之后都要做好立卷归档工作。督查工作结束后，要及时整理、归档办理过程中的领导批示、督办文件、调查情况、处理结果等材料，以备查询，保证领导交办的事项从交办到办理完毕过程的全貌及有关资料的完整性。在日常工作中，秘书和秘书部门要注意收集、保管在督查工作中形成的各种文字材料，包括正文、底稿及相关材料。注意收集整理、妥善保管，保证材料的完整性，并按档案部门的要求整理成完整的归档材料，以便以后移交档案部门保存。

四、督促检查的方法

督查的方法多种多样，要因时制宜、灵活运用，常用的方法有：

（一）督查工作与目标管理相结合

秘书和秘书部门协助领导进行管理的一个重要方面就是协助领导确立和完善工作目标，落实目标责任制，实现目标管理。在履行督查职能的过程中，努力探索督查工作与目标管理相结合的新路子，对于保证机关、单位工作的正常运转，提高工作效率尤为重要。

秘书和秘书部门应积极协助领导做好工作,形成良好的工作运行机制。完善督查体系,不断提高督查工作与目标管理的科学性。一是要注意将平时的督查情况与全年的考核结合起来,针对年度工作目标及工作计划,加强日常检查与考核,并将检查结果纳入年终考评;二是将职能部门督查与其他检查结合起来,加上部门自查,使考核结果更加切合实际、更加合理;三是将群众评议结果与分管领导的评审意见结合起来,可以印发征求意见表,广泛征求社会各界、广大群众的意见,并将测评结果作为考评定级的重要依据;四是将上级主管部门和业务对口部门的意见、评价与本单位的考核结合起来,要对上级主管部门或业务对口部门的意见、评价进行登记,使之成为考核、评价的依据之一。

(二)全面督查与重点督查相结合

宏观和微观、全面和重点的关系贯穿决策落实的始终,督查工作要注意协调好它们的关系。督查工作不能贪大求全,不分轻重主次,大事小事一齐抓,要把握工作重点,解决热点和难点问题,这样才能更好地协助领导加强管理。要坚持发掘督查工作的重点,做到督查有的放矢、有针对性。因此,督查工作既要注意从工作全局出发,认真落实一般批办事项,又要注意加大力度,抓好领导和群众都十分关注的事关全局的热点、难点问题,做到顾全大局,重点突出。

全面督查与重点督查相结合有两种做法:一是在决策下达并实施一段时间后,组织力量,深入到一些有代表性的地区和部门,通过对一个地区、一个部门或一个片、一个点的督查调研,掌握决策落实的具体情况,找到解决决策落实过程中带有普遍性、倾向性的重点、难点问题的办法;二是对某个地区或部门反映的情况,进行专项调研,抓住典型问题,及时反馈,由上级机关核实,或督促有关地区、部门妥善解决。

同时,要用宏观手段,通过催报、调研等方法,对决策落实的基本情况进行全面监督和指导,总体上把握决策落实的情况并对其作出整体判断;必要时对重点的典型经验教训进行宣扬、推广。在开展督查活动中,全面督查与重点督查要结合起来,手中有典型、心中有全局,使督查工作有广度、有深度,取得最好的效果。

(三)领导督查与秘书督查相结合

领导是决策的主体,也是督查工作的主体,督查工作是一项自上而下的工作,领导亲自抓督查,不仅能体现督查工作的权威性和严肃性,而且对于调动秘书和秘书部门的积极性也有着极大的促进作用。秘书工作的辅助性特点,决定了秘书和秘书部门在督查工作中始终处于协办地位。

各级领导要把督查工作纳入议事日程,使督查工作真正成为一种领导行为。同时秘书和秘书部门要善于领会领导意图,将领导决策进一步细化,通过主动督查、督办,推动决策的落实。如果秘书和秘书部门的督查与领导的督查相结合,工作就会更富有成效。领导督查与秘书督查相结合大致有两种方法：一是由领导带队、秘书和秘书部门参加进行督查；二是在跟随领导前往调查研究现场时就有关事项进行督查。①

（四）专兼职队伍相结合

督查工作是一项多层次、全方位的系统工程，涉及方方面面，不仅需要领导抓，秘书和秘书部门抓，还需要各级各部门及社会各界齐抓共管。秘书和秘书部门做好督查工作，还必须加强督查网络的横向和纵向建设。从纵向建设来看，应建立督查机构，配备相应的督查人员；从横向建设来看，进一步健全社会性督查网络，作为领导督查和职能部门督查的有益补充。事实证明，社会性督查对决策的完善和落实有着重要作用。同时，它还能充分发挥新闻媒体的舆论与监督作用。

第三节　督促检查工作的原则、制度和要求

一、督促检查工作的原则

督查工作的原则是指在督查过程中必须遵循的带有普遍适用意义的准则。如果违背这些准则，督查工作将会趋于失败，决策目标也将最终难以实现。只有掌握了这些原则，并据此采取行动，才能顺利实现决策目标。

督查工作应坚持五项原则：

（一）领导负责、秘书协办原则

领导负责是指领导将督查工作作为一项重要职责纳入领导工作体系，直接参与督查工作。这样督查工作才更具有权威性，进而保证其顺利进行。秘书和秘书部门必须在征得领导同意或经领导授权后，才能代表领导对下级单位的执行情况进行督查。

秘书在督查工作中始终处于协办地位，要坚持以了解事实、反映情况为主。未经领导授权，秘书不得处理任何问题，一定要防止角色错位，不能以"二首长"自居。秘书和秘书部门要为领导的督查做好全程服务，为领导督查创造良好的条件，同时要善于领会领导的意图，充实和完善领导的意图，从而保证领导的意图得到准确贯彻和落实。

（二）实事求是原则

秘书和秘书部门开展督查工作的一项主要任务就是在领导者的决策下达后，向下了解贯彻落实的情况，然后再向上作出反馈，从而实现推动决策落实的目的。督查工作的根本要求是实事求是，秘书和秘书部门必须把发现问题、解决问题和推动决策落实作

---

① 李本跃：《强化督促检查确保决策落实》，《秘书工作》，2003年第1期。

为督查工作的第一要务。

坚持实事求是,就是在全面系统地收集各方面情况的基础上,对决策贯彻落实进展情况和现存问题等作出正确的分析判断。这种分析判断应当客观公正,不带个人偏见。

要做到实事求是,首先,要求秘书和秘书部门具有很强的党性观念,具备对人民高度负责的精神。还要尊重客观实际,敢报实情、敢于揭露和反映问题。如果发现领导的批示与实际情况不符或有重大偏差,应本着实事求是的原则,如实进行督查反馈。其次,要善于倾听各方面意见,掌握决策落实情况的第一手材料,切实弄清事实真相,把客观事实准确地反映给领导。最后,要注意避免先入为主和主观随意性的问题。

(三)不直接办案原则

通常情况下,秘书和秘书部门不直接参与具体案件的办理,主要依靠下级组织和部门来办理。与司法和纪检等部门的督查组直接参与具体案件的办理不同,秘书和秘书部门则不直接办案,只是对工作执行情况、决策落实情况进行监督,不能独立行使职权,不具有党纪处分权、行政处分权。因此,秘书和秘书部门应把主要精力放在了解情况、督查问题上,而不能超越权限。即使有些特殊问题,由上级秘书部门出面派人查办,也要注意分清职责,不能出现少数秘书避开下级组织包办代替的现象。[①]

(四)尊重、依靠所属各级领导和各职能部门原则

在开展督查工作中,应充分尊重、依靠同决策落实相关的所属各级负责人、各职能部门,注意发挥他们的积极性。因为在政策落实中,督查作为一种外力,必须通过内因即各级负责人和各职能部门的积极配合才能发挥作用。

在督查活动中,要认真听取所属各级负责人和主管对该项决策落实的意见,不要在没有充分调查研究的情况下,对决策落实情况乱发表议论和看法。特别是对一些重大、有不同看法的问题,要与所属各级负责人、各职能部门认真交换意见,统一认识。在对相关问题进行处理时,离不开所属各级负责人和职能部门的配合。

二、督促检查工作制度

建立健全督查工作制度,是保证督查工作规范化、高效化、科学化强有力的手段。这些制度主要有下述几种:

(一)岗位责任制度

要加强对督查工作的组织领导,明确主管领导,建立工作机构,配备工作人员,并向上级主管机关报送联系电话,明确责任范围,加强业务联系,形成督查工作的网络系统。

---

① 欧阳周、陶琪:《现代秘书学——原理与实践》,长沙:中南大学出版社,2007年,第204页。

定岗、定人、定任务,保证督查工作落到实处。

(二)目标责任制度

在岗位责任制的基础上,运用目标管理的理论和方法,对督查工作实行目标管理。一个决策下达后,各单位应按照"领导负责、秘书协办"的原则,把督查工作以责任制形式分解到各单位,落实到部门和个人,保证事事有人负责。共同商办的事项,要明确牵头单位和具体负责人。要根据激励原理,制定出相应的考核制度,以便进行对照和实施奖惩。

(三)审批制度

领导审批是督查工作的关键环节。上级领导机关批给本单位的督查事项和本单位领导的批示是确定是否将其列为查办件的标志。上级领导机关秘书部门转给本单位秘书部门的督查事项和本单位秘书部门领导的批示也是确定是否将其列入查办件的标志。秘书部门和秘书人员主动督查的案件,须经主管督查工作的领导批示同意后方可进行。案件办结上报之前,也应经主管领导审批,否则不能上报。

(四)请示报告制度

请示报告制度要求参与督查工作的秘书人员应及时向上级和本级领导请示报告,承办单位或承办人员须及时向指令发出机关请示报告。各机关和单位可根据实际工作需要,制定承办单位或承办人接到艰巨的督查任务后,必须报告进展情况和结果的时限要求,以及哪些督查事项须请示报告、哪些事项可酌情处理等。

(五)工作检查制度

要经常检查各承办单位尤其是重要决策、部署的承办单位的办理工作。正在落实的以查进度为主,已经落实的以查效果为主,没有落实的以查原因为主。应及时帮助办理工作成绩突出的,总结经验;对办理任务重、进度慢、质量差的,应重点督查。经常检查应和定期考评相结合,可利用季度、半年或年终进行定时总结和考查,时效性强的查办事项则应随时查询。检查时可通过统计、图表、记分等量化方法,使考评规范化、标准化,具有可操作性和科学性。

(六)督查通报制度

必须加强督查工作的情况沟通,建立督查工作通报制度。一方面,要总结贯彻落实工作取得良好成效的单位和部门的经验,进行通报表彰,使典型事例和经验通过及时通报得到迅速推广。对贯彻落实工作不得力的单位和部门,要查明原因并通报批评,对造成严重后果的,要追究其领导者的责任。另一方面,秘书部门应当及时通报自身督查工作情况,表扬典型,推广先进经验,批评不良工作态度和作风,对严重违纪的秘书人员予以公开通报批评。建立通报制度,才能使秘书部门的督查工作取得更好的效果。

(七)保密归档制度

督查工作必须制定保密法规,凡违反保密规定者,轻则受纪律处分,重则受法律惩处。应视情况将查办案件的有关材料立卷归档,定期交于文书档案部门保管。要防止督查材料整理的混乱和材料的丢失,保证档案材料案卷装订整齐,目录清晰,齐全完整,便于查阅。应设立专夹专柜,由专人管理,并保持这项工作的连续性。一项查办工作结束,需要划分相关信息密级,控制其传播范围,防止泄密。①

三、督促检查工作要求

督查工作应该注意下述几点要求:

(一)加强督查工作队伍建设

督查工作有很强的综合性,单靠专门的督查工作机构很难完成任务。需要按照业务分工,充分调动各业务部门的积极性,共同建立内部横向的检查网络。同时,通过各单位建立督查工作机构和配备专门人员,按照分级、归口负责的原则,形成纵向的督查网络,力求上下、左右协调一致,互相制约,高效运转,推动督查工作不断由低层次向高层次发展。要选择那些政治可靠、思想敏锐、工作勤奋、作风严谨,有较高政策水平和工作能力,尤其是文字综合能力较强的人员进入督查工作队伍。可以通过培训、考试等方式,提高督查工作人员的业务水平。督查工作的队伍要相对稳定,确需变动的,应及时调整并上报变动情况。

(二)加强制度建设,提供制度保障

建立健全的督查工作制度,是保证督查工作规范化、高效化、科学化的强有力手段。这些制度主要有:岗位责任制度、目标责任制度、审批制度、请示报告制度、工作检查制度、督查通报制度、保密归档制度。加强督查工作制度化、规范化建设,可以激发督查人员的进取心和能动性,强化工作责任感,最大限度地提高督查工作效率,有效促进上级重大决策和重要工作部署的落实。因此,必须把制度建设放在突出位置,建立健全相关制度,逐步形成有章可依、有章可循、违章必究的工作格局,为实现督查工作的规范化奠定坚实的基础。

(三)突出督查重点,有所为有所不为

督查工作的任务重、头绪多、涉及范围广,督查工作不能面面俱到,要善于从全局和

---

① 杨继昭:《秘书学概论》,北京:中国人民大学出版社,2009年,第244~246页。

战略高度出发,围绕一个中心工作来抓,分清轻重缓急。只有这样,才能抓住关键,抓出实效。督查的重点,是要查处那些事情比较大、性质比较严重的问题,如决策中带有方向性和具有普遍指导意义的问题;领导关注、群众关心的热点难点问题;潜伏的社会不安定因素和可能导致某些严重后果的带有苗头性和倾向性的问题;久拖不决的"老大难"问题;严重阻碍或破坏经济改革和建设的问题等。

(四)各部门齐抓共管,形成合力

督查工作要见成效,不能仅靠秘书部门唱"独角戏"。领导是抓落实的第一推动力,基层是抓落实的第一执行力,只有形成合力,才能从根本上保证抓落实的效力。决策的落实需要各级领导、各个部门的共同努力、相互配合,从而在督查工作中形成鼓实劲、干实事、出实绩的强大群力。

一是显"龙头"作用,主要领导抓全局;二是加强主管部门的合作,联手督查,齐抓共管;三是要调动职能部门的积极性,划层次,分阶段,抓局部;四是重视民主管理,强化民主评议、民主监督,推进政务公开;五是要坚持走群众路线,深入调查研究,倾听群众呼声,集思广益。

(五)有查必果,坚持原则

督查工作不可能一蹴而就,在实施过程中往往带有连续性和系统性的特点。应根据督查事项的难易程度、时间跨度,科学制定每项决策在每个时间段的督查方案,把督查工作贯穿于决策执行的全过程,做到环环相扣。一些周期长、难度大的重点督查项目,应常抓不懈,多策并举,反复督查,连续督查,追踪问效,避免出现查而无果的现象。对督查人员来说,"敢碰硬"不仅是一种品质,一种作风,而且是一种责任。在工作中,要无私无畏,有啃"硬骨头"的精神和勇气。讲原则不讲人情,消除怕得罪人的心理,树立督查工作的权威,保证督查工作的质量。①

本章思考题

1. 督促检查工作的作用体现在哪些方面?
2. 简述督促检查工作的主要范围。
3. 简述督促检查工作的步骤和方法。

案例分析

国务院督查组地方督查房地产市场调控政策措施落实情况

党中央、国务院高度重视房地产市场平稳健康发展。针对近期房地产市场出现的

---

① 杨峰:《秘书实务》,北京:中国人民大学出版社,2011年,第181~183页。

新情况、新问题,为进一步推动房地产市场调控政策措施的落实,坚决抑制投机投资性需求,巩固房地产市场调控成果,国务院决定从7月下旬开始,派出8个督查组,对16个省(市)贯彻落实国务院房地产市场调控政策措施落实情况开展专项督查。

此次督查的重点是检查住房限购措施执行情况、差别化住房信贷政策执行情况、住房用地供应和管理情况、税收政策执行和征管情况。国务院督查组将深入有关部门和机构核查政策落实情况,实地查看商品住房项目,听取基层群众意见和建议。对落实房地产市场调控政策措施有偏差、不到位的,国务院督查组将督促进行整改。

此次督查的地区是:北京市、天津市、河北省、辽宁省、吉林省、上海市、江苏省、浙江省、福建省、山东省、河南省、湖北省、湖南省、广东省、重庆市、四川省。对其他地区落实情况,国务院有关部门也将通过各种方式进行督促检查。

督查组在这次督查通报中有弹有赞,在责备个别地方"放松调控"的同时,也肯定"房地产市场调控的各项政策措施得到了较好落实,调控成效不断显现,投机投资性需求得到有效抑制"。按照督查组对当前房地产调控所作的初步判断,严格落实现有政策的执行,便能遏制房地产市场全面反弹的压力,因此,新的调控政策暂时没有出台的必要。而"部分城市尚未建立预售资金监管制度"被划为重点,或将成为下一步"严格落实现有政策"的一个支点。

根据上述案例,请回答:

1. 如何创新督促检查工作的方法?
2. 虽经督促检查,但仍不见效果,督查人员该采取怎样的对策?
3. 如果督查的对象对督查持对立情绪,不予配合,督查人员应如何对待?

礼仪与交际篇

第十四章 秘书礼仪

▎本章导语

秘书礼仪是指秘书与他人交往时表现出来的仪表、仪容、谈吐、风度等行为,秘书礼仪不仅体现了秘书本人的气质与风采,而且代表了组织的形象。本章从界定秘书礼仪的概念开始,梳理了我国秘书礼仪的发展历程,论述了秘书人员应如何提升个人形象。在此基础上,论述了日常工作中秘书应知悉的常用礼节,以及在具体活动中秘书应遵循的礼仪。

▎本章关键词

秘书;秘书礼仪;常用礼仪;活动礼仪

第一节 秘书礼仪概述

一、秘书礼仪的含义

秘书礼仪是指秘书与他人交往时表现出来的仪表、仪容、谈吐、风度等行为,是组织形象的体现。秘书礼仪包括礼节和程序两个方面。也就是说,秘书礼仪既有礼节方面的规范化要求,也有先做什么、后做什么的程序方面要求。秘书礼仪对礼节和程序的规范均有严格要求。在一般的人际交往中,如果不慎有失礼仪,只是个人形象受损;若是秘书人员在工作中有失礼仪就有损组织形象。秘书在工作交往中,遵循礼仪,不仅有利于与他人沟通,还有利于树立本组织的良好形象,使工作顺利开展。

二、秘书礼仪的原则

在日常工作中,秘书应掌握一些具有普遍性、共同性和指导性的礼仪规范,这些礼仪规范就是礼仪的原则。秘书人员的礼仪工作必须遵循以下原则:

(一)真诚尊重

真诚尊重是秘书礼仪的首要原则,也是广大秘书人员人际交往原则的核心。真诚,就是在与人交往中保持一种真心诚意的友善态度和实事求是的客观态度。中国传统道德主张"言必信,行必果",就是强调做人要真诚,要守信,要努力践约,一诺千金。现代社会,诚信是任何组织或个人生存发展的必要条件,人无诚信不立,业无诚信不兴。同时,真诚交往应建立在遵纪守法的基础上,礼仪是道德的表现,在交往中,只讲关系而不讲原则、不顾制度纲纪,将正常的交往庸俗化、目的化,都不是健康真诚的交往礼仪。

古人云:"敬人者,人恒敬之。"就是说,只有懂得尊重别人的人,才能赢得别人的尊重。尊重是人类的基本心理需求,是一种"关心"、"重视"的表示。在运用秘书礼仪上,要懂得尊重他人。只有相互尊重,人与人之间的关系才会融洽和谐。尊重他人的同时也要尊重自己,严于律己,自尊自爱。对秘书人员而言,尊重上级意味着服从,尊重同事是一种诚恳,尊重下级是一种美德,尊重所有人是一种教养。

(二)平等自信

平等待人是交往礼仪的一条重要原则,这里的平等主要是指人格和地位的平等。平等是真诚的体现,思想上真诚对待,行为上才能体现出平等。平等是人与人交往时建立情感的基础,是保持良好的人际关系的诀窍。秘书人员在与人交往中,以礼待人,有来有往,既不能盛气凌人,也不能卑躬屈膝。一方面,在礼仪活动中要注重"礼尚往来",如一方对另一方表现出的礼数应有对等的反应,表现为回答对方问答时要致敬或致礼;另一方面,在礼仪活动中要注重平衡,如按国际惯例,国际会议上各国代表的位次,不是按国家的大小强弱来排序,而是按会议所用文字的国名的字母顺序来排列。在签订条约协定时,应遵循"轮换制",即每个缔约国在其保存的文本上名列首位,它的代表须首先在这份文本上签字。这种平衡的做法,体现的也是平等的原则。

自信是秘书社交中必备的心理素质。自信是一种信念,也是一种力量,是成功的基石。一个有充分自信心的秘书,才能在工作中得心应手,在交往中不卑不亢,遇到强者不自惭,遇到侮辱敢反击。需要注意的是,秘书要自信不能自负。在社会交往过程中,要摆正自信的天平,既不能前怕虎后怕狼的缺少信心,又不能自以为是而自负高傲。

(三)宽容尚美

"海纳百川,有容乃大",宽容就是心胸宽广,能设身处地地为别人着想,能原谅别人的过失,是一种高尚的情操。对不同于自己或传统观点的见解有公正的判断。秘书人员因工作对象复杂,接触面广,在礼仪工作中,尤其要懂得宽容。俗话说"金无足赤,人无完人",要善于理解他人,体谅他人,对他人不求全责备。要善于做换位思考,宽以待人,不伤害他人的尊严,不侮辱对方的人格。此外,宽容还应虚心接受别人的批评意见,即使批评错了,也要认真倾听,有则改之,无则加勉。宽容不仅可以提升自身综合素质,而且有利于建立和谐友好的人际关系。

礼仪尚美要求既要有生机勃勃的精神面貌、亲切的微笑、稳重大方的举止,还要有渊博的知识、广博的气度、精准的洞察力和判断力,这是礼仪的核心。秘书人员生气勃勃的精神面貌表现出形象美和风度美,让人感到一种自信;亲切的微笑展示出秘书人员深厚的内涵;得体适宜的服饰传达了秘书人员的优雅和亲和力;稳重大方的举止显示了秘书人员的能力与修养。秘书礼仪尚美的原则是内在美与外在美的统一,既能够给人耳目一新、心情愉悦的感受,又以热情和真诚给人以信任。随着国际交往的日益密切,秘书人员礼仪工作的内容也越来越复杂多样,秘书人员要自觉主动地学习礼仪知识,调整自己的行为,提升自己的品位与修养,把工作做得更好。

（四）规范适度

礼仪规范首先要使礼仪行为符合国际惯例、社会规则,无论是国际交往还是国内交往,都离不开这一原则。任何一种礼仪行为都有一定的规则,体现一定的文明精神。比如礼宾活动尽管细节各有不同,但对远道客人体现尊重敬意的文化心理是一样的;又如向贵宾献花的一般多是少年和女青年;还比如交往中要为对方的内部情况保密,这些都是礼仪的规范。礼仪规范还要求礼仪行为与不同的外部环境相配合。如庆典活动的情景是热烈、喜庆,在这种氛围中,秘书人员的服饰、仪容、神情等都要与环境氛围协调一致,所执之礼也应与之相符。

礼仪适度就是要恰到好处、恰如其分。礼仪规格要与受礼者的身份相应。比如接待规格,对方是董事长,我方也应是董事长出面;对方是经理,我方也应由经理出面。一般说来,主方身份可略高于客方,以示对客方到访的重视和诚意,主方身份若低于客方,则是失礼怠慢的表现。礼仪的目的是为亲睦合作伙伴、架起沟通的桥梁,所以礼仪表现出来的应该是从容、不失态。彬彬有礼而不低三下四,谦虚而不拘谨,老成持重而不圆滑世故。

三、我国秘书礼仪的沿革

礼仪作为人类文明的表现形式之一,同其他诸如文字、绘画等文明表现形式一样,是人类不断摆脱愚昧、野蛮,逐渐走向开化、文明的标志。揭示礼仪的起源及其历史演变,有利于我们更深刻地把握礼仪的本质,全方位地了解礼仪文化,并通过对传统礼仪文化的扬弃,更好地指导秘书礼仪实践。

（一）礼仪的起始阶段

考古学、民俗学等方面的材料证明,我国原始社会已经形成颇具影响的礼仪规范,宗教礼仪、婚姻礼仪等已具雏形。到新石器时代晚期,人际交往礼仪已初步形成。半坡遗址和姜寨遗址提供的民俗资料表明,当时的人们在交往中已经注重尊卑有序、男女有别了。炎黄五帝时期,礼仪内容日渐丰富。历史上有过"礼理起于大一,礼事起于燧皇,礼名起于黄帝"之说。"史官"是黄帝之始便设立的官职,这是我国最早的秘书人员,"史官"的重要职责之一便是负责主持祭祀婚冠大礼——这是典型的礼仪内容。尧舜时代,民间交往礼仪得到进一步发展,延续几千年的拜、揖、拱手等礼仪,此时已广泛运用于社交活动中。"礼",本指西周奴隶社会的贵族等级制度和社会宗法制度。《礼记·仲尼燕居》说:"制度在礼。"这个制度的核心,就是"尊尊、亲亲、贤贤、男女有别"。"礼"也是儒家伦理规范的基础。重"礼"是我国古代社会每一个人立身处世的根本,并以此区分人格的高低。《论语·季氏》中记载,孔子便是以礼来教他的儿子孔鲤的,"不学礼,无以立"。"礼"成了儒家伦理道德的最高原则之一。相对"礼"的精深内涵而言,"仪"则要简单得多,它主要指一种外在的礼节、仪表、准则或规范,"礼"是保卫国家、施行政令、团结人民的重要制度。

综观礼仪的发展,我们可以发现,我国的礼仪经历了从宏大深广的"礼治"即宗法制度,到区分"礼制"与"礼俗"的演变,其礼制包括伦理制度和秩序,意在通过某些强制方式而使个人遵从团体所要求的规范;而其礼俗部分则是待人接物的准则,与人相处的礼仪之道。较之礼制的外在压力而言,礼俗更倾向于内心的修养,因此格外复杂多样,因人因地因时因文化而异。礼仪的发展,是社会物质文明和精神文明共同作用的结果。

(二)礼仪的发展阶段

大约早在夏商周三代,我国传统礼仪就进入飞速发展以至成熟时期。这一时期,礼仪被典制化,礼仪内容涵盖政治、宗教、婚姻、家庭等各个方面,奠定了华夏礼仪传统的基础。商末,繁忙的国务活动需要更多的史官,于是出现了最早的秘书工作机构——"太史寮"。在太史寮中,掌管册命和祭祀的史官占有重要地位。中国历史上第一部记载"礼"的典籍——《周礼》出现于西周时期。《周礼》偏重政治制度,《仪礼》偏重行为规范,《礼记》则偏重对礼的各个分支作出符合统治者需要的理论说明。这"三礼"标志着中国古代礼仪进入成熟时期,中国后世的礼仪深受"三礼"的影响。

春秋战国时期,社会经历了深刻的变革,奴隶制逐渐发展起来。与此相适应的三代之礼也经历了历史的变革。孔子、孟子等思想家在理论上阐述了礼的起源、本质、功能等问题,第一次全面而深刻地阐述了社会等级秩序的划分及其意义,以及与之相适应的礼仪规范、道德义务。孟子继承和发展了孔子的"礼治"理论,提出了适合地主阶级理想的"仁政"学说。孟子认为,像恭敬、辞让这样的礼节,是人生来就有的。人要达到礼的标准,根本问题是主观反省,尽可能减少自己的各种欲望。他认为,"礼"的中心内容就是区别贵贱、长幼、贫富等等级。"礼者,贵贱有等,长幼有差,贫富轻重,皆有称也。"孔孟等思想家的礼仪思想,构成了中国传统文化的基本精神,对古代中国礼仪的发展产生了重要而深远的影响。

(三)礼仪的衰落阶段

封建礼仪形成于秦汉时期,以后各朝代均有发展,特别是在唐朝得到进一步的强化。清末,封建礼仪日渐衰落。儒家提倡"君君、臣臣、父父、子子",即仁、义、忠、信。董仲舒在此基础上进一步提出"三纲"、"五常"之说,董仲舒的这一学说,在漫长的封建历史时期一直被奉为人们日常行为的礼仪准则。清朝末期,尤其是民国时期,大量西方文化涌入中国,传统礼仪文化和规范逐渐被时代所抛弃。科学、民主、自由、平等的观念和与之相适应的礼仪标准得到传播和推广。

（四）现代礼仪阶段

中国现代礼仪是在反帝反封建的基础上兴起的。1840年鸦片战争以后,中国沦为半殖民地半封建社会。延续几千年的封建礼仪、加上西方传入的资本主义道德观和行为方式,构成了独具特色的大杂烩式的礼仪。1919年五四运动吹响了反帝反封建的号角,对传统礼仪进行了猛烈的抨击,特别是新文化运动的兴起,为现代礼仪的产生创造了条件。1949年新中国的成立,确立了新型的人际关系,标志着中国礼仪和礼学进入了一个崭新的历史时期。一些落后的传统礼仪被抛弃,一些优秀的传统礼仪被保留,并增添了许多新的内容。现代礼仪更强调人格平等、社会平等,并且以尊重他人为人际交往的立足点和出发点,努力构建和谐友好的人际关系。

第二节　秘书的仪表、体态与谈吐

秘书的仪表、体态与谈吐,是指秘书人员在公务活动及日常工作中表现出来的仪容、姿态、行为举止。它包括个人的发式、面容、衣着、饰物、表情、站坐姿,待人接物、饮食起居等。仪态是一个人学识、阅历和教养的体现。举止是指一个人的动作和表情。在日常生活中,人的举止礼仪是其本人气质内涵的外在表现。它包括人在社会活动中坐、立、行、走的各种姿态,以及手势、表情。秘书的举止尤为重要,在与他人的交往中起着重要作用。"言为心声,行为心表",作为人的"第二语言",仪态、谈吐在塑造个人形象、展示个人风采上发挥着重要作用。恰如其分地掌握运用各种礼仪,既能彰显个人魅力,又能体现组织风采,往往会在公务交往中产生意想不到的效果。

一、仪容礼仪

仪容,通常是指人的外观、外貌。在人际交往中,每个人的仪容都会引起交往对象的特别关注,并会影响对方对自己的整体印象。在个人的仪表问题中,仪容是重中之重。

（一）仪容礼仪的内容

仪容美包括仪容的自然美、修饰美和内在美。真正意义上的仪容美,应当是上述三个方面的高度统一。忽略其中任何一个方面,都会使仪容美失之偏颇。在这三者之中,仪容的内在美是最高境界,仪容的自然美是人们的心愿,而仪容的修饰美则是仪容礼仪关注的重点。

仪容的自然美,是指容貌的先天条件好,天生丽质。尽管以貌取人不合情理,但先天美好的仪容相貌,无疑会令人赏心悦目,感觉愉快。天生容貌劣势者,应该努力完善自己,以幽默、气质、谈吐、肢体语言、个人风格及随时保持的真诚微笑,来弥补天生劣势,切莫自暴自弃。

仪容的修饰美,是指依照规范与个人条件,对仪容进行必要的修饰,扬长避短,设计、塑造出美好的个人形象。

仪容的内在美,是指通过努力学习,不断提高个人的文化、艺术素养和思想、道德水准,培养自己高雅的气质与美好的心灵,使自己秀外慧中,表里如一。

(二)仪容修饰的要求

仪容修饰在生活中很重要,它反映出一个人的精神状态和礼仪素养。修饰仪容的基本要求是美观、卫生整洁、得体。

首先,卫生整洁。卫生整洁不但是个人习惯,也是一种健康精神、良好心态的表现。秘书人员要有良好的卫生习惯,并经常注意去除眼角、口角及鼻孔的分泌物。应该在出门之前检查一下皮鞋,尽量使之保持清洁。注意口腔卫生,指甲要常剪,头发按时理,不得蓬头垢面。男士应该遵守"前发不覆额、后发不及领、侧发不掩耳"的原则,女士应注意不能浓妆艳抹。仪容修饰要日常化,但不能过度。

其次,简约端庄。仪容既要修饰,又忌讳标新立异,简练、朴素最好。仪容庄重大方,斯文高雅,不仅会给人以美感,而且易于赢得他人的信任。秘书人员参加社交活动之前,应简单修饰一下自己的仪容,除保持整洁卫生外,男士应剃胡子、梳理好头发,还要注意修面、剪鼻毛、剪指甲;女士也应整理一下发型和注意面部的修饰,化一点适合自己的淡妆,这样看上去会显得精神焕发,并让人感到你对活动的重视。

最后,昂扬进取,心态健康。对秘书人员来说,一种昂扬进取、健康的精神面貌是最好的仪容状态。外国记者描绘 40 年代的延安时说,延安人生活十分艰苦,打扮上不分男女,却歌声不断,朝气蓬勃,使人坚信中国的希望在延安。所以,仪容的后天修饰只是治表,而反映本质的是精神,一定要使自己有健康的心态和良好的生活习惯、作息规律,仪表才会更美好。

(三)服饰礼仪

服饰礼仪,是指人们在交往过程中为了表示尊重与友好,达到交往的和谐而体现在服饰上的一种行为规范。秘书服饰礼仪不仅要体现实用性、装饰性,还要体现个人的文化修养、审美情趣、气质品位等。服饰礼仪总的原则是协调,具体说就是服饰与秘书个人的自身条件、职业特点和所处环境相协调。主要应注意以下几点:

首先,秘书服饰不可过于个性张扬。对秘书来说,只有使衣着与自己的年龄、性别、肤色、体形等特点相适应,特别是和自己的性格、气质、个性特征相吻合才是得体的。如果在着装上不顾个人特点和自身条件,一味地赶时髦、搞特别,不仅不能展示自己的良好气质,还会给人不伦不类的感觉。

其次,秘书服饰要懂得扬长避短。秘书人员在选择服饰时,尽量避免穿戴与自己体形不协调的服饰,选择适合自己的服饰才能充分展示自己身材的长处,使自己充满自信地出现在各种社交场合。服饰着装还要体现民族特色。改革开放以来,我国各个领域的对外交往日益扩大,秘书人员在各种对外交往活动中除了穿西装,还可以尝试民族服装,这样既不落俗套,又有利于文化交流。

最后,秘书服饰不可过于华丽或隆重。简洁是当今服饰发展的大方向,服饰越简洁、越流畅,其美学效果就越好。秘书人员工作比较繁重,服饰过于烦琐不但不利于轻装上阵工作,还容易被人当作"花瓶"、"摆设"看待。而简洁的服饰则会给人一种轻松、明快之感,有利于人际沟通。

(四)化妆礼仪

化妆礼仪是指在交往应酬中,为了更好地维护自己的形象,同时也为了对交往对象表示应有的友好和敬重,通过化妆来修饰自己的形象。化妆需要注意以下几点:

第一,化妆要自然。有些工作场合对职业女性是有化妆要求的:淡妆上岗。环境、职业身份和化妆规律都要求职员化淡妆,浓妆艳抹给人以不稳重感,使人怀疑其真才实学、工作能力。化妆的最高境界是若有若无、出神入化、自然而然、没有痕迹。比如,涂抹香水要适当,让人感受淡淡芬芳就够了,香气刺鼻只会起到相反的作用。

第二,化妆要协调。化妆应与自身条件相协调,善于扬长避短,讲究简约素雅,追求朴实无华。不同场合,化妆也有所不同,视情形而定,化妆还要与服饰相协调。整体妆容做到简约、清丽、素雅,具有鲜明的立体感。

二、仪态礼仪

仪态通常是指人们身体呈现出的各种姿势以及人们在各种行为中所表现出来的风度。仪态是一种不用表达但内涵极为丰富的"语言"。仪态是表现一个人涵养的一面镜子,也是构成一个人外在美的主要因素。不同的仪态显示人们不同的精神状态和文化教养,传递不同的信息,因此仪态又被称为体态语。规范的仪态礼仪要求做到自然舒展、充满生气、端庄稳重、和蔼可亲。诚如培根所说:"论起美来,状貌之美胜于颜色之美,而适宜并优雅的动作之美又胜于状貌之美。"仪态包含的内容有站姿、坐姿、走姿、表情、手势等。

(一)站姿

站,要注意挺直、平稳、庄重、自然。站立是人们生活交往中一种最基本的仪态。"站如松"是说人的站立姿势要像松树一样端直挺拔。这是一种静态美,是培养优美仪态的起点,是发展不同质感动态美的起点和基础。站姿的基本要求是挺直、舒展,站得直,立得正,线条优美,精神焕发。

站姿的基本要领:头部抬起,面部朝向正前方,双眼平视,下颌微微内收,颈部挺直。双肩放松,保持水平,腰部直立。身体的重心放在两脚之间。女性双臂自然下垂,处于身体两侧,右手搭在左手上,贴在腹部。

站立时要注意:双腿不要跨得太开,一般与肩齐,不要抖腿动脚,不能倚墙靠柱。手的姿势要自然,或自然下垂,或搭在挎包上。在公务场合,不应将双手插在口袋里,或双手叉腰,或双手交叉在胸前,这样会显得散漫和随便。

(二)坐姿

坐,无论在什么场合,都应端正、自然。坐凳子时,上身要直起,双手搁在自己的大腿上;坐椅子时,身体可靠住椅背,顺势自然挺直。无论坐在哪里都不可将椅面、凳面坐满,这样会显得懒散疲沓。坐姿的要求是"坐如钟",即坐相要像钟那样端正稳重。端庄优美的坐姿,会给人以文雅稳重、自然大方的美感。

坐姿的基本要领:在他人之后从座位左侧走近坐椅,背对其站立,右腿后退一点,以小腿确认一下坐椅,然后随势坐下。必要时,可以手扶坐椅的把手。入座时要轻,后背轻靠椅背,双膝自然并拢(男性可略分)。身体稍向前倾,则表示尊重和谦虚。女性入座前应先将裙角向前收拢,两腿并拢,双脚同时向左或向右放,两手叠放于左右腿上。如长时间端坐可将两腿交叉重叠,但要注意上面的腿向内回收,脚尖向下。男性可将双腿分开略向前伸。就座时不可以歪歪斜斜、两腿过于叉开,不可以高跷起二郎腿,若跷腿时悬空的脚尖应向下,切忌脚尖朝上。坐下后不要随意挪动椅子,腿脚不要不停地抖动。起立要端庄稳重,不可弄得坐椅乱响。

(三)走姿

走,是精神面貌的动态反映。无论是在日常生活中还是在社交场合,走路往往是最引人注意的身体语言,也最能表现一个人的风度和活力。公务场合中秘书人员要注意自己走动时的姿态和节奏。走姿优雅是秘书人员的必备修养。一般来说,标准的行走姿势,要以端正的站立姿态为基础。对走姿的要求是"走如风",即走起路来像风一样轻盈。室内走动时,要注意步子不能太大,脚步要轻。室外走动时,要挺起胸膛,显出精神,步子可比室内稍大些,但仍需轻松自如。

走姿的基本要领:上身挺直,头正、挺胸、收腹,重心稍前倾。手臂伸直放松,手指自然弯曲,摆动时要以肩关节为轴,后臂带动前臂向前,手臂要摆成直线,肘关节略屈,前臂不要向上甩动,向后摆动时,手臂外开不超过30°。前后摆动的幅度为30~40厘米。双目向前平视,面带微笑收下颌。

走路时应注意：不要弯腰驼背、歪肩晃膀；不要步子太大或太碎；不要大甩手，扭腰摆臂，左顾右盼；不要双腿过于弯曲，走路不成直线；不要脚蹭地面；不要双手插裤兜等。

（四）蹲姿

蹲姿的基本要领：下蹲时，应使头、胸、膝关节在一个角度上，不要低头，不要弓背，要慢慢地把腰部低下；两腿合力支撑身体，掌握好身体的重心，臀部向下。女性在公共场所拿取低处的物品或拾起落在地上的东西时，可以使用下蹲和屈膝动作，避免弯上身和翘臀部。

（五）表情

表情是情绪的外部表现，是人内心的情感在面部、声音或身体姿态上的表现。古人说："人身之有面，犹室之有门，人未入室，先见大门。"人们常说"情动之于心、形之于外、传之于声"就是这个道理。

构成表情的主要因素包括目光、微笑两部分。眼睛是心灵之窗，它能如实地反映人的喜怒哀乐。交往时目光应是坦然、亲切、和蔼的。与人交谈时，目光应该注视对方，不应该躲闪或游移不定。进出重要场合时要目不旁视，不能东张西望，在坐定之后才四处打量。即使在遇到困难或挫折时，目光仍应坚定、自信，给人以自尊和自强的感觉；尽管眼神是不易掩饰的，但在公务场合，个人的内心情绪仍不应随便释放，而要注意控制。

微笑，是人的情感流露，是自信的象征、礼貌的表示。人们主张"微笑服务"、"微笑公关"，就是认为笑容可以强化语言的沟通功能。笑容还可以表示道歉、原谅、理解。笑容可以缓和紧张的气氛、消除矛盾，给对方一个真诚和解的信息。微笑是社交场合中最富有吸引力、最有价值的面部表情。

（六）手势

手势是人们在交往中不可缺少的最有表现力的一种"仪表语言"，它体现的是一种"动态美"，做的得体适度，会在交际中产生非凡效果。手势表现的含义非常丰富，表达的感情也非常微妙复杂。如招手致意、挥手告别、拍手称赞、拱手致谢、举手赞同、摆手拒绝；手抚是爱、手指是怒、手搂是亲、手捧是敬、手遮是羞等。能够恰当地运用手势，有助于表达，能够给人以肯定、明确的印象，增强感染力。

手势礼仪需要注意的有：手势不宜过多，动作不宜过大，一般认为：掌心向上表示诚恳、尊重他人；掌心向下表示不够坦率、缺乏诚意等；握紧拳头表示进攻和自卫或愤怒；在引路、指示方向时，应注意手指自然并拢，掌心向上，以肘关节为支点指示目标，切忌伸出食指来指点。

手势在使用时应注意不同区域、不同国家的不同习惯，不可以乱用。如有些国家认为竖起大拇指、其余四指弯曲表示称赞夸奖，但澳大利亚则认为竖起大拇指，尤其是横向伸出大拇指是一种污辱;英国人跷起大拇指是拦车要求搭车的意思。"OK"的手势,在欧洲表示赞扬和允诺的意思,然而在法国南部、希腊、撒丁岛等地,它的意思恰好相反。由此不难看出,每种文化都有自己的"手势语言",千姿百态的手势语言,包含着人类丰富的情感。它虽然不像有声语言那样实用,但在人际交往中能起到有声语言无法替代的作用。

三、交谈礼仪

交谈是人际往来中最简单、最直接的沟通方式。同时也是人与人之间相互传递情感和信息、增进彼此了解和友谊的重要手段。作为秘书,在日常工作中少不了与人交谈,因此,掌握交谈的礼仪是秘书不可或缺的能力之一。

(一)交谈礼仪的基本要求

1. 有理有利

秘书人员应将礼貌用语时时挂在嘴边。"请"、"您好"、"谢谢"、"对不起"、"再见"等是社会提倡的文明交往用词,秘书人员应时刻谨记。当然,交谈礼仪不仅仅体现在礼貌用语上,而且在语言交流中则体现对人的尊重和理解。无论遇到什么情况,用语都要文明、礼貌。有理,既指所说的话句句在理,符合有关法规和交际惯例,也指条理清晰,逻辑严密。说话有利,是针对交谈的目的而言。一语不慎,可能使协作关系、贸易关系僵化、恶化,而巧妙地运用交谈礼仪,会使对方感受到你的诚意和热情,使局势向更好的方向发展,所以交谈要讲技巧。

2. 口齿清晰、声音适宜

秘书人员不仅要有严密的逻辑思维,善于表达,而且口齿上要特别注重清晰明确,说话时不能口齿含混,声音刺耳。秘书人员应使自己的嗓音朴实自然,声音高低适合说话场合的环境需要,节奏不紧不慢;不能带有明显的个人发音特点而使读音怪异;不能嗲声嗲气、粗声粗气。

3. 学会"听话"

听话,是交谈的另一个方面,它与说话共同形成交谈中的交流,从而达到交谈的目的。会说话,同时也必须会听话。交谈时,只顾自己一吐为快,不顾对方的反应,是礼仪的大忌。善于倾听,是一种修养,也是说话礼仪的基本要求之一。在听的过程中,了解对方的感情和意图,才能使彼此的交流更顺畅。此外,在交谈时,一味强调自己的意见,会给人以某种误解,而误解一旦形成便很难改变,这也印证了民间的一句话"言多必失"。所以要善于听,善于在听与说的交流中传达信息,增进了解,增强感情。

(二)秘书的日常用语

秘书在日常交往中,应根据不同情境、不同对象,恰当、灵活地使用各种礼貌用语。

常用的礼貌语有"请"、"谢谢"、"对不起"、"您好"、"麻烦你了"、"拜托了"、"可以吗"、"您认为怎样"等。

1. 问候语

问候语一般不强调具体内容，只表示一种礼貌。在使用上通常简洁明了，不受场合的约束。无论在任何场合，秘书与人见面都不应省略问候语。同时，无论何人以何种方式表示问候，秘书都应给予相应的回复。与人交往中，常用的问候语主要有"你好"、"早上好"、"下午好"、"晚上好"等。与外国人见面问候招呼时，最好使用国际间比较通用的问候语。例如，英语应用"How do you do？（你好）"等。

2. 欢迎语

欢迎语是接待来访客人时必不可少的礼貌语。例如，"欢迎您"、"欢迎各位光临"、"见到您很高兴"等。

3. 致歉语

在日常交往中，人们难免会因为某种原因影响或打扰了别人，尤其当自己失礼、失约、失陪、失手时，都应及时、主动、真心地向对方表示歉意。常用的致歉语有"对不起"、"请原谅"、"很抱歉"、"失礼了"、"不好意思，让您久等了"等。

4. 请托语

请托语是指当你向他人提出某种要求或请求时应使用的语言。当你向他人提出某种要求或请求时，一定要"请"字当先，而且态度语气要诚恳，不要低声下气，更不要趾高气扬。常用的请托语有"劳驾"、"借光"、"有劳您"、"让您费心了"等。在日本，人们常用"请多关照"、"拜托你了"等请托语。英语国家一般多用"Excuse me（对不起）"。

5. 征询语

征询语是指秘书在交往中，尤其是在接待过程中，应经常使用诸如"您有事需要帮忙吗"、"我能为您做些什么"、"您还有什么事吗"、"我可以进来吗"、"您不介意的话，我可以看一下吗"、"您看这样做行吗"等征询性语言，这样会使对方感受到尊重。

6. 赞美语

赞美语是指向他人表示称赞时使用的语言。在交往中，要善于发现、欣赏他人的优点，并适时地给予对方以真挚的赞美。这不仅能够缩短双方的心理距离，而且能够体现出宽容与善良的品质。常用的赞美语有"很好"、"不错"、"太棒了"、"真了不起"、"真漂亮"等。面对他人的赞美，也应作出积极、恰当的回应。例如，"谢谢您的鼓励"、"多亏了你"、"您过奖了"、"你也不错嘛"等。

7. 拒绝语

拒绝语是指当不便或不好直接说明本意时采用婉转的词语加以暗示，使对方意会的语言。在人际交往中，当对方提出问题或要求，不好向对方回答"行"或"不行"时，可以用一些委婉的语言来拒绝。例如，领导不想见某些人时，秘书可以回复领导在开会，不便接见。

8. 告别语

告别语虽然给人几分客套感觉,但也不失真诚与温馨。与人告别时神情应友善温和,语言要委婉谦恭。如:"再次感谢您的光临,欢迎您再来!""非常高兴认识你,希望以后多联系。""十分感谢,咱们后会有期。"等。

在人际交往中,除要掌握必要的常用礼貌用语外,还应了解和掌握一些约定俗成的表示谦恭的礼仪用语。例如,初次见面应说"幸会";请人解答应用"请问";看望别人应说"拜访";赞人见解应用"高见";等候别人应说"恭候";归还原物应说"奉还";请勿送应说"留步";求人原谅应说"包涵";对方来信应称"惠书";麻烦别人应说"打扰";老人年龄应称"高寿";请人帮忙应说"烦请";好久不见应说"久违";求给方便应说"借光";客人来到应说"光临";托人办事应说"拜托";中途先走应说"失陪";请人指教应说"请教";与人分别应说"告辞";他人指点应称"赐教";赠送诗画应用"雅正"。

第三节 秘书的常用礼节

人们的常用礼节是目前世界大多数国家通行的礼节,是所有现代礼节形式中使用最多的一种。主要包括"握手"、"注目"、"致意"、"称谓"、"鞠躬"、"介绍"、"通信"、"拥抱接吻"等。

一、握手礼仪

在现代交往活动中,握手礼已经成为人们最常用的一种见面礼。握手礼通常是用来表示欢迎、欢送、见面、相会、告辞、祝贺、感谢、慰问、和好、合作时使用的礼节。

(一)握手的方式

握手的方式有单握式和双握式两种。

单握式:施礼者伸出的手掌应当垂直,这是通常的习惯,并要注视对方,配以微笑和问候语。如果掌心向下,会有显示傲视之嫌,而掌心向上,又有谦卑之态。握手的时间以3~5秒为宜,握手的力度对男子可以稍重些,对女子则应轻柔。握手时,如果手上戴有手套,应当先将手套去掉。

双握式:施礼者伸出双手一左一右与对方右手交叠。双手行握手礼,一般用于下级、晚辈对上级、长辈表达尊敬、仰慕、感激之情时。

(二)握手的次序

根据礼仪规范,握手时双方伸手的先后次序应当遵守"尊者决定"的原则。"尊者决定"的含义是:在两人握手时,首先各自应确定握手双方彼此的身份,然后以此决定伸手的先后。长幼之间,应当待长者伸手后,幼者再及时地伸手相握;上下级之间,应等上级主动伸手后,下级再伸手;男女之间,应由女子先伸手,男子再伸手,如果女方没有握手的意思,男方可改用点头礼表示礼貌;宾主之间,作为主人,对到来的客人,不论男女、长幼,均应先伸出手去,表示热烈欢迎。

握手礼有时也可以灵活变通。如一个人面对众多的人,相见时则不可能一一握手,可以用点头礼、注目礼、招手礼代替。行握手礼在伸手之前,如果不能肯定对方是否愿意握手,或看到对方没有握手意思时,用点头礼、招手礼或注目礼也是很礼貌的。此外,还要注意以下情况:不要拒绝与他人握手;不要以肮脏不洁或患有传染性疾病的手与他人相握;不要用左手与他人握手,尤其是在与阿拉伯人、印度人打交道时要牢记此点,因为在他们看来左手是不洁的。

二、注目礼仪

注目礼是比较庄重的礼节。在升国旗、受检阅、剪彩揭幕、庆典等活动时,行注目礼的正确做法为:身体立正站好,挺胸抬头,双手自然下垂放于身体两侧,表情庄重严肃,目视行礼对象,并随之缓缓移动。要注意的是,在只有两个人的场合,或虽有多人在场但只有两人存在某种关系的情况下,不宜使用注目礼,因为这种情况下的注目无异于盯视,已经失去了它本来的作用,这时应采用其他礼节形式。

三、致意礼仪

致意是一种以非语言方式表示问候的礼节,它表示问候、尊敬之意。致意,无论是对相识的人还是初次见面者,都是表达友好、礼貌的一种最常用的礼节。致意的形式主要有:

微笑致意:适用于与相识者或只有一面之交者在同一地点距离较近但不适宜交谈或无法交谈的场合。微笑致意可以不做其他动作,只是两唇轻轻示意,不必出声,即可表达友善之意。

点头致意:点头致意往往是在公共场合遇到相识的人而相距较远时,或与相识者在一个场合多次见面时,在社交场合对一面之交或不太相识的人见面时,均可微笑点头向对方致意,以示问候。点头时要面带微笑,目视对方,轻轻点一下头即可。行点头礼时,不宜戴帽子。

欠身致意:欠身是一种表示致敬的举止,常常用在别人将你介绍给对方,或是主人向你奉茶之时。行欠身礼时,身体上部分微微一躬,面带微笑注视对方。多使用于对长辈或自己尊敬的人致意。

举手致意:行举手礼的场合,与行点头礼的场合大致相似,是对距离较远的熟人的一种打招呼的形式。行举手礼的正确做法是,右臂向前方伸直,右手掌心向着对方,四指并拢,拇指叉开,轻轻向左右摆动一两下。

起立致意:在较为正式的场合,有长者、尊者要到来或离去时,在场者应起立表示敬意。

秘书人员要注意:致意时应大方、文雅,一般不要在致意的同时,向对方高声叫喊,以免妨碍他人;如遇对方先向自己致意,应以同样的方式回敬,不可视而不见;致意要讲究先后顺序。通常应遵循:年轻者先向年长者致意;下级先向上级致意;男士先向女士致意;学生先向老师致意。

四、称谓礼仪

称谓是指人们在日常交往应酬中,所采用的彼此间的称谓语。在人际交往中,选择正确、恰当的称谓,是对他人尊重、友好的表示。在现代社会,称谓主要有以下几种:

(一)职务(称)性称呼

以交往对象的职务和职称相称,这是一种最常见的称呼。尤其是具有高级、中级职称者,在工作中要直接以其职称相称。如"王局长"、"张教授"、"范经理"等。

(二)职业性称谓

对于从事某些特定职业的人,可以姓氏加职业相称。如"张医生"、"齐律师"等。

(三)性别性称谓

根据性别的不同,还可以称呼"小姐"、"女士"或"先生"等。

(四)姓名性称谓

对于认识和熟悉的朋友,一般可以直呼其名。

(五)通用性称呼

在社交场合,由于不熟悉交往对象的详细情况,对男性一律称为"先生",对女性一律称为"小姐"或"女士"。

此外,对于秘书人员来说,在称呼的使用上更应注意以下几点:要根据交往双方的关系有选择性的称呼;在称呼时要注意民族和区域界限,根据称呼人的交往习惯来选择称呼;使用称呼就高不就低;对相交不深或初次见面的人,用"您";多人交谈的场合,应遵循先上后下、先长后幼、先女后男、先疏后亲的顺序。

五、鞠躬礼仪

鞠躬源于中国的先秦时代,表示一个人谦虚恭敬的姿态。鞠躬礼是比较隆重的礼节,在现代生活中,可以说是最重要的礼节之一。主要用于喜庆、哀悼的仪式中,在正式的社交场合也有使用。此种礼节一般是下级对上级或同级之间、学生向老师、晚辈向长辈、服务人员向宾客等表达由衷的敬意。

鞠躬即弯身行礼,它既适合于庄严肃穆和喜庆欢乐的仪式,又适用于普通的社交和商务活动场合。常见的鞠躬礼有以下三种:

三鞠躬:行礼之前应当先脱帽,摘下围巾,身体肃立,目视受礼者;男士的双手自然下垂,贴放于身体两侧裤线处;女士的双手下垂搭放在腹前,身体上部向前下弯约90°,然后恢复原样,如此三次。

深鞠躬:其基本动作同于三鞠躬,区别在于深鞠躬一般只要鞠躬一次即可,但要求弯腰幅度一定要达到90°,以示敬意。

社交、商务鞠躬礼:行礼时,立正站好,保持身体端正。面向受礼者,距离为两三步远。以腰部为轴,整个肩部向前倾15°以上,同时问候。

六、介绍礼仪

在秘书工作中,介绍是常用的礼节,是使陌生的双方相识必不可少的礼节。无论是介绍别人,还是自我介绍,或是被介绍,都应遵守一定的礼仪规范。介绍分为自我介绍和他人介绍两种方式:

自我介绍,就是在必要的社交场合,将自己介绍给其他人,以使对方认识自己。自我介绍的内容因场合不同而有所不同。在某些公共场合和一般性社交场合,如旅行途中、聚会、通电话时,自我介绍的内容应当简洁,可以用一句话概括自己的单位、部门、职务、姓名。如"我是中国人民大学国际关系学院的金陈坤教授。"如果在刻意寻求与交往对象进一步交流、沟通的社交场合,自我介绍的内容应包括姓名、籍贯、学历、兴趣等。自我介绍要注意两点:一是要在规定的时间范围内有重点地介绍自己;二是自我介绍的态度要自然、亲切、自信。

他人介绍,又称第三者介绍,是第三者为彼此不相识的双方引见、介绍的一种介绍方式。为他人介绍时,讲究介绍顺序,即先把男性介绍给女性,把年轻人介绍给老年人,把职位低的介绍给职位高的,以此表示对后者的尊重。秘书在为他人作介绍时,一般可以站在双方之间,介绍时应先说:"请允许我来介绍一下",同时伴随适当的手势,用手掌示意,指向被介绍一方,眼神要随手势转向被介绍一方。

七、通信礼仪

通信礼仪,是指人们利用固定电话、手机、电子邮件等通信手段时应遵守的礼仪规范。

电话作为现代通信工具,是人们联络感情、联系业务的重要方式,也是秘书处理日常事务最常用的工具。在打电话时,首先要注意时间,除非有急事,一般在早上七点以前,晚间十点以后,或者用餐时间打电话给别人,都是不礼貌的。给朋友、同事家里打电话最好在早上八点左右、晚上十点以前。给海外人士打电话,还要了解时差。在打电话前应做好充分准备,最好的办法是把通话内容列成"清单"。电话接通后,要用诸如"您

好!"等语言向对方问候。然后,用礼貌的口吻询问对方。如:"喂,您好! 请问是×××公司吗?"当你的询问得到证实后,要及时通报自己的姓名、身份或单位名称等。

电话交谈中,声音不宜太大、太快,姿势要端正,并且面带微笑,做到语音语调柔和平稳。如果通话时电话突然中断,应由打入的一方立刻重拨;如果错拨了电话,应向对方道歉后再挂断;打电话要为对方着想,尽可能选择对方方便的时间,不宜选择休息时或节假日;秘书在日常工作中,对每一个重要的电话都要作详细的记录,包括来电的时间、单位、联系人、通话内容等。接电话时,要做到接听及时,遵循"铃响不过三声"的原则。不要在接听电话时,与他人交谈或者看电视、吃东西;当通话终止时,不要忘记向对方说"再见"。

使用移动电话时,在某些特定的场所如剧场、音乐厅、阅览室、法庭、会议室、课堂等,应关闭手机,或转换至振动。使用手机时,还要注意公共安全,如在飞机上应关闭手机,以免干扰通信,影响飞行安全。同样,在医院、加油站时,也应关闭手机。

电子邮件(E-mail)是一种用电子手段提供信息交换的通信方式,是 Internet 应用最广的服务,其内容可以是文字、图像、声音等各种方式。在使用电子邮件时要注意每天检查新邮件并尽快回复。

八、拥抱接吻礼仪

拥抱礼是西方国家通用的一种礼节,通常与接吻礼同时进行,我国还不多用。拥抱礼行礼方法是两人相对而立,右臂向上,左臂向下;右手抱对方左后肩,左手挟对方右后腰。对方头部及上身均向左相互拥抱,然后再向右拥抱,最后再次向左拥抱,并说"欢迎"、"你好"等。由于我国不用这种礼节,所以在接待外宾时,应等外宾主动要行拥抱礼时,才响应对方,一般不主动行拥抱礼。

接吻礼多见于西方、东欧、阿拉伯国家,是亲人以及亲密的朋友间表示亲昵、慰问、爱扶的一种礼节,通常是在受礼者脸上或额上吻一下。双方在社交场合行拥抱礼的同时,脸颊一贴,然后换一下方向再贴一贴,这便是接吻礼。并非所有的国家都流行接吻礼,因此要注意入乡随俗。

第四节 秘书的活动礼仪

一、接待礼仪

接待是指因工作或业务联系的需要,以及接受邀请等原因,个人或单位以主人的身份对来访者所给予的一种相应礼遇,以便达到扩大交往、促进合作、共同发展的目的。在接客、待客、送客的过程中,接待者都要讲究一定的礼仪规范,对于每个环节都要有一定的要求。

（一）仪表得体

从事接待工作的秘书人员应该穿着得体、气质端庄，举止言谈彬彬有礼，展示出高雅的风度和良好的素质。面对来宾时，表情要自然专注。对于任何来访的客人，秘书人员都要热情诚恳，以礼相待。

（二）守时守信

秘书人员要有高度的责任心和较强的时间观念，守时是一种素质，做一个守时的人，不仅是对别人的尊重，而且是尊重自己。守信是中华民族传统美德，是个人的立身之本。是建立良好人际关系的基础。秘书人员在接待过程中若情况发生变化不能守时守约，应事先通知或事后解释，以真诚的态度向来宾道歉。

（三）细致周到

接待工作非常繁杂，一次接待活动往往涉及许多部门和人员，尤其是团体接待，秘书人员要协调好各种关系，考虑到各种细节。这要求秘书人员在工作中要考虑周全、细致入微，为来宾提供良好的服务。

（四）团结协作

成功的接待工作离不开接待人员的周密安排、各部门之间的团结协作。接待工作非常辛苦，常常要早出晚归。接待人员必须有忘我工作的精神、高度的责任心、坚强的毅力。接待工作涉及较多部门和单位，秘书人员要及时联络各单位、部门，既要分工细致，又要团结协作，以便接待工作顺利完成。

二、拜访礼仪

拜访是指因工作或业务需要，对其他相关单位或个人登门访问或谈话的一种礼节。人际关系是通过人与人之间的交往和联系建立起来的，拜访是人际交往的常用礼节。是秘书工作的基本内容之一。

（一）预约

拜访礼仪中最重要的一条就是预约。事先以电话或信函形式与对方联络，说明拜访的原因和目的，确定拜访时间。这既能体现对对方的尊重，也显示了自身的修养。预约的时间应尊重对方的意愿。另外，如因故不能如期赴约，必须提前通知对方，以便被拜访者重新安排工作，且要说明失约的原因，态度诚恳地请对方原谅。

（二）服饰

首先要整洁大方。一般情况下，登门拜访者，女士应着深色套裙、中跟浅口深色皮鞋

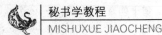

配肉色丝袜,男士最好选择深色西装配素雅的领带,外加黑色皮鞋、黑色袜子。

(三)礼品

无论是初次拜访还是再次拜访,礼物都不能少。礼品是联络感情、加深理解的需要。也是尊重他人、寻求建立友好关系的体现。在礼物的选择上要根据对方的兴趣、品位有针对性地选择,尽量让对方满意。

三、会议礼仪

会议礼仪,主要是指筹备会议、组织会议、主持会议和参加会议的礼仪规范。各种会议都有相应的礼仪规范,参与会议及会议服务是秘书人员的重要工作内容,秘书应了解、掌握和遵循会议礼仪规范。

会议能否成功召开,会议筹备工作至关重要。第一,制定会议计划,会议计划主要应明确会议要解决什么问题、要达到什么目的,应该开什么类型的会议,应在何时何地开会等内容。第二,确定出席对象,不同的会议,参加会议的人数不同。第三,确定会议议程。会议议程应按照议案的轻重缓急确立先后顺序,排列时间。第四,布置会场,在会场的选择上,要优先考虑交通便利、设施齐全、环境安静的地点;在会场的布置上,会议室要清洁、明亮,有足够的桌椅,能让与会者方便地看文件,作记录,讨论发言。会场各种设备都要配备齐全。

会议召开阶段,要做好以下工作:第一,接站。一般会议都规定了报到日期,报到日期当天,应安排好人员接站。对所接到的与会者,表示欢迎。第二,登记。与会者到达酒店后应签到、领取会议材料。这一过程,应尽量在登记处解决,并应迅速办理,让与会者早点到客房休息。第三,联络。会议进行期间,要做好联络工作,确保与会者按时参加会议。第四,安全。要确保每一个与会者的安全,包括其人身安全、财产安全以及食品卫生安全。涉密会议还必须强调文件安全。第五,娱乐。会议期间,可安排一些影视放映和文艺演出,以调解气氛,应鼓励与会者主动参与文体活动。

四、宴请礼仪

宴请是人们在社交活动中经常采用的一种交际方式。小到个人、家庭,大到社会组织、国家,都免不了要用宴请的形式来迎送来宾,以表达某种感情。因此秘书人员应当熟知宴请礼仪,这包括作为宴请主办方的礼仪和作为宾客应邀赴宴的礼仪,以及中餐和西餐的不同礼仪要求。常见的宴请形式大致有:宴会、招待会、茶会和工作餐等。

宴请的组织工作是一项非常细致的工作,要考虑的问题和要做的准备工作很多,其中每一个环节都有一定的礼仪要求,主要有以下几个方面:

1. 确定宴请的规格种类

根据工作需要,有各种性质的宴请活动,如:迎宾洗尘、送宾钱行、纪念庆典、节日聚会、工作交流、会议闭幕等。宴请的规格就是根据宴请人员的身份、地位等确定宴请对象、范围与形式。一般以主办方活动的性质和准备出席的人的最高身份地位、或宾客方可能应邀出席者的身份地位来确定宴会的规格。规格过低或过高都不合乎礼仪。

2. 选择宴请的时间、地点

宴请的时间应安排在主宾双方都较为合适的时候。在时间的确定上，要避免对方的重大节假日、已有重要活动的时间或是禁忌日。选择宴请的时间首先要根据活动的实际需要，太早或太迟都会产生负面效应，失去宴请的意义。一般采取适当提前的办法。宴请的地点则应根据宴请的规格、种类来确定。

3. 宴会邀请

邀请有两种形式，即口头邀请和书面邀请。口头邀请就是当面或者通过电话把这个活动的目的、名义以及邀请的范围、时间、地点等告诉对方，并等待对方的答复；书面邀请即给对方发送请柬，将宴会活动的内容告之对方，这是一种正规的邀请方式。大型宴请可以组织名义发邀请，也可以组织领导人个人名义发邀请；小型宴会可以个人名义或夫妇名义发邀请；工作餐一般以组织名义发邀请。这样做，既是出于礼貌，也是对客人的提醒和备忘。

4. 预订菜谱

选菜要体现尊重宾客的原则，应主要考虑宾客的饮食习惯和口味，特别要考虑宾客的禁忌。世界各国、各民族、各宗教派别的饮食禁忌是不同的，如印度人忌吃牛肉，满族人忌吃狗肉等。宴请主办者只有事先作好充分考虑和准备，才能收到良好的礼仪效果。

五、涉外礼仪

涉外礼仪，是指在对外交往活动中应遵守的礼仪规范。作为秘书，不仅要严格遵守外事纪律，懂得自尊、自爱、自强，还应了解和掌握一些对外交往中的礼仪常识。涉外礼仪有助于发展我国人民同世界各国、各地区人民的友谊。在涉外交往中，遵守国际惯例和一定的礼节，有利于我国的对外开放，也有利于展现中国礼仪之邦的风貌。

在与外宾交往时，秘书人员要做到：

1. 形象得体

个人形象，既能体现一个人的修养和品位，也能够反映出一个人的精神风貌与生活态度。在国际交往中个人形象往往还代表其所属国家、所属民族形象。所以我们在涉外交往中必须时刻注意维护个人形象，不能作出出格或有损个人形象的言谈举止，要在各种场合给外国友人留下良好的第一印象。

2. 不卑不亢

这是涉外礼仪的一项基本原则。秘书人员在参与国际交往时，必须意识到，要处处维护自己国家的形象和利益，维护国格和人格，要以礼相待，任何情况下都不以自己的言行损害国家荣誉和民族尊严。懂得自尊、自爱、自强。

3. 求同存异

求同存异是指寻求共同之处，保留不同意见。在对外交往活动中不仅要认真遵守国际上所通用的礼仪惯例，还要了解交往对象所在国的礼仪与习俗。在涉外交往中采用本国礼仪的同时，应适当地采用一些交往对象所在国现行的礼仪。

4. 入乡随俗

要真正做到尊重涉外对象，首先就必须学习尊重对方所独有的风俗习惯。秘书人员要充分了解与交往对象相关的习俗，做到"入境而问禁，入国而问俗，入门而问讳"，并无条件地尊重交往对象国家的习俗。

5. 尊重隐私

在国际交往中，人们普遍讲究尊重个人隐私，并且将尊重个人隐私与否，作为衡量一个人是否有教养，是否尊重他人的重要标志之一。需要注意的是，以下几个方面均被海外人士视为个人隐私问题：收入支出、年龄大小、恋爱婚姻、身体健康、家庭住址、个人经历、信仰政见、所忙何事。在与外国友人交流中应避免主动提及以上几个方面问题，充分做到尊重他人隐私。

本章思考题

1. 从秘书礼仪的历史沿革来看，秘书礼仪具有怎样的作用？
2. 秘书应具备怎样的仪态？对秘书人员来说，良好的谈吐能力有什么作用？
3. 秘书的常用礼节中，为什么要根据不同对象采取不同礼节？
4. 请分析秘书活动礼仪的共同点。

案例分析

在某大学某课程的实践环节，老师带领几位同学赴某大型公司参观学习。在走访各个部门时，公司秘书小张非常热情，不但向同学们详细介绍公司的运作流程，而且不厌其烦地回答同学们提出的问题。同学们有的听得很认真，紧随秘书小张之后，有的却心不在焉，甚至掉队。最后在公司会议室，由公司副总亲自接待老师和同学们，小张奉上茶水、糕点、笔记本和笔时，同学们大多没有反应，没有起身也没有致谢。只有一位同学在接过上述物品时，起身并且微笑地看着小张，说了声：谢谢！

根据上述案例，请回答：

1. 同学们有哪些行为不合乎礼仪？
2. 我们从小张身上可以学到什么？
3. 如果该公司要从这些同学中招聘大学生，哪位同学有机会？为什么？

第十五章 秘书交际

本章导语

人际交往是指在公共关系活动中,有关人员通过各种手段交流思想、感情和意向,进行沟通、理解并产生相互作用的交际活动。它反映了个人和群体寻求满足其社会需要的心理状态。

秘书在日常工作中要接触方方面面、形形色色的人,如何开展积极的人际交流活动和建立有效的人际关系环境,对于顺利完成本职工作至关重要。本章重点介绍秘书交际的内涵、特点以及秘书应如何处理好与领导、同事的关系。

本章关键词

秘书;秘书交际;秘书工作

第一节 秘书交际概述

在不同场合、不同环境和不同社会成员面前,秘书会扮演各种角色,这是为处理好各种人际关系,建立起和谐、融洽的工作氛围,最终履行自己的工作职责、实现自己的工作目标创造必要条件。

一、秘书交际的特点

(一)公务性

秘书与领导、同事、下级、公众建立起来的人际关系,不是单纯的私人关系,也不是为了解决个人问题,而是为了适应公务需求,代表组织或领导与对方接触和交往。

(二)业缘性

秘书的人际关系是在其从事社会活动和与秘书工作有关的活动过程中形成的一种关系,这种关系并不是依靠血缘、姻缘或地缘而建立,不是因私人需要而维系。

(三)广泛性

秘书部门是信息枢纽,联系着上下、左右、内外各种关系。秘书工作丰富多样,决定了秘书建立人际关系的面是十分广阔的。秘书只有妥善处理与领导、同事、其他公众等的关系,才可为顺利解决工作中面临的各类问题奠定基础。

二、秘书交际的准则

(一)尊重

通常而言,要获得别人的尊重首先得尊重别人,人人都有自尊心,都希望得到别人的尊重。尊重别人和受到尊重是相对应的。互相尊重能增进彼此间的友情和信任。

尊重更重要的表现是重视别人的意见和要求,但又不轻易放弃自己的原则和看法。当与对方意见不一致或者发生矛盾时,作为秘书,既不能虚伪应答、随便苟同或表面敷衍,也不允许强词夺理,而需要用委婉的语气进行解释。

尊重也表现为要求别人时不强人所难,不把自己的观点强加于人。

(二)礼貌与礼仪

人际交往中最初步也是最基本的礼仪形式就是礼貌。礼貌要求秘书在公司或其他场合会见领导、上司、同事或客人时,首先做到服装整洁、修饰得体、表情自然。待人接物要面带微笑、举止优雅。与人交流时用语得体、口齿清晰、言语温和。在各种交际场合自觉注重和严格遵守各种礼仪礼节。

(三)乐于助人

秘书的角色主要是领导的助手,协助主管或上司做好各项工作。对主管或上司进行必要的生活照顾与服务是秘书的主要职责。秘书工作是综合性工作,它需要多方面的配合和帮助才能做好。因此,秘书人员应学会助人为乐。只有这样,秘书才能获得更多人的认可或赏识,工作才能顺利开展。

(四)宽容和体谅

在工作中与谁交往,你是无法选择的,因此在人际交往中秘书人员要学会宽容与体谅。对别人身上这样或那样的缺点要宽容对待,对别人的粗鲁言语、举止或错误行为,只要没有损害公司利益都尽量予以宽恕。人际交往中宽容能营造宽松的氛围,有利于更多的人奋发向上,也有利于秘书工作的成功。

(五)公允

公允即要求秘书处事待人要公正、诚实,既不自欺,也不欺人,不贪人之功,也不文过饰非或推卸责任。当秘书因取得一点成绩受到领导、上司表扬时,不要忘记对领导、上司提及曾经帮助过自己或者给自己提过建议的同事,并告诉同事让他们分享你的成功和喜悦;当因做错事受到领导、上司批评时,秘书应该独自或更多地承担责任而不要去责怪别人,只有这样,秘书才能得到同事的广泛支持和帮助,也才会受到领导、上司的赏识和器重。①

三、秘书实现良好交际的途径

（一）不断学习,提高处事能力,增强自身人格魅力

秘书人员要不断学习,不仅要学习专业知识和业务知识,而且要扩大知识面,在实践中培养自己办事和处理问题的能力。

秘书努力工作、积极进取,在看似普通的岗位上作出优异的成绩,取得良好的经济效益和社会效果,必然会赢得周围人的尊敬和高度评价,从而产生与他们来往和交流的强烈愿望。秘书还可凭借自身的优良素质与他人之间形成互补互利的关系,促使彼此间的合作更顺利、更默契。

（二）增强心理素质,塑造完美性格

秘书人员在遇到困难、挫折甚至打击时,要善于反省,冷静、客观地从自身寻找原因,而不应总是无谓地怨天尤人。只有这样,才能坚定自己的意志,迎难而上,最终战胜困难,取得胜利。

秘书应培养自己具有开朗、敏捷、稳健、坚毅、幽默和自制等完美的心理素质,这不仅是秘书人员进行人际交往所必需的,也是做好协调沟通工作以及其他一切工作所不可缺少的重要因素。

（三）培养交际风度,提升美好形象

秘书的学识、修养、智慧和品质是内在的,而言谈、举止、服饰和仪态则是外露的、直观的。秘书人员应追求这两方面完美和谐的结合。

秘书的言谈举止应得体,既不傲慢冷淡,又不显得阿谀做作。秘书尤其不能有意无意地卖弄才学,炫人耳目,而应谦虚谨慎,言辞简要清晰,语气温和明朗。

秘书应懂得各种场合的礼仪礼节,善于待人接物,善于处理复杂的人际关系。做到在任何场合都不背后议论上司的长短,不谈论或泄漏别人的隐私。

秘书还应培养广泛的兴趣,如文艺、音乐、体育、旅游和交友等,凡是有益于身心健康的活动都可以进行。业余爱好不仅可以陶冶性情,培养乐观情绪,还能促进人际交往,广

---

① 陆瑜芳:《秘书学概论》,上海:复旦大学出版社,2001年,第86~87页。

交朋友,丰富情感生活。

(四)增强交往频率,缩短心理距离

社会学家把人际交往中地位重要、影响大、交往频率高、时间长的关系称为"首属关系";反之,把地位次要、影响小、交往频率低、时间短的关系称为"次属关系"。

秘书人员首先要与领导建立首属关系,通过增加交往的频率,一方面可以更好地取得领导的理解和支持,另一方面也可以更好地领会领导的思想和意图,主动予以配合,使秘书工作更和谐、更协调。

秘书也要尽力与基层人员、有业务往来的人员建立首属关系,这有利于畅通信息渠道,增强信息的准确性、时效性和功能性,有利于提高秘书工作的效率和质量。

除此之外,秘书人员还需要以非角色身份与各方人士进行情感的交流和沟通。譬如,在上下班途中谈心,午间就餐、休息时闲聊,别人生病时去医院探望,同事家中遇到困难时登门慰问、提供帮助等,这些往往能有效地缩短彼此的心理距离,使气氛显得亲切、活泼和轻松,达到相互交往的积极意愿。

第二节 秘书与领导

秘书与领导的关系既有人际关系中的共同性,又有其特殊性。领导不仅是秘书的直接服务对象,还是秘书存在的基本条件,与领导的关系是秘书最基本的社会关系。这就决定了秘书与领导相处时既要遵循人际关系的一般原则,又要从秘书工作、领导工作的实际出发,遵循一些特殊原则。秘书与领导相处的首要原则就是尊重和服从领导,既不能代替领导,也不能擅自作主,更不能越位越权。受工作性质的影响,秘书作为领导的参谋助手,不可避免地会与领导打交道,如为领导提供信息资料、组织会议等各项日常事务。因此,与领导保持和谐、融洽的关系,是秘书人员充分发挥主观能动性,搞好本职工作的必要条件,也是秘书工作岗位对于秘书人员的特殊要求。

一、秘书与领导的关系

(一)秘书与领导关系的六大特征

1. 目的的一致性

秘书和领导的工作目标是一致的,在实现目标的过程中应尽可能保持步调一致,秘书要了解领导的决策意图和工作打算。领导则不能简单地指使秘书工作,而应主动把自己的意图告知秘书,以达到配合默契、相互促进的效果。

2. 工作的主从性

秘书是领导尤其是主管领导直接的、全面的工作助手。在工作上,领导为主,秘书为辅、为从。秘书应以领导的工作目标为目标,以领导的工作任务为己任,尽力在工作目标、任务、进度和方式、方法上与领导配合好,与领导保持一致。

3. 知识和思维的补充性

秘书的知识结构和专长、思维方向和方法等,与领导既要有共同的成分,又应有所不同,这样才能更好地辅助领导做好各项工作。比如年长的领导更富有工作经验,年轻的秘书更富有现代科技知识和外语能力;领导着眼于宏观的决策和计划,秘书则侧重于微观的执行和具体的操作;领导如果是正向思维,秘书就应该多向思维或者逆向思维。

4. 能力和体力的替代性

秘书与领导工作的配合是一种助力,也应该是一种合力,应该相加而不是相减或抵消。秘书与领导应该有不同的能力结构。领导具有的洞察能力、决断能力、指挥能力、组织能力与秘书具有的执行能力、办事能力、协调能力、交际能力是一种相辅相成的关系。秘书人员要在事务性和技术性工作中部分地分担领导的工作,以节约领导的时间、体力和精力,使之关注更重要的事情。

5. 人际关系的首属性

秘书与领导尤其是主管领导的关系,毫无疑问应该是首属关系。建立并巩固这种首属关系,对秘书而言是完全必要的。这就要求秘书对领导尤其是主管领导的辅助与服务不能局限于工作需要。比如,秘书应该关心领导的健康和情绪,给予生活上必要的照顾,多陪同领导参加一些业余的社会活动等。

6. 人格上的平等性

不管秘书与领导在职务、地位或财富上有多么大的悬殊,也不管其首属关系发展到什么程度,他们在人格上永远是平等的。秘书与领导在工作上是"主从"关系,绝不是"主奴"关系。秘书应保持人格上的独立性,不应该成为领导的附庸。[①]

(二)秘书与主管领导关系的处理原则

1. 主动配合、适应

秘书应善于理解领导的工作意图,主动配合领导做好各项工作。对于领导明确授权的工作,秘书应多动脑筋独立去完成,而不是事事请示。尽可能地与领导配合默契。

秘书还应努力适应领导的工作方法和工作习惯,领导有各种类型,有的领导是事务型,遇事考虑周到,一件件、一步步都给秘书细细交代,秘书只要照章办事不出差错就行;有的领导属学者型,遇事先要问秘书,秘书就应多动脑筋,提出建议甚至几种方案,供领导择优选定;有的领导属开明型,只是简单的布置任务,事成之后检查结果,对于这种领导,秘书应全盘考虑,步步为营,不能辜负领导的信任;还有的领导是放任型,一般的事都交给秘书去做而不加过问,这样,秘书更应该增强责任感,不仅要对领导的负责,而且是

---

① 张同钦、杨锋主编:《秘书学概论》,广州:暨南大学出版社,2006年,第118～120页。

对更高一级、对整个组织的负责。针对不同类型的领导,秘书应有正确的认识和态度,既不能因领导是事务型、自己工作轻松而庆幸,也不能因领导是放任型、自己责任重大、工作繁重而埋怨,而应适应领导的特点努力做好工作,只有这样才能有利于自身的成长和发展。

2. 服从而不盲从

秘书对领导的基本态度是服从,这是秘书职业特征的要求。但是,秘书对领导不能盲从,领导如果有明显的差错,秘书不能听之任之,领导如有违法乱纪的行为,秘书更不能一味迁就,而应采取适当的方式提醒和规劝。

3. 委婉提醒,适时规劝

当秘书发现领导作出明显错误的决定时,一般不应立即正面提出意见,尤其是有其他人在场时。秘书应顾及领导的自尊,采用委婉含蓄的提示、提醒方式,让领导自己发现错误,或者等待一段时间再做请示,让领导冷静下来重新作出决定。①

(三)秘书与主管领导关系的处理艺术

1. 忠于职守,不失职,不越权

秘书工作具有辅助性和被动性的特点,但秘书同时又要发挥参谋性和主动性。对于职能范围比较宽泛而又有一定弹性的秘书人员而言,要做到既不失职又不越权并非易事。

秘书失职和越权会导致工作的脱节,权力支配的混乱。引起组织内部的矛盾或纠纷,使领导与群众之间、领导与秘书之间、领导之间产生误解或隔阂。因此,秘书应明确自己的职能范围,在被动中发挥主观能动性,明确哪些是应按照常规处理的日常事务;哪些是必须请示领导才能办理的事务;哪些是自己不该知晓应该回避的问题;哪些问题尽管自己知晓但应严守秘密,不能随便表态等。

另外,秘书要根据领导工作的需要和领导授权的范围,把握好自己职能活动的范围。对自己该干的工作积极努力去完成,对自己职责范围以外的工作,若有好的建议和想法,可以通过适当方式提出参考意见供领导参考,绝不能擅自处理。

2. 安于本分,不争名、不图利

秘书在领导身边工作,有许多取得名利的条件优势。秘书的职业性质要求其必须有正确的名利观。

作为领导的助手,秘书主要是协助领导开展工作,如安排公务活动、操办会务工作、草拟文件、撰写领导讲话稿等都是幕后的准备工作。这是组织管理的需要,也是法定的岗位职责。安于幕后、甘当无名英雄才能符合组织利益,符合秘书职业道德规范的要求。

3. 勤于思考,善参谋、能担当

与领导关系融洽、有丰富经验、善于密切配合的秘书人员,不仅能搞好辅助性事务

---

① 陆瑜芳:《秘书学概论》,上海:复旦大学出版社,2001年,第88~90页。

工作,而且能为领导拾遗补缺,当好参谋。这种参谋职能是建立在双方互相理解、彼此信任基础之上的。

在工作实践中,秘书要正确领会和理解领导意图,并以扎实勤奋的工作赢得领导的信任;勤于思考,善于从日常事务中捕捉有价值的信息提供给领导,从而优化领导工作;发现某些方面的疏漏或缺陷,及时提醒、补救,避免造成大的损失;遇到与自己有关的工作出现失误时,要勇于担当,主动承担责任。

4. 敢于讲真话、报实情

秘书受权调查研究,广泛搜集各方面的意见,帮助领导了解实际情况。此时秘书应开展深入的调查研究,通过某些表面现象抓住本质。

在实际工作中,秘书要做到实事求是并不容易,一则存在认识上的障碍,二则存在感情上的障碍。有时领导因一时认识不清,不相信秘书所说的真话;或者由于某种心理情绪和利益因素的影响,虽然知道秘书说的是真话实话,但也听不进去。忠于事业的秘书人员,无论冒多大的风险,无论暂时遭受怎样的曲解和压力,都会本着对组织、对领导负责的态度,如实反映情况。他们的忠诚一旦被人理解,他们会得到更多的尊敬和信赖,与领导的关系也会更加亲密和融洽。

5. 善于体察,为领导分忧解劳

是否善于体察领导工作的需要,及时、恰当地为领导分忧解劳,是衡量秘书人员业务能力、工作水平的重要标志之一。理解领导对各项具体工作的意图,了解领导的工作习惯,并科学合理地安排好自己的工作,才能正确、及时地提供服务,达到与领导的默契配合。

秘书善于体察,在发挥上情下达、左右疏通的作用时要讲究工作方法。秘书应站在上级的角度进行下达,把上情说清;站在下级的角度进行上传,把下情说明白。注意运用语言艺术和应变能力进行巧妙的挡驾,为领导创造集中精力思考问题的环境。

对于领导审批和需要急办的事项,要立即协助呈请有关领导批示办理;对属于职能部门管理的事项,应协助寻求有关部门办理;对涉及多方面的事项,可建议领导主持协调,或在领导授权下召集有关人员妥善处理。

6. 精于守拙,不居功、不自傲

秘书有可能会比领导聪明,精明的秘书需懂得把聪明藏起来,在任何时候都不表现得比领导聪明。秘书的聪明才智需要得到领导的赏识,但在领导面前故意显示,则不免有做作之嫌。这不仅不利于工作的开展,而且会对秘书以后的职业发展产生不利影响。因此,秘书人员要精于守拙。

当秘书人员取得一定成绩,受到领导表扬的时候,要学会不居功、不自傲,要明确成绩的取得除自身工作努力之外,还离不开领导的支持和同事们的帮助,任何时候都需要保持谦虚谨慎的态度。

7. 明于事理,做到有分寸、善协调

秘书人员接触面宽、涉及面广。因此,对秘书而言,在工作中明于事理、把握分寸、办事得体是极为重要的。

知事明理就是要熟悉情况,了解事物间的相互关系和发展变化,明晰表面现象和实质问题、关键要素和限制因素、工作目标和客观条件、领导希望和群众要求等。只有这样,才能合情合理地工作,既能有效地为领导工作服务,又能与群众保持密切联系;既能分清轻重缓急,又不会使人感到厚此薄彼,取得良好的办事效果。

善于把握分寸就是对领导亲近而不流于献媚讨好;对群众热情而不随波逐流;留心收集群众意见而不轻信小道消息;敢于向领导提出建议而又能注意时机与场合,讲究方式方法;积极主动工作而又不超出自己的职能范围;创造性地完成领导交办的事务而又忠实地贯彻领导的意图。太过或不及不仅难以顺利开展工作,而且有损于工作关系的和谐。

秘书人员还要善于协调矛盾和冲突。对部门与部门之间、领导与领导之间的矛盾,应本着不参与的原则,如有可能应尽力促成双方的沟通和相互理解,而不是搬弄是非。秘书人员在纵横交错的人际关系中,要善于协调、化解矛盾,才能减少障碍,获得领导的支持,确保工作的顺利进行。①

二、秘书与其他领导间的关系

在集体领导或规模较大的组织内,秘书除主管领导之外还有其他职位不等或分工不同的领导,秘书往往是在管理层领导成员之间进行一些联系工作。

秘书主要是为主管领导服务,但还应力所能及地执行其他领导的指令,不可只顾自己的直接领导而得罪其他领导,遇事也不可越过直接领导向更高一级领导请示。秘书既应维护直接领导的威信和利益,也应维护领导间的团结。

领导之间因分管的工作以及性格、认识、作风、态度的不同,也会存在隔阂、闹意见、不合作等。领导背后有时会说来说去,秘书应充耳不闻,千万不可附和、传播,以免影响领导间的团结。

对于领导之间的矛盾,秘书应坚持不介入原则,保持中立。如果问题严重到影响工作,秘书应从维护领导之间的团结出发,尽个人之力予以协调和化解。

秘书的技巧在于做好牵线搭桥工作,具有沟通上下、融通左右的本领,掌握传话的技术,只传有利于团结的话,不传不利于团结的话,更不能添油加醋、挑拨离间,增加不协调。只有这样,领导集团、组织内部才能团结一致、同心协力。②

三、女秘书与男领导的关系

在西方国家,女性秘书在人数上占绝对优势,在我国,公司秘书中女性在人数上也

---

① 任群主编:《中国秘书学》,重庆:重庆出版社,2006年,第70~71页。
② 张同钦、杨锋主编:《秘书学概论》,广州:暨南大学出版社,2006年,第123~126页。

超过男性,党政机关和事业单位中女秘书的比例正在逐年增加,而到目前为止,在党和国家领导人中,男性仍然居多。

女性从事秘书工作具有明显的优势,她们语言表达能力强,善解人意,心细手巧,在文函处理、通信打字、接待来访等常规事务中,能够起到男性无法替代的作用。从心理学角度看,男性领导对女秘书工作一般比较宽容、有耐心,因此女秘书应该处理好与男性领导的关系,更好地发挥自己的优势。但是由于官场、商场腐败现象的客观存在,加上一些陈腐观念的影响,近年来关于女秘书的负面看法相当多,"小秘(小蜜)"一词在人们眼中已成为贪官、大款情人的代称。由此可见,确实存在女秘书如何与男性领导处理好关系的问题。我们认为,女秘书在与男性领导相处时要注意以下几点:

（一）区分崇敬与爱慕

对刚毅、潇洒、有魄力的中年男性领导,女秘书会很自然地产生崇敬之情,尤其对于在自己工作上的失误,领导宽容对待时,女秘书还会发自内心地感激。崇敬也好,感激也好,都要与爱慕之情区别开来,要把对领导的崇敬和感激控制在一定程度内。女秘书应该用出色的工作来表示对领导的敬慕和感谢,而不是用可能使对方产生联想的其他方式来表达。如果你坦然面对领导,就不会引来麻烦和误解。

（二）注意自尊和自重

希望得到重用或增加薪水,本是人之常情,无可厚非,但是绝不能乞求别人的恩赐和施舍。极少数女秘书不是凭借自己的能力和敬业精神来得到领导的赏识,而是希望通过所谓的感情投资得到额外照顾。女秘书要自尊,树立靠知识、能力和工作业绩立身的思想,漂亮的女秘书更应该如此。女秘书要自重,行为举止上要保持庄重,在与领导相处时不使用轻佻的语言和动作。

（三）保持适当的距离

女秘书与男领导相处时,要注意把握分寸,保持适当距离。美国人类学家爱德华·霍尔博士认为,根据人们交往关系程度的不同,可以把个体空间划分为四种距离:第一,亲密距离。这种距离是人际关系交往中最小的间距。处于0～15厘米,彼此可以肌肤相触,耳鬓厮磨,属于亲密接触的关系。处于15～45厘米,是身体不相接触,但可以用手相互接触到的距离,多半用于兄弟姐妹、亲密朋友之间,是个人身体可以支配的势力圈。第二,个人距离。这种距离较少进行身体接触。处于45～75厘米,适合在较为熟悉的人们之间,可以亲切握手、交谈。处于75～120厘米,是双方手腕伸直,可以互触手指的距离,也是个人身体可以支配的势力圈。第三,社交距离。这种距离已经超出亲密或熟悉的人际关系。处于120～210厘米,一般是工作场合和公共场所。如机关里领导对秘书或者下属布置任务,或是接待因公来访的客人。处于210～360厘米,表现为更加正式的交往关系,是会晤、谈判或公事上所采用的距离。第四,公众距离。这种距离会使人际沟通大大减小,很难进行直接交谈。处于360~750厘米,是产生势力圈意识的最大距离。如教室中的教师与学生、小型演讲会的演讲人与听众的距离。处于750厘米以上的位置,在现代社会中,是在大会堂发言、演讲、戏剧表演、电影放映时与观众保持的距离。

根据人际交往距离理论,女秘书与男领导在工作场所应该保持120厘米以上的距离较为合适。①

另外,女秘书最好不要长时间与男领导单独处于一个封闭空间,如领导的办公室,更不要轻易单独到领导家里做客或在自己生活场所单独接待领导的来访,因为这意味着双方希望将关系更进一步。

总之,女秘书在与男领导相处时,要自尊自重、自爱自强。要用踏实的工作和优秀的业绩来回报领导的重用和赏识,只有这样才是正道。②

第三节　秘书与同事

秘书工作也离不开同事的支持和合作,若想得心应手、游刃有余地开展各项工作,就必须注重维护与同事的和谐关系,与同事愉快地相处。如果同事间关系不融洽,工作时相互推诿、存在摩擦,是绝不可能把工作做好的。

一、日常沟通

（一）摸清脾气,增进了解

因家庭背景、工作习性的不同,同事的个性、兴趣、能力、价值观、人生观等也各异。只有了解同事的这些特性,才能根据同事的不同性格采用不同的沟通方法,与同事和谐相处。

（二）平易近人,平等相待

同事往往认为秘书是领导身边的人,高高在上,因而对秘书会产生一定的距离感。因此,秘书在与领导相处时,要多主动、平易近人地与同事接触交流。在工作上,同事是合作的伙伴,在生活上,同事也是因工作关系走到一起的朋友,碰见面打个招呼,问声好等。另外,对所有同事要平等相待,保持等距离交往,不要因个人喜恶对某些人特别亲近或疏远。对于集体制定的行为规章制度,秘书人员要带头遵守,不搞特殊化,对于集体活动要积极参加,通过集体活动增加对同事的了解,增进与同事间的感情。如果确实不能

---

① 杨树森:《秘书学概论》,合肥:安徽人民出版社,2005年,第233~234页。
② 张同钦、杨锋主编:《秘书学概论》,广州:暨南大学出版社,2006年,第126~127页。

参加，要在活动之前告知同事，向同事道歉，请求同事谅解。

（三）尊重同事，以诚待人

尊重与真诚是人与人之间沟通的基础。秘书人员在与同事相处时也要以诚信为本。比如，答应同事的事情一定要做到，假使由于某种原因没有做到，要诚恳地向对方解释清楚，取得对方的谅解；要尊重同事的隐私，不要干涉同事的私生活；不要在背后议论同事是非，更不能搬弄是非，挑拨离间；当同事或其家庭遭遇不幸时，不要幸灾乐祸，要真诚地给予安慰，尽自己最大力量给予同事以精神上和物质上的帮助，鼓励其摆脱困境，回归正常生活。

（四）互相理解，学会宽容

在与同事交往时，秘书要善于发现并欣赏同事的优点，并在适当的时候给予肯定和赞美，切勿嫉妒，更不能打同事的小报告，诋毁同事。对于同事的一些小缺点、小毛病要宽容对待；同事对自己的评论，无论是称赞、批评还是妒忌，要坦然对待，有则改之，无则加勉；与同事存在矛盾或误解时，要积极主动进行协调沟通，如果是自身存在问题，要积极改正，请求同事监督，如果是同事的纰漏，要用宽容的心态去理解和宽慰同事。

二、工作上的沟通

（一）身体力行，乐于协作

在与同事一起合作开展工作时，不能挑三拣四、斤斤计较，不能把"脏、乱、累、难"的工作扔给同事，自己专挑轻松的工作做。秘书人员应该勇于承担最艰苦的工作，尽自己努力去完成，如果独立完成确实有困难，要大胆寻求同事的帮助，共同努力完成工作。同事在工作中遇到困难需要你的配合时，要主动及时地给予帮助。这样，才能形成互帮互助、友好协作的工作氛围。

（二）换位思考，求同存异

同事之间在工作中要相互理解、相互帮助。比如，同事在工作中遇到困难，无法完成领导下达的任务，秘书要体谅同事的难处，帮着一起想办法；若仍难以完成，要把客观情况如实向领导汇报。

有时，在工作中会与同事产生意见分歧，引起一些争论，这时，要以大局为重，努力寻找共同点，争取求大同存小异，不应上纲上线，对同事进行人身攻击，激化矛盾，这不利于以后工作的进行与和谐人际关系氛围的打造。

（三）做好领导与同事之间的沟通工作

作为领导与同事之间的桥梁，秘书常常要把领导的指示下达给同事，又要将同事的意见反馈给领导。当传达领导的意见给同事时,要将领导的意见客观地讲清楚,切忌发号施令。同事的意见要在深入观察、判断真伪、掂量轻重得失后慎重如实地向领导反映。在传达意见和反映问题时,注意绝不掺杂个人感情色彩和个人见解,也绝不传达一些不利于领导和同事团结的话。

三、正确对待同事的批评

正确对待别人的批评不是件容易的事情。面对同事的指责、建议,有的人会以为这是同事不给面子,是在找自己的茬儿,从而迁怒于同事。这种态度是不对的,正确对待别人的批评不仅有利于加强与同事的沟通、交往,而且可以帮助秘书人员更加全面地认识自己,完善自己。

(一)端正态度,有则改之,无则加勉

俗话说:"金无足赤,人无完人。"也许,同事在批评的时候,语气可能强硬了一些,措词可能严厉了一些。但应该相信,同事的批评是善意的,也是诚恳的,所以,面对同事的批评,秘书人员要深刻反省自己、检讨自己,认真对待,这样才能促使我们不断进步。

(二)坦诚面对弱点和失误,勇于知错认错

(1)每个人都会犯错。如果同事的批评是正确的,我们要诚实面对,勇于承认,并对自己的过错负起责任,不要千方百计寻找借口辩护或推脱责任。

(2)工作中难免会有失误,不要过多地沉溺在自怨自艾中,应该及时调整心态,认真寻找错误的原因,吸取教训。

(3)工作上出了差错,有时可能会影响其他同事的工作成绩或进度,要及时如实告知,主动地向他们道歉解释,并想办法弥补,不要企图掩盖或推卸责任,你的不诚实不但会延误问题的解决,而且会让同事更加愤怒。

四、学会赞美同事

(1)善于发现同事的长处和优点,然后真诚地赞美。值得一提的是,赞美一定要发自内心,否则,不仅不会换来好感,相反会让人反感,甚至造成彼此间的隔阂、误解,弄巧成拙。

(2)及时赞美。当发现对方有值得赞美的地方,或对方获得成功时,要及时送上赞美,千万不要错过时机。当同事受到领导表扬告诉你,让你与其分享喜悦时,你要第一时间送上诚挚的祝福,让同事感受到你的真诚。

(3)背后赞美别人的优点,比当面恭维更有效。

(4)借用第三者的名义赞美,对方容易接受。

(5)赞美的内容越具体,越能让对方感到你赞美的真诚。例如,赞美别人"你的字迹

清秀工整,待人和气",不如说"你的字迹清秀,商业信件写得很工整,而且你待人和气,从没见你对谁发过脾气",这种赞美方法是不是更好呢?

(6)赞美要恰如其分,过度的恭维和吹捧只会使对方感到不自在,结果会适得其反。比如,一位同事歌唱得不错,你对他说:"你唱歌真是全世界最动听的。"这样的赞美不仅不会取悦对方,只能使双方难堪,但换个说法:"你的歌唱的真不错,挺有韵味的。"对方一定会很高兴。过犹不及,说的就是这个道理。①

本章思考题

1. 简述秘书交际的特点。
2. 秘书交际的准则有哪些?
3. 秘书应如何与领导相处?
4. 秘书应如何对待同事的批评?

案例分析

总经理秘书小赵给公司财会部打电话:"喂,财会部吗?我是总经理办公室。今年全年的工资统计表你们作出来了吗?"财会部回答说:"统计出来了。"小赵说:"我正在给领导写年终总结,急着要这个表,你给我送过来吧。"财会部的人说:"我们也正在忙着,你自己过来抄好了。"随后就挂断了电话。

根据上述案例,请回答:
1. 小赵为什么得不到财会部同事的支持协助?
2. 小赵应怎样更好地与财会部的同事沟通?
3. 你从中得到哪些启示?

---

① 宇正香:《秘书理论与实务》,杭州:浙江大学出版社,2004年,第50~52页。

 附 录

附录一 党政机关公文处理工作条例

(中共中央办公厅 国务院办公厅 中办发〔2012〕14号 2012年4月16日)

第一章 总 则

第一条 为了适应中国共产党机关和国家行政机关(以下简称党政机关)工作需要,推进党政机关公文处理工作科学化、制度化、规范化,制定本条例。

第二条 本条例适用于各级党政机关公文处理工作。

第三条 党政机关公文是党政机关实施领导、履行职能、处理公务的具有特定效力和规范体式的文书,是传达贯彻党和国家的方针政策,公布法规和规章,指导、布置和商洽工作,请示和答复问题,报告、通报和交流情况等的重要工具。

第四条 公文处理工作是指公文拟制、办理、管理等一系列相互关联、衔接有序的工作。

第五条 公文处理工作应当坚持实事求是、准确规范、精简高效、安全保密的原则。

第六条 各级党政机关应当高度重视公文处理工作,加强组织领导,强化队伍建设,设立文秘部门或者由专人负责公文处理工作。

第七条 各级党政机关办公厅(室)主管本机关的公文处理工作,并对下级机关的公文处理工作进行业务指导和督促检查。

第二章 公文种类

第八条 公文种类主要有:

(一)决议。适用于会议讨论通过的重大决策事项。

(二)决定。适用于对重要事项作出决策和部署、奖惩有关单位和人员、变更或者撤销下级机关不适当的决定事项。

(三)命令(令)。适用于公布行政法规和规章、宣布施行重大强制性措施、批准授予和晋升衔级、嘉奖有关单位和人员。

（四）公报。适用于公布重要决定或者重大事项。

（五）公告。适用于向国内外宣布重要事项或者法定事项。

（六）通告。适用于在一定范围内公布应当遵守或者周知的事项。

（七）意见。适用于对重要问题提出见解和处理办法。

（八）通知。适用于发布、传达要求下级机关执行和有关单位周知或者执行的事项，批转、转发公文。

（九）通报。适用于表彰先进、批评错误、传达重要精神和告知重要情况。

（十）报告。适用于向上级机关汇报工作、反映情况，回复上级机关的询问。

（十一）请示。适用于向上级机关请求指示、批准。

（十二）批复。适用于答复下级机关请示事项。

（十三）议案。适用于各级人民政府按照法律程序向同级人民代表大会或者人民代表大会常务委员会提请审议事项。

（十四）函。适用于不相隶属机关之间商洽工作、询问和答复问题、请求批准和答复审批事项。

（十五）纪要。适用于记载会议主要情况和议定事项。

第三章　公文格式

第九条　公文一般由份号、密级和保密期限、紧急程度、发文机关标志、发文字号、签发人、标题、主送机关、正文、附件说明、发文机关署名、成文日期、印章、附注、附件、抄送机关、印发机关和印发日期、页码等组成。

（一）份号。公文印制份数的顺序号。涉密公文应当标注份号。

（二）密级和保密期限。公文的秘密等级和保密的期限。涉密公文应当根据涉密程度分别标注"绝密""机密""秘密"和保密期限。

（三）紧急程度。公文送达和办理的时限要求。根据紧急程度，紧急公文应当分别标注"特急""加急"，电报应当分别标注"特提""特急""加急""平急"。

（四）发文机关标志。由发文机关全称或者规范化简称加"文件"二字组成，也可以使用发文机关全称或者规范化简称。联合行文时，发文机关标志可以并用联合发文机关名称，也可以单独用主办机关名称。

（五）发文字号。由发文机关代字、年份、发文顺序号组成。联合行文时，使用主办机关的发文字号。

（六）签发人。上行文应当标注签发人姓名。

（七）标题。由发文机关名称、事由和文种组成。

（八）主送机关。公文的主要受理机关，应当使用机关全称、规范化简称或者同类型机关统称。

（九）正文。公文的主体，用来表述公文的内容。

(十)附件说明。公文附件的顺序号和名称。

(十一)发文机关署名。署发文机关全称或者规范化简称。

(十二)成文日期。署会议通过或者发文机关负责人签发的日期。联合行文时,署最后签发机关负责人签发的日期。

(十三)印章。公文中有发文机关署名的,应当加盖发文机关印章,并与署名机关相符。有特定发文机关标志的普发性公文和电报可以不加盖印章。

(十四)附注。公文印发传达范围等需要说明的事项。

(十五)附件。公文正文的说明、补充或者参考资料。

(十六)抄送机关。除主送机关外需要执行或者知晓公文内容的其他机关,应当使用机关全称、规范化简称或者同类型机关统称。

(十七)印发机关和印发日期。公文的送印机关和送印日期。

(十八)页码。公文页数顺序号。

第十条 公文的版式按照《党政机关公文格式》国家标准执行。

第十一条 公文使用的汉字、数字、外文字符、计量单位和标点符号等,按照有关国家标准和规定执行。民族自治地方的公文,可以并用汉字和当地通用的少数民族文字。

第十二条 公文用纸幅面采用国际标准 A4 型。特殊形式的公文用纸幅面,根据实际需要确定。

第四章 行文规则

第十三条 行文应当确有必要,讲求实效,注重针对性和可操作性。

第十四条 行文关系根据隶属关系和职权范围确定。一般不得越级行文,特殊情况需要越级行文的,应当同时抄送被越过的机关。

第十五条 向上级机关行文,应当遵循以下规则:

(一)原则上主送一个上级机关,根据需要同时抄送相关上级机关和同级机关,不抄送下级机关。

(二)党委、政府的部门向上级主管部门请示、报告重大事项,应当经本级党委、政府同意或者授权;属于部门职权范围内的事项应当直接报送上级主管部门。

(三)下级机关的请示事项,如需以本机关名义向上级机关请示,应当提出倾向性意见后上报,不得原文转报上级机关。

(四)请示应当一文一事。不得在报告等非请示性公文中夹带请示事项。

(五)除上级机关负责人直接交办事项外,不得以本机关名义向上级机关负责人报送公文,不得以本机关负责人名义向上级机关报送公文。

(六)受双重领导的机关向一个上级机关行文,必要时抄送另一个上级机关。

第十六条 向下级机关行文,应当遵循以下规则:

(一)主送受理机关,根据需要抄送相关机关。重要行文应当同时抄送发文机关的直接上级机关。

（二）党委、政府的办公厅（室）根据本级党委、政府授权，可以向下级党委、政府行文，其他部门和单位不得向下级党委、政府发布指令性公文或者在公文中向下级党委、政府提出指令性要求。需经政府审批的具体事项，经政府同意后可以由政府职能部门行文，文中须注明已经政府同意。

（三）党委、政府的部门在各自职权范围内可以向下级党委、政府的相关部门行文。

（四）涉及多个部门职权范围内的事务，部门之间未协商一致的，不得向下行文；擅自行文的，上级机关应当责令其纠正或者撤销。

（五）上级机关向受双重领导的下级机关行文，必要时抄送该下级机关的另一个上级机关。

第十七条 同级党政机关、党政机关与其他同级机关必要时可以联合行文。属于党委、政府各自职权范围内的工作，不得联合行文。

党委、政府的部门依据职权可以相互行文。

部门内设机构除办公厅（室）外不得对外正式行文。

第五章　公文拟制

第十八条 公文拟制包括公文的起草、审核、签发等程序。

第十九条 公文起草应当做到：

（一）符合党的理论路线方针政策和国家法律法规，完整准确体现发文机关意图，并同现行有关公文相衔接。

（二）一切从实际出发，分析问题实事求是，所提政策措施和办法切实可行。

（三）内容简洁，主题突出，观点鲜明，结构严谨，表述准确，文字精练。

（四）文种正确，格式规范。

（五）深入调查研究，充分进行论证，广泛听取意见。

（六）公文涉及其他地区或者部门职权范围内的事项，起草单位必须征求相关地区或者部门意见，力求达成一致。

（七）机关负责人应当主持、指导重要公文起草工作。

第二十条 公文文稿签发前，应当由发文机关办公厅（室）进行审核。审核的重点是：

（一）行文理由是否充分，行文依据是否准确。

（二）内容是否符合党的理论路线方针政策和国家法律法规；是否完整准确体现发文机关意图；是否同现行有关公文相衔接；所提政策措施和办法是否切实可行。

（三）涉及有关地区或者部门职权范围内的事项是否经过充分协商并达成一致意见。

（四）文种是否正确，格式是否规范；人名、地名、时间、数字、段落顺序、引文等是否准确；文字、数字、计量单位和标点符号等用法是否规范。

（五）其他内容是否符合公文起草的有关要求。

需要发文机关审议的重要公文文稿，审议前由发文机关办公厅（室）进行初核。

第二十一条 经审核不宜发文的公文文稿，应当退回起草单位并说明理由；符合发文条件但内容需作进一步研究和修改的，由起草单位修改后重新报送。

第二十二条 公文应当经本机关负责人审批签发。重要公文和上行文由机关主要负责人签发。党委、政府的办公厅（室）根据党委、政府授权制发的公文，由受权机关主要负责人签发或者按照有关规定签发。签发人签发公文，应当签署意见、姓名和完整日期；圈阅或者签名的，视为同意。联合发文由所有联署机关的负责人会签。

第六章 公文办理

第二十三条 公文办理包括收文办理、发文办理和整理归档。

第二十四条 收文办理主要程序是：

（一）签收。对收到的公文应当逐件清点，核对无误后签字或者盖章，并注明签收时间。

（二）登记。对公文的主要信息和办理情况应当详细记载。

（三）初审。对收到的公文应当进行初审。初审的重点是：是否应当由本机关办理，是否符合行文规则，文种、格式是否符合要求，涉及其他地区或者部门职权范围内的事项是否已经协商、会签，是否符合公文起草的其他要求。经初审不符合规定的公文，应当及时退回来文单位并说明理由。

（四）承办。阅知性公文应当根据公文内容、要求和工作需要确定范围后分送。批办性公文应当提出拟办意见报本机关负责人批示或者转有关部门办理；需要两个以上部门办理的，应当明确主办部门。紧急公文应当明确办理时限。承办部门对交办的公文应当及时办理，有明确办理时限要求的应当在规定时限内办理完毕。

（五）传阅。根据领导批示和工作需要将公文及时送传阅对象阅知或者批示。办理公文传阅应当随时掌握公文去向，不得漏传、误传、延误。

（六）催办。及时了解掌握公文的办理进展情况，督促承办部门按期办结。紧急公文或者重要公文应当由专人负责催办。

（七）答复。公文的办理结果应当及时答复来文单位，并根据需要告知相关单位。

第二十五条 发文办理主要程序是：

（一）复核。已经发文机关负责人签批的公文，印发前应当对公文的审批手续、内容、文种、格式等进行复核；需作实质性修改的，应当报原签批人复审。

（二）登记。对复核后的公文，应当确定发文字号、分送范围和印制份数并详细记载。

（三）印制。公文印制必须确保质量和时效。涉密公文应当在符合保密要求的场所印制。

（四）核发。公文印制完毕，应当对公文的文字、格式和印刷质量进行检查后分发。

第二十六条 涉密公文应当通过机要交通、邮政机要通信、城市机要文件交换站或者收发件机关机要收发人员进行传递,通过密码电报或者符合国家保密规定的计算机信息系统进行传输。

第二十七条 需要归档的公文及有关材料,应当根据有关档案法律法规以及机关档案管理规定,及时收集齐全、整理归档。两个以上机关联合办理的公文,原件由主办机关归档,相关机关保存复制件。机关负责人兼任其他机关职务的,在履行所兼职务过程中形成的公文,由其兼职机关归档。

第七章 公文管理

第二十八条 各级党政机关应当建立健全本机关公文管理制度,确保管理严格规范,充分发挥公文效用。

第二十九条 党政机关公文由文秘部门或者专人统一管理。设立党委(党组)的县级以上单位应当建立机要保密室和机要阅文室,并按照有关保密规定配备工作人员和必要的安全保密设施设备。

第三十条 公文确定密级前,应当按照拟定的密级先行采取保密措施。确定密级后,应当按照所定密级严格管理。绝密级公文应当由专人管理。

公文的密级需要变更或者解除的,由原确定密级的机关或者其上级机关决定。

第三十一条 公文的印发传达范围应当按照发文机关的要求执行;需要变更的,应当经发文机关批准。

涉密公文公开发布前应当履行解密程序。公开发布的时间、形式和渠道,由发文机关确定。

经批准公开发布的公文,同发文机关正式印发的公文具有同等效力。

第三十二条 复制、汇编机密级、秘密级公文,应当符合有关规定并经本机关负责人批准。绝密级公文一般不得复制、汇编,确有工作需要的,应当经发文机关或者其上级机关批准。复制、汇编的公文视同原件管理。

复制件应当加盖复制机关戳记。翻印件应当注明翻印的机关名称、日期。汇编本的密级按照编入公文的最高密级标注。

第三十三条 公文的撤销和废止,由发文机关、上级机关或者权力机关根据职权范围和有关法律法规决定。公文被撤销的,视为自始无效;公文被废止的,视为自废止之日起失效。

第三十四条 涉密公文应当按照发文机关的要求和有关规定进行清退或者销毁。

第三十五条 不具备归档和保存价值的公文,经批准后可以销毁。销毁涉密公文必须严格按照有关规定履行审批登记手续,确保不丢失、不漏销。个人不得私自销毁、留存涉密公文。

第三十六条 机关合并时,全部公文应当随之合并管理;机关撤销时,需要归档的公文经整理后按照有关规定移交档案管理部门。

工作人员离岗离职时,所在机关应当督促其将暂存、借用的公文按照有关规定移交、清退。

第三十七条　新设立的机关应当向本级党委、政府的办公厅(室)提出发文立户申请。经审查符合条件的,列为发文单位,机关合并或者撤销时,相应进行调整。

第八章　附　则

第三十八条　党政机关公文含电子公文。电子公文处理工作的具体办法另行制定。

第三十九条　法规、规章方面的公文,依照有关规定处理。外事方面的公文,依照外事主管部门的有关规定处理。

第四十条　其他机关和单位的公文处理工作,可以参照本条例执行。

第四十一条　本条例由中共中央办公厅、国务院办公厅负责解释。

第四十二条　本条例自2012年7月1日起施行。1996年5月3日中共中央办公厅发布的《中国共产党机关公文处理条例》和2000年8月24日国务院发布的《国家行政机关公文处理办法》停止执行。

附录二　党政机关公文格式

（中华人民共和国国家质量监督检验检疫总局、中国国家标准化管理委员会
于2012年6月29日发布，2012年7月1日起正式实施
中华人民共和国国家标准 GB/T 9704-2012）

1　范围

本标准规定了党政机关公文通用的纸张要求、排版和印制装订要求、公文格式各要素的编排规则，并给出了公文的式样。

本标准适用于各级党政机关制发的公文。其他机关和单位的公文可以参照执行。

使用少数民族文字印制的公文，其用纸、幅面尺寸及版面、印制等要求按照本标准执行，其余可以参照本标准并按照有关规定执行。

2　规范性引用文件

下列文件对于本标准的应用是必不可少的。凡是注日期的引用文件，仅所注日期的版本适用于本标准。凡是不注日期的引用文件，其最新版本（包括所有的修改单）适用于本标准。

GB/T 148　印刷、书写和绘图纸幅面尺寸

GB 3100　国际单位制及其应用

GB 3101　有关量、单位和符号的一般原则

GB 3102（所有部分）　量和单位

GB/T 15834　标点符号用法

GB/T 15835　出版物上数字用法

3　术语和定义

下列术语和定义适用于本标准。

3.1　字 word

标示公文中横向距离的长度单位。在本标准中，一字指一个汉字宽度的距离。

3.2　行 line

标示公文中纵向距离的长度单位。在本标准中，一行指一个汉字的高度加3号汉字高度的7/8的距离。

4　公文用纸主要技术指标

公文用纸一般使用纸张定量为 $60g/m^2 \sim 80g/m^2$ 的胶版印刷纸或复印纸。纸张白度 $80\% \sim 90\%$，横向耐折度≥15次，不透明度≥85%，pH值为 $7.5 \sim 9.5$。

5　公文用纸幅面尺寸及版面要求

5.1　幅面尺寸

公文用纸采用GB/T 148中规定的A4型纸，其成品幅面尺寸为：210mm×297mm。

5.2 版面

5.2.1 页边与版心尺寸

公文用纸天头（上白边）为 37mm±1mm，公文用纸订口（左白边）为 28mm±1mm，版心尺寸为 156mm×225mm。

5.2.2 字体和字号

如无特殊说明，公文格式各要素一般用 3 号仿宋体字。特定情况可以作适当调整。

5.2.3 行数和字数

一般每面排 22 行，每行排 28 个字，并撑满版心。特定情况可以作适当调整。

5.2.4 文字的颜色

如无特殊说明，公文中文字的颜色均为黑色。

6 印制装订要求

6.1 制版要求

版面干净无底灰，字迹清楚无断画，尺寸标准，版心不斜，误差不超过 1mm。

6.2 印刷要求

双面印刷；页码套正，两面误差不超过 2mm。黑色油墨应当达到色谱所标 BL100％，红色油墨应当达到色谱所标 Y80％、M80％。印品着墨实、均匀；字面不花、不白、无断画。

6.3 装订要求

公文应当左侧装订，不掉页，两页页码之间误差不超过 4mm，裁切后的成品尺寸允许误差±2mm，四角成 90°，无毛茬或缺损。

骑马订或平订的公文应当：

a) 订位为两钉外订眼距版面上下边缘各 70mm 处，允许误差±4mm；

b) 无坏钉、漏钉、重钉，钉脚平伏牢固；

c) 骑马订钉锯均订在折缝线上，平订钉锯与书脊间的距离为 3mm～5mm。

包本装订公文的封皮（封面、书脊、封底）与书芯应吻合、包紧、包平、不脱落。

7 公文格式各要素编排规则

7.1 公文格式各要素的划分

本标准将版心内的公文格式各要素划分为版头、主体、版记三部分。公文首页红色分隔线以上的部分称为版头；公文首页红色分隔线（不含）以下、公文末页首条分隔线（不含）以上的部分称为主体；公文末页首条分隔线以下、末条分隔线以上的部分称为版记。

页码位于版心外。

7.2 版头

7.2.1 份号

如需标注份号，一般用 6 位 3 号阿拉伯数字，顶格编排在版心左上角第一行。

7.2.2 密级和保密期限

如需标注密级和保密期限,一般用3号黑体字,顶格编排在版心左上角第二行;保密期限中的数字用阿拉伯数字标注。

7.2.3 紧急程度

如需标注紧急程度,一般用3号黑体字,顶格编排在版心左上角;如需同时标注份号、密级和保密期限、紧急程度,按照份号、密级和保密期限、紧急程度的顺序自上而下分行排列。

7.2.4 发文机关标志

由发文机关全称或者规范化简称加"文件"二字组成,也可以使用发文机关全称或者规范化简称。

发文机关标志居中排布,上边缘至版心上边缘为35mm,推荐使用小标宋体字,颜色为红色,以醒目、美观、庄重为原则。

联合行文时,如需同时标注联署发文机关名称,一般应当将主办机关名称排列在前;如有"文件"二字,应当置于发文机关名称右侧,以联署发文机关名称为准上下居中排布。

7.2.5 发文字号

编排在发文机关标志下空二行位置,居中排布。年份、发文顺序号用阿拉伯数字标注;年份应标全称,用六角括号"〔〕"括入;发文顺序号不加"第"字,不编虚位(即1不编为01),在阿拉伯数字后加"号"字。

上行文的发文字号居左空一字编排,与最后一个签发人姓名处在同一行。

7.2.6 签发人

由"签发人"三字加全角冒号和签发人姓名组成,居右空一字,编排在发文机关标志下空二行位置。"签发人"三字用3号仿宋体字,签发人姓名用3号楷体字。

如有多个签发人,签发人姓名按照发文机关的排列顺序从左到右、自上而下依次均匀编排,一般每行排两个姓名,回行时与上一行第一个签发人姓名对齐。

7.2.7 版头中的分隔线

发文字号之下4mm处居中印一条与版心等宽的红色分隔线。

7.3 主体

7.3.1 标题

一般用2号小标宋体字,编排于红色分隔线下空二行位置,分一行或多行居中排布;回行时,要做到词意完整,排列对称,长短适宜,间距恰当,标题排列应当使用梯形或菱形。

7.3.2 主送机关

编排于标题下空一行位置,居左顶格,回行时仍顶格,最后一个机关名称后标全角冒号。如主送机关名称过多导致公文首页不能显示正文时,应当将主送机关名称移至版记,标注方法见7.4.2。

7.3.3 正文

公文首页必须显示正文。一般用3号仿宋体字,编排于主送机关名称下一行,每个自然段左空二字,回行顶格。文中结构层次序数依次可以用"一、""(一)""1.""(1)"标注;一般第一层用黑体字、第二层用楷体字、第三层和第四层用仿宋体字标注。

7.3.4 附件说明

如有附件,在正文下空一行左空二字编排"附件"二字,后标全角冒号和附件名称。如有多个附件,使用阿拉伯数字标注附件顺序号(如"附件:1.××××××");附件名称后不加标点符号。附件名称较长需回行时,应当与上一行附件名称的首字对齐。

7.3.5 发文机关署名、成文日期和印章

7.3.5.1 加盖印章的公文

成文日期一般右空四字编排,印章用红色,不得出现空白印章。

单一机关行文时,一般在成文日期之上、以成文日期为准居中编排发文机关署名,印章端正、居中下压发文机关署名和成文日期,使发文机关署名和成文日期居印章中心偏下位置,印章顶端应当上距正文(或附件说明)一行之内。

联合行文时,一般将各发文机关署名按照发文机关顺序整齐排列在相应位置,并将印章一一对应、端正、居中下压发文机关署名,最后一个印章端正、居中下压发文机关署名和成文日期,印章之间排列整齐、互不相交或相切,每排印章两端不得超出版心,首排印章顶端应当上距正文(或附件说明)一行之内。

7.3.5.2 不加盖印章的公文

单一机关行文时,在正文(或附件说明)下空一行右空二字编排发文机关署名,在发文机关署名下一行编排成文日期,首字比发文机关署名首字右移二字,如成文日期长于发文机关署名,应当使成文日期右空二字编排,并相应增加发文机关署名右空字数。

联合行文时,应当先编排主办机关署名,其余发文机关署名依次向下编排。

7.3.5.3 加盖签发人签名章的公文

单一机关制发的公文加盖签发人签名章时,在正文(或附件说明)下空二行右空四字加盖签发人签名章,签名章左空二字标注签发人职务,以签名章为准上下居中排布。在签发人签名章下空一行右空四字编排成文日期。

联合行文时,应当先编排主办机关签发人职务、签名章,其余机关签发人职务、签名章依次向下编排,与主办机关签发人职务、签名章上下对齐;每行只编排一个机关的签发人职务、签名章;签发人职务应当标注全称。

签名章一般用红色。

7.3.5.4 成文日期中的数字

用阿拉伯数字将年、月、日标全,年份应标全称,月、日不编虚位(即1不编为01)。

7.3.5.5 特殊情况说明

当公文排版后所剩空白处不能容下印章或签发人签名章、成文日期时,可以采取调整行距、字距的措施解决。

7.3.6 附注

如有附注,居左空二字加圆括号编排在成文日期下一行。

7.3.7 附件

附件应当另面编排,并在版记之前,与公文正文一起装订。"附件"二字及附件顺序号用 3 号黑体字顶格编排在版心左上角第一行。附件标题居中编排在版心第三行。附件顺序号和附件标题应当与附件说明的表述一致。附件格式要求同正文。

如附件与正文不能一起装订,应当在附件左上角第一行顶格编排公文的发文字号并在其后标注"附件"二字及附件顺序号。

7.4 版记

7.4.1 版记中的分隔线

版记中的分隔线与版心等宽,首条分隔线和末条分隔线用粗线(推荐高度为 0.35mm),中间的分隔线用细线(推荐高度为 0.25mm)。首条分隔线位于版记中第一个要素之上,末条分隔线与公文最后一面的版心下边缘重合。

7.4.2 抄送机关

如有抄送机关,一般用 4 号仿宋体字,在印发机关和印发日期之上一行、左右各空一字编排。"抄送"二字后加全角冒号和抄送机关名称,回行时与冒号后的首字对齐,最后一个抄送机关名称后标句号。

如需把主送机关移至版记,除将"抄送"二字改为"主送"外,编排方法同抄送机关。既有主送机关又有抄送机关时,应当将主送机关置于抄送机关之上一行,之间不加分隔线。

7.4.3 印发机关和印发日期

印发机关和印发日期一般用 4 号仿宋体字,编排在末条分隔线之上,印发机关左空一字,印发日期右空一字,用阿拉伯数字将年、月、日标全,年份应标全称,月、日不编虚位(即 1 不编为 01),后加"印发"二字。

版记中如有其他要素,应当将其与印发机关和印发日期用一条细分隔线隔开。

7.5 页码

一般用 4 号半角宋体阿拉伯数字,编排在公文版心下边缘之下,数字左右各放一条一字线;一字线上距版心下边缘 7mm。单页码居右空一字,双页码居左空一字。公文的版记页前有空白页的,空白页和版记页均不编排页码。公文的附件与正文一起装订时,页码应当连续编排。

8 公文中的横排表格

A4 纸型的表格横排时,页码位置与公文其他页码保持一致,单页码表头在订口一边,双页码表头在切口一边。

9 公文中计量单位、标点符号和数字的用法

公文中计量单位的用法应当符合 GB 3100、GB 3101 和 GB 3102(所有部分),标点符号的用法应当符合 GB/T 15834,数字用法应当符合 GB/T 15835。

10 公文的特定格式

10.1 信函格式

发文机关标志使用发文机关全称或者规范化简称,居中排布,上边缘至上页边为30mm,推荐使用红色小标宋体字。联合行文时,使用主办机关标志。

发文机关标志下4mm处印一条红色双线(上粗下细),距下页边20mm处印一条红色双线(上细下粗),线长均为170mm,居中排布。

如需标注份号、密级和保密期限、紧急程度,应当顶格居版心左边缘编排在第一条红色双线下,按照份号、密级和保密期限、紧急程度的顺序自上而下分行排列,第一个要素与该线的距离为3号汉字高度的7/8。

发文字号顶格居版心右边缘编排在第一条红色双线下,与该线的距离为3号汉字高度的7/8。

标题居中编排,与其上最后一个要素相距二行。

第二条红色双线上一行如有文字,与该线的距离为3号汉字高度的7/8。

首页不显示页码。

版记不加印发机关和印发日期、分隔线,位于公文最后一面版心内最下方。

10.2 命令(令)格式

发文机关标志由发文机关全称加"命令"或"令"字组成,居中排布,上边缘至版心上边缘为20mm,推荐使用红色小标宋体字。

发文机关标志下空二行居中编排令号,令号下空二行编排正文。

签发人职务、签名章和成文日期的编排见7.3.5.3。

10.3 纪要格式

纪要标志由"×××××纪要"组成,居中排布,上边缘至版心上边缘为35mm,推荐使用红色小标宋体字。

标注出席人员名单,一般用3号黑体字,在正文或附件说明下空一行左空二字编排"出席"二字,后标全角冒号,冒号后用3号仿宋体字标注出席人单位、姓名,回行时与冒号后的首字对齐。

标注请假和列席人员名单,除依次另起一行并将"出席"二字改为"请假"或"列席"外,编排方法同出席人员名单。

纪要格式可以根据实际制定。

11 式样

A4型公文用纸页边及版心尺寸见图1;公文首页版式见图2;联合行文公文首页版式1见图3;联合行文公文首页版式2见图4;公文末页版式1见图5;公文末页版式2见图6;联合行文公文末页版式1见图7;联合行文公文末页版式2见图8;附件说明页版式见图9;带附件公文末页版式见图10;信函格式首页版式见图11;命令(令)格式首页版式见图12。(略)

附录三 归档文件整理规则

（中华人民共和国档案局 2000 年 12 月 6 日发布，2001 年 1 月 1 日实施
中华人民共和国行业标准 DA/T 22-2000）

1 范围

本标准规定了归档文件整理的原则和方法。

本标准适用于各级机关、团体和其他社会组织。

2 定义

本标准采用下列定义。

2.1 归档文件

立档单位在其职能活动中形成的、办理完毕、应作为文书档案保存的各种纸质文件材料。

2.2 归档文件整理

将归档文件以件为单位进行装订、分类、排列、编号、编目、装盒，使之有序化的过程。

2.3 件

归档文件的整理单位。一般以每份文件为一件，文件正本与定稿为一件，正文与附件为一件，原件与复制件为一件，转发文与被转发文为一件，报表、名册、图册等一册（本）为一件，来文与复文可为一件。

3 整理原则

遵循文件的形成规律，保持文件之间的有机联系，区分不同价值，便于保管和利用。

4 质量要求

4.1
归档文件应齐全完整。已破损的文件应予修整，字迹模糊或易退变的文件应予复制。

4.2
整理归档文件所使用的书写材料、纸张、装订材料等应符合档案保护要求。

5 整理方法

5.1 装订

归档文件应按件装订。装订时，正本在前，定稿在后；正文在前，附件在后；原件在前，复制件在后；转发文在前，被转发文在后；来文与复文作为一件时，复文在前，来文在后。

5.2 分类

归档文件可以采用年度——机构（问题）——保管期限或保管期限——年度——机构（问题）等方法进行分类。同一全宗应保持分类方案的稳定。

5.2.1 按年度分类

将文件按其形成年度分类。

5.2.2 按保管期限分类
将文件按划定的保管期限分类。
5.2.3 按机构(问题)分类
将文件按其形成或承办机构(问题)分类(本项可以视情况予以取舍)。
5.3 排列
归档文件应在分类方案的最低一级类目内,按事由结合时间、重要程度等排列。会议文件、统计报表等成套性文件可集中排列。
5.4 编号
归档文件应依分类方案和排列顺序逐件编号,在文件首页上端的空白位置加盖归档章并填写相关内容。归档章设全宗号、年度、保管期限、件号等必备项,并可设置机构(问题)等选择项。
5.4.1 全宗号
档案馆给立档单位编制的代号。
5.4.2 年度
文件形成年度,以四位阿拉伯数字标注公元纪年,如1978。
5.4.3 保管期限
归档文件保管期限的简称或代码。
5.4.4 件号
文件的排列顺序号。件号包括室编件号和馆编件号,分别在归档文件整理和档案移交进馆时编制。室编件号的编制方法为:在分类方案的最低一级类目内,按文件排列顺序从"1"开始标注。馆编件号按进馆要求标注。
5.4.5 机构(问题)
作为分类方案类目的机构(问题)名称或规范化简称。
5.5 编目
归档文件应依据分类方案和室编件号顺序编制归档文件目录。
5.5.1 归档文件应逐件编目
来文与复文作为一件时,只对复文进行编目。归档文件目录设件号、责任者、文号、题名、日期、页数、备注等项目。
5.5.1.1 件号:填写室编件号。
5.5.1.2 责任者:制发文件的组织或个人,即文件的发文机关或署名者。
5.5.1.3 文号:文件的发文字号。
5.5.1.4 题名:文件标题。没有标题或标题不规范的,可自拟标题,外加"〔〕"号。
5.5.1.5 日期:文件的形成时间,以8位阿拉伯数字标注年月日,如19990909。
5.5.1.6 页数:每一件归档文件的页数。文件中有图文的页面为一页。
5.5.1.7 备注:注释文件需说明的情况。

5.5.2 归档文件目录用纸幅面尺寸

采用国际标准 A4 型(长×宽为 297mm×210mm)。

5.5.3 归档文件目录应装订成册并编制封面

归档文件目录封面可以视需要设置全宗名称、年度、保管期限、机构(问题)等项目。其中全宗名称即立档单位的名称,填写时应使用全称或规范化简称。

5.6 装盒

将归档文件按室编件号顺序装入档案盒,并填写档案盒封面、盒脊及备考表项目。

5.6.1 档案盒

5.6.1.1 档案盒封面应标明全宗名称。档案盒的外形尺寸为 310mm×220mm(长×宽),盒脊厚度可以根据需要设置为 20mm、30mm、40mm 等。

5.6.1.2 档案盒应根据摆放方式的不同,在盒脊或底边设置全宗号、年度、保管期限、起止件号、盒号等必备项,并可设置机构(问题)等选择项。其中,起止件号填写盒内第一件文件和最后一件文件号,中间用"—"号连接;盒号即档案盒的排列顺序号,在档案移交进馆时按进馆要求编制。

5.6.1.3 档案盒应采用无酸纸制作。

5.6.2 备考表

备考表置于盒内文件之后,项目包括盒内文件情况说明、整理人、检查人和日期。

5.6.2.1 盒内文件情况说明:填写盒内文件缺损、修改、补充、移出、销毁等情况。

5.6.2.2 整理人:负责整理归档文件的人员姓名。

5.6.2.3 检查人:负责检查归档文件整理质量的人员姓名。

5.6.2.4 日期:归档文件整理完毕的日期。

附录四　电子公文归档管理暂行办法

（2003年7月28日国家档案局令第6号发布，自2003年9月1日起施行）

第一条　为了加强对电子公文的归档管理，有效维护电子公文的真实性、完整性、安全性和可识别性，根据《中华人民共和国档案法》、《中华人民共和国档案法实施办法》和《国家行政机关公文处理办法》，制定本办法。

第二条　本办法所称的电子公文，是指各地区、各部门通过由国务院办公厅统一配置的电子公文传输系统处理后形成的具有规范格式的公文的电子数据。

第三条　电子公文形成单位应指定有关部门或专人负责本单位的电子公文归档工作，将电子公文的收集、整理、归档、保管、利用纳入机关文书处理程序和相关人员的岗位责任。

机关档案部门应参与和指导电子公文的形成、办理、收集和归档等各工作环节。

第四条　副省级以上档案行政管理部门负责对电子公文的归档管理工作进行监督和指导。

电子公文的真实性、完整性、安全性和可识别性，移交前由形成部门负责，移交后由档案部门负责。

第五条　电子公文参照国家有关纸质文件的归档范围进行归档并划定保管期限。

第六条　电子公文一般应在办理完毕后即时向机关档案部门归档。

第七条　电子公文形成单位必须将具有永久和长期保存价值的电子公文，制成纸质公文与原电子公文的存储载体一同归档，并使两者建立互联。

第八条　需要永久和长期保存的电子公文，应在每一个存储载体中同时存有相应的符合规范要求的机读目录。

第九条　电子公文的收发登记表、机读目录、相关软件、其他说明等应与相对应的电子公文一同归档保存。

第十条　电子公文的归档应在"全国政府系统办公业务资源网电子邮件系统"平台上进行，各电子公文形成单位档案部门应配置足够容量和处理能力及相对安全的系统设备。

第十一条　电子公文形成单位应在运行电子公文处理系统的硬件环境中设置足够容量、安全的暂存存储器，存放处理完毕应归档保存的电子公文，以保证归档电子公文的完整、安全。

第十二条　电子公文形成单位应在电子公文处理系统中设置符合安全要求的操作日志，随时自动记录对电子公文实时操作的人员、时间、设备、项目、内容等，以保证归档电子公文的真实性。

第十三条　电子公文形成单位应在电子公文归档时对相关项目进行检查,检查项目包括与纸质公文核对内容、签章,审核电子公文收发登记表、操作日志及相关的著录条目等,确认电子公文及相关的信息和软件无缺损且未被非正常改动,电子公文与相应的纸质公文内容及其表现形式一致,处理过程无差错。

第十四条　归档电子公文的移交形式可以是交接双方之间进行存储载体传递或通过电子公文传输系统从网上交接。

第十五条　通过存储载体进行交接的归档电子公文,移交与接收部门均应对其载体和技术环境进行检验,确保载体清洁、无划痕、无病毒等。

第十六条　归档电子公文应存储到符合保管要求的脱机载体上。归档保存的电子公文一般不加密,必须加密归档的电子公文应与其解密软件和说明文件一同归档。

第十七条　归档的电子公文,应按本单位档案分类方案进行分类、整理,并拷贝至耐久性好的载体上,一式3套,一套封存保管,一套异地保管,一套提供利用。

第十八条　档案部门应加强对归档电子公文的管理,提供利用有密级要求的归档电子公文,应严格遵守国家有关保密的规定,采用联网的方式提供利用的,应采取稳妥的身份认定、权限控制及在存有电子公文的设备上加装防火墙等安全保密措施。

第十九条　超过保管期限的归档电子公文的鉴定和销毁,按照归档纸质文件的有关规定执行。对确认销毁的电子公文可以进行逻辑或物理删除,并应由档案部门列出销毁文件目录存档备查。

第二十条　其他类型电子公文的归档管理可参照本办法。

第二十一条　本办法未尽事宜,参照国家其他有关电子文件的标准和规定。

第二十二条　本办法由国家档案局负责解释。

第二十三条　本办法自2003年9月1日起施行。

附录五 中国主要秘书学专业期刊（公开发行）

1. 《秘书工作》
   主管：中共中央办公厅秘书局
   编辑：《秘书工作》编辑部
   地址：北京市 1705 信箱
2. 《中国档案》
   主管：国家档案局
   编辑出版：《中国档案》杂志社
   地址：北京市西城区永安路 106 号
3. 《秘书》
   主管：上海市教育委员会
   主办：上海大学
   出版：《秘书》编辑部
   地址：上海市上大路 99 号上海大学 128 信箱
4. 《办公室业务》
   主管：中南出版传媒集团
   编辑出版：《办公室业务》杂志社
   地址：北京市海淀区紫竹院南路 18 号
5. 《办公自动化》
   主管：中国科学技术协会
   编辑出版：《办公自动化》编辑部
   地址：北京市朝外呼家楼西里 21－4－105
6. 《秘书之友》
   主办：兰州大学
   编辑出版：《秘书之友》编辑部
   地址：兰州市东岗西路 199 号兰州大学医学校区恪勤楼
7. 《广东秘书工作》
   主办：广东省人民政府办公厅
   编辑出版：《广东秘书工作》编辑部
   地址：广州市东风中路 305 号

主要参考书目
（按作者姓名拼音排序）

[1] 常崇宜主编.秘书学概论.北京:线装书局,2000.
[2] 陈合宜.秘书学(增订本).广州:暨南大学出版社,2001.
[3] 陈合宜.秘书学.广州:暨南大学出版社,2010.
[4] 范立荣主编.现代秘书学教程.北京:首都经济贸易大学出版社,2005.
[5] 葛红岩主编.新编秘书实务.北京:高等教育出版社,2008.
[6] 胡鸿杰等编著.秘书学教程.北京:中共中央党校出版社,2005.
[7] 姬瑞环主编.秘书学教程.北京:海洋出版社,2003.
[8] 金常德,赵莲娜.秘书学概论.大连:大连理工大学出版社,2009.
[9] 李岚.办公自动化技术与应用.北京:人民邮电出版社,2010.
[10] 李佩英,叶坤妮.文秘写作教程.北京:电子工业出版社,2010.
[11] 李欣.中国秘书发展史.北京:高等教育出版社,1993.
[12] 李泽江,杨晗主编.秘书学.咸阳:西北农林科技大学出版社,2007.
[13] 林刚.现代应用写作(修订版).北京:中国发展出版社,2008.
[14] 林学华.办公自动化.合肥:合肥工业大学出版社,2005.
[15] 陆瑜芳.秘书学概论.上海:复旦大学出版社,2007.
[16] 刘晓红.秘书理论与实务.北京:北京大学出版社,2011.
[17] 梅雨霖.会务文书规范写作.南宁:广西人民出版社,2008.
[18] 孟庆荣,李辉.秘书理论与实务.北京:北京大学出版社,2009.
[19] 欧阳周,陶琪.现代秘书学:原理与实务.长沙:中南大学出版社,2008.
[20] 任群主编.中国秘书学.重庆:重庆出版社,2006.
[21] 司徒允昌,陈家桢,张相平编著.秘书学教程.上海:上海人民出版社,2009.
[22] 孙芳芳主编.秘书理论与实务.杭州:浙江大学出版社,2007.
[23] 谭一平.职业秘书实务.北京:东方出版社,2006.
[24] 谭一平主编.现代职业秘书实务.北京:中国人民大学出版社,2011.
[25] 王凌.新编商务秘书实务.北京:电子工业出版社,2009.
[26] 王千弓,徐中玉等.秘书实用手册.上海:华东师范大学出版社,2011.
[27] 魏晋才编著.秘书学概论.兰州:甘肃教育出版社,2003.

[28] 吴良勤主编.商务秘书实务.重庆:重庆大学出版社,2012.
[29] 杨蓓蕾编著.现代秘书工作导引.上海:同济大学出版社,2004.
[30] 杨锋.秘书工作案例与分析.广州:暨南大学出版社,2010.
[31] 杨峰.秘书学.北京:高等教育出版社,2011.
[32] 杨继明主编.秘书学.北京:中国农业出版社,2006.
[33] 杨继昭.秘书学概论.北京:中国人民大学出版社,2009.
[34] 杨剑宇主编.涉外秘书概论.沈阳:辽宁大学出版社,2000.
[35] 杨靖,傅样.新编应用写作实训教程.合肥:安徽大学出版社,2012.
[36] 杨群欢等.秘书理论与实务教程.杭州:浙江大学出版社,2007.
[37] 杨树森,张树文.中国秘书史.合肥:安徽大学出版社,2006.
[38] 杨树森.秘书学概论.合肥:安徽大学出版社,2012.
[39] 杨素华.秘书实务.北京:北京大学出版社,2008.
[40] 宇正香编著.秘书理论与实务.杭州:浙江大学出版社,2004.
[41] 岳凯华主编.秘书学概论.长沙:湖南大学出版社,2005.
[42] 詹绪佐,杨树森等.中国秘书简史.合肥:安徽大学出版社,1998.
[43] 张宝忠.党政公文写作规范技巧范例全书.北京:研究出版社,2012.
[44] 张东.商务秘书实务.大连:大连出版社,2010.
[45] 张同钦,杨锋主编.秘书学概论.广州:暨南大学出版社,2006.
[46] 张同钦主编.秘书学概论.北京:中国人民大学出版社,2011.